许 鑫 著

非遗信息资源开发与利用

华东师范大学出版社
·上海·

图书在版编目（CIP）数据

非遗信息资源开发与利用 / 许鑫著. —上海：
华东师范大学出版社，2021
华东师范大学新世纪学术出版基金
ISBN 978-7-5760-1514-0

Ⅰ.①非… Ⅱ.①许… Ⅲ.①非物质文化遗产—信息资源—资源开发—中国②非物质文化遗产—信息资源—资源利用—中国 Ⅳ.①G122

中国版本图书馆 CIP 数据核字（2021）第 052527 号

华东师范大学新世纪学术出版基金资助出版
非遗信息资源开发与利用

著　　者　许　鑫
组稿编辑　孔繁荣
项目编辑　夏　玮
审读编辑　夏　玮
责任校对　王丽平
装帧设计　高　山

出版发行　华东师范大学出版社
社　　址　上海市中山北路 3663 号　邮编 200062
网　　址　www.ecnupress.com.cn
电　　话　021-60821666　行政传真 021-62572105
客服电话　021-62865537　门市（邮购）电话 021-62869887
地　　址　上海市中山北路 3663 号华东师范大学校内先锋路口
网　　店　http://hdsdcbs.tmall.com/

印 刷 者　常熟高专印刷有限公司
开　　本　787×1092　16 开
印　　张　29.25
字　　数　475 千字
版　　次　2021 年 7 月第一版
印　　次　2021 年 7 月第一次
书　　号　ISBN 978-7-5760-1514-0
定　　价　119.00 元

出 版 人　王　焰

（如发现本版图书有印订质量问题，请寄回本社客服中心调换或电话 021-62865537 联系）

目 录

第一章 绪论 …… 1
    第一节 研究背景 …… 1
    第二节 研究目的和意义 …… 3
    第三节 研究思路 …… 5
    第四节 研究内容和方法 …… 5
    第五节 本书结构 …… 9

第二章 国内非遗研究现状 …… 10
    第一节 非遗研究文献计量分析 …… 10
    第二节 非遗保护视角下的信息资源建设 …… 24
    第三节 图书馆参与非遗保护的现状研究 …… 33

第三章 非遗资源数字化建设 …… 42
    第一节 非遗数字化技术及其应用 …… 42
    第二节 数字化中的信息技术采纳 …… 57
    第三节 非遗资源数字化资源建设 …… 71
    第四节 记忆工程视域下的非遗资源建设 …… 81
    第五节 文化传播视域下的非遗数字资源 …… 90
    第六节 非遗数字资源建设整体方案设计与实现 …… 106

第四章 非遗信息资源的组织 …… 119
    第一节 非遗信息资源的元数据规范与应用 …… 119
    第二节 基于主题词表的中医食疗知识库设计与构建 …… 134
    第三节 主题图技术在非遗信息资源组织中的应用 …… 155

第四节　基于关键事件技术的非遗形成及演化探讨 ……… 169
第五节　融合关联数据和分众分类的徽州文化数字资源多维
　　　　度聚合 ……………………………………………… 183
第六节　非遗数字资源中基于时空维度的传承可视化 …… 196

第五章　非遗信息的分析与挖掘 ………………………………… 212
第一节　抢救性保护视阈下非遗数字资源长期保存分析…… 212
第二节　生产性保护视阈下非遗刺绣商品信息挖掘分析…… 226
第三节　生活性保护视阈下民俗文化媒体传播特征分析…… 244
第四节　开发性保护视阈下非遗文化旅游信息资源挖掘…… 263

第六章　非遗信息资源的传播与利用 …………………………… 278
第一节　基于报纸和网络文本的非遗大众媒介研究 ……… 278
第二节　社交媒体在非遗保护与传播中的应用 …………… 294
第三节　语义出版技术在非遗数字资源共享中的应用 …… 308
第四节　基于视频纪录片的非遗传播 ……………………… 321

第七章　中华烹饪文化知识库的建设实践 ……………………… 331
第一节　基于领域本体的专题知识库 ……………………… 331
第二节　中华烹饪文化领域本体构建 ……………………… 346
第三节　基于领域本体的优化文档检索 …………………… 360
第四节　基于领域本体的知识库多层次文本聚类 ………… 374
第五节　基于案例推理的菜谱推荐系统 …………………… 389
第六节　专题知识库的文本可视化展示 …………………… 404

第八章　结束语 …………………………………………………… 418
第一节　研究总结 …………………………………………… 418
第二节　不足与展望 ………………………………………… 420

主要参考文献 ……………………………………………………… 422
一、中文文献 ………………………………………………… 422
二、外文文献 ………………………………………………… 444

图目录

图 1-1 非遗信息资源开发与利用研究框架 …………… 6
图 2-1 文献数量年代分布图 …………………………… 12
图 2-2 高产作者及发文量 ……………………………… 13
图 2-3 高频关键词词云图 ……………………………… 19
图 3-1 非遗数字传播中的技术采纳影响因素模型 …… 59
图 3-2 技术采纳模型路径图 …………………………… 64
图 3-3 非遗数字化存档系统技术框架 ………………… 87
图 3-4 非遗分类体系及资源描述实例 ………………… 89
图 3-5 正式实验样本（缩略图） ……………………… 95
图 3-6 岳母刺字（故事传说类主题） ………………… 98
图 3-7 基于关联数据的图书馆非遗数字资源聚合框架 …… 113
图 3-8 非遗项目"瓯塑"的专题网站首页 …………… 117
图 4-1 非遗元数据定义 Schema 部分示例 …………… 132
图 4-2 "瓯塑"非遗项目部分 RDF 描述 …………… 133
图 4-3 "瓯塑"传承人杨忠敏 RDF 描述 …………… 134
图 4-4 "肝郁脾虚证"主题词表（部分） …………… 144
图 4-5 "甘松粥"食疗方 ……………………………… 147
图 4-6 食疗知识库整体架构 …………………………… 148
图 4-7 用户个性化推荐流程 …………………………… 152
图 4-8 食疗知识库首页 ………………………………… 153
图 4-9 食疗方知识展现界面 …………………………… 153
图 4-10 "没胃口"检索结果示例 ……………………… 154

图 4-11 主题词、关键词两种检索方式 F 值比较图 ………… 154
图 4-12 京剧与昆曲非遗项目主题联接图 …………………… 165
图 4-13 主题联接图效果 …………………………………… 167
图 4-14 以"梅兰芳"主题为中心的联接图 ………………… 167
图 4-15 Omnigator 中"梅兰芳"主题的显示页面和点击"魏莲芳"后的跳转页面信息 ……………………………… 168
图 4-16 歌仔戏的时空演变 ………………………………… 180
图 4-17 歌仔戏关键事件个案展示 ………………………… 181
图 4-18 徽州文化数字资源聚合框架设计 ………………… 187
图 4-19 关键词群聚维度聚合示意图 ……………………… 191
图 4-20 包含 RDF 链接的徽菜基本信息 …………………… 192
图 4-21 关键词标签云 ……………………………………… 193
图 4-22 徽州文化数字资源群聚维度聚合展示 …………… 194
图 4-23 徽州文化数字资源关联维度聚合展示 …………… 195
图 4-24 徽菜：徽州毛豆腐 RDF 描述 ……………………… 195
图 4-25 空间传承可视化示意 ……………………………… 205
图 4-26 时空传承可视化示意 ……………………………… 206
图 4-27 都昌县青阳腔艺人时间传承可视化 ……………… 207
图 4-28 彭泽县青阳腔艺人时间传承可视化 ……………… 208
图 4-29 都昌县青阳腔艺人地域传承可视化示意图 ……… 209
图 4-30 彭泽县青阳腔艺人地域传承可视化示意图 ……… 209
图 4-31 都昌县青阳腔艺人时空耦合传承可视化示意图 … 210
图 4-32 彭泽县青阳腔艺人时空耦合传承可视化示意图 … 211
图 5-1 三类名录收录非遗项目的年度变化趋势 ………… 213
图 5-2 入选最佳实践名录的非遗项目地区变化趋势 …… 214
图 5-3 入选代表作名录的非遗项目地区变化趋势 ……… 215
图 5-4 入选急需保护名录的非遗项目地区变化趋势 …… 215
图 5-5 非遗抢救性保护的数字化 SWOT 策略 …………… 221
图 5-6 非遗抢救性保护的数字资源长期保存技术选择框架 …… 222
图 5-7 非遗数字资源长期保存元数据标准体系 ………… 223

图 5-8　整体研究方案 …………………………………………… 227
图 5-9　苏绣高频词共现矩阵网络 …………………………… 234
图 5-10　蜀绣高频词共现矩阵网络 …………………………… 234
图 5-11　粤绣高频词共现矩阵网络 …………………………… 235
图 5-12　湘绣高频词共现矩阵网络 …………………………… 235
图 5-13　非遗民俗生活性保护的媒体传播特点及策略研究框架图 …………………………………………………………… 247
图 5-14　国内媒体报道 2016 年二十四节气的载文量变化 …… 251
图 5-15　节气领域特征词提取的计算过程示意 ……………… 254
图 5-16　媒体报道中的二十四节气民俗知识图谱 …………… 258
图 5-17　媒体报道中的二十四节气关联现状图示 …………… 259
图 5-18　昆曲信息资源组织思路 ……………………………… 272
图 5-19　昆曲信息资源主题类型与关联关系图 ……………… 276
图 6-1　非遗信息传播数量与事件分布 ……………………… 285
图 6-2　官微省份分布 ………………………………………… 300
图 6-3　官微开通时间分布 …………………………………… 301
图 6-4　基于语义出版的非遗数字资源共享框架 …………… 314
图 6-5　非遗数字资源外部关联关系构建 …………………… 316
图 6-6　"地方剧"部分概念的 RDF 模型 ……………………… 317
图 6-7　"楚剧"实例 RDF 描述（部分） ………………………… 320
图 6-8　饮食类纪录片画面内容百分比 ……………………… 322
图 6-9　饮食类纪录片解说词词频百分比 …………………… 323
图 6-10　饮食类纪录片镜头景别百分比 ……………………… 328
图 7-1　本体驱动的知识库一般模型 ………………………… 334
图 7-2　本体驱动的专题知识库模型 ………………………… 335
图 7-3　基于本体的专题知识库构建流程 …………………… 336
图 7-4　中华烹饪文化知识库检索平台技术架构图 ………… 339
图 7-5　中华烹饪文化专题知识库检索原型系统主界面 …… 344
图 7-6　属性查询示例 ………………………………………… 345
图 7-7　查询"川菜"的综合检索返回结果示例 ……………… 345

图 7-8	中华烹饪文化本体构建流程	349
图 7-9	中华烹饪文化本体概念与关系	350
图 7-10	中华烹饪文化本体类层次结构	350
图 7-11	中华烹饪文化本体数据属性层次结构	351
图 7-12	中华烹饪文化本体对象属性层次结构	351
图 7-13	Protégé 中添加实例的界面	352
图 7-14	GATE 中手动标注实例关系的界面	353
图 7-15	中华烹饪文化本体实例	353
图 7-16	与"八仙过海"相关联的概念与实例	354
图 7-17	基于本体的语义标注流程	355
图 7-18	OntoGazetteer 中概念关系库编辑界面	358
图 7-19	川菜.lst 文件片段	358
图 7-20	lists.def 文件片段	358
图 7-21	mappings.def 文件片段	358
图 7-22	Lookup 标注结果示例	359
图 7-23	识别"苏菜"类别的 JAPE 规则	360
图 7-24	基于本体实体标注的检索流程	364
图 7-25	KIM 平台系统结构框图	366
图 7-26	烹饪文化领域本体部分展示图	367
图 7-27	实例文件部分代码	368
图 7-28	文档查询结果界面	370
图 7-29	基于领域本体的知识库多层次文本聚类框架	379
图 7-30	各层级文本相似度计算方法	382
图 7-31	本体概念间距离示意图	384
图 7-32	调节因子 α 与熵值对应关系	389
图 7-33	R4 模型	393
图 7-34	R5 模型	393
图 7-35	菜谱推荐系统模型	394
图 7-36	XML 菜谱文档	397
图 7-37	菜谱本体模型	398

图 7-38 食材的蛋白质含量相似度计算法……………… 400
图 7-39 菜谱推荐系统实验测评结果…………………… 403
图 7-40 比较组测评结果………………………………… 404
图 7-41 多层次文本聚类的可视化方法………………… 409
图 7-42 主题描述构建示意图…………………………… 411
图 7-43 可视化树图展示示例…………………………… 413
图 7-44 可视化散点图展示示例………………………… 414
图 7-45 文本聚类结果的可视化树图展示……………… 416
图 7-46 文本聚类结果的可视化散点图展示…………… 416

表目录

表 2-1　非遗相关主题主要发文机构 …………………………… 13
表 2-2　期刊学科类型分布表 …………………………………… 15
表 2-3　发文数排名前 20 期刊情况 ……………………………… 15
表 2-4　发文地区表 ……………………………………………… 17
表 2-5　2017 年国家社科基金重大、重点及教育部基地项目
　　　　非遗相关项统计表 …………………………………… 21
表 2-6　公共图书馆非遗数字资源列表 ………………………… 37
表 3-1　KMO 和 Bartlett 检验结果 ……………………………… 62
表 3-2　模型适配度检验结果 …………………………………… 63
表 3-3　假设路径验证指标 ……………………………………… 65
表 3-4　中国记忆工程中的非遗数字资源建设 ………………… 83
表 3-5　部分问卷问题的设置情况 ……………………………… 96
表 3-6　浏览不同主题类型的剪纸图片眼动指标比较 ………… 97
表 3-7　关于调查成绩的描述性统计结果 ……………………… 99
表 3-8　得分相关性检验 ………………………………………… 100
表 3-9　容易和不容易识别内涵的剪纸图片统计结果 ………… 101
表 3-10　不同主题类型剪纸单因素方差分析(总分) ………… 102
表 3-11　不同主题类型剪纸的多重比较(总分) ……………… 102
表 3-12　各潜在影响因素的单因素方差分析 ………………… 103
表 4-1　常见的元数据标准 ……………………………………… 121
表 4-2　非遗数字资源核心元数据 ……………………………… 125
表 4-3　非遗数字资源核心元数据元素限定词 ………………… 127

表4-4	非遗项目各类别下"人"的扩展限定词	129
表4-5	中医领域知识库相关技术	139
表4-6	食疗主题词表构建要素	143
表4-7	主题词存储数据表	145
表4-8	主题词数据表(部分)	146
表4-9	食疗元数据标准	149
表4-10	非遗信息资源主题图资源标引类型	163
表4-11	歌仔戏发展中的关键事件	175
表4-12	节点数据(Node date)	203
表4-13	关系数据(Tie data)	203
表4-14	节点属性(Node properties)	204
表4-15	艺人传承关系矩阵	204
表5-1	非遗三类名录的主题分布情况	215
表5-2	四种名绣商品整体经营现状	229
表5-3	非遗四种名绣商品前30个高频关键词	230
表5-4	非遗四种名绣商品高频关键词分类	231
表5-5	四种名绣商品的中心度及小团体情况	236
表5-6	四种绣品商品特征的评论分布	237
表5-7	二十四节气媒体报道实验数据	248
表5-8	2016年报道二十四节气且发文量排名前十的报刊、网站	249
表5-9	国内媒体报道2016年二十四节气的全国各省市(地区)曝光一览表	252
表5-10	正式入选国家级非遗名录项目数量排名前十的省市列表	253
表5-11	2016年二十四节气媒体报道中的主题特征一览表	255
表5-12	节气民俗文化类型示意——以芒种节气为例	257
表5-13	2016年自媒体传播中二十四节气的主题特征一览表	260
表5-14	两个昆曲馆评论总体对比	266
表5-15	中国昆曲博物馆用户评价高频词	267

表5-16	与昆曲相关需求高频词	268
表5-17	昆曲高频词	269
表5-18	昆曲主题类型与关联关系	274
表6-1	我国世界级非遗名录及分类	281
表6-2	信息传播数量排名前十的报纸	284
表6-3	信息传播数量排名前十的网站	284
表6-4	非遗信息在不同传播渠道上的数量分布	288
表6-5	非遗保护政府机构官微指标	299
表6-6	官微认证情况	303
表6-7	官微简介分析	303
表7-1	系统的主要开发工具	343
表7-2	基于本体和基于关键词的查询结果测评	371
表7-3	四组查询条件内容及查询结果对比	371
表7-4	文档语义排序前15篇结果	372
表7-5	第一层级与第二层级文本聚类结果	387
表7-6	聚类结果熵值对比	388
表7-7	归纳推理策略和最近相邻策略比较	399
表7-8	TF-ICF与TF-IDF算法主题词抽取效果对比	414
表7-9	类簇C2主题发现结果及其主题词共现矩阵	415
表7-10	类簇C2.1主题发现结果及其主题词共现矩阵	415
表7-11	类簇C2.1.2主题发现结果及其主题词共现矩阵	415

第一章 绪 论

第一节 研究背景

全球化背景下，保护非物质文化遗产（Intangible Cultural Heritage，下文简称"非遗"）已成为世界各国的共识。根据联合国教科文组织2003年10月17日通过的《保护非物质文化遗产公约》，非物质文化遗产是指被各群体、团体，有时为个人所视为其文化遗产的各种实践、表演、表现形式、知识体系、技能，及其有关的工具、实物、工艺品和文化场所。非遗世代相传，在各社区和群体适应周围环境以及与自然和历史的互动中，被不断地再创造，为这些社区和群体提供持续的认同感和归属感，从而增强对文化多样性和人类创造力的尊重。然而，由于现代化和全球化的冲击，非遗面临着前所未有的危机。对文化遗产的传统保护和创新传承，对本民族文化资源的开发和利用，不仅是一般层次意义上的文化资源保护，更重要的是立足于国家文化安全高度对其意义进行世界解读的话语权。因此，对非遗的传承、保护以及传播，事关中国文化强国战略的实现，对推进社会主义先进文化建设具有十分重要的意义。

信息时代给非遗的保护带来了机遇。信息技术和新媒体技术的发展，为非遗保护与传承提供了新的手段。目前许多发达国家都非常注重文化遗产的数字化保护与传播，大规模地把文化遗产转换成数字文化形态逐渐成为一种文化保护的世界潮流。为使广大公众更广泛、自由、平等地分享世界文明成果，1992

年联合国教科文组织正式启动"世界记忆"项目,借助互联网数字虚拟技术,在其门户网站上提供了大量可供无偿下载的技术出版物和手册等。20世纪90年代初,美国国会图书馆启动"美国记忆"计划,对美国的历史记忆与文化档案等进行数字化保存,其中就包括音乐、艺术、民俗、文学等大量非遗内容。20世纪90年代后半叶,俄罗斯下诺夫哥罗德国立大学、俄罗斯科学院俄罗斯文学研究所等机构开始启动一系列民俗的数字化保存和研究项目。我国在非遗数字化保护方面起步较晚。2000年中国社会科学院民族文学研究所承担的"中国少数民族文学研究资料库"开始建设,综合运用传统手段和现代数字化技术手段实施对史诗、神话、叙事诗、歌谣等少数民族文学的搜集与保护工作,建成了包括文本资料、图像资料、声像资料等在内的资料库。近十多年来,随着国务院出台《关于加强我国非物质文化遗产保护工作的意见》(2005)、文化部将"中国非物质文化遗产数字化保护工程"纳入"十二五"时期文化改革发展规划(2010)、国务院颁布《中华人民共和国非物质文化遗产法》(2011)等政策与法规的出台,推动了我国非遗数字化工作的开展。2010年12月中国民间文艺家协会数字化工作组启动了中国口头文学遗产数字化工程。2011年国家图书馆开始启动"中国记忆"项目,其中就包括采用新媒体手段对蚕丝织绣、中国年画等非遗的再现与传播。文化部民族民间文艺发展中心也开展了一系列民间文化资源数字化的项目,包括"国家文化资源信息平台建设""民族文化数字化技术研究及示范应用""中国史诗百部工程"等,并以此为基础逐步建成"中国民间文学数据库""中国戏曲多媒体数据库""中国古琴文化数据库""中国传统节日史志文献数据库"等专题数据库。2016年中国艺术研究院(中国非物质文化遗产保护中心)标准起草组起草完成了《非物质文化遗产数字化保护专业标准》(送审稿),包括民间文学、传统音乐、传统舞蹈等非遗数字资源的采集方案编制规范、数字资源采集实施规范、数字资源著录规则等三大部分,该标准将极大地促进非遗数字资源采集的规范化。我国非遗数字化学术研究也正在逐渐加强。

  总体来看,对于物质文化遗产的数字化保护,世界各国以及联合国教科文组织已经做了大量的工作;而对于非遗的数字化保护,很多国家,尤其是中国,仍处于起步阶段。采用数字化手段进行非遗信息资源建设和服务是非遗保护和非遗研究的有力抓手；然而非遗的多样、活化、隐性等特性，对非遗数字化提出了多方面的挑战。一方面，非遗数字化理论贫乏，导致数字化实践缺少具有强有力解释能力和指导作用的理论支撑。建设系统的非遗数字化的理论与方法体系，是非遗数字化保护与传承的基础工作。另一方面，非遗数字化对新型数字化技术的采纳程度不够。在新媒体语境下，网络技术将大大拓展非遗保护的存续空间；在展示上，3D、虚拟现实、数字新媒体等技术具有较强的直观性和现场感。因此，挖掘非遗数字化工作中已经采用和潜在的数字化技术，并根据具体非遗项目的信息采集需求，选择合适的数字化技术与方案，就成为非遗数字化实践工作的关键。

基于此，本书以非遗的信息资源开发与利用为立足点，结合具体应用实例，关注信息技术和新媒体技术的发展，以期为我国非遗的保护、传承、传播、开发和利用开辟新思路。

第二节 研究目的和意义

信息时代给非遗的保护带来了机遇。信息技术和新媒体技术的发展，为非遗保护与传承提供了新的手段。目前许多发达国家都非常注重文化遗产的信息资源开发与利用，借助数字化手段进行保护与传播，大规模地把文化遗产转换成数字文化形态，逐渐成为一种文化保护的世界潮流。从整体上看，对于物质文化遗产的信息资源开发与利用，世界各国以及联合国教科文组织已经做了大量的工作；但是对于非遗的信息资源开发与利用，很多国家，尤其是中国，仍处于起步阶段。采用数字化手段进行非遗信息资源建设和服务是非遗保护和非遗研究的有力抓手，然而非遗的多样、活化、隐性等特性，对非遗数字化提出了多方面的挑战：一方面，非遗数字化理论贫乏，导致数字化实践缺少具有强有力解释能力和指导作用的理论支撑。建设系统的非遗数字化的理论与方法体系，是非遗数字化保护与传承的基础工作。另一方面，非遗数字化对新型数字化技术的采纳程度还不够。

因此，本书的研究目的是：通过深入的调研，全面梳理近年来国内外非遗领域的研究进展，在把握我国非遗研究主流趋势的基础上，依次探讨非遗资源的数字化保护、建设、组织和传播利用，构建相关非遗信息资源数字化模型，并结合应用实例分析目前非遗数字化技术应用的现状，找出当前研究和现实应用中的不足和弊病，以图服务于我国非遗信息资源的开发与利用工作，给出有针对性的优化建议。除此之外，本书还通过现有的研究，对我国非遗信息资源开发与利用工作未来的发展方向进行探讨和展望，通过与具体非遗项目的结合和应用，论述其可行性和实施方案，致力于推动我国非遗信息资源开发与利用工作的发展。

本书的学术价值、应用价值和社会意义主要体现在以下几个方面：

第一，丰富非遗数字化保护的理论、技术与方法体系。本书在对国内有关非遗文献进行分析和挖掘的基础上，进一步梳理近年来国内外非遗数字化的研究进展，较为全面地呈现了非遗数字化保护研究现状，丰富了非遗数字化的理论体系；论著从信息资源源头关注新技术背景下非遗数字化的技术采纳与数字化方案，致力于为我国的非遗保护与开发利用提供技术支持，以期丰富非遗数字化的技术和方法体系。

第二，有助于促进非遗的保护工作及其在全社会的传播与接受。本书从用户需求和文化传播的角度，研究非遗资源的开发利用与传播，研究内容既涉及面向传承的非遗信息分类存档服务，也包括面向传播的非遗信息资源展示服务；并借鉴全媒体文化传播等理论，促进非遗在全社会的传播与接受，扩大非遗的社会关注度。

第三，以"讲述中国故事"为契机，为世界贡献非遗传承与传播的中国智慧。采用数字化手段对非遗进行保护已经成为世界各国的共识。中国虽然在这方面起步较晚，但由于我国非遗的丰富性及其与历史文化的紧密结合是许多国家无法比拟的，这一点也为我国的非遗数字化保护工作提供了有利条件。用数字化形式来记录和传播这些"中国故事"，是中国智慧在非遗传承与传播工作中的体现，将有助于促进优秀传统文化在本土的发扬光大，有助于通过网络等现代化手段促进非遗在国际上的传播与影响。

第四，着眼于新时代下非遗数字化的保护、传承、传播和开发利用，对提升民族文化自信和民族自豪感,建设社会主义文化强国具有重要意义。本书紧跟当今时代主题,从多元传播角度创新性地提出新时代下非遗数字化的传承与传播研究思路,研究内容涵盖纪录片、出版物、互联网等各种非遗传播形式和途径,关注传播特征、技术应用、语义聚合、受众差异等具体研究议题,有利于新时代下的社会主义文化强国建设。

第三节 研究思路

本书在运用文献计量方法对国内有关非遗文献进行分析和挖掘的基础上,以图情档学科力量为视角,进一步对图书馆参与非遗保护的研究和实践进行了梳理;并聚焦于不同类别非遗信息资源的开发与利用问题。与此同时,梳理了近年来国内外非遗数字化的研究进展,对其进行全面综述,并讨论了现有研究重点与不足;而且还从非遗资源数字化加工处理、分级存储、信息技术采纳三个层面展开研究,从图书情报学角度出发,探讨非遗信息资源的高效组织。围绕大众传媒、社交媒体、语义出版和纪录片传播四个技术应用实例,关注我国非遗数字化的传承与传播。最后以中华烹饪文化知识库建设作为最佳实践案例,构建了中华烹饪文化知识库,重点关注基于网络资源的专题知识库构建及其语义应用领域。

本书的研究思路与方法如图1-1所示。

第四节 研究内容和方法

本书的研究内容主要包括:

第一,梳理了近年来国内非遗领域的研究进展,运用文献计量方法,对中国学术文献网络出版总库(CNKI)中CSSCI期刊发表至今的有关非遗文献进行

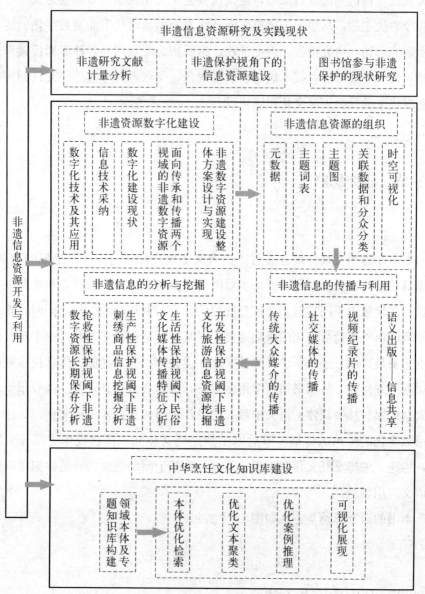

图1-1 非遗信息资源开发与利用研究框架

了分析和挖掘，探讨和揭示了我国非遗研究的特征、热点领域和未来趋势。在把握我国非遗研究主流趋势的基础上，以图情档学科力量为视角，进一步对图书馆参与非遗保护的研究和实践进行了梳理，重点关注我国公共图书馆非遗数字资源的建设情况。

第二，聚焦不同视角下的非遗信息资源的开发与利用问题，主要涉及抢救性、生产性、生活性及开发性四类保护视域下的非遗信息资源开发利用，系统分析了当前我国实施的非遗保护数字化战略，并据此提出了非遗数字资源长期保存策略。

第三，在对非遗数字化研究进展进行全面综述的基础上，从基础研究、技术研究、形态研究三个方面，对国内外非遗数字化研究进展进行梳理。其中，基础研究主要着眼于非遗数字化的基础理论问题与原则方针问题的研究，为非遗数字化实践提供理论支撑；技术研究主要着眼于非遗数字化所涉技术的研究，为其提供技术支撑；形态研究主要着眼于非遗数字化最终成果形态（如数据库），影响着非遗数字化整体行动方案的设计，并从非遗资源数字化加工处理、分级存储、信息技术采纳三个层面展开研究。最后探讨了文化视角下的非遗资源建设。

第四，关注非遗信息资源的高效组织，通过研究元数据、主题词表、主题图、关键事件、多维度聚合和可视化展现等信息技术在非遗资源中的应用问题，为非遗信息资源的有效组织和传播开辟新视野。

第五，着眼于新时代下我国非遗数字化的传承与传播，在上述研究成果的理论和模型支持下，围绕我国非遗数字化的传承与传播，通过分析大众传媒、社交媒体、语义出版和纪录片传播四个技术应用实例，探讨存在的不足并提出相应策略。

第六，选取中华烹饪文化作为研究个案，展开基于网络资源的专题知识库构建及其语义应用领域实践，构建了中华烹饪文化知识库，并在此基础上进行了一系列探讨。

本书的主要研究方法体现在如下几点：

1. 文献计量

本书的理论研究采用了文献计量研究方法，对近年来国内外非遗研究现状进行了分析和挖掘，在全面把握我国非遗研究主流趋势的基础上展开后续研究。

2. 调研法

本书对最新的信息技术应用进行广泛调研，既包括数字影像技术、数字动画技术、3D 技术、GIS 技术等已经在非遗领域有所应用的技术手段，也包括对 VR/AR 技术、行为和状态捕捉技术（眼动跟踪、动作捕捉、脑电分析）等在非遗数字化保护中方兴未艾的方案思路，是科创与文创的结合，体现了创新视角。

3. 实验法

本书区别于诸多研究中常用的思辨或者定性的方法，采用实验的方法（例如眼动追踪实验）追踪个体在实验过程中表现出的特征，然后通过制定具体的得分标准来量化被试者的客观认知状况，采用定性与定量相结合的方法，以尽可能地得到相对客观和贴近事实的结论。因此，本书的研究在一定程度上可以摆脱传统研究方法的主观倾向性，保证数据来源的相对客观，而这也有利于分析结果的准确性。

4. 文本挖掘法

本书借助文本挖掘法（例如基于案例的推理），结合文字处理技术，分析大量的非结构化文本源，抽取标记关键字概念、文字间的关系，通过与网络海量数据的整合，发挥其知识发现和学习的优势，为满足公众有效查询和利用非遗信息资源的诉求提供了解决方案。

5. 语义网技术

本书将本体和语义网技术引入非遗信息资源管理，选取中华烹饪文化作为研究领域，展开基于网络资源的专题知识库构建及其语义应用领域实践，构建了中华烹饪文化知识库，并进行了一系列探讨和优化，对有效开发利用非遗资源、提升专题知识库用户体验有着重要意义。

6. 系统开发方法

本书采用了系统开发的方法，关注用户需求，重视用户体验，用系统的思想和系统工程的方法，按照用户至上的原则结构化、模块化，自上而下对非遗信息系统进行分析与设计。

第五节　本书结构

本书共分为八章，主要结构如下：

第一章为本书的绪论部分，通过介绍本书的写作背景和研究意义，阐述了研究思路、内容和方法，并阐述了本书的基本研究框架。

第二章全面梳理了近年来国内非遗领域的研究进展，聚焦不同视角下的非遗信息资源的开发与利用问题，重点关注我国公共图书馆非遗数字资源的建设情况。

第三章进一步梳理了近年来国内外非遗数字化的研究进展，对非遗数字化研究进展进行全面综述，探讨文化视角下的非遗资源建设。

第四章着眼于非遗信息资源的有效组织，探讨如何从图书情报学角度出发，更系统地梳理相关研究，更好地进行信息组织，更有效地开展非遗传播。

第五章以非遗信息资源的分析和挖掘为重点，分析当前我国实施的非遗长期保存数字化战略，对非遗商品信息、非遗民俗传播和文化旅游开发进行分析挖掘，更好地实现非遗信息的传播和利用。

第六章立足于当下，关注我国非遗数字化的传承与传播，探讨非遗数字化传播存在的不足并提出相应策略。

第七章重点关注基于网络资源的专题知识库构建及其语义应用领域，构建了中华烹饪文化知识库，并在此基础上进行了一系列探讨。

第八章对本书的研究进行了总结，并对未来进一步的研究进行了展望。

第二章 国内非遗研究现状

第一节 非遗研究文献计量分析

截至2017年12月31日,中国入选联合国教科文组织非物质文化遗产名录项目总数已达38项,成为世界上入选"非遗"项目最多的国家。其中昆曲作为中国第一次与"非遗"发生实际联系的传统项目,2001年5月18日被联合国教科文组织宣布进入第一批《人类口头和非物质文化遗产代表作名录》。在非遗领域,我国学者展开了积极而广泛的相关研究,并在非遗保护的理论和实践中取得了丰富的研究成果。但是在我国非遗研究过程中,多元化的学科背景和多样的研究方向往往不能直观地看出我国非遗研究主流趋势。因此,本节梳理了近年来国内非遗领域的研究进展,通过全面把握我国非遗研究现状,可以有效地利用现有研究资源,集中力量关注热点领域发展,从而更好地推进未来的研究工作。

在本节中,以CNKI数据库为数据源,检索式为:主题="非物质文化遗产"或"非遗",精确匹配,时间跨度无上限为2017年,来源文献为CSSCI,所得文献4 387篇,检索时间为2018年1月1日。经重复删除、筛选人物访谈录、报道、简讯、会议纪要等非学术性文章及与"非遗"主题相关性不大的文章,共获得有效样本3 982篇文献。本节将与非遗相关的3 982篇文献相关数据导入EXCEL,运用了文献计量的研究方法对中国学术文献网络出版总库(CNKI)中 CSSCI 期刊发表至今的有关非遗的文献进行了分析和挖掘。

一、文献发表年代分析

论文的发表时间曲线反映了该学科领域的研究水平和发展现状。我国非遗领域的学术研究始于 2002 年,第一篇论文是南京大学出版社左健所著的《〈中国昆剧大辞典〉评介》,在这篇文章中提到"2001 年 5 月,中国的昆剧艺术被联合国教科文组织宣布为第一批'人类口头和非物质文化遗产代表作'"[①],明确指出了该篇主题中国昆曲艺术的非遗属性。2002—2004 年我国有关非遗论文年产量小于 5 篇。2002 年 10 月 22 日至 23 日,由联合国教科文组织亚太地区机构和国家教育部主办,中央美术学院非物质文化遗产研究中心承办的中国高等院校首届非物质文化遗产教育教学研讨会在京举行。中国非物质文化遗产保护就此在学界启动。[②] 第十届全国人民代表大会常务委员会第十一次会议 2004 年 8 月 28 日通过了"关于批准《保护非物质文化遗产公约》的决定"。此后又陆续颁布了意见和办法,如 2005 年 3 月 26 日,国务院办公厅发布第 18 号文件《关于加强我国世界文化遗产保护管理工作的意见》并附《国家级非物质文化遗产代表作申报评定暂行办法》。同年 12 月,颁发了《国务院关于加强文化遗产保护工作的通知》。2006 年 6 月,中国入选联合国教科文组织保护非物质文化遗产政府间委员会成员,非物质文化遗产保护随即受到各级政府和研究者的重视。[③] 根据图 2-1,2006 年研究文献达到 70 篇,此后 2007—2010 年间论文数量迅速增加,由此将非遗研究推向高潮,2011 年达到 410 篇,之后普遍保持在 400 篇左右,总体趋势趋于稳定。

[①] 左健.《中国昆剧大辞典》评介 [J].南京大学学报(哲学·人文科学·社会科学),2002(6):155-156.
[②] 魏崇周.2001-2010:当代非物质文化遗产热点问题研究综述 [J].民俗研究,2010(3):80-89.
[③] 李亚青.基于文献计量的我国图书馆非物质文化遗产保护研究 [J].图书馆学刊,2012(10):131-135.

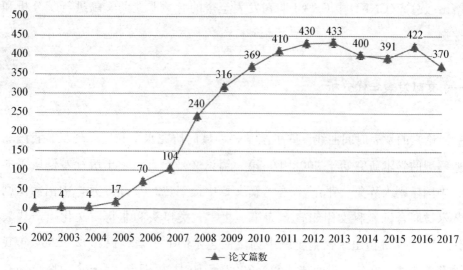

图 2-1 文献数量年代分布图

二、作者分布统计

1963 年,戴莱克·德·索拉·普赖斯(Derek de Solla Price)在其代表作中给出下面的定义,在同一主题中一半的论文是由一组具有较高的产出能力的作者所写,并且他们的数目约等于所有作者总数的平方根。[①] 根据普赖斯定律,目前我国非遗研究领域尚未形成高产作者群,因此本节以发文量大于等于 10 篇作为选取标准,对于我国非遗研究领域学者进行分析。我国非遗研究领域的学者中,发文数量超过 10 篇的作者有 17 位(见图 2-2)。这些作者分布于不同的研究机构,且机构发文量普遍居多。这些作者可以通过研究的独立性和合作性归为两类。一类以独立研究为主,以宋俊华、高小康为代表。宋俊华关注非遗保护,在非遗传承人培训、非遗保护机制创新、数字化保护、生产性保护方面都有研究;高小康以非遗具体项目作为研究对象,重视非遗的保护与传承,并且将当代美学与民间传统文艺美学相结合研究其活态保护。另一类以合作研究为主,包括:牛爱军、吴安新等。牛爱军共有 5 篇论文与虞定海合作,重点

---

① D.普赖斯.小科学,大科学[M].宋剑耕,戴振飞,译.北京:世界科学社,1982:10-25.

关注民族传统体育的保护、传承和发展；吴安新有多篇论文与邓江凌、张磊合作，为我国非遗的立法保护提出了针对性对策。这17位高产作者占作者总数的0.46%，发文量共有211篇，占总论文数的5.4%。

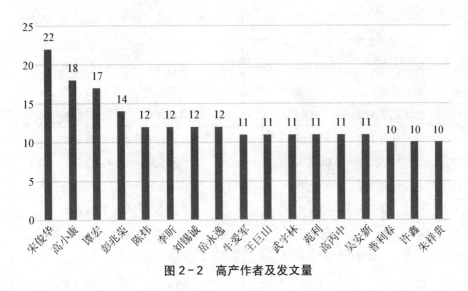

图2-2 高产作者及发文量

三、发文机构分布统计

如表2-1所示，在发文机构方面，中山大学以发文总数109篇高居榜首，科研成果极其丰富，遥遥领先于其他机构。中国艺术研究院、中国社会科学研究院、华中师范大学、中央民族大学、山东大学、重庆文理学院的发文数量也超过了50篇。发文数量较多的科研机构大多集中在北京、四川、重庆、湖北、江苏等具有浓厚的地域特色的区域，并且在理论成果丰富的同时，这些地区的非遗项目保护也做得比较突出。研究非遗的科研机构以各大高等院校为主，各种研究院（如中国艺术研究院、中国社会科学院）、所、会也参与其中。

表2-1 非遗相关主题主要发文机构

序号	机构	类别	发文量	序号	机构	类别	发文量
1	中山大学	综合类	109	3	中国社会科学研究院	其他类	85
2	中国艺术研究院	其他类	88	4	华中师范大学	师范类	67

续表

序号	机构	类别	发文量	序号	机构	类别	发文量
5	中央民族大学	专业类	60	18	四川大学	综合类	35
6	山东大学	综合类	55	19	云南民族大学	专业类	34
7	重庆文理学院	综合类	52	20	三峡大学	综合类	30
8	重庆大学	综合类	46	21	吉首大学	综合类	29
9	南京大学	综合类	43	22	天津大学	综合类	27
10	中南民族大学	专业类	43	23	武汉大学	综合类	27
11	浙江师范大学	师范类	42	24	广西师范学院	师范类	26
12	华东师范大学	师范类	41	25	兰州大学	综合类	25
13	北京师范大学	师范类	41	26	新疆师范大学	师范类	22
14	北京大学	综合类	40	27	中央音乐学院	专业类	22
15	厦门大学	综合类	39	28	南京艺术学院	专业类	21
16	西南民族大学	专业类	39	29	西南大学	综合类	21
17	云南大学	综合类	38	30	中国人民大学	综合类	21

发文数量大于等于20篇的研究机构共有30家,大致可以分为四类:综合类高校(简称"综合类")、师范类高校(简称"师范类")、民族艺术体育类高校(简称"专业类")、其他研究机构(简称"其他类"),其中综合类高校有16家,师范类6家,专业类6家,其他类2家。由此可以看出,我国的非遗研究机构以综合类高校为主,其他类型高校和研究机构为辅。

四、期刊来源分布

通过对学术论文的来源期刊进行分析,一方面可以了解该领域的学科范畴,另外一方面可以确定该领域的主要期刊。① 3 982篇期刊论文分布于337种期刊中,平均每种期刊发表非遗相关论文11.82篇。根据2017—2018年CSSCI目录类别,除了外国文学与心理学这两类期刊未涉及,我国非遗研究论文遍布所

---

① 韦楠华.基于文献计量学的中文古籍数字化研究分析［J］.现代情报,2011(10):107-111.

有类别期刊，说明非遗研究已经进入人文社会科学的主流研究视野，学术界纷纷从各自学科出发，从不同角度对非遗相关问题提出不同的解决方案。表2-2列出了期刊的主要学科来源，可看出民族学与文化学、艺术学、综合社科三类期刊是展示该领域研究成果的主要平台，占总数的59.74%。

表2-2 期刊学科类型分布表

学科	文献数量	学科	文献数量
民族学与文化学	916	法学	57
艺术学	814	教育学	52
综合社科期刊	649	政治学	43
高校综合性学报	334	历史学	37
语言学	254	经济学	32
体育学	236	管理学	22
图书馆、情报与文献学	219	宗教学	18
中国文学	74	马克思主义理论	13
人文经济地理	73	考古学	10
新闻学与传播学	63	哲学	4
环境科学	59	社会学	3

从表2-3可以看出，发文数排在前20位的期刊发文数占论文总数的38.20%，共涉及7个学科，学科分布广泛，从社会科学到自然科学均有涉猎。排名前十的期刊所在学科民族学与文化学和艺术学各占5个席位，说明这两个学科在我国非遗研究中占有重要地位。

表2-3 发文数排名前20期刊情况

序号	期刊名称	期刊类别	载文数量
1	文化遗产	民族学与文化学	212
2	贵州民族研究	民族学与文化学	192
3	民族艺术	艺术学	122
4	艺术百家	艺术学	119

续 表

序号	期刊名称	期刊类别	载文数量
5	装饰	艺术学	84
6	艺术评论	艺术学	83
7	民俗研究	民族学与文化学	74
8	中国音乐	艺术学	73
9	黑龙江民族丛刊	民族学与文化学	68
10	西北民族研究	民族学与文化学	67
11	西南民族大学学报(人文社会科学版)	民族学与文化学	66
12	体育文化导刊	体育学	60
13	中南民族大学学报(人文社会科学版)	民族学与文化学	55
14	广西民族研究	民族学与文化学	43
15	广西社会科学	综合社科	43
16	河南社会科学	综合社科	38
17	湖北大学学报(哲学社会科学版)	高校综合性学报	35
18	思想战线	综合社科	29
19	文艺理论与批评	中国文学	29
20	资源开发与市场	环境科学	29

五、论文的发文地区

在本节中所统计的发文地区指的是中国大陆地区,不含台湾和香港、澳门两个特别行政区。如果论文的发文机构是国外大学和研究机构,或者论文没有列出发文机构的,统计中均予以剔除。按照发文机构所在的地区进行统计,并将所得数据制作为数据地图,如表2-4所示,可以看出,发文机构包括了国内31个省、直辖市和自治区,地域分布极不均衡,北京的相关论文最多,东南沿海省份和中南部区域如四川、重庆、云南等地发文数量普遍居多,这些地区可以算作是非遗研究论文来源的核心区域。

表2-4 发文地区表

发表文献数(篇)	发 文 地 区
<53	宁夏(46) 吉林(45) 辽宁(45) 内蒙古(38) 西藏(26) 青海(22) 海南(16)
53～85	河北(85) 陕西(83) 甘肃(74) 安徽(69) 天津(66) 山西(61) 江西(57) 新疆(57) 黑龙江(53)
85～162	上海(146) 山东(139) 湖南(139) 云南(139) 河南(124) 贵州(114) 广西(108) 福建(107)
≥162	北京(608) 江苏(289) 广东(271) 湖北(251) 四川(217) 浙江(178) 重庆(162)

发文地区的研究力量主要取决于学术机构与城市经济实力,例如北京和东南沿海区域,不仅高等院校、研究机构、政府机构和各类协会密集,非遗研究人才力量充沛且非遗领域研究基础较好,同时具有较强的区域经济实力和较高的政府关注度;所以研究成果丰富。除此之外,发文地区自身的地域特色和文化氛围也起到一定作用,如四川、重庆、云南等省份,属于少数民族聚集区域,民间传统文化氛围浓厚,而且拥有较多的非遗项目,① 因此非遗研究成果也比较突出。

六、被引及被下载情况分析

论文的被引次数是衡量文献学术价值和影响力的一种测度。根据CNKI数据库统计,3 982篇论文中有2 931篇论文被同行引证,被引率高达73.61%。这说明我国非遗研究领域的学科交叉性极强,并且形成了良性的学术循环。不同的学者从已有的文献中挖掘兴趣点和潜在价值,并利用不同的学科知识和技术方法,向更深层次的学术研究拓展。被引频次最高的论文是中央民族大学的祁庆富发表的《论非物质文化遗产保护中的传承及传承人》,祁庆富在该文中从更宏观的"大文化"视野和文化的民族性、群体性、传统性、现代性角度对文化传承的概念进行了解读,并指出传承是非遗保护的核心。他

---

① 佚名.中国非物质文化遗产名录数据库系统[Z/OL].[2020-12-21].http://fy.folkw.com.

同时提出，采取有效措施、抢救与保护濒危的传承人对我国当前的非遗保护工作具有重要意义。① 这篇文章共被引 432 次。被引次数高于 100 次的有 37 篇文献。

下载量一定程度上也可以反映论文的价值与作用。在 3 982 篇文献中，下载频次 1 000 以上的文献有 295 篇，占 7.40%；下载频次 500 以上的有 889 篇，占 22.33%。被下载次数最高的是来自华中师范大学国家文化产业研究中心的黄永林和谈国新发表的《中国非物质文化遗产数字化保护与开发研究》，② 被下载了 10 680 次。而被引次数最高的论文被下载次数为 6 033 次，排名第七。

通过对 3 982 篇论文的被引和下载次数进行线性分析，在 $P<0.05$ 的情况下，被引和下载之间存在显著线性关系。通过数据我们可以发现，被引和下载次数间存在较强的相关性，被引次数排名较高的论文也具有较大的下载量，两者具有相互促进作用。

七、文献主题分析

论文的关键词通常能反映论文的主题。3 982 篇非遗文献共有 9 646 个关键词。将关键词按出现频次进行排序并剔除作为检索词的"非遗"和"非物质文化遗产"，得到出现次数大于 10 的高频关键词词云，从图 2-3 可以看出物质文化遗产、保护与传承、非物质文化遗产保护和文化遗产是出现频次最多的四个关键词。将出现频次大于等于 10 的关键词进行分类统计，共有 156 个高频关键词，本课题组将其划分为 9 个类别，分别是传统技艺(475 次)、地域与场所(165 次)、民间传统(255 次)、民族文化(207 次)、文化保护与传承(1 167 次)、文化传播与开发利用(344 次)、文化与非遗(830 次)、文化与艺术特性(197 次)和其他类(343 次)。

---

① 祁庆富.论非物质文化遗产保护中的传承及传承人 [J].西北民族研究，2006(3)：114-123.
② 黄永林，谈国新.中国非物质文化遗产数字化保护与开发研究 [J].华中师范大学学报(人文社会科学版)，2012，51(2)：49-55.

图 2-3 高频关键词词云图

通过对关键词进行划分，我们可以总结出以下四点：一是我国的非遗研究重视非遗的保护与传承，其中保护方法多样，如法律保护、生产性保护、传承保护等。二是我国的非遗研究与传统技艺和民间传统结合密切，如传统体育、民间文学和古琴艺术等。三是我国的非遗研究不仅重视非遗本身概念的鉴定和保护传承，而且对非遗的传播和开发利用研究也日趋完善，如文化空间、文化旅游、文化教育等也成为非遗研究领域的热词。四是我国的非物质文化研究具有鲜明的民族特性。我国是一个多民族国家，各民族都有自己所特有的代代相传的文化，因此民族特色文化的挖掘和研究也成为我国非遗研究领域的热点。

对 9 646 个关键词进行两两共现，将每两个关键词在一篇文献中的关键词中同时出现一次计为 1，否则记为 0；累计后，获得关键词共现矩阵，只保留共现次数大于 10 的关键词，并将数据导入 Ucinet 绘制主题词知识图谱。从中可以发现，我国的非遗研究以非遗概念为中心，向更深层次的保护、传承、传播和开发利用拓展，并与其他学科不断融合交叉。

基于上文的关键词共现聚类，我们可以发现目前我国的非遗研究具有以下几个特点：

其一，我国的非遗研究借鉴了物质文化遗产研究的成果和方法。非遗和物质文化遗产作为出现频率最高的两个关键词，彼此间的研究必然存在交集。联合国教科文组织自1979年实施了"世界遗产名录"项目，在全世界产生了广泛的影响，极大地促进了世界各国对物质文化遗产的研究保护工作，但在非物质遗产保护方面却相对比较滞后。20世纪80年代以来，非遗的研究和保护引起了世界各国的普遍关注。文化遗产是口头与行为、物质与非物质、有形和无形的结合体，非遗与物质文化遗产共同承载着人类社会的文明，是世界文化多样性的体现，因此，二者间研究的融合和借鉴将更好地促进文化遗产的传承和传播。

其二，传承和保护是我国非遗研究的重点区域，传承人、数字化、口述史等都成为学者关注和讨论的传承保护方法。其中活态传承和保护、法律保护和生产性保护不仅融合了多学科领域知识，还为我国的非遗保护和传承开辟了新的视野。[①]

其三，我国的非遗研究并不局限于单一学科，而是与艺术学、民俗学和民族学密切结合，同时关注传统技艺的发展。[②] 民俗学以各民族民间文化传统为研究对象，传统技艺中的木版年画、地方戏曲本身也具有艺术性。多学科的研究理念、思路和实践方式彼此融合和促进，不仅为我国非遗的研究提供了新的方向，同时也为其他学科的发展注入了新的血液。

八、基金项目分析

通过对2017年国家社科基金重大项目、重点项目和教育部重大项目中非遗相关项目进行统计分析，并结合非遗的文献计量分析，通过表2-5我们可以发现，我国的非遗研究主要有以下五个方面的特征和发展趋势。

---

① 宋俊华.文化生产与非物质文化遗产生产性保护 [J].文化遗产，2012(1)：1-5.
② 王健.非物质文化遗产与旅游的不解之缘 [J].旅游学刊，2010(4)：11-12；张博，程圩.文化旅游视野下的非物质文化遗产保护 [J].人文地理，2008(1)：74-79.

表2-5 2017年国家社科基金重大、重点及教育部基地项目非遗相关项统计表

序号	负责人	项目名称	单位	基金名称
1	刘彦顺	中国礼乐美学对传统制度文明的创构研究	浙江师范大学	2017年国家社科基金重大项目
2	赵心愚	西藏地方志资料的整理与研究	西南民族大学	
3	杨嘉铭	英雄史诗《格萨(斯)尔》图像文化调查研究及数据库建设	西南民族大学	
4	王宪昭	中国少数民族神话数据库建设	中国社科院民族文学研究所	
5	肖远平	屯堡文化综合数据库建设	贵州民族大学	
6	麻国庆	中国岭南传统村落保护与利用研究	中央民族大学	
7	柏贵喜	南方少数民族手工艺资源体系与基因要素图谱研究	中南民族大学	
8	陈泳超	太湖流域民间信仰类文艺资源的调查与跨学科研究	北京大学	
9	宋俊华	非遗代表性项目名录和代表性传承人制度改进设计研究	中山大学	
10	车文明	中国戏曲文物文献搜集、整理与研究	山西师范大学	
11	刘正国	中国古管乐器文献、图像及文物资料集成与研究	上海师范大学	
12	纪德君	中国历代民间说唱文艺研究资料整理与数据库建设	广州大学	
13	王琦	中医原创思维的方法论研究	北京中医药大学	
14	沈澍农	敦煌西域出土汉文医药文献综合研究	南京中医药大学	
15	蔡华俭	中国社会变迁过程中的文化与心理变化	中国科学院心理研究所	
16	杨凤城	中国共产党认识和对待传统文化的历程和经验研究	中国人民大学	2017年国家社科基金重点项目
17	徐国亮	中国传统家教、家风的历史嬗变及现代转换研究	山东大学	
18	林明	中国古籍传统修复技艺的知识保存与传承模式研究	中山大学	

续表

序号	负责人	项目名称	单位	基金名称
19	李臣	中国武术深度国际化传播研究	武汉体育学院	2017年国家社科基金重点项目
20	杨海晨	闽台民间体育融合发展的参与式治理研究	福建师范大学	
21	曾良	元明戏曲文献字词关系研究	安徽大学	
22	汪小洋	中国宗教美术考古编年史研究（1949—2016）	东南大学	
23	郭淑云	东北世居民族萨满文化传承人口述资料发掘、整理与研究	大连民族大学	
24	才航多杰	藏文木刻版历史文献调查研究	青海民族大学	
25	扎巴正	藏族神话资料搜集整理与研究	中央民族大学	
26	顾春芳	中国艺术与"中华美学精神"	美学与美育研究中心	2017年教育部人文社会科学重点研究基地重大项目
27	张诗亚	"互联网+"汉字字源学习促进西南少数民族华夏民族认同研究	西南民族教育与心理研究中心	
28	宋俊华	非遗保护的中国经验研究	中国非物质文化研究中心	

1. 非遗的保护、传承与传播是提升中国文化自信的重要组成部分

文化自信是一个民族、一个国家以及一个政党对自身文化价值的充分肯定和积极践行，并对其文化的生命力持有的坚定信心。非遗作为我国源远流长、博大精深的优秀传统文化，它不仅能"增强做中国人的骨气和底气"，更是我们最深厚的文化软实力，是我们文化发展的母体，积淀着中华民族最深沉的精神追求。因此，提高对外文化交流水平，完善人文交流机制，创新人文交流方式，综合运用大众传播、群体传播、人际传播等多种方式传播和展示我国非遗，将成为我国非遗研究未来趋势之一。

2. 民族学和非遗研究的碰撞和融合依然是中国非遗研究的热门领域

在2017年国家社科基金重大项目、重点项目和教育部重大项目中，涉及了藏族、满族等多个少数民族的非遗，关注少数民族文化的传承和保护，例如

东北世居民族萨满文化传承人口述资料发掘、整理与研究和藏族神话资料搜集整理与研究等,① 除此之外,多民族文化的融合也获得了越来越多的关注,西南民族大学的国家社科基金重大项目"英雄史诗《格萨(斯)尔》图像文化调查研究及数据库建设",以世界上迄今发现的史诗中演唱篇幅最长的《格萨(斯)尔》为切入点,《格萨(斯)尔》主要流传于我国青藏高原的藏族、蒙古族、土族、裕固族、纳西族、普米族等民族中,② 它既是族群文化多样性的熔炉,又是多民族民间文化可持续发展的见证;因此,保护与传承多民族非遗文化,不仅为其他学科的研究提供了宝贵的原始社会形态和丰富的历史资料,还可以为我国多民族文化的交流与发展开辟新天地。

3. 中国的非遗研究依旧重视传统技艺和医药的挖掘、保护、传承和创新

中国的传统技艺有着悠久而灿烂的历史,在整个中国文化艺术发展史中占有重要的地位。在文化史、艺术史、美术史、设计史的发展过程中,传统技艺是贯穿其中的主要内容之一。例如林明的中国古籍传统修复技艺的知识保存与传承模式研究,以古籍传统修复技术为对象,关注其保存和传承模式。③ 与此同时,中医承载着中国古代人民同疾病作斗争的经验和理论知识,也成为我国非遗学者关注的重点领域之一。

4. 中国的非遗研究包含内容较为全面

根据《中华人民共和国非物质文化遗产法》规定:非物质文化遗产是指各族人民世代相传并视为其文化遗产组成部分的各种传统文化表现形式,以及与传统文化表现形式相关的实物和场所。④ 根据上述可见,我国的非遗研究基本

---

① 郭淑云.试论萨满教的价值及萨满学研究 [J].宗教学研究,2017(1):180-185.
② 姚慧.《格萨(斯)尔》史诗跨民族传播的音乐建构:以扎巴老人、琶杰、王永福说唱的"霍尔之篇"为例 [J].民族艺术,2015(6):158-165.
③ 张靖,张盈,林明,等.中国大陆及港澳地区图书馆西文古籍保护与修复情况调查 [J].大学图书馆学报,2017,35(2):99-108.
④ 第十一届全国人民代表大会常务委员会.中华人民共和国非物质文化遗产法 [EB/OL].(2011-02-25) [2020-11-30].http://www.npc.gov.cn/wxzl/gongbao/2011-05/10/content_1664868.htm.

覆盖了这些表现形式，并向更深程度进行了拓展。

5. 中国非遗的国际性传播也获得越来越多的关注和讨论

非遗不仅蕴含各国家各民族特有的精神价值、思维方式、想象力和文化意识，更是人类文明和世界文化多样性的共同体现。我国非遗的国际性传播不仅可以将中华民族优秀的文化理念与价值观输出海外，推广我国文化创意产业，更可以增强国家文化软实力和中华文化国际影响力，成为我国文化强国战略的重要组成部分。

第二节 非遗保护视角下的信息资源建设

随着计算机技术与网络技术的迅速发展以及网络的大范围普及，社会信息化进程不断加速，数字化技术已经成为非遗保护、传承与经济开发的重要手段。因此，从非遗保护的视角出发，探讨数字化技术在非遗保护工作中的应用，也是非遗信息资源建设的重要研究方面之一。

研究发现，抢救性、生产性、生活性及开发性保护是当前非遗保护的主要研究视角，抢救性保护是对濒危遗产开展的一种应急性保护措施；生产性保护是一种借助生产、流通、销售等手段，将非遗及其资源转化为文化产品的延续性保护方式；生活性保护旨在推进非遗作为人类存在方式、生活方式的延续性、合法性与合理性；而开发性保护则是非遗文化创新与发展并实现民族文化产业化经营的重要途径。因此，本节聚焦非遗保护四类视域下的非遗信息资源建设，目的是更好地保护和利用非遗资源，实现对非遗信息资源进行开发与再次利用。

一、非遗抢救性保护与信息资源

2005年颁发的《国务院办公厅关于加强我国非物质文化遗产保护工作的意见》（国办发〔2005〕号）确立了"保护为主，抢救第一，合理利用，传承发展"的非遗保护方针,其中"抢救第一"不仅切合我国非遗保护工作的实际情况,还能挽救一大批濒临消亡的非遗项目。在各国政府和世界人民的共同推动下,非遗文化得到了有效保护、传承与发展,并使一些濒危遗产通过及时抢救性保护措施,改变了其濒危状态,步入了传承轨道。

(一) 非遗抢救性保护相关研究

在理论层面,学界对抢救性保护的研究主要分为两个方面。一是通过调查、搜集、整理和研究,以文本、多媒体等多种数据格式进行存档保护。如黄永林提出融合虚拟现实技术、3D复原技术、知识可视化技术等多种数字化技术实现非遗抢救性保护;[①] 周耀林指出非遗建档保存的必要性,并提供了相应的技术选择方案。[②] 另一是通过确定濒危遗产项目及代表作与传承人名录体系,对如何资助扶持代表性传承人、抢救濒危项目提出了解决方案。这类研究大多从具体非遗项目出发,对所涉及的基本信息、技艺作品、传承人信息、实物产品等进行记录,并提出相应的保护措施。[③]

尽管抢救性保护的方针已在非遗数字化资源建设及其保护中多次提及,但现有研究与实践仍存在三方面的问题。其一,从理论上,并未对非遗抢救性保护现状进行全面梳理,更缺乏对非遗数字化抢救与保护现状的系统分析;其二,从方法上,以拍照、录音、录像等为代表的传统数字化方式,已不能满足当前非遗数字化抢救与保护的深度需求;其三,在实践中,当前非遗抢救性保护实践缺乏导向,许多濒危非遗由于认知度较低等问题,其抢救性保护程度与级别甚至不如普通非遗项目。

(二) 非遗数字资源长期保存研究现状

数字资源长期保存活动是为了保存人类的文化遗产,为公众提供持续服

---

① 黄永林,谈国新.中国非物质文化遗产数字化保护与开发研究 [J].华中师范大学学报(人文社会科学版),2012,51(2):49-55.
② 周耀林,王璐瑶,赵跃.非物质文化遗产档案可视化的实现与保障 [J].中国档案,2016(6):66-67.
③ 叶鹏,周耀林.中国非物质文化遗产项目代表性传承人名录的现状与发展 [J].牡丹江大学学报,2013,22(11):9-12.

务,并为未来提供历史证据;① 而非遗作为世界人民劳动与智慧的结晶,对其实现数字化并予以长期保存,是非遗项目及其文化精髓得以传承与传播的重要途径。国内外具有代表性的数字资源或数字遗产长期保存项目,如澳大利亚的 PADI 项目、德国的 NESTOR 项目、欧洲的 NEDLIB 项目、美国的 NDIIP 计划、Portico 电子存储项目、日本的 WARP 项目等,② 为建立非遗数字资源长期保存体系提供经验借鉴与可行方案。国内的相关研究主要聚焦于非遗信息资源建设现状,大致可将其按照存储方式的不同分为三种类型。

1. 建档式保存

建档式存储可以按照非遗的项目类型、保护级别以及传承人等进行分类存储,从而达到长期保存的目的。李姗姗、周耀林将其定义为"通过拍照、录音、录像等方式将其固化至一定载体,形成实物档案以供整理、保管和利用"③。但这种方式通常忽视了其赖以生存的文化空间特性,缺乏对非遗的原真性保存。

2. 数据库保存

数据库存储是将非遗资源以结构化数据的形式统一录入构建的数据库中,通过数据库的保存和处理,使非遗信息有序化,有利于对非遗资源的长期保存。④ 该方式缺乏数字资源描述与组织标准,容易造成信息孤岛。

3. 网络保存

谭宏认为我们应该充分利用互联网的优势,在建立非遗数据库的基础上,进一步建立教育网站、在线图书馆、数字博物馆等网络平台。⑤ 杜丽丽、

---

① 吴振新.数字资源长期保存可信赖认证研究发展综述 [J].中国图书馆学报,2015,41(217):114-126.
② 郭红梅,张智雄.欧盟数字化长期保存研究态势分析 [J].中国图书馆学报,2014,40(210):120-127.
③ 李姗姗,周耀林,戴旸.非物质文化遗产信息资源档案式管理的瓶颈与突破 [J].信息资源管理学报,2011(3):73.
④ 翟姗姗,许鑫,夏立新,等.语义出版技术在非遗数字资源共享中的应用研究 [J].图书情报工作,2017,61(2):23-31.
⑤ 谭宏.利用互联网传播非物质文化遗产的思考 [J].新闻爱好者,2010(14):56-57.

周宇龙则提出应用云计算、希捷存储等技术方案来实现非遗数字资源长期保存系统。①

综上所述,由于非遗保护的完整性、本土性、真实性需求,非遗数字资源长期保存策略并非只是一般的数字资源描述、组织、存储策略。目前数字资源长期保存方面的研究有很多,但却鲜有涉及非遗数字资源长期保存问题。

总体来说,国内外对非遗抢救性保护非常关注,并已认识到数字化方法因其无破坏性等优势,逐渐成为非遗抢救保护的重要技术手段。但由于非遗信息资源的复杂性及其文化空间的活态性,使其数字化本身就存在一定困难,以至非遗抢救性保护的数字化战略的推行存在较大的困难。数字资源长期保存作为一种有效的数字化存储手段,一方面为非遗抢救性保护的实现提供了优质数据来源,另一方面可以弥补非遗抢救性保护时存在的诸如资源异构、存储方式单一、保护级别优先级未界定等问题;故在分析非遗抢救性保护现状的基础上,运用SWOT战略框架,对我国非遗抢救性保护中实施的数字化战略进行全面分析,并制定出为实现非遗抢救保护而开展的数字资源长期保存策略。

二、非遗生产性保护与信息资源

非遗是文化遗产的重要组成部分,是中华民族和全人类不可或缺的重要文化财富。② 近年来,我国响应联合国教科文组织发起的全球性的非遗保护行动,政府有关部门及社会组织从不同角度、不同方式参与到这项工作中。③

生产性保护是近年来我国倡导的非遗保护方式之一,其并非简单的产业化。生产性保护是指"在具有生产性质的实践过程中,以保持非遗的真实性、整体性和传承性为核心,以有效传承非遗技艺为前提,借助生产、流通、销售

---

① 杜丽丽,周忠伦.浅析云计算环境下非物质文化遗产保护系统的构建[J].神州,2012(17):10-11;周宇龙.数字化存储保护文化遗产北京大学社会学系采用希捷存储方案[J].数码影像时代,2014(10):40-41.
② 王云庆.图书馆等文化事业机构保护非物质文化遗产的措施[J].图书情报工作,2007,51(8):132-135.
③ 汪向明.图书馆保护非物质文化遗产优势分析[J].图书馆工作与研究,2010(3):19-21.

等手段,将非遗及其资源转化为文化产品的保护方式"①。近几年关于非遗保护方面的文章很多,但是针对生产性保护方面的文章,尤其是高质量的文献成果较少。当前,关于生产性保护的研究主要从以下角度展开。

1. 针对具体的非遗开展研究

非遗生产性保护方面的很多文献是以具体的非遗项目作为切入点,从其现状或者困境出发,揭示生产性保护的重要性,并提出相应的生产性保护策略。如陈玉、韩波阐述了鲁锦工艺的发展潜力以及现有的困境,指出鲁锦进行生产性保护的必要性。② 高扬元、孔德祥分析了合川峡砚"非遗"保护与传承中存在的问题及其原因,进而提出合川峡砚生产性保护的具体措施。③ 邓军在其田野调查所得数据基础上,对自贡彩灯制作技艺的生产性保护方面的经验以及出现的问题进行总结。④ 同时还有其他学者,如杨玢⑤、田艳⑥、詹一虹⑦等针对某些省份和地区非遗发展现状,提出生产性保护相应的策略。

2. 对生产性保护的模式和方法的探究

唐芒果、孟涛提出政府主导下的公益性开发路径、市场主导下的文化产品经营路径、文化生态主导下的示范区建设路径等生产性保护模式。⑧ 李远龙、曾钰诚提出在黔南非遗的生产性保护中需要建立健全少数民族文化旅游、工艺品制造、影像制品开发、影视文学版权、文艺演出五大产业发展形

---

① 中华人民共和国文化部.文化部关于加强非物质文化遗产生产性保护指导意见 [N].中国文化报,2012-02-27(1).
② 陈玉,韩波.鲁锦产品的开发与手工技艺生产性保护 [J].山东社会科学,2012(5):91-94.
③ 高扬元,孔德祥.传统技艺非物质文化遗产之生产性保护探究 [J].重庆大学学报(社会科学版),2015(3):158-163.
④ 邓军.传统手工艺类非物质文化遗产生产性保护的经验与反思:以自贡彩灯制作技艺为例 [J].四川理工学院学报(社会科学版),2016(1):86-99.
⑤ 杨玢.青海省非物质文化生产性保护与传承途径探微 [J].兰台世界,2014(5):115-116.
⑥ 田艳.试论贵州非物质文化遗产的生产性保护 [J].贵州民族研究,2014(1):13-17.
⑦ 詹一虹,龙婷.荆楚非物质文化遗产的生产性保护研究 [J].湖北民族学院学报(哲学社会科学版),2015(6):5-11.
⑧ 唐芒果,孟涛.武术非物质文化遗产传承人生产性保护模式及其路径研究 [J].南京体育学院学报(社会科学版),2016(5):13-18.

态。① 陈俊秀通过实地调研分析，论证了新型城镇化背景下对非遗文化进行生产性保护的可行性，并提出了动态保护利用模式的构想。②

3. 在宏观层面研究非遗发展中出现的问题及对策

刘晓春、冷剑波指出非遗生产性保护出现的一些问题，如现代化生产对传统工艺有明显的冲击，优秀人才断层严重，政府缺乏具体有效措施，支持力度不够等。作者认为生产性保护并不等同于产业化，并且需要妥善处理本真性、整体性、传承与创新。③ 鲁春晓分析了在生产性保护推进过程中所遇到的诸如知识产权保护不适用等一系列问题，提出切实确保生产性保护实践健康发展的具体措施。④ 季中扬、胡燕面对传统民间艺术生产性保护中过度商业化及原有文化功能被削弱等难题，指出解决的关键在于明确传统民间艺术生产性保护的主体，形成民间艺术生产性保护的良性机制。⑤

综上所述，生产性保护的研究多结合具体的非遗保护和开发现状，主要集中在生产性保护重要性、具体措施、保护模式和方法、保护中出现的问题及解决的对策等方面，较多采用田野调查、访谈法、定性描述等研究方法。可以看出，非遗生产性保护的方法大多是结合旅游或者是当地有特色的民俗活动，使非遗商业化、产业化，从而带动地方经济的发展。

三、非遗生活性保护与信息资源

当今，中华传统文化的整合与交融、保护与变迁、传承与创新日益呈现出媒介互动、联动、融合的趋势。通过口语传播、行为传播、艺术传播和仪式传

---

① 李远龙，曾钰诚.产业与数字：黔南少数民族非物质文化遗产生产性保护研究［J］.中南民族大学学报（人文社会科学版），2017（4）：64-68.
② 陈俊秀.非物质文化遗产的生产性保护利用模式研究［J］.学习与实践，2015（5）：118-123.
③ 刘晓春，冷剑波."非遗"生产性保护的实践与思考［J］.广西民族大学学报（哲学社会科学版），2016（4）：64-71.
④ 鲁春晓.非物质文化遗产生产性保护研究［J］.东岳论丛，2015（7）：78-82.
⑤ 季中扬，胡燕.传统民间艺术生产性保护的模式、难题及策略［J］.学习与实践，2016（1）：127-133.

播等综合媒介形式,能够加强人们对优秀传统文化的感知、理解与互动,有效地促进人们保护和传承优秀传统文化的自觉性和积极性。[①] 探索非遗的传播特点,可以使非遗更好地融入人们生活、做好非遗生活性保护工作,真正地实现非遗的延续与传承。

1. 非遗保护实践现状

非遗是指各族人民世代相传并视为其文化遗产组成部分的各种传统文化表现形式,以及与传统文化表现形式相关的实物和场所。非遗的保护主要是活态保护,而活态保护的关键是传承人。[②] 长久以来,非遗都是由传承人传承的。然而随着遗产濒危程度的加剧,逐渐形成了以政府为主导,学界、商界、新闻媒体等多方参与的非遗保护主体,保护主体可负责非遗的宣传、推动、弘扬等,但不宜直接参与到非遗传承工作中。[③] 因此倾听传承人的真实想法,有助于非遗的保护和传承,且非遗保护活动在注重对非遗稳定性的延续与保护的同时,还应兼顾其变化属性,[④] 即:非遗是现实中的人鲜活地传承和使用的生活文化,它是在不断创造、变异和调适的过程中才得到绵延不绝地传承的,对它的保护必须要以承认和尊重文化的创造性为前提。[⑤]

联合国教科文组织于 1992 年发起的世界记忆工程及世界各国的积极响应,为非遗保护提供了很好契机并累积有丰富非遗资源;[⑥] 而鉴于当前民众对非遗及其保护的认知水平,图书馆有责任担当使命且应重点关注弱势文化及其主体。[⑦] 在国内,由政府主导的非遗保护活动源自 2003 年 1 月启动的中国民族民间文化保护工程,时至今日也已发展成具有广泛影响的社会文化活动,伴随着民族文化主权意识不断增强,非遗保护必将深入发展。近年来我国实现了"非

---

① 黄淑敏.传承优秀传统文化的媒介策略 [EB/OL].(2017-05-04) [2017-12-12].http://www.cssn.cn/zx/bwyc/201705/t20170504_3507481.shtml.
② 冯骥才.灵魂不能下跪:冯骥才文化遗产思想学术论集 [M].银川:宁夏人民出版社,2007.
③ 苑利.非物质文化遗产保护主体研究 [J].重庆文理学院学报(社会科学版),2009,28(2):1-8.
④ 马知遥.非遗保护的困惑与探索 [J].民俗研究,2010(4):44-52.
⑤ 安德明.非物质文化遗产保护的中国实践与经验 [J].民间文化论坛,2017(4):17-24.
⑥ 翟姗姗,许鑫,孙亚薇,等.记忆工程视野下的非遗数字化存档保护研究 [J].图书与情报,2017(4):47-53.
⑦ 刘伟华,许静华.图书馆非物质文化遗产保护研究 [J].图书馆工作与研究,2016(7):27-30.

遗保护工作从'抢救保护、建章立制'的基础工作阶段转入'巩固抢救保护成果，提高保护传承水平'纵深发展阶段的一次大跨步"。[①]

2.非遗传播相关研究

尽管我国非遗保护已取得不错成就，但是依然不能摆脱"文化搭台，经济唱戏"的模式，其面临的最大困境是如何让"非遗"在保护传承中避免"价值中空，失魂落魄"，其中物化、表层化、碎片化现象严重，而精神、观念层面缺失。[②] 学者研究表明互联网技术的应用，使得跨时空非遗文化氛围的营造和追随成为可能，在新媒体环境下融合网络社区力量，可为非遗保护和传承厚植土壤，促使非遗的精神价值得以回归。随着社会历史语境的变化，非遗的传播状况正在悄然改变，已形成了以亲身传播、实物传播、大众传媒传播、新媒体传播为主的多种传播方式；但无论何种方式（尤其是后两种）均因需经揭示、整理等流程而可能失去部分本真的魅力，主要表现为内涵的弱化、极易微观化。[③] 这大多是从非遗的横向的宣传维度进行传播，而纵向的传承维度则体现在非遗传承人的传播，大致可分为族群内的技艺传习、展演式传播、媒介式传播三种类型。[④]

与此同时，非遗作为传播中华传统文化的重要载体，探索其对外传播的内容、形式等，也受到了学界关注。[⑤]

四、非遗开发性保护与信息资源

随着经济的发展和物质生活水平的提高，精神愉悦已经成为我国人民的生活

---

① 王学思.开创非遗当代传承发展的生动局面[N].中国文化报，2017-10-16(1).
② 钟进文，范小青.新媒体视角下的"非遗"保护与传承观念新探：以裕固族为例[J].西北民族研究，2017(2)：175-182.
③ 王诗文，陈亮.非物质文化遗产传播特点及策略研究[J].淮南师范学院学报，2015，17(1)：22-25.
④ 孙信如，赵亚静.非遗传承人的传播实践和文化建构：以大理石龙白族村为研究个案[J].当代传播（汉文版），2017(3)：21-24.
⑤ 喻旭燕，蔡亮.文化阐释与叙事呈现："非遗"对外传播的有效路径研究[J].浙江学刊，2016(2)：220-224.洪莉.生态翻译关照下的泉州非物质文化遗产英译[J].湖南科技学院学报，2014，35(9)：148-151.

追求之一，富含人文意味的文化旅游也受到越来越多的关注。近年来，非遗作为一种重要的文化遗产资源，受到学者的青睐，而非遗旅游也已经成为国内外学术界的研究热点。国际上，非遗旅游研究主要包括：非遗旅游的开发，[①] 非遗旅游的管理，[②] 非遗保护与旅游之间的关系，[③] 旅游对非遗保护开发的影响，[④] 非遗与旅游目的地管理的关系，等等。国内的关于非遗旅游开发的研究主要集中在理论研究层面，[⑤] 包括：其一，非遗旅游开发模式，阚如良、王桂琴等人在研究非遗资源特点和旅游开发策略的基础上，归纳出关于传统手工技艺类非遗资源开发的"主题村落再造"的旅游开发模式。其二，价值评价体系，张希月、虞虎等人对非遗资源开发研究进行梳理，从中构建了非遗资源旅游开发价值评价指标体系，为旅游地非遗资源筛选提供科学依据。其三，地理空间分布，李蕊蕊、赵伟等人运用定量统计及空间分析方法，对福建省非遗资源的地理空间分布特征进行了分析，探讨了影响空间分布的因素，为旅游开发和非遗传承提供参考。然而，非遗也是文化旅游的重要元素，文化旅游是开发和传承非遗文化的关键途径，现有研究较少从非遗与文化旅游相结合的角度来探讨非遗旅游开发，尤其缺乏基于游客感知视角的非遗文化旅游开发研究。作为一种重要的文化资源，非遗本身就蕴含了深刻的文化内涵，符合文化旅游中游客对精神和文化享受的追求；而基于游客视角的研究，更能发掘游客在文化旅游过程中对于非遗资源的真正需求，更好地进行非遗资源开发，达成非遗保护、开发和传承的目标。

---

① GONZALEZ M V. Intangible heritage tourism and identity [J]. Tourism Management, 2008, 29(4): 807-810.
② MCKERCHER B, HO P, CROS H D. Relationship between tourism and cultural heritage management: evidence from Hong Kong. [J]. Tourism Management, 2005, 26(4): 539-548.
③ YI W, BRAMWELL B. Heritage protection and tourism development priorities in Hangzhou, China: a political economy and governance perspective. [J]. Tourism Management, 2012, 33(4): 988-998.
④ KIPER T, USLU A. Effects of tourism on cultural heritage: awareness of local people in Beypazari, Ankara. [J]. Journal of Tekirdag Agricultural Faculty, 2006, 3(3): 305-314.
⑤ SOTIRIADIS M. Pairing intangible cultural heritage with tourism: the case of Mediterranean diet [J]. Euromed Journal of Business, 2017, 12(3): 269-284. 阚如良, 王桂琴, 周军, 等. 主题村落再造: 非物质文化遗产旅游开发模式研究 [J]. 地域研究与开发, 2014, 33(6): 108-112. 张希月, 虞虎, 陈田, 等. 非物质文化遗产资源旅游开发价值评价体系与应用: 以苏州市为例 [J]. 地理科学进展, 2016, 35(8): 997-1007. 李蕊蕊, 赵伟, 陈静. 福建省非物质文化遗产结构及地理空间分布特征 [J]. 地域研究与开发, 2014, 33(6): 97-102.

第三节　图书馆参与非遗保护的现状研究

作为文化遗产重要组成部分,非遗素有"文化活化石"之称,被看作是"民族的情感基因",也是"我们今天与过去的沟通渠道"。① 公共图书馆的社会职能在 1975 年被国际图联归纳为保护人类文化遗产、开展社会教育、传递科学信息、开发智力资源四个方面,其中保存文化遗产的职能可以算是图书馆的一项最古老职能。而在 2009 年 10 月联合国教科文组织和国际图联共同发表的《多元化图书馆宣言》更是明确了图书馆服务的使命,其中就包括"保护语言和文化遗产,支持使用各种有关语言进行表达、创作和传播;支持对口头传统和非遗的保护"② 两条。所以从某种意义上来说,图书馆与"非遗"保护有着天然的内在关系。

根据国际《保护非物质文化遗产公约》的规定,非遗"保护"是指采取措施,确保非遗的生命力,包括遗产各个方面的确认、立档、研究、保存、保护、宣传、弘扬、承传和振兴,这其中有很多环节需要图书馆、档案馆、博物馆等文化机构大力协助和配合。例如:确认过程中需要参考图书馆保存的有关资料和信息,以确保历史真实、传承悠久;立档过程要通过搜集、记录、分类、编目等方式为申报项目建立完整的档案;而保存过程则涉及利用文字、录音、录像等多媒体数字化手段对保护对象进行真实、全面、系统地记录;保护环节更是需要使用各种具体的办法使得"非遗"项目及其智力成果得到保护、传承和发展③。图书馆作为知识的收集者和传播者,理应在开发和保护非遗方面作出贡献。

图书馆学作为信息资源管理学科的一部分,是指导图书馆工作的理论思

---

① 王云庆.图书馆等文化事业机构保护非物质文化遗产的措施 [J].图书情报工作,2007,51(8):132-135.
② IFLA. The Multicultural Library a gate way to a cultural diverse society in dialogue [EB/OL].[2014-08-10].http://www.ifla.org/publications/iflaunesco-multicultural-library-manifesto.
③ 王云庆.图书馆等文化事业机构保护非物质文化遗产的措施 [J].图书情报工作,2007,51(8):132-135.

想,如何发挥好图书馆信息管理职能,做好图书馆非遗信息保护工作是本节关注的重点。因此,本节从分析图书馆参与非遗保护工作的实践入手,探究其非遗数字资源建设与利用现状,从而对图书馆非遗保护工作进行评述,最终为当前我国图书馆的非遗保护工作提供优化思路。

一、图书馆参与非遗保护的实践

图书馆有着保存人类记忆,积累人类代代相传的知识,传承人类文明的职能。在非遗保护和传承中有相当重要的一部分工作是知识的整理、保存和传播,而另外很重要的一部分工作是对非遗项目的宣传、推广和教育,图书馆在其中发挥着重要作用。

1. 图书馆在"非遗"保护的文献资料整理、数字资源建设等方面的工作

首先,有很多图书馆主动参与"非遗"项目的申报调研。图书馆从诞生之日起就把保护文献典籍作为使命,图书馆保存文献的完整程度是其他任何机构无法比拟的,所以图书馆可以在"非遗"项目申报认定环节充分发挥文献信息资源的保障功能。一些地方图书馆尤其可以发挥其馆藏的地方文献特色和在民间信息资源加工、整理和开发中积累,深度介入各地的非遗申报工作。2013年山东省图书馆在"文化遗产日"期间公布"非遗"和古籍保护成果,整理"非遗"项目超4万项,[1] 而早在2006年成都图书馆就率先在全国建立了首家地方性"非遗"数字博物馆——成都非物质文化遗产数字博物馆,网站采用文图、音影等多种方式全面、立体、生动地展示了成都"非遗"项目的丰富多样和独特魅力。[2]

2. 图书馆对"非遗"项目的宣传和推广

"图书馆开展的非物质文化遗产展览能够把典籍和现实联系起来",在国家

---

[1] 王红军.山东公布非遗和古籍保护成果整理非遗项目超4万项 [EB/OL].(2013-06-07) [2020-12-01].http://www.cntour2.com/viewnews/2013/06/07/ODpI9E2MP3QEt31xphNY0.shtml.
[2] 王嘉,杨永赤.世界"非遗"保护大会有望在成都召开 [Z/OL].(2007-07-01) [2014-07-05].http://news.sohu.com/20070701/n250849795.shtml.

图书馆举办的"丝绸的记忆——中国蚕丝织绣暨国家级非物质文化遗产项目特展"上，国家图书馆馆长周和平如是介绍道，他还进一步透露，国家典籍博物馆将于2014年开放，这是国内首家典籍博物馆，"国家图书馆藏有各类典籍3 000多万册、古籍300多万册、善本100多万册，有大量的文化需要挖掘和整理。国家图书馆将努力把现实生活中的非遗和历史典籍紧密联系起来，让社会大众进一步了解非遗的悠久历史，唤起全社会保护非遗的意识"。① 在与北京南北呼应的上海，上海市中心图书馆专门开设了非遗分馆。2011年6月上海市中心图书馆非遗分馆以"非物质文化遗产保护""上海地方历史文化"为主题，依托上海图书馆的资源与技术优势建立起主题图书馆，除为公众提供免费阅览、视听服务外，其建立的"上海故事非遗展厅"，作为上海市首批13家"上海学子非遗展馆行"活动场所之一向18周岁以下中小学生免费开放，并为携带非遗护照的参观者加盖纪念章，② 对上海的"非遗"项目进行宣传和推广。

3. 图书馆围绕"非遗"开展教育培训

已经有越来越多的图书馆把非遗作为其开展社会教育的主题之一，如2011年深圳沙头角图书馆举办的"端午节与非遗保护"讲座、2012年起济南市图书馆推出的"非遗"保护系列光盘讲座、2013年宁波市图书馆的"浙江曲艺'非遗'项目的传承与保护"讲座等，都曾经被广泛报道和关注，取得了很好的社会反响。

除了以自身为主开展"非遗"资源建设、宣传推广和教育培训方面的工作外，不少图书馆还主动与其他机构协作，利用其空间优势为各类"非遗"活动提供场地以及其他支持。比如2010年上海市普陀区图书馆在其馆内举行了上海非物质文化遗产系列活动启动仪式，推出了首批上海市国家级"非遗"项目丛书和系列专题片，还开通了"上海非物质文化遗产网"；新疆自治区非物质

---

① 屈菡."丝绸的记忆：中国蚕丝织绣暨国家级非物质文化遗产项目特展"在国家图书馆开展.[EB/OL].(2013-12-31)[2020-12-01].http://politics.people.com.cn/n/2013/1231/c70731-23988257.html.
② 曹玲娟.上海市中心图书馆非物质文化遗产分馆开馆[EB/OL].(2011-06-15)[2020-12-01].http://roll.sohu.com/20110615/n310273548.shtml.

文化遗产保护研究中心和新疆维吾尔自治区图书馆共同承办了 2012 年新疆文化产业暨"非遗"生产性保护论坛；国家文化部与民政事务局也曾在 2013 年在香港"中央图书馆"举办"根与魂——贵州非物质文化遗产展演"。①

二、公共图书馆非遗数字资源建设与利用现状

在上述实践中，资源建设尤其是数字资源建设是图书馆参与非遗保护的最重要实践之一。我国已经建成了相对完善的各级公共图书馆服务体系，大部分县市以上级图书馆已具有一定规模，常常会涉及与非遗项目有关的各类数字资源建设。本节通过对我国现有的 78 个市级及以上公共图书馆进行网络调研，发现涉及非遗数字资源（非遗数据库）相关的图书馆有 28 家，其中 9 家图书馆（分别为山西省图书馆、吉林省图书馆、长春市图书馆、安徽省图书馆、桂林图书馆、甘肃省图书馆、西安图书馆、广西壮族自治区图书馆、陕西省图书馆）虽建立了相关数据资源但无法网络访问，剩余 19 家图书馆的"非遗"数字资源见表 2-6。

对我国公共图书馆非遗数字资源建设的情况进行归纳总结，可以发现：

第一，从参与非遗数字资源建设的公共图书馆数目来看，仅有部分公共图书馆参与，这是远远不够的。在本节调研的 78 家市级及以上公共图书馆中，真正能够访问到非遗相关数字资源建设的图书馆仅有 19 家，不到总数的 1/4，可见公共图书馆要不要以及如何参与非遗数字资源建设并未形成共识，部分有所动作的图书馆还是以自发为主。非遗相关数字资源一般在特色资源库、自建数据库、"××记忆"工程等栏目下，也有部分资源（专题库）以独立网站形式展现和运行。

第二，从公共图书馆非遗数字资源建设的内容来看，多以本地相关的非遗项目介绍为主，但是在栏目设计、内容组织、详实程度等方面差异较大。栏目设计上各家各成体系，有些甚至是有体系结构没有具体内容，内容组织上也缺

---

① 中新社.贵州非物质文化遗产展览在香港展出［EB/OL］.(2013-06-07)［2020-12-01］.http://news.sohu.com/20130607/n378350266.shtml.

表2-6 公共图书馆非遗数字资源列表

图书馆名称	非遗相关数字资源	内 容 特 点	功 能 与 展 现	网络链接（URL）
首都图书馆	北京记忆－中国"非遗"系列专题片视频	以首图近百年馆藏为依托的北京历史文化资源性网站，共有67个专题纪录片	涉及非遗内容以视频、音频表现形式为主	http://www.clcn.net.cn http://www.bjmem.com/bjm（馆内访问）
河北省图书馆	河北戏曲、民间遗产、河北杂技、手工技艺、唐山皮影等特色资源库	以河北戏曲为例，总体介绍各种戏曲均有具体资源内容，包括代表人物介绍、代表作品、资源创建列表、音视频点播等	资源分类列表以表格形式呈现，文字配有图片、有音视频表现形式	http://www.helib.net/gczy/node_261.htm
内蒙古图书馆	蒙古族文化艺术资源库	对蒙古族舞蹈、音乐、服饰、文化、以及乌兰牧骑等内容进行了全面介绍	整体以Flash动画表现，有文字、图片以及视频多种形式，支持关键字检索	http://www.nmglib.com/szzy/tszy/
黑龙江省图书馆	少数民族非遗项目	赫哲族鱼皮制作技艺、分保护历程、人物传记、鱼皮文化、制品、制作技艺等	Flash动画进入、网站呈现融合了文字、图片、视频	http://www.hljlib.cn/fwzwh/index.html
山东省图书馆	山东省非遗数据库	内容按照民间文学、音乐、舞蹈、杂技、节令、习俗、美术、手工技艺等分类，进入后有各个地区的具体非遗项目	支持项目名称、传承人、申报地区的检索，以文字介绍为主	http://www.wenhua.sd.cn/culture/bequest/web/index.jsp
浙江省图书馆	越剧资料库、绍剧资源库、浙江记忆、浙江文化共享工程地方特色数据库等	以越剧资料库为例，内容分为越剧剧目、流派唱腔、越剧音乐、越剧表演、名家新秀、舞台美术、越剧机构、演出习俗、越剧戏台等	导航树形式呈现比较清晰，具体内容分类采用表格形式，只有文字介绍。（绍剧资源库全面配有文字、视频、音频等）	http://diglweb.zjlib.cn:8081/zjtsg/yjzlk.htm http://gxgc.zjlib.cn:8081/pub/shaoju/index.htm（馆内访问）

第二章 国内非遗研究现状　37

续表

图书馆名称	非遗相关数字资源	内容特点	功能与展现	网络链接（URL）
湖北省图书馆	非遗专题数据库	以各地申报材料为基础，收集并整理具有地方特色的文化遗产项目，涵盖前两批国家级非遗项目和部分省级非遗项目共计147项	支持名称检索，按照非遗类别分类，配有详细的文字介绍（涵盖名称、属地、简介、代表作品、特征等），支持视频欣赏	http://hbgxgc.library.hb.cn/Article/hbfwz/Index.htm
湖南图书馆	非遗资源库、地方戏曲资源库、中国古琴、民俗民风库等	以湖南非遗资源库为例，单独网站呈现，内容包含有非遗动态，并以非遗项目分类展现，内容非常详细	专题设计精致，分类导航清晰，有文字、图片、视频、动画、游戏等多种形式，提供项目名称检索	http://www.library.hn.cn/ http://www.library.hn.cn/msmf/
广西壮族自治区图书馆	非遗数据库、广西戏剧专题资源等	按照非遗项目分类组织内容，虽然建立了分类体系但很多栏目下还没有资料内容	网页整体设计有地方少数民族特色，支持题名、作者、关键词的检索，也可按照民间文学、民间音乐等分类查询	http://gxwh.gxlib.org.cn/fwz/index.asp http://gxwh.gxlib.org.cn/newxiju/xjzt.asp（馆内访问）
四川省图书馆	藏族唐卡数据库、绵竹木版年画数据库等	内容涉及概况、起源、分类、工艺、特点、代表作、艺术特色、发展历史、影响等	文字为主，配有图片，只有概述，页面较简单	http://www.sclib.org/imap/index1
沈阳市图书馆	非遗数字资源	内容组织分国家级、省级、市级，并按民间文学、传统音乐、舞蹈、美术、技艺等类别罗列	仅仅罗列名录，没有详细介绍，页面非常简单	http://www.sylib.net/fwz.html
青岛市图书馆	胶澳文化遗产、地方戏曲文化等	非遗项目介绍图文并茂，有视频库，评审专家论证会材料等内容	专题数据库配有文字、图片、音频、视频等	http://www.qdlib.net/
金陵图书馆	数字资源地方文献	资源层次分类详细，具体项目仅有概述、内容简单，不够充实	文字和图片介绍	http://www.jllib.cn/dr/dfwx/

续表

图书馆名称	非遗相关数字资源	内容特点	功能与展现	网络链接（URL）
苏州图书馆	民间文艺自建数据库	包括苏州戏曲、民间器乐、民间故事、江苏谚语、江苏歌谣、曲艺音乐、民间歌曲、江苏曲艺、民间舞蹈、民间音乐	分类详细，例如苏州戏曲下面还分成苏剧、昆剧、滑稽戏等，配有文字介绍、人物传记、剧目欣赏等	http://www.szlib.com/sztsg/sztsg/sztzyzjszzy/mjwy/index.aspx
温州市图书馆	泰顺木偶戏自建数据库，温州话资源库	按照概述、图片展、艺人介绍、动态信息、视频赏析等网站导航组织内容。其中温州话资源库还包括动态新闻信息实时更新内容	网站融合了文字、图片、视频。温州话资源库采用Flash展示，页面设计美观	http://wzhzy.wzlib.cn/ http://tsmox.wzlib.cn/
厦门图书馆	南音数据库、厦门民俗、厦门戏曲等（厦门记忆栏目）	列举了较多相关内容，但具体内容详实程度参差不齐，有些仅有简单介绍没有具体内容	可分类浏览，配有视频欣赏、网站比较简单，不过支持以题名、责任者、关键词、正文的检索	http://www.xmlib.net/gczy/tsgc/
广州图书馆	专题资源-民俗风情、中国少数民族、节日、服饰	此专题罗列了有关少数民族的方方面面的资料，包括少数民族的习俗、建筑风格、民族节日、服饰等	提供标题、正文、发布日期、来源检索，多以文字、图片资料展示，网页比较简单	http://www.gzlib.gov.cn/
成都图书馆	蜀风雅韵专题网站、国际非遗节专题网站、国际古琴节专题数据库	以蜀风雅韵为例，板块划分清晰，内容非常全面，包括非遗项目、新闻动态、政策法规、非遗论坛、古琴流韵等具体内容	各个专题富有特色，方便资料查询，网页设计美观	http://www.ichchengdu.cn/immaterial/ http://www.ich2007.org/ http://www.ichchengdu.cn/immaterial/guqin/
哈尔滨市图书馆	哈尔滨非遗项目	罗列了哈尔滨市有关的71项非遗项目，有项目名称、级别、类型、属地、传承人、保护单位、项目介绍等内容	静态网页设计，可以通过导航方便地查询非遗项目概况，配有图片展示	http://www.hrblib.net.cn:8105/tsk/ztwzzy/hrbfwzwhyc/index.html

第二章 国内非遗研究现状

少统一的内容规划和标准，如沈阳图书馆的非遗专题数据库仅罗列名录，没有任何详细介绍。另外，相当一部分网站内容属于一次性建设，缺少及时地、必要地更新，没有建成可持续发展的平台，如山东省非遗数据库全部更新集中于2008年11月和12月。

第三，从公共图书馆非遗数字资源建设的功能和展现来看，这些资源以展示为主，功能较弱。除极少数仅仅列表式的文字介绍外，绝大多数资源采用文字和图片展示，部分网站提供音频和视频展示，还有少数网站采用了Flash动画；但缺少交互，用户体验较差。在具体功能方面，大多数数字资源导航清晰，部分资源支持检索查询；但大多数是针对具体字段的简单检索，缺少组合检索和模糊匹配等机制。在网站采用具体技术方面，大多数后台支持数据库，相当一部分采用了SQL Server＋ASP的技术路线，少部分网站直接采用HTML静态网页形式。

第四，从公共图书馆提供非遗数字资源访问服务角度来看，现有状况不容乐观。在可检索到有非遗相关数字资源提供的28家公共图书馆中，有9家无法访问，在剩余19家中又有部分资源仅提供馆内访问，这与图书馆参与非遗保护的宣传推广和教育培训职责不相称。

三、图书馆非遗保护工作的推进

图书馆参与非遗保护不仅需要图书馆人的热情，更需要踏踏实实地沉下去，去思考、去学习、去调研、去行动。图书馆学研究者需要更加深入地去思考图书馆如何更好地参与到非遗保护中去，有什么样的理论或实践可资借鉴；数字时代也需要广大图书馆人去用拥抱数字技术，去了解和学习最新的信息技术，"工欲善其事必先利其器"；各级图书馆的实务人员在非遗保护中也应更多地走出图书馆，和基层民众，和非遗传承人更多沟通，只有基于对深入调研的更深理解才可能更有效地展开非遗保护工作；各级图书馆还应以多种形式推动非遗保护和传承，不仅仅是文献资源和数字资源的建设，还应以更贴近民众的方式去展示非遗，让普通民众更加了解非遗，更加了解图书馆，这一点其实也与图书馆自身的建设和发展息息相关。

基于此，通过调研分析我国图书馆参与非遗保护的现状，进一步结合国内外的一些最佳实践，发现当前我国图书馆的非遗保护工作可以从以下几个方面进行优化：

1. 进一步探索和优化图书馆参与非遗保护的模式及方法

一方面，应重视社会的认同和参与，鼓励更多的社会力量加入其中，大力鼓励各级图书馆参与非遗保护，鼓励数字图书馆建设与非遗资源数字化的结合，鼓励面向读者群众的服务和非遗宣传推广的结合。另一方面，图书馆、档案馆、博物馆都属于文化机构，都是非遗保护中非常重要的社会力量，也应加强协作，摆脱以往条块分割、重复建设的弊端，发挥各自优势，从不同方面深入开展非遗保护工作。

2. 图书馆参与非遗数字资源建设要充分借鉴现有成熟平台

向国内建设较为完善的非遗信息资源网站进行学习和开展合作，例如综合性的中国非物质文化遗产网（http://chinaich.com.cn/）、上海非物质文化遗产网（http://www.ichshanghai.cn/）和专题性的中国戏剧网（http://www.xijucn.com/）、中国昆曲网（http://www.chinakunqu.com/）等，这些网站不仅内容全面详实、组织清晰有序，而且有多样化的表现形式，特别注重资源和资讯的更新，同时还提供有效的交流平台，方便用户互动，对于图书馆参与非遗数字资源建设具有很强的借鉴意义。

3. 非遗数字资源建设中还应注重各类新技术、新方法的应用

图书馆运用现代数字信息技术参与到非遗信息资源建设中，对非遗进行数字化保存、开发、利用和传播是信息时代极具社会文化意义的战略举措。

第三章 非遗资源数字化建设

第一节 非遗数字化技术及其应用

在获取文献的基础上，本节从基础研究、技术研究、形态研究三个方面对国内外非遗数字化研究进展进行梳理，以期获得对未来研究与实践有益的启示。以上三方面分析框架的设定，涉及非遗数字化工作理论层面、应用层面与整体层面等方面问题。其中，基础研究主要着眼于非遗数字化的基础理论问题与原则方针问题的研究，为非遗数字化实践提供理论支撑；技术研究主要着眼于非遗数字化所涉技术的研究，为其提供技术支撑；形态研究主要着眼于非遗数字化最终成果形态（如数据库），影响着非遗数字化整体行动方案的设计。

一、非遗数字化基础研究

在非遗数字化的基础研究层面，国内外学者围绕非遗数字化的相关概念、原则、实施主体、综合影响和多视角研究展开了一系列探讨，这对非遗数字化的具体实施有现实指导意义，但是在一定程度上，现有的基础研究也存在针对性不足、研究对象不够全面、忽略文化视角等问题。

1. 非遗数字化概念

2009年，王耀希将"文化遗产数字化"定义为"文化遗产数字化就是采用数字采集、数字存储、数字处理、数字展示、数字传播等数字化技术将文化遗产转换、再现、复原成可共享、可再生的数字形态，并以新的视角加以解读，以新的方式加以保存，以新的需求加以利用"。[①] 随之，黄永林和谈国新[②]、卓么措[③]等人均借鉴王耀希的定义而将"非遗数字化"作如上定义。然而，该定义并非专门针对"非遗"数字化的定义，没有考虑到信息技术的更新换代，也缺少利益相关者要素(数字化实施主体、数字资源用户等)。随着数字化技术的发展，新的技术在非遗保护与传承上发挥的作用会有所不同，这也会对非遗数字化的概念与内涵产生影响。

非遗数字化概念的界定还存在另外一个问题。在非遗概念仍存在分歧的当下，[④] 必然会影响到对非遗数字化的界定。因此，亟需进一步探讨非遗概念，并在此基础上结合变化的技术环境、引入利益相关者等要素对非遗数字化概念及其内涵与外延进行深入探讨。这是影响到非遗数字化研究和实践的重要基础问题。

2. 非遗数字化原则

规范化的原则与策略可以为非遗数字化工作提供理论指导。杨红(Yang Hong)提出非遗数字化应采取以下策略：(1) 注意纪录片和声像档案的区别；(2) 关注数字对象的选择，而不是盲目的数字化；(3) 围绕非遗传承人实施数字记录，避免影响其生活，改善知识产权和隐私保护，使用现代网络技术来挖掘和反映其境况及非遗状况；(4) 认真选择数字保存格式和媒介；(5) 加强同相关知识与技术的结合，包括声像等技术。另外，杨红还提出四点原则：(1) 将非遗的动态过程从无形转化为可见是数字记录的核心内容；(2) 遗产相关的物体并

[①] 王耀希.民族文化遗产数字化[M].北京：人民出版社，2009：18.
[②] 黄永林，谈国新.中国非物质文化遗产数字化保护与开发研究[J].华中师范大学学报(人文社会科学版)，2012，51(2)：49-55.
[③] 卓么措.非物质文化遗产数字化保护研究[J].实验室研究与探索，2013，32(8)：226.
[④] 杨红.非物质文化遗产数字化研究[M].北京：社会科学文献出版社，2014.

非非遗保护和数字记录的核心；(3) 不同类别的非遗资源需要采用不同的数字手段；(4) 以传承人为核心来实施数字化工作。[1]

以上原则和策略对于数字化工作具有一定的指导意义，尤其是非遗数字化的核心内容应该是动态过程这一点，是非遗数字化与古建筑等物质文化遗产数字化的重要区别。在这里，杨红(Yang Hong)指出需要根据不同非遗选择合适的数字化手段；但是，如何选择合适的数字化技术，仍是目前研究的薄弱环节。

3. 非遗数字化主体

首先是非遗数字化的实施主体。研究者大都认为，图书馆、博物馆、文化馆、档案馆等文化机构应积极参与到非遗数字化工作中去；如邓爱东[2]、杨红[3]、海蒂·道丁(Heidi Dowding)[4]、斯特拉·恩戈齐·阿纳西(Stella Ngozi Anasi)[5]等。有效的合作机制对于非遗数字化工作顺利开展至关重要。美国图书馆学家戈尔曼(Michael Gorman)早在十年前就曾呼吁美国图书馆界要和档案馆、博物馆、美术馆、研究机构、表演团体等其他机构开展合作，共同制定文化遗产保护的标准、政策和工作流程等。[6] 这种协作不仅仅体现在不同机构之间，有时也需要不同国家和地区的协作。亚萨尔·托塔(Yasar Tonta)在对巴尔干半岛地区科学文化遗产的保存工作进行回顾后发现，该地区的国家在文化遗产数字化保存方面仍然缺少协同努力，无论是图书馆、档案馆、博物馆之间，还是在地区层面或国际层面，都需要进一步合作。[7]

---

[1] YANG H. The pros and cons about the digital recording of Intangible Cultural Heritage and some strategies [G]. The International Archives of the Photogrammetry, Remote Sensing and Spatial Information Sciences, 2015, XL-5(W7): 461-464.
[2] 邓爱东.我国公共图书馆非物质文化遗产数据库建设调研 [J].图书馆学研究, 2010(10): 36-39.
[3] 杨红.档案部门与非物质文化遗产数据库建设 [J].北京档案, 2011(3): 22-23.
[4] DOWDING H. The role of the national university in developing nations' digital cultural heritage projects [J]. OCLC Systems & Services, 2014, 30(1): 52-61.
[5] ANASI S N. Preservation and dissemination of women's cultural heritage in Nigerian university libraries [J]. Library Review, 2013, 62(8/9): 472-491.
[6] GORMAN M. The wrong path and the right path: the role of libraries in access to, and preservation of, cultural heritage [J]. New Library World, 2007, 108(11/12): 479-489.
[7] TONTA Y. Preservation of scientific and cultural heritage in Balkan countries [J]. Program: electronic library and information systems, 2009, 43(4): 419-429.

其次是非遗所在当地群体，其系非遗数字化所涉另一主体。并非所有当地居民都认为数字化是"复兴其文化、突显其声音、联结代际和其他原住民"[①]的手段。哈丁和布朗(Harding & Brown)也提及，信息社会与某些传统社群在对待非遗保护的问题上存在着截然不同的态度：信息社会认为采取数字记录措施可以防止文化消失，然而，某些传统社群则认为对其无形文化遗产的记录仅仅是对它的开发而非保护。[②]

对于不同主体的研究仍有许多问题需要解决，包括：如何建立不同实施主体的协作机制？不同主体（图书馆、博物馆、档案馆、非遗社群等）对非遗数字化的观念认知有何不同？如何根据非遗传承人及其所在社群的观念选择合适的技术手段及传播途径和范围？

4. 非遗数字化的综合影响

数字化为非遗保护、传承、共享与传播提供了新途径，甚至有人称"数字化与多媒体技术是非遗档案保存的最好方式"[③]。斯威茨(H. Thwaites)从信息角度、文化转变、多层传递、人类价值观等方面思考了文化遗产数字化所带来的变化。[④] 珍妮·纽威尔(Jenny Newell)以英国、澳大利亚和太平洋的遗产数字化工作为例，分析了数字化项目对于文化机构、研究人员、博物馆游客等不同主体的影响。[⑤] 然而，数字化也可能带来消极影响。马迪罗瓦和阿布沙利亚莫娃(Madirova & Absalyamova)认为信息技术有可能造成游客的减少以及随之而来的博物馆危机。王明月、宋俊华系统分析了非遗数字化在文化、制度和技术等方面的多层次风险，具体包括：本真性风险，即数字化的非遗不可能真实直观地再现非遗的原始面貌；语义风险，即数字化保

---

① SINGH S, MEREDITH B, O'DONNELL J. Digitizing Pacific Cultural Collections: the Australian experience [J]. International Journal of Cultural Property, 2013(20): 79.
② ARCHIBUGI D, FILIPPETTI A. The Handbook of global science, technology, and innovation [M]. London: Wiley-Blackwell, 2015.
③ 彭毅.非物质文化遗产档案的数字化保护 [J].档案与建设，2009(1): 46.
④ CH'NG E, GAFFNEY V, CHAPMAN H. Visual heritage in the digital age [M]. London: Springer, 2013: 327-348.
⑤ NEWELL J. Old objects, new media: historical collections, digitization and affect [J]. Journal of Material Culture, 2012, 17(3): 287-306.

护既要通过数字符号表达非遗的社会文化意义,也要保证这种符号能够为社群所理解;分类与评估风险,即存在为"先入为主的知识分类体系"和"大传统视域下的评价体系"的话语霸权;制度风险,即必须对多主体的权限做出界定。①

除此之外,知识产权也是不可忽略的问题。数字化减少了对数字媒介的控制,可能引发新的使用权、存取权等知识产权问题。② 米拉·布里·尼诺娃(Mira Burri Nenova)认为,数字化和网络传播所带来的一个问题是增加不正当使用风险。③ 文化产权学者约翰·亨利·梅里曼(John Henry Merryman)曾提出文化产权的三重模型,包括确保其物理保存、保护对它的公平解释、提供其公共获取。然而,在大规模数字化环境中,梅里曼的三重模型的适用度也发生了变化。尼尔·阿瑟·西尔贝曼(Neil Asher Silberman)就曾对数字时代的"文化数据"的"所有权"进行新的多重解读。④ 凯特·轩尼诗(Kate Hennessy)也认为,数字化促进了非遗的复制与传播,然而这极易引起文化产权的争论。因此,遗产工作者、数字化的参与者、社区成员要确保数字化项目具有协商和讨论的空间,要充分考虑到当地人对于遗产所有权和传播的多样做法,并长远规划最合适的存档形式和获取方式。⑤

从目前研究来看,学术界对非遗数字化影响的一般论述较多。但是,非遗数字化对不同主体(包括非遗传承人、非遗所在地、博物馆、图书馆、档案馆、数字资源用户等)的经济、社会、文化、教育等方面的综合影响,以及对可能带来的消极影响;如何尽可能地减少消极作用和规避风险,以及如何解决非遗

---

① 王明月.非物质文化遗产数字化保护的现状、问题与趋势 [EB/OL].(2015 - 11 - 24) [2020 - 12 - 01].http://www.cssn.cn/zk/zk_wh/201511/t20151124_2710505.shtml.
② Museums Australia Inc. Continuous cultures, ongoing responsibilities: principles and guidelines for Australian Museums Working with Aboriginal and Torres Strait Islander cultural heritage. [M]. Australia: Museums Australia Inc., 2005: 9.
③ NEWELL J. Old objects, new media: historical collections, digitization and affect [J]. Journal of Material Culture, 2012, 17(3): 287 - 306.
④ SILBERMAN N A. From cultural property to cultural data: the multiple dimensions of "Ownership" in a global digital age [J]. International Journal of Cultural Property, 2014(21): 365 - 374.
⑤ HENNESSY K. Cultural heritage on the Web: applied digital visual anthropology and local cultural property rights discourse [J]. International Journal of Cultural Property, 2012(19): 345 - 369.

数字化所带来的知识产权问题等等，都需进一步地系统研究。这也是大规模非遗数字化所要回答的基础问题之一。

5. 非遗数字化的多视角研究

非遗数字化不只是技术问题，也是文化问题、教育问题、社会问题。卓么措认为，文化遗产数字化不仅仅只是简单的技术利用，还包括对文化遗产资源的价值判断、保护抢救、跨学科的研究和合作，同时也是一个提高文化自信、自觉和文化创新能力的过程。① 赖守亮则从娱乐化和文化单极化的角度思考了非遗数字化的文化影响。他认为，由于数字化过程中过分的娱乐化、趣味化，可能对文化遗产的价值、博物馆的文化价值造成消解和损害，也有可能造成弱势文化来自"文化单极化"的挤压。② 常凌翀指出，要避免把文化保护完全交付给一种技术，以至于造成文化的数据化，要注意保持原汁原味，不可失去非遗自身的精神实质和独特魅力，要真实还原其生存空间与文化语境。③ 作者在这里实际上指出了非遗数字化的本质，即数字化是对蕴含其中的文化内核与精神传统的保存与传播，而不只是对外在形式与流程的复制。爱德蒙兹（Edmonds）等人则探讨了技术的民主性问题——便利了文化遗产信息的获取，减少了对信息持有和解释的控制。④

从文化视角讨论非遗数字化问题，有助于我们全面看待数字手段与非遗保护的关系，为非遗数字化原则、影响等方面的研究提供思考的切入点，为非遗数字化多视角研究提供借鉴。除此之外，还可以利用哲学、政治学、经济学、社会学、教育学等多学科知识，并采用跨学科方法对其进行多角度分析和解读，从而避免研究的单一向度，丰富其体系结构。

---

① 卓么措.非物质文化遗产数字化保护研究 [J].实验室研究与探索，2013，32(8)：226.
② 赖守亮.数字化手段在非物质文化遗产保护中应用的多维度思辨 [J].设计艺术研究，2014(1)：35-39.
③ 常凌翀.新媒体语境下西藏非物质文化遗产的数字化保护与传承探究 [J].西南民族大学学报(人文社会科学版)，2014(1)：39-42.
④ CH'NG E, GAFFNEY V, CHAPMAN H. Visual heritage in the digital age [M]. London: Springer, 2013：327-348.

二、非遗数字化相关技术

技术发展是非遗数字化的重要驱动力。就非遗数字化所采用的技术而言，目前主要有数据库技术、数字影像技术、3D、VR、AR、3S、数字动画技术、主题图技术、动作捕捉技术等。在这些技术里，数据库技术是运用最广泛的技术之一。除数据库技术外，下列技术也已经或者有可能广泛运用到非遗数字化工作中。

1. 数字影像技术

数字影像是用数字化技术手段创作的视频图像。在实践案例方面，敦煌莫高窟壁画保护便是一例。敦煌莫高窟壁画是著名的世界非遗，历经千年风沙和历史岁月的侵蚀，艺术原貌被严重破坏。以往长期采用传统临摹技术复制壁画图像，很难持久且没有保真性。20世纪90年代，对于莫高窟壁画的保护和开发，开始采用数字影像技术和多光谱成像技术。一方面完整记录并展现了古老的壁画；另一方面也最大限度地保护了洞窟内的自然环境，大大提高了参观质量。这样，既完整记录并展现了古老壁画，又最大限度地保护了洞窟内的自然环境，大大提高了参观质量。[①]

研究者大都认识到了数字影像对于非遗传承的重要意义，例如，周玉屏结合实际全面分析澧水船工号子的传承现状、数字影像在传播澧水船工号子中的作用、意义及措施等，指出数字影像技术对传承这一表演性不强的音乐类非遗具有重要意义。[②] 此外，一些研究者也就如何使这一技术更好地发挥作用进行了探索，例如，邵娣和吴冰心从提高从业人员拍摄水平和创作水平两方面改善高清数字影像在非遗保护中的作用。[③]

---

① 柴勃隆，王小伟，汤爱玲，等.多光谱摄影在莫高窟壁画现状调查及绘画技法研究中的初步应用[J].敦煌研究，2008(6)：54-57.
② 周玉屏.论音乐类非物质文化遗产的数字影像传播：以澧水船工号子为例[J].北方音乐，2013(5)：108.
③ 邵娣，吴冰心.高清数字影像在非物质文化遗产保护中的应用研究[J].宿州教育学院学报，2015(5)：43-44.

2. 3D 技术

3D 技术在古城的建模和数字复原、遗址修复、文化遗产教育等物质文化遗产保护领域运用较广，例如斯坦福大学"数字米开朗琪罗计划"①、故宫博物院与 IBM 合作的"虚拟紫禁城"项目、"丝绸之路"文化资源服务平台②等等。在非遗数字化实践方面，西藏"泽帖"的保护便采用了大量 3D 技术。"泽帖"是西藏山南地区泽当镇一种独有的纯手工精羊毛哗叽纺织产品，做工复杂，制作技术难度大，一旦失传将难再还原。今天，利用数字新媒体技术，把艺人制作过程中的全部文化状态和整个工艺流程通过三维动画技术完整转化成全媒体的数字文化形态。如果人们想了解和感受"泽帖"的制作工艺，只需进入网络空间，轻轻点击即可全景再现艺人制作"泽帖"的全过程。③

在学术研究方面，万会珍提出可以将 3D 运用到传统武术的传承与保护中。④ 谈国新、孙传明利用三维技术实现了土家族"撒叶儿嗬"的道具服饰、舞蹈技法、口头经验、表现形式、舞蹈空间场所的原生态再现。⑤ 安德烈·布拉斯蒂罗（Andres Bustillo）等人采用 3D、CAD、虚拟现实等技术开发了一个用于文化遗产教学的半沉浸式系统平台。⑥ 马塞罗·卡罗齐诺（Marcello Carrozzino）等人设计了一个 3D 虚拟交互平台用于展示意大利的传统技艺青铜塑像铸造古法的整个流程。该平台设计包括两大部分：第一部分是对雕塑铸造的全过程进行摄像和数字化；第二部分是包含不同交互层次和用户观察与决策的虚拟环境的

---

① LEVOY M, PULLI K, CURLESS B, et al. The digital michelangelo project: 3D scanning of large statues [EB/OL]. [2016-08-05]. https://graphics.stanford.edu/papers/dmich-sig00/dmich-sig00-nogamma-comp-low.pdf.
② 敦煌研究院.丝绸之路 [Z/OL]. [2016-08-06]. http://www.siluyou.org/index/main.html.
③ 常凌翀.新媒体语境下西藏非物质文化遗产的数字化保护与传承探究 [J].西南民族大学学报（人文社会科学版），2014(1): 39-42.
④ 万会珍,骆方成.非物质文化遗产保护中的传统武术与三维数字技术运用 [J].洛阳师范学院学报，2014，33(11): 95-98.
⑤ 谈国新,孙传明.信息空间理论下的非物质文化遗产数字化保护与传播 [J].西南民族大学学报（人文社会科学版），2013(6): 179-184.
⑥ BUSTILLO A, ALAGUERO M, MIGUEL I, et al. A flexible platform for the creation of 3D semi-immersive environments to teach cultural heritage [J]. Digital Applications in Archaeology and Cultural Heritage, 2015(2): 248-259.

实现。该平台可以使用户清楚地目睹塑像铸造的整个过程,并可以在铸造过程中任意停顿,以仔细分析每一个铸造细节。[①] 可见,3D技术在传统技艺、表演等非遗项目的传承中具有重要价值。不过,目前该技术仍主要用于物质文化领域,在非遗数字化研究与实践领域仍有宽广的应用空间。

3. VR与AR技术

虚拟现实技术(Virtual Reality,VR)使人能够沉浸在计算机生成的虚拟境界中,并能够通过语言、手势等自然的方式与之进行实时交互。上海世博会即运用了大量的VR技术,从世博园功能设计、工程规划、大型活动方案审改、客流量统计、安全保障,以及展览展示等方方面面都运用了VR等大量科技手段,成功地汇集了世界各地的生活理念和文化遗产。在VR研究上,代俊波提出利用VR技术为形式多样的满族非遗项目构建数字展览馆,[②] 通过素材收集、场景建模、交互设计、数据连接、打包发布构建出用户体验感受真实、效果贴近原貌的三维数字化展览馆,使内涵丰富、形式多样的满族非遗得以全面真实地展现。建成的数字展览馆能够通过互联网访问浏览,打破了时间和空间的限制。

增强现实技术(Augmented Reality,AR)是在VR基础上发展起来的新技术。它将虚拟数字信息叠加在现实环境之中,并通过显示设备将这种虚实融合的场景加以呈现,能有效增强体验者对真实世界环境的感知。目前国内外利用了增强现实技术的文化遗产数字化成果有Archeoguide项目[③]、数字圆明园增强现实系统[④]、敦煌莫高窟的应用"纯净之地:增强现实版"[⑤] 等。其中,Archeoguide项目是由EUIST支持并由一些欧洲组织参与的数字化项目,旨在

---

① CARROZZINO M. Virtually preserving the intangible heritage of artistic handicraft [J]. Journal of Cultural Heritage,2011(12):82-87.
② 代俊波.基于虚拟现实技术的满族非物质文化遗产数字展览馆的构建研究 [J].通化师范学院学报,2015(1):48-52.
③ ALMEIDAI L. Archeoguide:an augmented reality guide for archaeological sites [J]. IEEE Computer Graphics and Applications,2002,22(5):52-60.
④ 中视典数字科技.圆明园借助虚拟现实及增强现实技术"恢复"圆明园原貌 [EB/OL].(2012-10-19) [2016-07-30].http://www.vrp3d.com/article/cnnews/1101.html.
⑤ KENERDINE S. "Pure Land":inhabiting the Mogao Caves at dunhuang [J]. Curator:The Museum Journal,2013,56(2):199-218.

为文物遗迹提供可交互的、个性化的 AR 向导。该系统由计算机服务器、无线网络、个人数据助理(PDA)客户端组成，从而使游人可以在现场看到古迹复原的效果。在研究方面，余日季等以"黄鹤楼传说"为例，阐明了在非遗资源产业化开发过程中，AR 技术不仅可以弥补现有数字化手段的不足和缺陷，而且还能对非遗内容进行产业化开发，从而形成规模效应、社会价值和经济效益。[①]作者提出了基于 AR 技术的"黄鹤楼传说"非遗开发的技术路线，包括建立具有交叉学科背景的非遗资源产业化开发专业团队、黄鹤楼传说非遗内容的创意策划与产品转化途经研究、进行数字化的文化标识物创意设计、构建文化标识物图案数据库、进行数字文化内容创意设计、构建黄鹤楼传说非遗数字文化内容数据库、AR 智能多媒体人机交互式设计、现实场景与虚拟数字文化内容整合等，对于其他非遗项目的 AR 数字化设计与产业开发具有一定的借鉴意义。

总体来看，VR 和 AR 技术的主要应用领域还是物质遗产领域，在非遗数字化工作中还处于初步发展阶段。

4. 3S 技术

包括地理信息系统(geographic information system, GIS)、全球定位系统(global position system, GPS)、遥感(remote sensing, RS)在内的"3S"为实时空间信息的获取、处理、更新提供了强有力的决策支持工具，并被用于遗产的动态监测、考古调查、文化遗产保护研究中。例如，"苏格兰十大世界文化遗产项目"利用 GIS 为苏格兰境内外 10 处联合国教科文组织指定的世界文化遗址创建极其精确的数字模型，充分发挥移动激光测量技术快速、大面积测量，获取海量点云数据的优势，实现了古建筑的数字化管理，进而开发出过去无法实现的详细分析、数据推理、三维反演、网上旅游等多种功能。[②]又如，在"非洲文化遗产遗址和景点数据库"中，研究人员利用 GIS 技术为每

[①] 余日季，唐存琛，胡书山.基于 AR 技术的非物质文化遗产资源产业化开发研究：以黄鹤楼传说为例 [J].湖北社会科学，2014(4)：50-54.
[②] 史波涛.文物保护：技术引领数据复活文物古建 [EB/OL].(2013-03-05) [2016-08-13].
http://www.ce.cn/culture/gd/201303/05/t20130305_24169796.shtml.

一处遗址创建了一个本地地理信息系统,以方便遗址管理和发展以及地图和图表的生成。① 不过,在非遗数字化项目中,目前3S技术尚未得到广泛应用。

5. 其他技术

非遗数字化中用到的其他技术还有:(1) 数字动画技术。徐金龙探讨了民间文学类非遗与数字动画技术进行整合研究的问题,分析了民间文学类与我国动漫产业紧密结合的发展思路;② (2) 主题图技术。王蒙等人以京剧和昆曲为例建立了非遗主题图模型,为非遗传承脉络的挖掘提供了实践意义;③ (3) 动作捕捉技术。邵未和张倩对歌、乐、舞相结合的古老艺术形式的《编钟乐舞》进行了动作捕捉,展现了古代楚国的文化艺术、风俗民情、祭祀、农事、征战及宫庭宴乐等情景;④ 奥康纳等人(N. E. O'Connor et al.)采用动作捕捉等技术开发出两个交互式游戏应用,以用于记录传统体育运动的关键动作和特征化信息;⑤ (4) CT技术。埃布尔(R. L. Abel)考察了计算机断层扫描技术(computed tomography,CT)在保存和传播古代石器工艺中的作用,认为CT技术的运用有可能产生新的虚拟博物馆。⑥

三、非遗数字化主要形态

非遗数字化的形态研究主要着眼于非遗数字化的最终成果形态(如数据库),这也对非遗数字化整体行动方案的设计起到一定的影响作用,因此,本节将对目前主流的非遗数字化形态进行探讨。

---

① RUTHER H, RAJAN R S. Documenting African Sites: the aluka project [J]. Journal of the Society of Architectural Historians, 2007, 66(4): 437-443.
② 徐金龙.从资源到资本 [D].武汉:华中师范大学, 2011.
③ 王蒙,许鑫.主题图技术在非物质文化遗产信息资源组织中的应用研究:以京剧、昆曲为例 [J]. 图书情报工作, 2015(14): 15-21.
④ 邵未, 张倩.面向编钟乐舞的动作捕捉技术的研究 [J].系统仿真学报, 2003, 15(3): 350-352.
⑤ O'CONNOR N E, TISSERANDET Y, CHATZITOFIS A, et al. Interactive games for perservation and promotion of sporting movement [J]. European Signal Processing Conference, 2014, 78(10): 351-355.
⑥ ABEL R L. Digital preservation and dissemination of ancient lithic technology with modern micro-CT [J]. Computers & Graphics, 2011(35): 878-884.

1. 非遗数据库

非遗数据库是目前非遗数字化的主要建设形态与工作核心,也是传承和传播非遗的基础工作。从 2008 年开始,国家有关部门采用数字化技术对藏族史诗《格萨尔王》进行了大规模的整体保护与分类整理,为一批著名说唱艺人和传承人录制超过 5 000 小时的影像资料,利用高速扫描和文字识别技术,把一些文本资料转化成图像和 Word 文档,翻译成多种语言,建立《格萨尔王》影音数据库,从而最大限度地体现了《格萨尔王》的原始性、原真性、文献性、整体性、资源性,实现了《格萨尔王》的永久保存、资源共享和开发利用。[①] 建设数据库也是国际非遗数字化的通行做法。澳大利亚悉尼大学等机构为保护澳大利亚北部地区的保加利亚语(Murrinh-patha)舞蹈歌曲合作建设的数据库,[②] 日本亚太非物质文化遗产数据库,以及美国民俗中心建立的众多数字化专藏,[③] 都是以数据库形式来保存和传播区域非物质文化。其中,日本亚太非物质文化遗产数据库在建设过程中极为重视地区合作与资源共享,除了日本国内相关组织的合作外,还广泛开展地区性的交流合作。亚太各国非遗传承人和学者分享的非遗保护与传承的心得与创新性思维,成为该数据库中案例报告、教学资料及学习材料的主要信息来源。各官方与非官方组织也为该数据库提供了大量数据。该数据库对公众完全开放,公众无需注册就可浏览或下载数据库中的资料,而且所有文献都提供 PDF 全文格式。[④]

学界从不同层面探讨了非遗数据库建设问题。其中,张小芳论述了数据库、数字典藏与数字化保存的关系;[⑤] 杨红讨论了非遗数据库的基本概念、作

---

① 常凌翀.互联网时代西藏非物质文化遗产的数字化传播路径 [J].中央民族大学学报(哲学社会科学版),2014(3):167-171.

② BARWICK L, MARETT A, WALSH M, et al. Communities of interest: issues in establishing a digital resource on Murrinh-Patha song at Wadeye (Port Keats), NT [J]. Literary and Linguistic Computing, 2005, 20(4): 383-397.

③ The Library of Congress. The American Folklife Center [EB/OL]. [2016-08-03].http://www.loc.gov/folklife/onlinecollections.html.

④ 徐拥军,王薇.美国、日本和台湾地区文化遗产档案数据库资源建设的经验借鉴 [J].档案学通讯,2013(5):58-62.

⑤ 张小芳.图书馆数字化保护非物质文化遗产探析 [J].图书馆学刊,2010(9):44-46.

用和意义、基本框架、分类体系、核心元数据、标准体系等问题，提出了非遗数字资源核心元数据亟待统一，符合数字资源管理需求的非遗项目分类体系亟须进一步论证，非遗数字化保护的标准体系有待建立等观点；① 彭纲提出了构建资源数据库和各地方数据库管理中心的数字化保护思路；② 龚剑认为非遗数据库建设应从宏观层面大力推进三方面工作：数字化与信息化建设，标准化与规范化建设，系统化与合作化建设。③ 以上研究主要关注的是非遗数据库的宏观建设与整体布局问题。此外，徐拥军和王薇在介绍美国、日本等国家和中国台湾地区非遗数据库建设情况的基础上，分析了其资源建设特色；并提出了对中国非遗数据库建设的借鉴与启示，包括采取多方合作建设模式、丰富资源种类和数量、强调全文内容建制、注重推广与应用等。④ 从目前研究看，仍需进一步探索非遗数据库的分类体系、元数据等信息组织问题及相关标准规范，并加强对国内外，尤其是国外非遗数据库的调研与案例分析。标准规范的完善以及对国内外成熟经验与技术的借鉴，有助于促进我国非遗数字化工作实现全国范围乃至与国际相关实践的合作与交流，也有利于促进数字资源的共享与传播，从而促进不同非遗文化的学习、接受与对话。

2. 数字博物馆

数字博物馆是通过数字化的方式来储存和管理自然与文化遗产信息的平台。周明全、耿国华、武仲科（Zhou Mingquan, Geng Guohua, Wu Zhongke）等人指出，与传统博物馆相比，数字博物馆有以下优势：展品的无限复制；多样呈现方式，并可传递给参观者更丰富的信息；不受时间和空间限制，可随时随地探讨和领悟历史文化；方便检索与研究；等等。⑤ 这些优点同样适用于非

---

① 杨红.档案部门与非物质文化遗产数据库建设 [J].北京档案，2011(3)：22-23.
② 彭纲.非物质文化遗产的数字化保护 [J].非物质文化遗产研究集刊.2009(1)：130-134.
③ 龚剑.非物质文化遗产资源数据库建设路径探微 [J].贵图学刊，2012(4)：1-3.
④ 徐拥军，王薇.美国、日本和台湾地区文化遗产档案数据库资源建设的经验借鉴 [J].档案学通讯，2013(5)：58-62.
⑤ ZHOU M, GENG G H, WU Z K. Digital preservation technology for cultural heritage [M]. Beijing: Higher Education Press & Springer, 2012：208-209.

遗的数字化保护与传播，例如江西省非物质文化遗产博物馆①，该数字博物馆收录了江西 12 个市的涵盖民间文学、传统音乐、传统舞蹈、传统戏剧、传统体育、游艺与杂技、传统美术、传统医药与民俗等非遗项目。

学界也纷纷探讨数字博物馆用于非遗保护的问题，包括其优势作用、应用领域、建设方案、平台设计等方面。赵倩通过比较非遗保护与开发的传统模式与依托于信息技术的新型模式，并以胶州秧歌为例提出了数字博物馆构建方案；② 李艳丽则以昆曲为例，深入探讨了非遗数字博物馆建设中数据库资源、电子商务平台、品牌网站、青少年网上教育课堂等模块的建设与设计。③ 另外，学界也尝试将生态博物馆理论④与非遗数字化建设相结合。例如，赵鸣等人对海州五大宫调数字化生态博物馆建设思路与要素等方面的调研分析，探讨了数字生态博物馆建设中的问题及解决思路。⑤ 虽然生态博物馆理论在非遗数字化中的应用并不多见，不过它有可能为未来非遗数字化的建设提供新的思路。

3. 动漫与严肃类游戏

动漫既是娱乐方式，又是传播媒介，尤其在青少年群体中具有极大影响。严肃类游戏(Serious Games, SG)是带有教育目的的游戏。由于二者的娱乐性以及人类对休闲娱乐的天然需求，因此，动漫和 SG 在促进非遗的传播方面具有其独特优势。学界也开始探讨将其用于非遗数字化工作。陈少峰从动漫本体、产业、应用三个维度探讨了动漫在非遗传承与传播中的作用，并分析了非遗动漫化过程中的风险以及应遵循的原则。⑥ 王小峰(Xiao-Feng Wang)等人采用虚拟场景建构、自然景观模拟、游戏设计与开发等技术，为剪纸艺术开发了一个浸入式剪纸游戏平台。⑦ 黄赤红和黄亦婷(C. H. Huang & Y. T. Huang)介

---

① 江西省非物质文化遗产博物馆 [EB/OL]. [2016 - 07 - 28]. http://www.jxfysjk.com/.
② 赵倩.非物质文化遗产数字博物馆研究 [D].青岛：青岛大学，2009.
③ 李艳丽.以昆曲为例试论非物质文化遗产数字博物馆的建设 [J].才智，2014(8)：240.
④ 乔治·亨利·里维埃.生态博物馆：一个进化的定义 [J].中国博物馆，1995(2)：6.
⑤ 赵鸣，程志娟，倪爱德，等.非物质文化遗产数字化保护与生态博物馆建设：以海州五大宫调保护为例 [J].淮海工学院学报(人文社会科学版)，2014，12(7)：71 - 75.
⑥ 陈少峰.非物质文化遗产的动漫化传承与传播研究 [D].济南：山东大学，2014.
⑦ WANG X F, LIU Y R, ZHANG W S. Research on modelling digital paper-cut preservation [J]. International Journal of Automation and Computing, 2009, 6(4): 356 - 363.

绍了游戏在台湾泰雅族部落信仰、仪式、习俗等非遗传播中所起到的作用。作者利用叙词表、文化特征分析、用户界面的文化要素转化等过程进行数据的分层、逻辑化、呈现，开发出一个严肃类游戏Papaqwaka（帕帕卡瓦卡）。通过研究发现，帕帕卡瓦卡有助于增强学生对本土生活与历史相关文化遗产的学习与表演。[1] 萨普塔希·克拉伊（Saptarshi Kolay）提出采用游戏、动画等方式用于印度传统艺术和手工技能的传播，以此吸引和教育年轻人，促进传统手工艺的复兴。[2] 此外，米歇拉·莫塔拉（Michela Mortara）等人梳理了SG在文化遗产领域中的应用情况，将其具体应用领域分为文化认知、历史重建、遗产认知等大类，将文化遗产游戏分为动作游戏、益智游戏、策略游戏、仿真游戏、问答游戏、冒险游戏等类型，并讨论了如何更好地发挥SG的教育目的。作者认为，对于非遗项目来说，SG主要用于促进文化认知，如通过完成游戏实现个人行为规范与习惯的践行，将民间传说等带到生活中。[3] 由于动漫与SG兼具教育性与娱乐性，可以预见，二者将在未来的非遗传承与传播中发挥更大作用。

综上所述，在数字化建设形态方面，数据库和数字博物馆是目前的主要形式，而游戏、动漫等将会是未来越来越广泛的形式。新媒体时代的到来，以及新技术的发展，将会促使更多新的数字化形态出现。目前非遗数字化的建设形态研究存在以下方面的不足：其一，主要集中在非遗数据库和数字博物馆建设方面，对动漫、游戏等新的数字化建设形态的研究不足；其二，仍需进一步探索非遗数据库的分类体系、元数据等信息组织问题及相关标准规范，并增强对国外数据库的案例研究；其三，重建设轻利用，重保存轻传播。

因此，如何更好地发挥数据库和数字博物馆功用？如何针对受众特点推动非遗数字资源的学习与传播？这些方面都亟待更多的实证研究。

---

[1] HUANG C H, HUANG Y T. An Annales School-based serious game creation framework for Taiwanese indigenous cultural heritage [J]. ACM Journal on Computing and Cultural Heritage, 2013, 6(2): 1-31.

[2] KOLAY S. Cultural heritage preservation of traditional indian art through virtual new media [J]. Procedia-Social and Behavioral Sciences, 2016, 225(14): 309-320.

[3] MORTARA M, CATALANO C E, BELLOTTI F, et al. Learning cultural heritage by serious games [J]. Journal of Cultural Heritage, 2014(15): 318-325.

第二节　数字化中的信息技术采纳

信息时代给非遗的保护带来了机遇，信息技术和新媒体技术的发展为非遗保护与传承提供了新的手段。但是由于现有的非遗种类繁多，非遗分类也存在多种方案，信息记录方式和所呈现表现形式也多种多样；所以不同的非遗项目也应采用不同的数字化技术和方案。因此，本节关注和探讨公众对非遗数字传播过程中不同技术采纳的影响因素，以期为促进非遗信息资源开发与利用，推动非遗数字保护和传播事业，开辟新的研究视野。

一、TAM 模型和 UTAUT 模型

国际上关于信息技术采纳的研究一直十分活跃，在信息技术采纳领域先后提出了理性行为理论（TRA）、技术采纳模型（TAM）、技术采纳扩展模型（TAM2）和统一技术采纳模型（UTAUT）等理论模型。其中应用最为广泛的是技术采纳模型（TAM），TAM 从心理学和行为学的角度出发，专门用于研究用户对信息技术的采纳行为，其将感知有用性和感知易用性作为影响用户对信息技术采纳的两个关键因素[1]。感知有用性指用户感受到的使用某种信息技术后能对其工作表现的改善程度，而感知易用性指用户感受到的使用某种信息技术的容易程度。TAM 模型是一个框架模型，具有一定的通用性，但在研究及应用过程中需要进行一些特定的修改及实证分析，不具有一定的普适性。2003年，文卡塔什、莫里斯和戴维斯（V. Venkatesh, M. G. Morris and G. B. Davis）在总结前人研究成果的基础上提出了统一技术采纳模型（UTAUT）[2]，该理论

---

[1] DAVIS F D. Perceived usefulness, perceived ease of use, and user acceptance of information technology [J]. Mis Quarterly, 1989, 13(3): 319-339.
[2] VENKATESH V, MORRIS M G, DAVIS G B, et al. User acceptance of information technology: toward a unified View [J]. MIS Quarterly, 2003, 27(3): 425-478.

对 TAM 模型中的两个关键因素进行了拓展,在统一技术采纳模型中,结果预期、易用预期、他人干预和促进条件四个变量是采纳意向和使用行为的影响因素,个人特征的四个方面:性别、年龄、经验和自愿程度为模型的调节变量。经实证研究表明,UTAUT 为具有较强解释能力的普适模型。

在信息技术采纳相关理论模型的实证研究方面,学者们结合自身研究对象及应用的需要展开了一系列的研究。冯秀珍等人以 TAM 模型为基础,构建了虚拟团队的信息沟通技术采纳模型,分析了虚拟团队采纳信息沟通技术的特征。[①] 高平等人将 TAM 模型与任务技术匹配模型整合起来,分析了影响企业 ERP 实施的行为因素,并建立了能够在企业 ERP 采用进程中解释和预测员工行为的 TAM/TTF 整合关系模型。[②] 杨丽娜等人以理性行为理论、计划行为理论和 TAM 为理论框架,分析了影响网络学习者学习行为发生的因素。[③] 通过对国内外学者在信息技术采纳实践方面所做的研究的梳理,本节发现传统的信息技术采纳理论通常应用在企业信息化领域和教育信息化领域,主要研究一项新的信息技术的应用对企业能力提升、绩效提高的贡献和对学校教学水平提高、教学效果改善的贡献,在文化领域信息技术应用方面的研究较少。

二、基于 UTAUT 的模型与假设

鉴于统一技术采纳模型(UTAUT)融合了相关领域内八个经典模型的优点,具有良好的普适性,本节以 UTAUT 为基础框架,结合非遗数字传播的特点,构建出以下技术采纳模型。

1. 研究模型

本研究保留了原模型中的四个关键变量,分别是:结果预期、易用预期、

---

① 冯秀珍,马爱琴.基于 TAM 的虚拟团队信息沟通技术采纳模型研究 [J].科学学研究,2009,27(5):765-769.
② 高平,刘文雯,徐博艺.基于 TAM/TTF 整合模型的企业实施 ERP 研究 [J].系统工程理论与实践,2004,24(10):74-79.
③ 杨丽娜,颜志军.信息技术采纳视角下的网络学习行为实证研究 [J].中国远程教育,2011(7):36-40.

他人干预和促进条件,对其中的调节变量进行了一定的修改,删掉了原有的经验变量和自愿程度变量,增加了学历变量。由于我国在非遗数字化保护方面起步较晚,公众对于各项技术及其应用尚处在熟悉和探索阶段,对各项技术的掌握程度和经验差异较小,因此去除了经验这一调节变量。同时由于传播作为一种信息共享活动,具有自发性自主性非强制性的特点,因此去除模型中的自愿程度变量。非遗作为传统文化中的一个重要组成部分,在进行数字传播的过程中,所应用到的各项技术需要公众具有一定的科学文化素养和鉴赏能力,学历在一定程度上会影响对非遗的关注程度和对相关技术的使用情况,因此增加了调节变量学历。最终构建的非遗数字传播中的信息技术采纳模型框架图如图3-1所示。

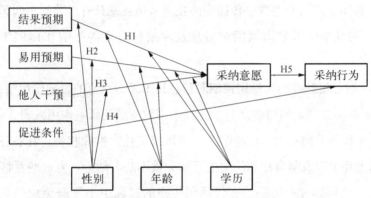

图3-1 非遗数字传播中的技术采纳影响因素模型

2. 研究假设

结果预期与采纳意向:在本研究中,结果预期是指社会公众在使用非遗数字化技术的过程中,这些信息技术为其检索、查询和了解非遗带来的效率的提高或内容的丰富等方面的有用性的主观感知。即公众会关注新的数字化技术在非遗传播中的应用,并与传统的传播方式相比较。如果新的数字化技术和应用能够为他们了解非遗信息带来便利,提高效率,他们则愿意使用该项数字化技术。社会学及心理学的研究表明,性别和年龄的差异均会影响潜在采纳者的采纳意愿,因此提出以下假设。

H1:结果预期对非遗数字传播中的技术采纳意愿具有显著的正向影响;

H1a：男性采纳者结果预期对信息技术采纳意愿的影响作用强于女性采纳者；

H1b：随着年龄增加，结果预期对信息技术采纳意愿的影响作用增强；

H1c：学历越高，结果预期对信息技术采纳意愿的影响作用减弱。

易用预期与采纳意向：如果用户认为某项技术有效且易使用，那么用户更容易产生采纳意愿。在本研究中，易用预期是指公众在非遗数字传播的过程中使用各项数字技术的难易程度，即公众在非遗传播过程中获得非遗数字化技术、熟练使用非遗数字化技术所需付出的时间和精力。如果他们获得或掌握非遗数字化技术越容易，操作流程越便捷，使用体验越好，他们则愿意使用该项数字化技术。调节变量同样对两者之间的关系有不同程度的影响，因此提出以下假设。

H2：易用预期对非遗数字传播中的技术采纳意愿具有显著的正向影响；

H2a：男性采纳者易用预期对信息技术采纳意愿的影响作用弱于女性采纳者；

H2b：随着年龄增加，易用预期对信息技术采纳意愿的影响作用增强；

H2c：学历越高，易用预期对信息技术采纳意愿的影响作用减弱。

他人干预与采纳意向：非遗作为一种传统文化，世代相传，在各社区和群体适应周围环境以及与自然和历史的互动中被不断再创造，为这些社区和群体提供持续的认同感和归属感，在传承和传播的过程中不可避免地受到不同群体和环境的影响。在本研究中，他人干预是指公众受到其所处环境中对其重要的人或相关机构对其是否采纳某项非遗数字技术的影响，如采纳者身边的家人、朋友、同学、领导，以及图书馆、档案馆等文化部门。基于以上考虑，提出以下假设。

H3：他人干预对非遗数字传播中的技术采纳意愿具有显著的正向影响；

H3a：男性采纳者他人干预对信息技术采纳意愿的影响作用弱于女性采纳者；

H3b：随着年龄增加，他人干预对信息技术采纳意愿的影响作用增强；

H3c：学历越高，他人干预对信息技术采纳意愿的影响作用减弱。

促进条件与采纳行为：在本研究中，促进条件是指公众在非遗数字传播的过程中使用各项数字技术时，所感受到的能够促进其使用该项数字技术的有利条件，如国家政策、媒体宣传以及文化馆、图书馆等部门提供的技术支持和便利服务等。如果报刊、广播、电视等传统媒体和微博微信等新媒体对各项非遗数字技术和应用进行了良好的宣传和推广工作，自媒体平台、网站和电视中提供较多的非遗影像资料，将在很大程度上促进社会公众通过这些方式了解和查阅非遗信息。因此，本节提出如下假设。

H4：促进条件对非遗数字传播中的技术采纳行为具有显著的正向影响。

采纳意向和采纳行为：组织行为学认为，个体和组织的特定行为受其行为意图的影响，各种信息技术采纳理论也都证实了个人的行为意图对其特定行为有决定性作用，即采纳意向可以通过意图来解释和预测。在本研究中，采纳行为是指社会民众现在和将来使用各项非遗数字传播技术的时间和频率。当对非遗数字传播技术的采纳意愿增强时，其使用时间和频率也会相应增加。因此，提出如下假设。

H5：采纳意愿对非遗数字传播中的技术采纳行为具有显著的正向影响。

3. 问卷设计与发放

为保证调查问卷的精度和准度，本研究的问卷设计经历了文献调研、用户访谈、初步设计、问卷星发放小规模测试及反复修正等过程。问卷分为两部分，第一部分是个人基本信息，涉及被调查对象的个体特征，包括性别、年龄、学历、专业等基本信息；第二部分是调查问卷的正文，即符合社会科学一般研究方法的问卷量表，模型中所包括的影响因素为结果预期、易用预期、他人干预和促进条件四项，量表的设计以国内外的相关研究文献为基础，同时结合本研究的特定对象进行了适当的调整。本调查问卷在基本信息部分采用了一般性的选项设置，在其他问题的选项设置上均采用李克特五级量表，选项设置为非常不符合、不符合、一般、符合、非常符合，并对以上各项分别赋值为1分至5分。由于非遗数字传播具有全域性、全民性等特点，本研究的调查对象定为广大社会民众，参与调研的人涵盖不同年龄段、不同学历、不同专业和不同职业。通过问卷星收集数据，共发放调查问卷200份，回收192份，回收率为96%，剔除了27份明显不合格或价值低的问卷，其中有8份填写不完整，有12份填写时间过短，有7份所有选项答案一致，最终有效回收问卷165份，问卷有效率为85.9%，符合结构方程对样本分析的要求。

三、数据结果与分析讨论

本节之研究通过问卷调查的方式收集所需的数据，运用统计分析软件 SPSS 和结构方程模型软件 AMOS 对数据进行一系列的分析。先对收集到的数据进行描述性统计分析、信度分析、效度分析，再采用结构方程模型对提出的假设进行路径验证，验证模型的适配性。

1. 信度和效度分析

本节之研究使用 SPSS20.0 软件对调查问卷中各个变量的信度和效度进行分析。评估变量的信度主要利用 Cronbach'α 系数，系数越接近 1，表明变量与变量对应的题项的相关性大、一致性程度高，即信度高。使用 SPSS20.0 软件分析后得出本研究中全部变量的信度分析值 Cronbach'α 系数均大于 0.800，表明对应的量表具有较好的内部一致性，问卷的整体信度满足要求。本问卷的测量指标是在总结数字传播技术采纳影响因素，结合信息技术采纳理论的基础上，参考国内外同类研究文献中的问卷设计而成的；因此具有较好的内容效度。建构效度的分析主要采用因子分析法，在因子分析之前，先对问卷进行 KMO 样本测度和 Bartlett 球形度检验，以验证数据能否进行因子分析。KMO 值越接近 1，越适合进行因子分析。检验结果如表 3-1 所示，本问卷的 KMO 值大多在 0.800 到 0.900 之间，Bartlett 球形检验的显著性为 0，小于 0.050，表明变量之间的共同因素存在，可以进行因子分析。对调查问卷中的各个变量进行因子分析，提取出 6 个主成分，各变量的因子载荷均大于 0.500，因此问卷具有良好的架构效度。

表 3-1　KMO 和 Bartlett 检验结果

影响因素	Kaiser-Meyer-Olkin 样本测度	近似卡方	Bartlett 的球形度检验 自由度 df	显著性 Sig.
感知有用性	0.826	249.627	21	0
感知易用性	0.789	280.163	15	0
他人干预	0.828	605.762	21	0

续表

影响因素	Kaiser-Meyer-Olkin 样本测度	近似卡方	Bartlett 的球形度检验 自由度 df	显著性 Sig.
促进条件	0.859	364.624	21	0
采纳意愿	0.888	805.526	36	0
采纳行为	0.896	880.406	36	0

2. 模型拟合和假设检验

对假设模型进行信度、效度检验之后，运用 Amos20.0 软件对模型进行检验。结合 AMOS 软件输出的拟合指数，本节选用几种常用拟合指数作为建构的结构方程模型的评价指标。对模型进行首次拟合后，拟合结果优度欠佳，部分指标未达到适配标准值。在不违反 SEM 假定的前提下，通过 Amos20.0 软件的模型修正功能，对模型进行了多次修正。修正后的大部分指标符合评判标准，较不符合评判标准的 NFI 数值也接近评判标准，可以勉强接受，综合上述结果判断本研究模型具有较好的拟合度。[①] 修正后的非遗数字传播技术采纳模型路径系数图如图 3-2 所示，模型拟合检验结果如表 3-2 所示。

表 3-2　模型适配度检验结果

拟合指标	适配标准	初始拟合结果	是否适配	修正后拟合结果	是否适配
x2/df	1.0＜x2/df＜3.0	2.320	是	2.156	是
NFI	NFI＞0.90	0.783	否	0.857	否
GFI	GFI＞0.90	0.803	否	0.925	是
IFI	IFI＞0.90	0.852	否	0.912	是
CFI	CFI＞0.90	0.897	否	0.907	是
RMSEA	RMSEA＜0.08	0.084	否	0.065	是
PNFI	PNFI＞0.50	0.629	是	0.675	是
PGFI	PGFI＞0.50	0.611	是	0.598	是

---

① HATCHER L. A step-by-step approach to using the SAS system for factor analysis and structural equation modeling [J]. Technometrics, 1996, 38(3): 296-297.

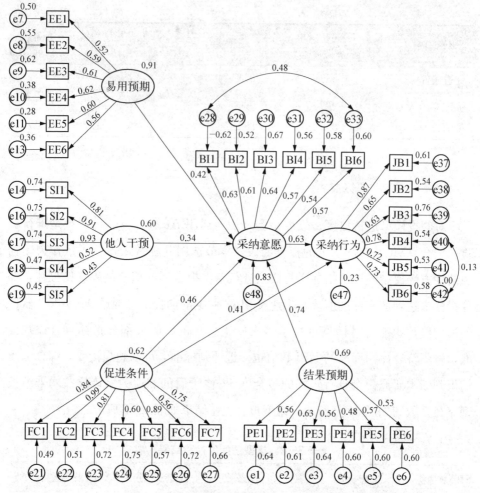

图3-2 技术采纳模型路径图

导入经检测过的有效数据，运用Amos20.0软件绘制出本研究中的结构方程模型，执行结构方程的计算，可以得到模型中每条路径的标准回归系数，以及每条路径影响的显著性大小。由这两者可以得到研究模型中每条假设路径中变量之间影响关系的实质和程度。在结构方程模型的结果分析中，P检验值和t检验值常用于路径的分析和检测。P检验值表示路径影响的大小，而t检验值表示路径影响关系的正负。它们共同表现了假设路径中自变量和因变量之间相关关系和显著程度。[①] 表3-3所示是本研究中各潜变量间的标准路径系数、标

---

① 彭宇辉.基于UTAUT模型的手机微博用户采纳影响因素研究［D］.江西财经大学，2014.

准误差、相应的 p 值和 t 值统计表，由数据分析结果可知，六条路径的系数均达到了 0.001 的显著性水平，对应的假设均得到验证。

表3-3 假设路径验证指标

路　　径	路径系数	C.R.	P值	检验结果
采纳意愿<－结果预期	0.723	4.760	***	成立
采纳意愿<－易用预期	0.422	3.269	**	成立
采纳意愿<－他人干预	0.336	3.907	**	成立
采纳行为<－促进条件	0.412	3.745	**	成立
采纳行为<－采纳意愿	0.647	9.203	***	成立

对模型进行整体检验后，对研究模型中性别、年龄和学历三个调节变量的假设进行验证，对验证性路径进行分组分析，以比较不同分组情况下路径系数的差异。经过检验，9个调节变量假设中，H1a、H3a、H3b、H3c 不成立，即性别在结果预期对采纳意愿中的调节作用不显著，性别、年龄、学历在他人干预对采纳意愿中的调节作用不显著。

3. 模型实证分析

在结果预期对采纳意愿的影响方面，本节研究实证分析结果表明，公众对非遗数字传播中的信息技术的结果预期，对其采纳意愿有着显著的正向影响，即公众感知到某项数字技术对其了解和获取非遗信息越有用，那么其使用该项数字技术的意愿也会更强烈。由此可知，社会公众在使用非遗数字传播中的信息技术的过程中，只要他们感受到这项技术对于他们了解和获取非遗信息是有用的，并且发现这项技术能够满足其需求的服务，提高其查询效率，又能够增加对非遗项目的兴趣，就会产生持续使用该技术的意愿。否则，公众可能就会选择其他非遗数字信息技术或者通过阅读传统媒体、查阅文献、咨询他人等方式了解非遗信息。同时，结果预期与采纳意向之间的关系在年长者及非高学历用户中更加显著。年长者相对于年轻用户来说更加保守和传统，追求事物的效率和效用，而年轻用户更愿意尝试使用新兴的数字技术了解非遗，所以年长者相对年轻用户更加注重结果预期。非高学历者往往出于对传统文化、对非遗的兴趣来了解非遗,他们更希望使用最有效的方式获取相关非遗信息;而高学历者除个人兴趣外,还有因学术研究、探索发现等目的了解非遗的。因此,非高学历者更加注重非遗数字技术的结果预期。

在易用预期对采纳意愿的影响方面,公众对非遗数字传播中的信息技术的易用预期,对其采纳意愿有着显著的正向影响。即公众在使用非遗数字传播中的信息技术的过程中,如果感觉该技术获得容易,操作方便,不需要花费较多精力和时间就能熟练使用,就会产生持续使用该技术的意向。反之,如果该项技术太过复杂,使用者认为操作和掌握它需要花费太大的成本,那么即使该项技术对于他们获取非遗信息是有用的,使用者也有可能不打算使用或不打算经常使用它。信息技术和新媒体技术的发展,为非遗保护和传承提供了新的手段,而对非遗的数字化保护和传播在近些年来才逐渐获得一些国家的关注和重视。对于大多数社会民众来说,新兴的非遗数字化技术相对传统方式还都比较陌生,很多非遗数字化技术本身也还处在探索和发展阶段,技术成熟度和宣传推广度都还不够;因此,公众对于新兴的非遗数字化技术的易用预期,会对他们的采纳意愿产生影响。同时,易用预期与采纳意愿之间的关系,在女性用户、年长者及非高学历者中更加显著。非遗数字传播中的信息技术有很多与计算机技术相关,如非遗数字博物馆、非遗交互类游戏、非遗 3D 设备等。男性相对女性往往对计算机技术、电子科技类产品更为感兴趣,也更为精通;因此,女性用户与男性用户相比,更倾向于选择容易操作和掌握的技术来了解非遗。同理,年长者因受自身文化程度和对外界新事物接受能力的限制,在使用非遗数字化技术的过程中,更倾向于使用简单易操作的技术。如果某项技术过于复杂和难以操作,年长者相对于年幼者通常不会选择去钻研、探索和多次尝试;因而会影响对该项信息技术的采纳意愿。高学历者通常比非高学历者具有更高的接受新事物的能力和解决问题的能力,较高学历的用户只需付出较少的努力就可以很好地运用非遗数字传播中的信息技术了解非遗信息;因此非高学历者更加注重非遗数字技术的易用预期。

在他人干预对采纳意愿的影响方面,他人干预对于公众对非遗数字传播中信息技术的采纳意愿有着显著的影响作用,即社会公众所感知到的身边人认为,其应该使用某项非遗数字传播中的信息技术的程度越强,其使用该项信息技术的意愿也会随之增强。个体处在社会环境中,其很多行为更易受到与之有关的人的影响。由于我国在非遗数字化保护方面起步较晚，相关的非遗数字传播技术尚在发展阶段，技术本身的成熟度和知晓度还较低。又由于非遗的社会关注度所限，民众往往不知道选择哪种数字技术能更好地了解非遗。在这种情况下，身边的师长、朋友、同学、媒体、政策会对用户使用非遗数字传播技术产生较大影响。如果对其有影响力的人或政府文化部门以及社会媒体，传递的都是有关非遗数字技术的正面信息，那么公众在选择通过何种方式和渠道了解非遗时，很有可能受到他们的影响，愿意尝试使用非遗数字传播中的一些技术；反之，如果身边的人在使用某项非遗数字技术后均是负面评价，可能会对未使用者产生非理性的影响，认为非遗数字传播技术还未成熟或不能为其提供更好的服务，从而不愿意再尝试或使用该项信息技术。

在促进条件对采纳行为的影响方面，促进条件对于公众对非遗数字传播中信息技术的采纳行为有着显著的影响作用，即公众在使用非遗数字传播中的信息技术的过程中，如果能够方便地获取使用该项信息技术所需的软硬件条件和技术支持，就会对其信息技术采纳行为产生重要的推动作用。非遗数字传播中的信息技术应用，需要一定的载体和使用环境。如非遗相关的短视频，需要借助微博、微信等社交平台和自制视频网站才能达到更广泛的传播效果；非遗相关的高清纪录片和电视剧，需要借助手机电视、网络电视和数字电视的平台才能加以展现；非遗交互式游戏的实现，更是离不开 3D 眼镜、VR 机器等设备的支持。与此同时，随着手机、iPad 等移动终端设备的兴起和广泛使用，流媒体技术的不断成熟和光纤网络带来的网速大幅度提高，更是给民众使用各种非遗数字传播应用和技术提供了便利条件；因此，促进条件对公众对信息技术的采纳行为起着不可或缺的作用。

在采纳意愿对采纳行为的影响方面，采纳意愿对社会公众采纳非遗数字传播中信息技术的行为有着显著的影响作用，即公众对非遗数字传播技术的使用意愿越强烈，其使用该信息技术的行为的可能性就越大。此项结论与国内外很多学者的研究结论相一致，本研究的结论同样也支持了这个观点。

虽然公众对于非遗数字传播中信息技术的采纳意愿是影响其最终采纳行为的最重要因素，但是如果存在其它阻碍干扰因素，即使公众有强烈的采纳意愿，也有可能不产生实际的采纳行为；而外界的一些有利因素，也会促使公众将其采纳意愿更快地转化为实际采纳行为。如在线下访谈中发现，一些年轻用户对于非遗交互类游戏有着较高的采纳意愿，对非遗类交互式游戏感兴趣，并愿意尝试在游戏的过程中了解一些非遗的表现形式；然而由于目前市面上开发和提供的非遗主题游戏较少，配套的游戏设施也不完善，这些用户表示不愿意花费时间和精力去参与此类游戏，因此在一定程度上影响了他们对于此项技术的实际采纳行为。

4. 影响因素讨论

本节之研究以经典的技术采纳模型 UTAUT 为理论基础，以普通社会公众为研究对象，结合非遗数字传播的特点构建了非遗数字传播技术采纳模型。模型中包括结果预期、易用预期、他人干预、促进条件四个自变量，性别、年龄、学历三个调节变量，并基于 UTAUT 模型框架，提出了非遗数字传播技术采纳模型的 14 条研究假设；利用调查问卷和线下访谈相结合的方式收集数据，并用结构方程模型的实证方法对这些假设路径进行了检验，验证了本节构建的技术采纳模型，最终得到以下几个主要结论：

一是有三个变量对公众对非遗数字传播技术的采纳意愿产生显著影响，分别是结果预期、易用预期和他人干预。它们的路径系数和 P 值分别为 0.723(***)、0.422(**)、0.336(**)，其中，结果预期的正向影响最为显著。

二是促进条件直接对公众对非遗数字传播技术的采纳行为产生影响，其路径系数和 P 值为 0.412(**)。

三是公众采纳非遗数字传播技术的意愿对其产生实际采纳行为有着显著的正向影响，其路径系数和 P 值为 0.647(***)。

四是模型中的调节变量性别、年龄、学历对公众的采纳意愿和采纳行为产生着一定的影响，其中调节变量在易用预期对采纳意愿的影响方面最为显著，在他人干预对采纳意愿的影响方面具有相对较弱的影响。

四、提升公众采纳度的针对性建议

根据模型中影响公众采纳意愿和采纳行为的各个要素，本节对于如何提高公众对非遗数字技术的采纳程度提出了以下几个方面的对策与建议：

1. 丰富内容，提高服务质量

信息技术和新媒体技术的发展为非遗的保护和传承提供了新的手段。近十多年来，我国国务院也出台了一系列有关非遗数字化保护的政策和文件，但目前我国的非遗数字化进程尚处在初期阶段，各项非遗数字化技术还未成熟，各省市的非遗数字化建设都还处在探索阶段，相关数字化建设内容还不够完善。随着各项数字化技术的逐渐成熟，公众会越来越多地通过各种数字化的形式和载体了解和传播非遗；因此，从长远来看，应注重公众的结果预期对其非遗数字化技术采纳意愿的显著正向影响，结合公众需求，不断丰富和完善各项数字化建设的内容，使公众感知到使用非遗数字化技术的有用性，满足其结果预期。

在非遗数字化的建设形式方面，数据库和数字博物馆是目前非遗数字化的主要形式。以非遗数据库建设为例，自2005年国务院和文化部出台一系列非遗数字化的政策以来，各省市都展开了关于非遗数据库的建设工作，但一些省市的数据库建设流于形式，数据库界面较粗糙，所收录的非遗名录和资料不全，相关非遗项目的图片、音频、视频等影音资料也较少。

在构建数据库上，《格萨尔王》数据的建立为典型案例。从2008年开始，国家有关部门通过影视媒体的数字化技术对《格萨尔王》进行了大规模的整体保护与分类整理，为一批著名说唱艺人和传承人录制超过5 000小时的影像资料，利用高速扫描和文字识别技术，把一些文本资料转化成图像和Word文档，翻译成各种语言，建立了《格萨尔王》影音数据库，上传至互联网并制作成各种数字文化产品，供人们在线浏览，最大限度地体现了《格萨尔王》的原始性、原真性、文献性、整体性、资源性，从而实现了《格萨尔王》的永久保存、资源共享和再开发利用。

除了非遗数据库、非遗数字博物馆之外，生态博物馆、非遗主题游戏等可能是未来非遗数字化越来越普遍采取的形式，在利用各种数字化技术对非遗进行传承与传播时，都要注重提高内容丰富度，为公众提供更好的服务体验。

2. 优化界面，降低操作难度

根据调研数据及分析结果可知，易用预期会对公众采纳非遗数字传播中的信息技术的意愿产生很大影响，非遗数字化技术的应用操作越简单，公众越容易掌握和操作，使用意愿就越强烈。由于智能设备的普及和网速的大幅度提高，公众对于在数字电视中观看非遗高清视频和在社交平台上观看非遗短视频的感知易用性最高，目前大多数公众依然更倾向于通过视频的方式了解非遗；因此，应优化非遗数字化应用的界面，降低操作难度，提高非遗数字技术的易用性，从而促进公众的采纳意愿。

在非遗数据库、非遗数字博物馆的建设中，应注意优化访问界面，设计简洁友好的版面，增设清晰的导航系统，各项服务功能一目了然，方便用户；同时在首页设置用户操作指南和人工帮助窗口，帮助用户了解基本的使用方法及操作中常遇问题的解决办法。

在非遗交互式游戏的设计中，应降低游戏的操作难度，对于需要佩戴的辅助性设备如3D眼镜、VR装备等提供详细的使用说明或现场操作指导；在移动终端设备APP如微博微信等社交类APP和新闻资讯类APP中推送更多与非遗相关的文字、图片、短视频等链接，方便公众更好地获取非遗信息。

3. 加强推广和引导，扩展宣传方式

对非遗数字传播中所应用的信息技术的宣传方式和推广力度，也会直接影响社会公众对其的采纳情况。由于各项非遗数字化技术的发展程度不同，如3D技术、VR技术、AR技术在非遗数字化中的应用尚处在初步探索阶段，社会公众对其了解十分有限。公众在了解非遗时，首先会选择较为成熟或经常使用的方式，如非遗数据库、非遗高清纪录片等；因此，政府相关部门应加强对各项非遗数字技术的推广和引导，扩展宣传方式，提高公众对非遗数字化的认知度和接受度。图书馆、档案馆、文化馆等文化机构，应结合自身的空间和资源优势，借助馆内的平台和资源，更多地参与非遗的数字化保护工作，使公众全面了解非遗数字化的相关服务，引导公众通过数字化的方式和渠道了解非遗。如在网站首页增加对所提供的非遗数字化服务的宣传通告，设置相关非遗数据库、非遗高清视频等的资源固定链接，提供一些线下体验和现场技术引导服务，营造良好的非遗数字化环境趋势，进而提高公众对非遗数字化技术的采纳意愿。

4. 多方合作，实现共建共赢

非遗的数字化发展建立在信息技术和新媒体技术的成熟以及智能设备普及的基础上，在对非遗进行数字化传播的过程中，不仅需要不断提高非遗数字化技术，提升传统的非遗项目对新型数字化技术的适应程度，还需要不同机构、不同产业、不同形态之间的多方协同合作，不断整合资源，实现共建共赢。图书馆、博物馆、文化馆、档案馆等非遗数字化工作的主体之间，应建立有效的协作和资源合作共享机制；图书馆、博物馆等非遗数字化主体和美术馆、学术团体、研究机构、表演团体等其它文化机构之间，应加强双边和多边合作，如制定和采用共同的标准、政策和工作流程等。不同国家和地区之间也应加强进一步的合作，共同促进非遗的数字化保护。与此同时，传统行业、传统媒体也在抓住信息时代的机遇进行转型和发展。因此，非遗在数字化传播的过程中还可与新型旅游业态主体、新媒体运营平台等进行合作开发，开拓新的非遗数字化模式，激发公众对非遗的兴趣，提供更好的非遗数字化体验，从而提高公众的采纳意愿，推动非遗数字化技术的普及。如方特东方神话主题乐园以非遗文化为核心，结合各种现代顶尖科研技术，打造了第四代高科技主题文化乐园。整个园区以中华五千年的文化为核心，汇聚华夏各民族特色，结合激光多媒体、立体特效、微缩实景、真人秀等独特的表现手法，崭新诠释了民间传统艺术。主题乐园将非遗文化与现代化技术相融合，综合运用了 VR、AR、3D、动作捕捉等非遗数字化技术，给游客提供了新的非遗数字化体验，让游客可以设身处地地体验剪纸、布艺馆、制陶、绣球灯等传统手工艺品的制作工艺，更好地感受非遗数字化技术带来的便利，直接推动公众对非遗数字化技术的采纳行为。

第三节　非遗资源数字化资源建设

数字化是文化遗产保护与传承的重要手段，数字化同时产生了大量的文化遗产信息资源，非遗项目分类，以及非遗资源分类法或者主题法的信息组织，成为数字化研究后续信息资源开发和利用的重要关注点。非遗是一直发展和进化的有机体，其资源规模庞大且种类繁杂、内容多样；但现有非遗资源数字化加工处理较为单一，一些有价值的知识无法被完全揭示和利用，而这些未能以显性化方式得到表达的知识，恰恰是非遗传承与传播的重要内容及难点所在。这使得当前非遗信息资源组织分散无序，无法全面展示非遗项目的特色，弱化了其价值，极大地影响了非遗文化的传承和传播。特别是对于我国的非遗保护工作，目前已进入"后申遗时代"，对非遗信息资源进行科学合理的组织与分类，并进行高效存储，是非遗实践工作开展的基本前提，是后续非遗保护与传承的基础。因此，如何从分散、异构的资源中更好地组织非遗知识，实现其有效并精确的分类和存储，就成为当前非遗领域亟待深入研究和解决的问题，也是推动我国非遗资源原真性、永久性和活态性保护的重要路径。基于此，本章围绕非遗资源的数字化资源建设展开一系列探讨。

一、非遗数字资源分类体系

国内学者对于非遗的分类与国外官方分类体系最大的区别就是，已经由调查或者申报非遗项目的层面转移至研究层面，将调查对象升级为研究的对象。我国学者对非遗的分类主要有四类法、七类法、八类法、十三类法等。

其中最为突出的是前文化部副部长王文章主编的《非物质文化遗产概论》，该书归纳出了非遗十三类分类方案：语言（民族语言、方言）、民间文学、传统音乐、传统舞蹈、传统戏剧、曲艺、杂技、传统武术、体育与竞技、传统美术与工艺美术、传统手工技艺及其他工艺技术、传统医学和药学、民俗和文化空间，提出了一个比较全面、合理的非遗分类体系。[①] 此外，向云驹提出独到的非遗分类体系，他认为非遗是一种典型的"人体文化"，可分为"口头文化、体形文化、综合文化、当下的造型文化"四种形态；[②] 苑利、顾军认为非遗应

---

① 王文章.非物质文化遗产概论［M］.北京：文化艺术出版社，2006.
② 向云驹.论"口头和非物质遗产"的概念与范畴［J］.民间文化论坛，2004(3)：69-73.

当分为八类：民间文学类、表演艺术类、传统工艺技术类、传统生产知识类、传统生活知识与技能类、传统仪式类、传统节日类、文化空间类；但同时又通过合并将其分为表演艺术、传统工艺技术、传统仪式与文化空间四大类。[1] 苑利、顾军也考虑到"'文化空间'这类'非标'类别，会造成申报时因'一项两投'"的原因将文化空间类剔除了，通过合并将分类体系确定为：传统表演艺术类、传统工艺技术类与传统节日仪式三类。[2] 凌照、周耀林依据认定非遗保护级别的行政机构级别的不同进行分类，如世界级、国家级、省级和市县级等。[3]

在官方体系的非遗分类组织的指导思想影响下，不少学者们对非遗的分类仅到一级目录，主要是以非遗的表现形式分类，类面之间缺乏联系，非遗保护呈碎片化现状。

非遗的传统分类都是单线索的：或按照主题特征组织，或按照保护级别组织，或直接按照地域组织。这些分类和组织方案取得了一定效果，方便了普查工作的开展，促进了非遗分类管理工作的开展；但这种传统的非遗信息分类法只能通过单一线索加以组织，无法反映各种非遗之间固有的联系，无法从总体上反映非遗的复杂性，也没有足够的能力将文化空间的特征囊括在内。而向云驹认为，文化空间的核心价值就在于"它完整地、综合地、真实地、生态地、生活地呈现了非物质文化遗产"，因此，失去了文化空间就会失去非遗赖以生存的土壤和环境，这就违背了非遗整体性保护的原则。[4]

程齐凯、周耀林等认为，非遗是文化表现形式和文化空间的有机结合，表现形式依附于一定的文化空间；因而，在对非遗信息资源的组织上，仅仅依赖现有的非遗传统分类是无法表现其文化空间的特征的。非遗经过数字化后，形成的非遗信息资源种类丰富，尤其是有大量的音视频多媒体信息资源；而新的数字化技术，如3D、VR等技术应用到非遗的保存与利用中，也给非遗信息资

---

[1] 苑利，顾军.文化空间类遗产的普查申报以及开发活用[J].原生态民族文化学刊，2009，1(4)：63-71.
[2] 苑利，顾军.非物质文化遗产分类学研究[J].河南社会科学，2013，21(6)：58-62.
[3] 凌照，周耀林.我国非物质文化遗产保护政策的推进[J].忻州师范学院学报，2011，27(3)：117-122.
[4] 向云驹.论"文化空间"[J].中央民族大学学报(哲学社会科学版)，2008(3)：81-88.

源的分类组织提出了新的挑战。①

目前非遗信息资源的传统分类体系主要依据以上的非遗分类体系进行修正，对层次进行丰富与重构，建立多层次与多层级的结构体系，并在不同的层级以不同分类标准对非遗进行组织。如周耀林等人从宏观、中观和微观三个层面对非物质文化遗产进行了分类重构。在宏观层面，以现有的层级式为依据进行分类，将我国的非遗划分为五个层级大类，包括世界级、国家级、省级、市级和县级；在中观层面，以众多非遗项目为分类对象，建立起由基本大类与由其直接展开的一、二级类目所形成的分类简表；在微观层面，细化单个非遗项目所处的类别，突出其自身的显著特点，明确其与相近、相似非遗项目之间的区别和联系。② 屈健民也建立了一个四级深度的类目体系，一级类目按六个标准列类：学科、级别、地域、民族、时间、传承人。③ 这样建立多元化多层次的分类组织体系，就能表征出非遗更多方面的特征。宋丽华等也提出在非遗信息资源组织时参考《中国图书馆分类法》建立主表和相应的复分表。④

二、非遗数字资源的组织

组织作为一种行为，是对事物的加工整理，使其有序化、体系化、组织化的工作。组织实施最重要的手段是分类。从现有非遗成果来看，对非遗项目的组织模式普遍采用分类方法。面对规模庞大、分布广阔的非遗资源，当前迫切需要进行的一项工作就是对这些资源的整理与归纳。寻求对非遗信息资源的有效组织方式，可以使非遗资源得到更好的利用与保护；而在此基础上，进一步寻求与之相匹配的非遗资源储存模式，可以有利于非遗资源的有效保存和进一步的开发利用。两者协同递进，从而促进非遗资源的保护与传

---

① 程齐凯，周耀林，戴旸.论基于本体的非物质文化遗产分类组织方法 [J].信息资源管理学报，2011，1(3)：78-83.
② 周耀林，王咏梅，戴旸.论我国非物质文化遗产分类方法的重构 [J].江汉大学学报(人文科学版)，2012，31(2)：30-36.
③ 屈健民.非物质文化遗产数字化保护与传承中的分类研究 [J].图书馆界，2015(1)：83-86.
④ 宋丽华，董涛，李万社.非物质文化遗产分类的问题解析与体系重构 [J].国家图书馆学刊，2014(3)：86-92.

承传播。

1. 传统的非遗分类体系

分类是指以事物的本质属性或其它显著特征为依据，把各种事物集合成类的过程，是人们认识事物、区分事物、组织事物的一种逻辑方法。传统的分类法是单线索组织形式，是指所有事物使用单一特性作为区分的标准，而不能通过多种特性混杂使用。传统的非遗分类体系主要包括联合国教科文组织的非遗分类指导性方法、我国的官方非遗分类体系和学者们提出的非遗分类方法。

如果只将分类法用于非遗信息资源组织有显著的缺陷，首先传统分类法对非遗的组织和描述未能充分体现非遗的本质特性，如非遗的活态性、生态型等特征；其次，传统分类法无法体现非遗的文化空间、表现形式和子元素之间的复杂关系；再者，非遗信息资源的类型丰富，既包括传统的文本，更多是音视频多媒体信息资源。因而传统分类对于这类资源，尤其是对其内容的组织有很大的障碍，而且将多媒体信息资源进行人工标注则成本较高。

2. 非遗资源的大众分类法

还有一种比较特殊的非遗资源组织方法是大众分类法，是近几年流行于互联网的一种用户信息自组织方式，这种方法允许用户使用标签管理自己的信息资源，并通过标签实现信息的分享和交流。大众分类法适用于以"用户为中心"的社会服务网络，通过用户标注描述性标签，由分类系统自动聚合及标签频率使用统计实现协作分类。

3. 非遗信息资源的主题组织

分类法和主题法是信息资源组织的重要方法。但在非遗信息资源的主题确定方面，目前还存在一定的缺陷。

现行的非遗信息资源的主题组织方法都是通过引入其它概念或方法（主题图技术、关键事件技术等）来对非遗资源进行重新组织，虽然在一定程度上打破了传统分类的桎梏，但依然缺乏统一规范和标准。

三、非遗数字资源的存储

对非遗资源信息进行有效组织后,需要采用合适的方式对其进行存储。非遗数据来源多样、结构异质,大多包含较大信息量,具有长期保存、方便管理的需求,往往以文字、图片、音频、视频、三维模型等多种形式进行储存。在物理层面,除了以传统的光盘、磁盘作为存储介质外,磁盘阵列、分布式存储等技术为大容量存储提供了可能,而光纤和一系列网络协议也成为支持数据的异地存取的有利条件。在数据层面,数据库技术、数据仓库、大数据从存储技术的发展促进了非遗数据的结构化和有序化。

2005年《国家级非物质文化遗产代表作申报评定暂行办法》指出,要运用数字化多媒体等各种方式,对非遗进行真实、系统和全面的记录,建立起档案和数据库。随着数字化存储技术的发展,非遗存储手段更加多样化。总的来说,目前非遗的储存手段主要包括建档式存储、数据库存储和网络存储三种类型。

1. 建档式存储

1992年,在联合国教科文组织和国际档案理事会的共同努力下,一个国际性的项目——"世界记忆工程"开始实施,推动了世界各国记忆遗产即文献遗产的保护工作。为了与"世界记忆工程"接轨,加强社会各界保护记忆遗产的意识,我国于2000年正式启动"中国档案文献遗产工程"项目,开始形成了一项有计划、有步骤保护我国档案文献遗产的专门工作。档案具有原始记录性,经过长期工作,建档式存储已为我国非遗的信息保存提供了重要支持。如在2013年7月,安徽省就明确提出将濒危的、活态传承较为困难的民族舞蹈,以影音资料的形式对其内容、表演形式、技艺流程等建立档案。

建档式存储可以按照非遗的项目类型、保护级别以及传承人等进行分类存储。但是鉴于非遗具有活态性(传承、演变情况)、传统性(特定的文化渊源与所处地方、环境有内在联系)、整体性(包括生态、文化)等特殊性质,简单的建档式存储通常忽视了其赖以生存的文化空间特性,不利于非遗的原真性保存。

2. 数据库存储

数据库存储是将非遗资源以结构化数据的形式统一录入构建的数据库中，通过数据库的保存和处理，可以使非遗信息有序化，实现对非遗资源的有效保护。如 Ichpedia，它是非遗的百科全书，是于 2010 年在韩国的文化遗产管理部门支持下建立的。它现在约有 3 万条数据，是全球最大的非遗多媒体资料库。Ichpedia 是运行在 LAMP 环境，LAMP 是以下单词首字母的缩写，即 Linux，AphaLinux（operating system），Apache HTTP Server，MySQL（database software），和 PHP，Perl 或 Python。该环境可以让资源拥有者或使用者很方便地在互联网管理和获取非遗资源。随着近年来非遗保护工作的不断深入，全国各地对非遗数据库建设进行了大量的探索实践，如 2011 年 7 月"白族、傣族、彝族非物质文化遗产影像数字化保护"项目组深入云南，用影像技术将云南地区最具代表性的傣族孔雀舞、彝族烟盒舞录入非遗舞蹈特色资源库。但我国目前尚没有形成统一的数据库模块建设内容，因而难以进行数据库的非遗资源共享和统一管理，非遗数字化保护与传承的作用就受到了限制。

早在 2008 年，联想（2008）企业级服务器配合其 SAS 存储方案，就帮助用户实现了集资料安全、集中存储和数据信息化管理于一体的网络平台核心，并为客户搭建了"网上"博物馆。其对有关非遗的文档、图片、视/音频资料进行集中数据存储，将各种原本分散的数据整合编纂全部纳入数据库，实现数据的完全信息化管理；此外，联想通过 SAS 存储方案，充分发挥存储磁盘阵列的特性，提高了非遗保护的安全性、可靠性。此举不仅实现了非遗资源的集中信息化管理，还大幅提升了非遗的传播与交流。可见，在数据库存储的基础上，打造平台或"博物馆"，更有利于资源的利用和共享。

还有一种存储方式是基于元数据的数据库存储。目前，已有一些元数据自动生成工具如 DC.dot、Klarity 等，将其应用于文化遗产数字资源系统，降低元数据采集成本。这种基于元数据的分布式存储方案可以提高数字文化资源的长期可访问性。

数据库构建可以对非遗资源进行有效组织与存储，具有一定程度的安全性和可靠性，但在资源信息共通和共享方面不尽如人意，如若缺乏统一的构建标准与互通机制，容易造成信息资源孤岛。

3. 网络存储

上述两类存储方式中，虽然涉及资源收割的形式，但主要还是针对非遗资源的本地存储，并且各非遗数据库的建设也有很多区别，会导致数据不能互联互通，也就谈不上共享，这使得非遗数据库无法发挥其最大效用。

随着网络时代的迅猛发展，互联网媒介扩展了传统媒介的可保存性，网络存储将成为未来发展的趋势，其对非遗资源进行的有效存储，将更有利于非遗资源的分享和利用。其中，云计算作为一项迅速发展的信息技术，被逐步应用到文化事业领域。云所提供的虚拟计算资源将提供灵活扩展的存储能力，可为非遗资源的存储带来前所未有的安全性和可靠性。

除了云计算存储之外，还有一些网络存储商会提供大容量便捷的存储产品。如北京大学提出的采用希捷存储方案来存储非遗资源。希捷商业存储"4盘位"网络存储产品，将北大社会学系收集的关键数据集中于单个设备，实现数据的集中备份和保护，为工作人员开展协作创造共享空间；同时，还为网络存储制作了独立的 Web 界面，使用者可以在界面上安全下载和上传大文件。除此之外，与一般的云存储服务不同，它还提供了无线硬盘，可以及时地将收集的资料保存到硬盘中，用户对自有数据拥有完全的操控权限。

随着互联网社交媒体的发展，社交网络逐渐对资源与知识的存储与传播产生着重要影响。据此，部分非遗还会存储在社交网络的知识库中，并与基于大众分类的大众标注相结合。这些流散在社交媒体中含有大众所标注的社会化标签的非遗资源，虽然存量相对较少，内容繁杂，但其在传播范围与利用难度上具有较大优势；因此，社交网络与知识库也是非遗存储的一种重要形式。

四、非遗资源加工处理发展

从国际范围看，与物质文化遗产的数字化相比，非遗数字化工作开展较晚，但在近些年发展迅速，并在学术研究方面取得了一系列进展。在基础研究方面，目前集中在非遗数字化概念、原则与策略、影响、实施主体、文化视角的解读等方面。这些基础研究工作丰富了非遗数字化的理论体系，对非遗数字化的实践及应用研究都具有重要的指导意义。在技术研究方面，学术界对各种技术及其应用进行了较多的探索，包括数字影像技术、3D、VR、AR、3S、行为捕捉等技术。这些技术有些在非遗领域已有广泛应用，有些在非遗领域应用较少；但不管如何，它们给非遗数字化带来了新的可能。在形态研究方面，学术界则主要关注对数据库、数字博物馆的研究。总体来看，目前的研究或针对某一非遗项目，或针对某一地区，或针对非遗数字化整体工作与宏观布局；或是对实践经验的总结，或是对建设方案的构想，不一而足。

然而，通过对现有研究的梳理可以看出，当前非遗数字化研究仍存在以下不足：

一是以非遗数字化的技术与形态等应用研究为主，对基础理论与方法体系的研究不足，未形成成熟的知识体系。这使得非遗数字化工作缺少通用理论与方法的指导，并直接影响到实践的效率；而共同知识体系的缺陷，也会限制非遗数字化研究群体的交流与对话。

二是多微观具体层面的研究，少宏观全局层面的研究。现有研究多聚焦于具体项目与具体技术应用的研究，较少从宏观全局层面进行顶层设计，例如对不同实施主体之间协作机制的探索、对标准规范的研究。这使得研究主题较为分散，实践工作缺少对话与协同合作，造成非遗数字资源的结构庞杂、标准不一、难以融通，影响对非遗数字资源的整合与共享。

三是研究视角的单一化，系统化多视角分析不足。非遗数字化不只是技术问题，而是一个系统的社会问题，所涉主体复杂。现有研究多肯定了数字化技术所带来的积极影响，但较少对其负面影响乃至风险进行系统评估；多从非遗数字化实施主体的角度出发，较少从非遗所在社群等其他主体的立场去分析问题。

四是重数字化资源建设保存，轻数字资源的传播和共享。现有研究多集中于探讨非遗的数字化建设与文化保存，然而，对非遗资源的传播、共享和利用等问题的研究不足。如果只斤斤于非遗的数字信息转化，而不重视对转化后的数字文化的传播、交流、学习教育的研究，那么，非遗数字化工作则无异于无源之水；因为文化保存的目的正是要通过传播的作用将其"植入"个体，使其成为民族的鲜活生命力与文化基因。

在对现有研究进行梳理的基础上，本研究认为以下方面有待于进一步深入研究：

第一，借鉴日益成熟的物质文化遗产数字化、古籍数字化、数字人文的理论与方法，结合变化的技术环境、引入利益相关者等要素对非遗数字化概念、原则、策略、基本流程等基本理论与方法进行深入探讨，丰富其知识体系。

第二，系统评估非遗数字化对经济、社会、文化、教育等方面的综合影响，对可能出现的知识产权等风险进行分析评估。非遗数字化带来的影响是多方面的，要客观看待其优势与局限性，使其在非遗传承与保护中尽可能发挥积极作用、减少甚至规避消极影响。

第三，图书馆、博物馆、档案馆等不同实施主体与不同地区协作机制的探索，包括各类机构的不同角色与定位、不同分工、交流与沟通、资源共享、合作效能评估、系统共建等等。合作开展非遗数字化工作，对于减少资源浪费与重复建设，促进数字化资源利用与共享，促进文化多样性与不同群体对话理解，都具有重要意义。

第四，系统分析不同主体（非遗数字化实施者、非遗传承人、受众群体等）对非遗数字化的观念认知，以及这些认知可能会对非遗数字化手段及非遗数字资源传播所造成的影响。全面了解不同主体的观念认知，有利于发现阻碍非遗数字化实践进展的隐性关键因素，而这些隐性要素对于具体的非遗数字化项目来说至关重要。

第五，应用哲学、政治学、经济学、社会学、教育学、文化学、人类学、民族学等多学科知识，采用跨学科方法对非遗数字化进行多视角的阐释和实证研究，例如，可采用教育学、传播学等方法研究非遗数字化的传播效果，或可采用社会学和民族学方法研究数字化对非遗所在社群的社会影响等等。

第六，进一步探索非遗数据库的分类体系、元数据等信息组织问题，完善相关标准规范，并注重与国际相关标准规范的对接。标准规范的建立有利于改善非遗数字化工作的无序局面，促进资源共建与共享。

第七，在对现有数字化项目调研的基础上，加强对不同非遗项目数字化技术的选择与采纳问题的研究，实现技术与非遗数字化项目的最优匹配，例如，对非遗数字化技术采纳模型与决策框架的研究。

第八,加强对非遗数字化技术应用的研究,一方面促进对 VR、AR、3S 等现有非遗数字化中已有应用,但并未广泛应用的技术的应用研究;另一方面,寻找与研发新的可用于非遗数字化保护与传播的技术。

第九,加强对新媒体等传播手段在非遗文化传播中所发挥作用的研究,例如微信、微博、电影、纪录片、公益广告、动漫、游戏等等。新的传播手段有利于扩大数字化成果的传播范围、受众群体,使非遗在传播与接受的过程中获得"新生"。

第十,加强对非遗数字化资源的共享与利用状况的实证研究,如不同数字资源的语义异构与互操作问题,以促进非遗数字化成果能被更好地传播与接受。此外,在非遗数字化研究中还需引入用户视角,需要加强对新媒体用户等受众群体对非遗文化认知的研究,以及对非遗数字资源用户特点与利用模式的揭示,从而有针对性地开展非遗的数字化建设与传播。

第十一,加强对国内外非遗数字化最佳实践的案例研究与分析,尤其是国外非遗数字化技术与建设经验的总结。虽然本节在这方面做了一些梳理,但由于篇幅及笔者水平等因素限制,仍需要更多这方面的研究与梳理,以期能够为我国非遗数字化实践与研究提供更多的借鉴与参考。

第四节 记忆工程视域下的非遗资源建设

现代化的生产与生活方式一方面促进了社会进步,另一方面也在某种程度上使口头传说、传统生产技艺、传统习俗、传统表演艺术等非遗面临保护、传承和发展等方面的困境。要实现对非遗的活态保护,使其得到传承和发展,首先要做好非遗的抢救性保护工作,以保存文化基因。采用数字化技术对非遗数据进行保存与展示,对非遗资源进行数字化管理,是非遗保护工作的必然选择。联合国教科文组织和世界各国自 1992 年以来开展的"记忆工程"项目,为非遗保护提供了新的契机。本节从档案学的研究视角出发,将非遗数字化保护与记忆工程建设相结合,以数字资源整合与保存为主要方式,通过挖掘文献信息资源、采集口述史和影像资料、建设专题资源库等方式,收集、整合、保存、传播本民族重要事件和重要人物的集体或个人记忆资源,有助于推动世界各国记忆遗产及文献遗产的保护工作,实现非遗信息资源的有序性和完整性,促进非遗的传承与发展。

一、记忆工程中非遗数字化建设实践

为全面了解记忆工程中的非遗资源数字化建设现状,本节调研了目前文献中所记录的记忆工程项目资源建设情况,涉及我国北京、广州、武汉、浙江、香港、台湾多个省、市、地区,共计52个项目,其中国家级项目1个,市级项目49个,地区级项目2个。调查显示,一部分记忆工程项目并未建立起面向用户的统一门户网站,资源呈现方式主要以宣传片、丛书、文献集为主;另一部分记忆工程项目虽提供统一检索入口,但并未涉及与非遗有关的项目。表3-4列举了目前所开展的记忆工程中与非遗项目直接相关的内容,且这些非遗资源已经以数字化形式进行保存,并提供用户浏览与检索。

通过调研发现,当前我国虽有众多城市、地区实施记忆工程项目,其内容涵盖了经济、教育、社会、文化等多个层面,但却较少涉及非遗资源,其建设内容也多为概括性介绍,零星地分布在多个板块中,缺乏对非遗资源的系统梳理与全面展示。具体来说,目前记忆工程中的非遗数字资源建设存在以下三个方面的不足。

1. 组织协调层面

无论是记忆工程还是非遗数字资源建设,都是一项复杂的社会工程,涉及多个实施主体。大多记忆工程的实施主体是综合性档案馆,部分是城建档案馆和社会其他主体;而非遗资源建设的主体还涉及政府文化部门、图书馆、博物馆、档案馆等多个机构。由于各部门之间的融合和重视程度不够,档案馆、博物馆、图书馆之间缺乏资源共建意识,即使在组织机构内部,如图书馆总馆与分馆、分馆与分馆间也缺乏统一的协调机制,机构间各自为政,导致非遗数字

表3-4 中国记忆工程中的非遗数字资源建设

项目名称	级别	项目目标	与非遗项目结合的开展形式	代表性非遗项目及内容	网址
中国记忆	国家	传承文明血脉，弘扬民族文化，建设中华民族精神家园，补充国家图书馆传统馆藏，使珍贵文献典籍更好地服务于当代社会，多角度、多层面向公众展示非遗的魅力与价值	以图集、文献、音频、影像库等形式对非遗资源进行记录展示。开展了20多个专题资源建设，积累了超过1 000小时的口述史料和影音文献；举办了一系列非遗讲座，在线展览及国家级非遗项目代表性传承人现场演示等体验活动	代表性非遗项目包括中国文字、蚕丝织绣、大漆髹饰、中国年画等四大专题资源。以音频和视频的形式记录了各传承人口述史、影像史；以记忆地图的形式直观展现死了非遗项目的地域分布情况	http://www.nlc.cn/cmptest/
广州记忆	城市	收集广州文献遗产、传承岭南历史文化、保护广府人的集体记忆、增强市民对广州的认同、力争建成公众认识广州，了解广州的一条捷径	目前已设立城市变迁、历史名人、广府文化、历史典故、影像记忆等八个专栏，提供资料上传、数字文献征集、老照片上传、公众网上互动端口，以征集文本、音频、视频、口述档案等形式，记录和反映具有特色的广州非遗项目	从饮食文化、戏曲、艺术、工艺、民俗、人文历史及民间传说等方面分别介绍了一些具有特色的广州非遗。代表性非遗项目包括广州早茶、粤剧、岭南盆景、牙雕、广彩、广绣、扒龙舟，以及汉族神话传说故事"五羊传说"	http://www.gzmemory.com
浙江记忆	城市	记录和展现浙江经济社会发展的历史轨迹，保护浙江的历史特性和地方特色，推进浙江省档案文化建设	将记录重大活动、浙江档案记忆资源建设与抢救性征集浙江档案资源相结合。按照不同主题，以项目工程的形式收集、管理和利用各历史记录，包括照片、录音录像、证章、书画作品等载体形式档案的收集	代表性非遗项目包括家谱、浙江方言、浙江藏书史与越剧等系列档案文化资源，其中越剧附资料库包括史料、剧目、流派唱腔、音乐、表演、名家新秀、舞台美术、越剧机构、演出习俗等内容，是目前最全面、最丰富展示非遗内容的记忆项目	http://www.zjd.gov.cn/dadb/dzda/qdda/

第三章 非遗资源数字化建设 83

续表

项目名称	级别	项目目标	与非遗项目结合的开展形式	代表性非遗项目及内容	网址
香港记忆	地区	以数字形式保存香港的历史及文化遗产,为民众接触并分享资料提供方便互动的平台,增强香港人的本地归属感和历史感,让世界各地认识香港的不同面貌	以数码形式保存香港的历史及文化遗产,将散落于民间的历史及文化资料集中储藏于一个数码档案库。已建成专题特藏、展览和口述历史三大原始资料储藏库。专题特藏涉及历史与社会、地理与环境、艺术与文化、传播与媒体等四类主题	代表性非遗项目仅涉传统节日和古琴。在节日专题中,以图片和影片的形式展示了香港各传统节日。在古琴专题中,依托《香江琴缘》展览的内容和资料,收录了与古琴相关的文物、手稿、绘画、乐谱、乐曲、讲座、相片、录音、影片和专题文章等档案资料,读者可以按日期排序查阅或直接检索	http://www.hkmemory.hk/Communities/ats/ah/index_cht.html
台湾记忆	地区	将台湾的相关历史文献进行数位化典藏,并借由数位物件诠释资料的建立,达到资料分享再利用的目的;同时将扩展到台湾各地读和研究扩展到台湾各地及海外	目前系统内已经建置超过40万余笔释资料及80万余笔数位化影像及视讯档案	代表性非遗项目涉及善本古籍、器物、书画等16项主题,涵盖文化、经济、教育、社会及民生等多个层面,包括学术研究、产业发展等多种应用层次	http://memory.ncl.edu.tw/tm_cgi/hypage.cgi?HYPAGE=index.hpg

84　非遗信息资源开发与利用

资源重复建设较多，且缺乏统一的技术标准，跨部门实现资源共建共享的困难较大。

2. 管理融合层面

非遗资源呈现出海量、多源、异构等特征，其数字资源建设涉及资源采集、资源组织、资源服务等多个层面，但目前的非遗资源建设仍以保存为主，开发、利用意识较为薄弱。记忆工程中的非遗资源主要以建设数字文献资源库为主，大多是将历史文化资源加以编码、储存和提取，以文字、图片、音频、视频等各种形式进行记录和展示，并未建立起统一检索平台为用户提供服务，缺乏对非遗的传承和生产性、开发性保护。

3. 技术协同层面

目前以记忆工程为基础的非遗抢救式保护主要采用文字、录音、摄影、录像等方式。然而，书籍生霉、图片蜕变、录像老化、录音失真等问题都会使记录的非遗信息出现不同程度的失真。现代数字化技术的发展，为非遗的采集、保存、展示与传播提供了更为广阔的空间。如何协同利用数字化采集、数字化存储、数字化复原、数字化在线、数字化展示、数字化传播等新兴技术，构建合理的非遗保护技术体系，是数字化技术在非遗保护、传承与开发方面的关键性应用。

二、记忆工程与非遗存档保护相结合的可行性分析

无论是开展记忆工程还是非遗存档保护，都是通过对重要历史事件、重要人物、濒危民族记忆与传统记忆相关的影像、照片、手稿、档案等进行收集和整理，且对数字资源进行储存、保护、传播和传承，并以数字化的形式加以开发和利用，其目标都是为了保存人类共同的记忆，二者密切相关。一方面，非遗保护的关键是能否让其保持"活态"，而活态的状况主要取决于传承的因素，尤其是那些掌握着绝技、绝活的民间艺人要能够将其技艺、技巧传承下去。记忆工程的开展与推进，实现了对这些正在老化、损毁、消失的人类

记录的抢救和保护，为非遗保护与开发利用提供了优质资源。另一方面，记忆工程是非遗数字化存档保护的延续，其任务是实施保护和保管文化遗产，促进文化遗产传承和利用；故经过数字化存档保护后的非遗资源，也成为了记忆工程的重要组成部分。总的来说，记忆工程与非遗数字存档保护在建设主体、建设内容及建设客体等方面都有相通之处，存在着相互结合的基础，具体表现在：

1. 两者建设主体能融合

两者的建设主体均涉及档案馆、图书馆、博物馆等文化设施及政府部门。三馆都拥有丰富的文化信息资源，在馆藏上既有区别又有重叠，如族谱、地图、照片资料、口述资料，以及文化档案等在三馆中都有藏品，且三馆分别承担了非遗保护不同层面的工作任务。各馆藏资源之间可以互证互补，实现资源的无缝结合，共同构建完整的记忆项目。

2. 两者建设内容有交集

由政府部门牵头，图书馆、档案馆、博物馆为主体的非遗数字资源建设主要涉及各地非遗名录、相关政策法规、传承人、申报指南、项目产品、学术交流、网友交流等栏目，其数字化呈现形式有特藏数据库、专题数据库等。而记忆工程以保存城市乡村变迁、家谱资源、文化资源、历史资源为主，两者在民风民俗、文化传统及具有地方特色的传统舞蹈、音乐、戏剧等方面有内容上的重叠，如中国记忆中的蚕丝织绣、大漆髹饰、中国年画等专题，就涉及多项国家级非遗项目。

3. 两者受众客体可互补

非遗网站着重政策法规、项目申请事项等内容，互动类栏目较少，学术交流以刊登学术文章为主，其受众群体主要为对非遗有特殊需求、偏好的群体，或为需要申请非遗项目的机构、组织及个人，受众范围较窄；而记忆工程记录城市风貌变迁、民族节日活动盛况、文化活动，内容更贴近民众生活，同时支持民众共建、鼓励网友上传资源，具有更广泛的受众群体。非遗项目的传承需要大众的认可,从长远来看,认同、认知非遗项目的大众认可甚至比非遗保存本身更为重要。非遗保护需要良性循环式的活态传承,使得受众能够接触非遗和促进非遗传播才是最好的保护,这为实现非遗网站与记忆工程的结合以扩大非遗受众群提出了要求。

三、记忆工程视域下的非遗数字化存档系统构建

不同的信息利用目标决定了其信息资源的组织结构、存储方式及实现技术,而新的数字化采集技术、新媒体传播环境,将非遗信息资源变得更加丰富与复杂。针对记忆工程中非遗数字资源建设在组织层面、管理层面与技术层面存在的问题,结合非遗数字资源保护的两大目标——传承与传播,依托记忆工程中的优质数据资源,本节构建了如图3-3所示的非遗数字化存档系统技术框架。

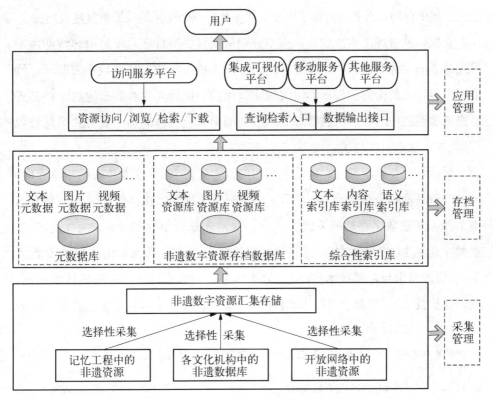

图3-3 非遗数字化存档系统技术框架

非遗数字化存档系统技术框架共分为三层，即采集管理层、存档管理层和应用管理层。在采集管理层，通过部署多个采集节点来完成具体的非遗资源采集工作，并通过元数据自动获取实现数字资源的汇集存储；在存储管理层，对采集的非遗信息资源进行存档管理，基于合理的非遗信息资源分类体系构建存档数据库，并建立包括文本索引库、内容索引库、语义索引库在内的综合性索引，同时将非遗数据转换为半结构化的元数据进行存储；在应用管理层，为用户提供非遗数字存档资源访问浏览与检索服务，统一层面的开放接口则是为其他的服务系统提供检索浏览与数据输出服务，使用户可以从多种途径访问存档资源。

本节所构建的非遗数字化存档系统技术框架，可以有效解决上文中提到的非遗数字化建设中存在的三个层面的问题。

首先，在组织层面，协同多个文化机构制定联合采集方案，采用选择性采集策略，根据非遗项目内容的相关性，以专题形式采集数据资源。这种机构协同模式下的选择性采集策略，只采集各类数据集中与非遗项目相关的资源，实现多次采集、集中存档，有效地避免了由于提供主体异同而带来的资源重复建设问题。

其次，从管理层面出发，该模型分别从项目类型特征与项目内容特征两个维度建立非遗分类体系[1]（如图3-4所示），多维度实现对非遗数字资源外部特征与内容特征的全方位揭示，以实现非遗保护中原始高保真数据的数字档案式信息资源存储（非遗存档数据库的建立）和面向文化传播的加工整合式信息资源存储（综合性索引库的建立）。

最后，在技术层面，影响信息利用的因素有两个：一个是资源的丰富程度；另一个就是确保公众能够方便获取，才能充分实现数字化存档的价值。[2] 因此，本节深入非遗数字存档的关键性环节，探索非遗数字存档技术体系，包括非遗数字化选择技术（文本、音视频、图片、动作、模型数字化的技术流程规范）、资源组织与存储技术（资源的分类体系、元数据标准、存储的技术规范、版权保护技术）、资源管理技术（资源发布技术、检索技术、资源注册及目录服

---

[1] 翟姗姗，刘齐进，白阳.面向传承和传播的非遗数字资源描述与语义揭示研究综述［J］.图书情报工作，2016，60(2)：6-13.
[2] 刘青，孔凡莲.中国网络信息存档及其与国外的比较：基于国家图书馆WICP项目的研究［J］.图书情报工作，2013，57(18)：80-86.

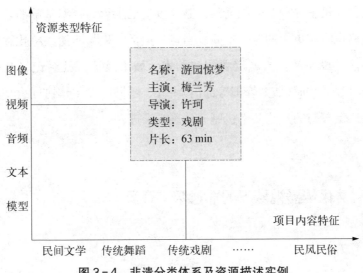

图3-4 非遗分类体系及资源描述实例

务技术等)①、可视化呈现技术(三维动画技术、虚拟现实技术、语义 Web 技术、知识可视化技术)以及信息服务与传播技术(无线通讯技术、语义网技术、新媒体技术)等。该模型在优化用户体验的同时,提高资源利用率,从而实现非遗文化在更大、更广范围内的传承与传播。

数字化技术逐渐成为当代非遗保护的重要手段之一。实现非遗数据的保存与展示,对非遗资源进行数字化存档管理,是其保护工作的必然选择,也对非遗的传承与传播有重要意义。本节以记忆工程为研究视角,通过对记忆工程中非遗数字资源建设现状的调研,分别从组织层面、管理层面及技术层面探讨了其存在的主要问题,深入分析了记忆工程与非遗数字化存档工作相结合的必要性与可行性。在此基础上,构建了包括采集管理层、存档管理层及应用管理层的非遗数字化存档系统技术框架,通过制定联合采集策略、建立数字资源多维分类体系、构建非遗数字存档技术体系,有助于有效解决上述非遗数字资源建设中存在的问题,也为以记忆工程为资源基础的非遗数字化存档管理提供了可操作性的方案。

总之,面临着时间推移、文化变迁与资源老化等问题,非遗保护的任务将越来越重,非遗数字化存档工作的必要性也将得到凸显。记忆工程为当代非遗

---

① 黄永林,谈国新.中国非物质文化遗产数字化保护与开发研究[J].华中师范大学学报(人文社会科学版),2012,51(2):49-55.

数字化保护提供了一种新的制度与机制，以记忆工程为资源基础的非遗数字存档保护策略也将有更大的应用空间。当然，记忆工程与非遗数字化存档保护的结合并不能一蹴而就，这就需要构建国家、城市及地区社会记忆基础设施平台，并通过建立政府（档案管理等部门）主导、不同建设主体协同合作、社会组织和成员广泛参与的共建共享机制分期逐步推进。

第五节　文化传播视域下的非遗数字资源

剪纸，又被称为刻纸、窗花或剪画，是指选用纸张、金银箔等材料，借助剪刀或刻刀等工具，采用剪、刻、撕等方法，通过镂空产生虚实来塑造各种形象。① 作为中国非遗的代表项目之一，剪纸于2009年入选了联合国教科文组织《人类非物质文化遗产代表作名录》。作为以民俗生活为生存和发展基础的艺术形式，剪纸是广大劳动者在长期生产生活中创造出来的艺术瑰宝，同时也是中华艺术中群众性最广泛、民族地域特征最鲜明、历史文化内涵和艺术形态最丰富的具有代表性的文化形态。可以说，剪纸的内涵在一定程度上体现了中国传统文化的内涵。作为中国传统文化内涵的"外在固化形式"，剪纸为研究传统文化提供了一种新的途径，即通过对客观存在且富含传统文化内涵的剪纸图片的认知研究，来分析群体在传统文化理解上的差异化现象以及造成差异化背后的潜在影响因素，这是对单纯以文化论文化固有思维模式的改变，是以"有形"评价"无形"，以"样本"来反映"总体"方法的体现。

基于此，本节以剪纸作品为载体，利用眼动实验、问卷等方法，结合定性与定量的分析方法，以探究不同个体在剪纸文化内涵方面的认知偏差及其影响因素，并从文化传播的主体、客体、内容、形式四方面，就如何更好地推广和传播传统文化进行有针对性的探讨。立足于中国传统文化的保护与传播，从传统文化的用户和受众角度去考虑传统文化的推广和传播，对新时代新环境下文化

---

① 别淑花.剪纸艺术的形式特征及象征意蕴［D］.济南：山东师范大学，2010.

事业的发展具有一定的现实意义。此外,采用了定性与定量结合的实证研究方法,也在一定程度上弥补了以往以思辨和定性方法为主的规范研究范式的不足。

一、传统文化认知研究现状

在对传统文化的研究中,如何促进其保护和传承,始终是研究者关注的核心与焦点所在;而对传统文化内涵的认知,则是保护和传承的前提和基础。目前,对传统文化内涵认知的研究,主要集中于不同种类传统文化的内涵探究,传统文化内涵认知的价值、意义,传统文化内涵的现代认知,不同群体的传统文化认知状况等方面。

1. 不同种类传统文化的内涵探究

传统文化包罗甚广,种类繁多,对传统文化内涵的认知研究的一个重要方面,就是对诸如节日、剪纸等文化内涵的探究。如王文章、李荣启从文明产物、文化载体、精神写照、情感纽带四个角度,论述了中国传统节日的厚重而多彩的文化内涵,认为传统节日久经沧桑,凝聚着历代劳动人民的智慧和情感。其在传承民族血脉、提升民族精神的价值、激发与释放情感等方面,是任何文化形式都难以替代的。[①] 罗雪梅从民间剪纸的用途、艺术表现手法、丰富的民俗文化内涵三方面进行论述,将剪纸划分为喜庆祝福类剪纸,礼品花剪纸,婚嫁、生殖繁衍类喜花剪纸,辟邪纳福、丧葬类剪纸四类,并就每一种剪纸的内涵进行详细阐述。[②] 吴竟红则认为,谚语既体现着古人的宇宙观、世界观,也展现着古代社会人们所遵从的社会伦理道德,还包含着一些深邃的哲理思考、各种知识,以及独特的古典美学神韵。[③]

2. 传统文化内涵认知的价值、意义

该方面研究主要是从传统文化内涵认知的视角去研究如何更好地进行教

---

① 王文章,李荣启.中国传统节日的文化内涵 [J].艺术百家,2012(3):5-10.
② 罗雪梅.中国民间剪纸艺术的文化内涵 [J].美术教育研究,2012(13):46-47.
③ 吴竟红.略论谚语中的传统文化内涵 [J].山东社会科学,2010(4):68-71.

育、包装设计、广告创意等。如张琳琳、高原、赵新伟从传统文化符号的纹样、文字、色彩出发，通过分析、认知和吸收传统文化符号的精髓，从而形成中国特色的有创意的包装设计。① 吕琛则通过对传统文化内涵的深入解析，寻找传统文化内涵与广告创意的契合点。② 易忠③则认为将中国传统文化的艺术内涵和商品的有机结合，可以提高旅游商品的档次，从而引导消费者需求向更高层次发展。

3. 传统文化内涵的现代认知

这一方面的研究主要着眼于传统文化内涵如何为适应时代发展需要而不断改造，以及现代技术的发展对传统文化内涵认知的冲击等。如任丽梅针对当今"国学热"的现象，反思传统文化在现代发展过程中存在简单复古和急功近利等问题，提出要对传统文化体系进行解构和重建。④ 段超以湖北民族地区近些年在传统文化创新方面取得的重要成绩为例，提出在继承传统文化的前提下，对民族传统文化的传承载体、形式进行创新，并注意突出其中的民族特色，打造文化精品。⑤ 朱政则以书法江湖网站为案例，通过 CNZZ 分析系统对其用户特征、浏览方式等相关数据进行统计和分析，找出此类网站的特点及传播规律，进而借用管理学 SWOT 分析法对其今后战略进行展望。⑥

4. 不同群体的传统文化认知状况

这一方面的研究是传统文化内涵认知研究的重点，相关论述颇丰。如白俊杰、李蔓荻、焦楠针对中医药类高校的 90 后大学生对传统文化认知现状进行调研，得出了学生在传统文化知识掌握上所显示的态势令人堪忧的结果，

---

① 张琳琳，高原，赵新伟.传统文化符号在现代包装设计中的应用 [J].现代装饰(理论)，2012(2)：22.
② 吕琛.内涵与追求：广告创意中的传统文化 [J].广西民族学院学报(哲学社会科学版)，2003(3)：124-126.
③ 易忠.旅游商品设计中的文化内涵 [J].装饰，2002(9)：10-11.
④ 任丽梅."国学热"与中国传统文化现代化再思考 [J].马克思主义研究，2013(10)：107-113.
⑤ 段超.关于民族传统文化创新问题的调查与思考：湖北民族地区民族传统文化创新调研报告 [J].江汉论坛，2005(11)：137-141.
⑥ 朱政.新媒体环境下传统文化的传播 [D].上海：复旦大学，2014.

并针对90后大学生自我意识强烈、具有矛盾性及多元性的特点，提出相应建议；① 于丹、刘一奔、张振宇则采用CATI系统(电脑辅助电话调查系统)，对北京、上海、重庆三个城市的居民进行了抽样调查，发现中国城市居民对传统文化的整体认知度较低，并在年龄轴上出现了"凹地现象"的结论；② 方琼则针对当前大学生承继传统文化呈现出认知匮乏、道德缺失和践行危机的现状，提出需要借鉴文化濡化思想将传统文化在日常生活中与现代观念进行濡化融合，在日常生活中创设濡化载体与空间的建议。③

纵观现有研究，涉及传统文化内涵认知方面的，存在着研究主题集中重复、研究方法单一等问题，诸多文章往往采用思辨或定性的方法，并结合具体的文化元素(如音乐、剪纸)进行深度剖析，定量方法在现有研究中并不常用，且多通过问卷获取源数据。无论是思辨或者问卷调查都在一定程度上基于个人主观认识来进行设计分析，实验的结果也会有所偏颇。眼动实验就是通过从眼动轨迹记录中提取诸如注视点、注视时间、注视次数、眼跳距离、瞳孔大小等数据，来研究个体内在认知的过程。④ 眼动实验可以摆脱传统研究方法的主观倾向性，利用眼动仪自动记录被试者的眼球活动数据，保证数据来源的相对客观，而这也有利于分析结果的准确性。

二、基于个体文化感知的眼动追踪实验

基于此，本节首先通过眼动追踪实验来研究个体在感知剪纸图片过程中表现出的特征，然后通过制定具体的得分标准来量化被试者对剪纸文化的客观认知状况，采用定性与定量相结合的方法，以尽可能地得到相对客观和贴近事实的结论。

---

① 白俊杰，李蔓荻，焦楠.90后大学生传统文化认知现状调查分析［J］.中医药管理杂志，2010，18(10)：909-911.
② 于丹，刘一奔，张振宇.我国城市居民对中国传统文化的认知状况调查：基于对北京、上海、重庆三地居民的调查数据分析［J］.现代传播(中国传媒大学学报)，2012(9)：5-13.
③ 方琼.大学生承继传统文化：现状、需求与日常生活化［J］.中国青年研究，2011(7)：95-97.
④ 安璐，李子运.眼动仪在网页优化中的实验研究：以厦门大学网络课程为例［J］.中国远程教育，2012(5)：87-91.

1. 实验方案设计

(1) 实验被试

采用网上招募的方式进行随机抽样，共抽取某高校本科生和研究生共29人，其中本科生12人、研究生17人，男生14人、女生15人。年龄在17—24岁，平均年龄为(21 ± 1.5)岁。专业方向有情报学、教育学、应用心理学、公共管理、旅游管理等。所有被试者双眼裸视视力或者矫正视力正常，均无色盲、色弱且为自愿参加，实验完成后被试者可以获得适当的现金报酬。

(2) 实验仪器

实验使用的是 Tobii Technology 公司生产的 Tobii T60 型眼动仪。该仪器的取样频率为 60 HZ，采用红外线摄像机摄取被试者眼睛的运动图片，被试者不需要佩戴头盔。该仪器能自动记录被试者在浏览剪纸时的首次注视点位置、注视时间、注视次数等数据。

(3) 实验设计与实验材料

实验选取剪纸作为实验材料，共13张，通过对剪纸所蕴含寓意进行概括，将剪纸所属寓意划分为四大主题：象征寓意、谐音取意、谐形取意、故事传说，分别选取四大主题中具有代表性的剪纸作为实验材料。其中，准备材料1张（最左上方），正式实验12张（每种主题剪纸各为3张）。每张剪纸的大小统一为 550×500 像素，具体见图3-5（缩略图）。

实验时将不同主题的剪纸材料打乱让被试者进行浏览，主要要求被试者根据自己掌握的文化常识，对每张剪纸打上标签（描述所看到图片中的艺术造型），并说出所认为剪纸图片的文化内涵。在浏览完毕后被试者被带进另外一个房间做测试后的问卷调查，要求被试者就刚刚所见的剪纸中选择难以理解内涵的和容易理解内涵的，除此之外还要填写性别、籍贯、平时兴趣爱好、家庭文化氛围等选项。

(4) 实验过程

首先被试者坐在眼动仪前，保持观视距离为 70 ± 10 cm，正对着显示屏，保持坐姿；然后对被试者进行眼球校准，并将校准结果告诉被试者，

图 3-5 正式实验样本(缩略图)

而且要求其保持目前的姿态；最后给被试者展现指导语，指导语为："下面在屏幕上将出现一组剪纸图片，请根据自己的文化认知给每一张剪纸图片打上标签，并说出每张图片你所认为的文化内涵，每张图片的阅读时间由你自行控制，看完一张后请按空格键浏览下一张图片，浏览过程请尽量保持头部不动。"在进行正式实验前，给被试者提供一张剪纸图片进行练习，经过练习被试者熟悉后，进入正式实验。在正式实验开始后，对每一个被试者进行全程录音。

(5) 问卷调查

为使研究结果更加全面，在对被试者完成眼动实验之后，再让其进入另外一个房间，完成测试后的问卷调查。为了下面统计的需要，实验所用的 12 张剪纸用大写字母 A—L 进行分别编号。

问卷问题共分为三部分。第一部分是基本信息，主要包括被调查者的年龄、文化程度、专业、视力情况、籍贯等；第二部分是结合眼动实验对所见剪纸内涵理解程度的测试，主要包括容易识别内涵的剪纸、不容易识别内涵的剪纸、对剪纸的了解程度等；第三部分是文化素养测评，主要包括平时的兴趣爱好、对传统文化的了解、家庭的文化氛围等。表 3-5 为部分问题的设置情况。

表3-5 部分问卷问题的设置情况

问题	选项描述
性别(单选)	A. 男 B. 女
年龄(单选)	A. 15—20 B. 20—25 C. 25—30 D. 30以上
文化程度(单选)	A. 初中及以下 B. 高中 C. 大专、技校 D. 大学本科 E. 硕士 F. 博士
视力或矫正视力情况(单选)	A. 0.1—0.4 B. 0.5—0.9 C. 1.0—1.5
你是文科生还是理科生(单选)	A. 文科生 B. 理科生
你对剪纸的了解程度(单选)	A. 有很深的了解 B. 有一定的了解 C. 一般 D. 只有一点了解 E. 毫无了解
你家的文化氛围怎么样(单选)	A. 非常浓烈 B. 比较浓烈 C. 一般 D. 冷淡 E. 非常冷淡

2. 相关实验结果数据分析

通过对眼动追踪实验和问卷调查得到的结果进行整理和汇总，并运用统计分析软件 SPSS 对数据展开一系列的分析，进行多重比较分析(LSD)后可以发现，注视时间、注视次数都将对个体的认知程度产生影响。

(1) 基于眼动实验的数据分析

为了更好地研究被试者在看剪纸图片时的关注点问题，本文特别划出兴趣区域(兴趣区域选取的是剪纸图片上能反映剪纸文化内涵的动物、植物和人物造型)。由于 Tobii T60 自带的软件可以自动记录被试者在兴趣区域的首次注视时间、注视次数、总注视时间、总注视次数等，所以可以将这些数据导入到 Excel 进行整理。在整理过程中，发现采集到的数据有一些值为空或缺失，所有剔除采样率低于 80% 的页面数据(剔除了两位学生的数据)。将汇总的数据导入到 SPSS19.0，对数据进行方差分析，显著性水平 $\alpha = 0.05$。

对被试者浏览的剪纸图片的注视时间、注视次数等眼动指标进行分析，如表3-6所示。

表3-6 浏览不同主题类型的剪纸图片眼动指标比较

剪纸主题	实验指标			
	注视时间(ms)		注视次数	
	M	SD	M	SD
象征寓意	2 360.67	623.72	6.65	3.15
谐音取意	1 985.33	357.73	6.81	2.19
谐形取意	2 318.67	428.42	7.43	1.59
故事传说	1 032.00	235.37	4.04	0.72

(2) 注视时间的结果分析

对某一区域的注视时间代表了对该区域信息加工的时间,对该区域注视时间长,可能是因为该区域的信息量大或者被试者对该区域感兴趣。[1] 对不同主题的剪纸进行单因素方差分析,结果显示针对不同主题类型的剪纸,其注视时间具有显著的差异性 $F=4.366$,$P=0.42<0.05$。进行多重比较分析(LSD)后,我们发现故事传说类剪纸与象征寓意类剪纸、谐形取意类剪纸、谐音取意类剪纸的均值差分别为 $-1\,543.00$,$-1\,328.67$,-953.33,且相伴概率均表现为 $Sig<0.05$。这说明谐音取意、谐形取意、象征寓意、故事传说的注视时间存在显著差异,且谐音取意、谐形取意、象征寓意的注视时间明显要高于故事传说类主题剪纸。究其原因,故事传说类主题更多的是依靠被试者的日常文化素养来回答,对于剪纸内容信息要素提取所需要的时间相对较少;而谐音取意、谐形取意、象征寓意则更多的是依靠对于剪纸内容信息要素提取。所以后者注视时间相对较长。不同主题类型的标准差都比较大,这说明即使对于同一主题类型的剪纸,不同个体的注视时间也存在较大差异。

(3) 注视次数的结果分析

注视次数是指兴趣区被注视的总次数,该指标能有效反映阅读材料的认知加工负荷,认知负荷较大的阅读材料,注视次数也更多。[2] 对不同主题的剪纸

---

[1] 程利,杨治良,王新法.不同呈现方式的网页广告的眼动研究[J].心理科学,2007,30(3):584-587.

[2] 闫国利,熊建萍,臧传丽,等.阅读研究中的主要眼动指标评述[J].心理科学进展,2013,21(4):589-605.

进行单因素方差分析,结果显示针对不同主题类型的剪纸,其注视次数具有显著的差异性 F=4.917,P=0.032<0.05,进行多重比较分析(LSD)后发现,故事传说类剪纸与象征寓意类剪纸、谐形取意类剪纸、谐音取意类剪纸的均值差均小于0,且相伴概率均表现为 Sig<0.05。再观察由 Tobii T60 导出的注视次数的热力图(见图3-6),可以发现注视次数存在以下规律:其一,与注视时间一样,针对不同主题的剪纸图片,其注视点次数也存在差异,故事传说类主题的剪纸的注视次数要远远小于谐音取意、谐形取意、象征寓意类主题剪纸。这说明个体对故事传说类的认知负荷较小,对其他类主题的认知负荷较大;而认知负荷的大小主要是受到剪纸内容信息提取难易程度的影响,内容信息提取越难,认知负荷越大。其二,注视次数多的一般都集中于剪纸中部区域,这和人们的阅图习惯是有直接联系的。人们阅图一般都是从中部区域看起,然后往四周发散。

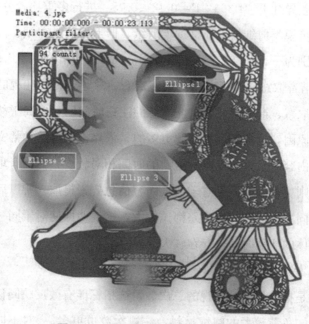

图3-6 岳母刺字(故事传说类主题)

(4) 基于问卷调查的数据分析

① 评分指标的确定

由于在进行眼动实验时要求被试者对所看到的剪纸打出标签(即描述剪纸

图片上所看到的动物、植物和人物造型),以及说出剪纸所蕴含的文化内涵,因此评分也分两部分:一部分反映的是被试者所打标签的正确、全面程度,这一部分被称为"细节观察得分";另一部分反映的是被试者对剪纸文化内涵的理解程度,这一部分被称为"整体感知得分"。每张剪纸图片设定为 10 分(正式样本为 12 张图片,即每个人在浏览完 12 张图片后在理论上可以获得 12×10=120 的总分),被试者所打标签的正确程度为占分,对剪纸内涵实际理解程度占 5 分。12 张所选正式剪纸图片中所包括的艺术造型及文化内涵,由笔者根据专业解读在实验前整理好。

针对每张剪纸图片所包括的动物、人物、植物造型数量存在不一致的问题,采用每个艺术造型赋予一样的分数(即每个艺术造型的得分=5/艺术造型的数量),被试者正确回答多少艺术造型就会获得相应的分数。

针对被试者对剪纸所蕴含的文化内涵理解程度存在差异的问题,采用李克特五分量表来打分,即将被试者对剪纸文化内涵的描述概括为"非常了解""比较了解""一般了解""基本不了解""非常不了解"五种回答,分别记为 5、4、3、2、1 分。在最后将每个人这两部分的得分进行汇总,就得出每个被试者的个人总得分。

② 测试成绩的结果分析

在对被试者关于剪纸图片的内涵描述和所打标签的完整性进行综合测定,对得到的汇总成绩进行统计分析后,得到了表 3-7。

表 3-7 关于调查成绩的描述性统计结果　　　　　单位:分

	N	极大值	极小值	均值	标准差
成　绩	27	86.41	60.99	73.33	6.74
有效的 N	27				

从表 3-7 可以看出,对于满分为 120 分的测试,27 位同学所测定的均分为 73.33 分,极大值为 86.41 分,极小值为 60.99 分,标准差为 6.74 分。从得分情况来看,被试群体所测定的均分偏低,这在一定程度上可以反映被试群体对剪纸文化内涵的了解程度有较大的提升空间。

③ **细节观察得分和整体感知得分的相关性分析**

正如前文所述,本节将个人总得分分为"细节观察得分"和"整体感知得分"两大类。"细节观察得分"主要是衡量被试者对于剪纸图片关键要素的提取程度,而"整体感知得分"则衡量被试者对于剪纸图片内涵的整体把握情况。为了更好地了解"细节观察得分"和"整体感知得分"之间是否存在某种关联,本节进行了相关性分析。具体见表3-8。

表3-8 得分相关性检验

		细节观察得分	整体感知得分
细节观察得分	Pearson 相关性	1.000	0.335
	显著性(双侧)		0.287
	N	12.000	12.000
整体感知得分	Pearson 相关性	0.335	1.000
	显著性(双侧)	0.287	
	N	12.000	12.000

从表3-8我们可以看到,"细节观察得分"和"整体感知得分"相关系数的显著性 Sig=0.287>0.05,这说明"细节观察得分"和"整体感知得分"之间的相关性,呈现出不显著的特点。之所以造成这样的原因,主要是由剪纸本身的特性所决定的。剪纸蕴涵丰富的文化内涵,仅仅依靠剪纸图片中的造型,很难判断出剪纸的具体内涵。如我们可以在剪纸图片上看到"鸳鸯"的造型,但是如果不理解"鸳鸯"在古代代表着对美满爱情的追求这一内涵的话,就无法对剪纸的内涵有全面的把握和理解。只有在看懂剪纸图片的基础上,结合自身的文化素养,才能深刻理解赋予在剪纸图片背后的文化内涵;而文化素养往往因人而异,这就造成了对剪纸图片"看懂易""理解难"的局面。

④ **容易识别、不易识别剪纸图片内涵的结果分析**

为了了解到底哪些剪纸图片的文化内涵容易被被试者理解和哪些不容易被理解,在问卷中加入了"容易理解剪纸内涵的""不容易理解剪纸内涵的"两个单选题,统计频次±5次的剪纸,具体见表3-9。

表3-9 容易和不容易识别内涵的剪纸图片统计结果　　　频次≥5

剪纸内涵识别			
容易识别内涵的		不容易识别内涵的	
编　号	频　次	编　号	频　次
C	27	J	21
B	26	D	20
H	22	G	16
L	19	E	15
I	8	A	14
K	7	F	10
F	6	K	10
		I	9

如表3-9所示，在"容易识别内涵的"一栏中频次超过5次（"容易识别内涵的"/"不容易识别内涵的"频次阈值都为5）的共有7个剪纸图片，其中编号C、编号H剪纸属于剪纸主题类型中的"故事传说"类，这与笔者在眼动实验分析中的"故事传说"主题其注视时间较短、容易识别的结论相一致。而"象征寓意"主题的剪纸有编号B、编号G、编号J，笔者发现这三张剪纸中既有"容易识别内涵的"编号B，也有"不容易识别内涵的"编号G和编号J。而同样属于"谐形取意"的剪纸有编号A、编号F、编号L，其中既有属于"容易识别内涵的"编号L、编号F，也有属于"不容易识别内涵的"编号A和编号F。这其中编号F既出现在"容易识别内涵的"剪纸类，又出现在"不容易识别内涵的"剪纸类。这说明对于不同的剪纸由于个人的文化素养不同，会产生认知差异。而属于"谐形取意""象征寓意"主题的剪纸，既有属于"容易识别内涵的"，又有属于"不容易识别内涵的"的部分。这说明个体对于剪纸内涵难易程度的理解，不光取决于剪纸主题类型的不同，还与个人的文化素养有很大关系。

⑤ 不同主题类型剪纸图片的得分分析

针对不同主题剪纸类型的得分情况，笔者进行了单因素方差分析，具体见表3-10。

表3-10 不同主题类型剪纸单因素方差分析（总分）

	平方和	df	均方	F	显著性
组间	9.685	3	3.228	6.510	0.015
组内	3.967	8	0.496		
总数	13.653	11			

从中可以看出，不同主题类型的剪纸在得分方面存在显著差异，F=6.510，P=0.015<0.050。为了进一步了解不同主题类型剪纸存在的差异化，笔者进行了多重比较分析（LSD），具体见表3-11。我们可以看到"故事传说"与"象征寓意"类均值差为1.610，且相伴概率Sig=0.023<0.050，在眼动实验部分的分析结论，也说明了故事传说类主题的剪纸的注视时间和注视次数远远小于象征寓意类主题剪纸。这恰好验证了个体对故事传说类的认知负荷较小，对象征寓意类主题剪纸的认知负荷较大。故事传说类主题剪纸之所以认知负荷小，容易被识别，究其原因，是在平时的生产生活中，我们更容易从长辈、老师、书籍、电视获得有关古代神话故事的资讯信息；而象征寓意类剪纸的识别，则更多需要对传统文化的深刻认识和理解。"谐形取意"与"谐音取意"类均值差为1.480，且相伴概率Sig=0.033<0.050，这说明人们对于形状等形象涵义的理解程度要高，对于谐音等需要判断的抽象涵义理解程度相对较低。

表3-11 不同主题类型剪纸的多重比较（总分）

(I)主题类型	(J)主题类型	均值差(I-J)	标准误	显著性	95%置信区间	
					下限	上限
谐形取意	故事传说	-0.980 00	0.574 98	0.127	-2.305 9	0.345 9
	象征寓意	0.630 00	0.574 98	0.305	-0.695 9	1.955 9
	谐音取意	1.480 00	0.574 98	0.033	0.154 1	2.805 9
故事传说	谐形取意	0.980 00	0.574 98	0.127	-0.345 9	2.305 9
	象征寓意	1.610 00	0.574 98	0.023	0.284 1	2.935 9
	谐音取意	2.460 00	0.574 98	0.003	1.134 1	3.785 9

续表

(I)主题类型	(J)主题类型	均值差(I-J)	标准误	显著性	95%置信区间	
					下限	上限
象征寓意	谐形取意	−0.630 00	0.574 98	0.305	−1.955 9	0.695 9
	故事传说	−1.610 00	0.574 98	0.023	−2.935 9	−0.284 1
	谐音取意	0.850 00	0.574 98	0.178	−0.475 9	2.175 9
谐音取意	谐形取意	−1.480 00	0.574 98	0.033	−2.805 9	−0.154 1
	故事传说	−2.460 00	0.574 98	0.003	−3.785 9	−1.134 1
	象征寓意	−0.850 00	0.574 98	0.178	−2.175 9	0.475 9

⑥ 各潜在影响因素的单因素方差分析

针对在问卷调查过程中涉及的年龄、文化程度、性别、学科、对剪纸文化的了解程度、家庭文化氛围等潜在影响因素进行单因素方差分析，具体见表3-12。

表3-12 各潜在影响因素的单因素方差分析

潜在影响因素	df	均方	F	显著性
年龄	1	239.444	6.349	0.019
性别	1	2.645	0.056	0.815
文化程度	1	329.806	9.672	0.005
学科	1	381.593	11.914	0.002
对剪纸文化的了解程度	2	392.164	23.649	0.000
家庭文化氛围	2	252.871	8.970	0.001

通过对年龄、性别、文化程度、学科等潜在影响因素进行单因素方差分析，可以看到年龄、文化程度、学科、对剪纸文化的了解程度、家庭文化氛围等因素对个体在剪纸文化内涵认知方面具有显著的影响；但是性别却在个体认知剪纸文化内涵认知上呈现不显著的特性。这说明对于剪纸文化内涵的认知与先天的性别差异关系不大，主要是受到在成长过程中学校教育、自身学习等因素的影响。此外，在针对学科这一影响因素的问卷统计分析发现：只有26%的群体认为，对剪纸文化的了解受文理分科的影响；67%的群体认为，对剪纸文化的了解更多的是与个人喜好有关，与文理分科关系不大。但是表3-12对

"学科"进行的单因素方差分析的结果表明：文科和理科不同的学科背景的群体，其对剪纸文化内涵的认识存在着显著的差异 $F=11.914$，$P=0.002<0.01$。进一步的统计发现：文科背景的均分为 $76.95(\pm5.404)$ 分，理科背景的均分为 $69.42(\pm5.924)$ 分。可以看出与群体所认为的相反，文理科教育背景对于个体在剪纸文化内涵识别上还是具有重要影响的，且文科背景的学生对剪纸文化内涵的认知要显著高于理科学生。之所以造成这样的原因，是由于大多数人认为对剪纸文化内涵的了解主要受到个人喜好的影响；但是文科生在课程设置（如：历史、政治）上会更加注重对人文素质的培养，而学生也很容易在耳濡目染中逐渐提高对传统文化的了解。个体对剪纸文化的理解程度，对其在剪纸文化内涵认知方面具有显著影响（$F=23.649$，$P=0.000<0.001$）。经 LSD 比较发现，个体对剪纸文化的了解程度等级差异，均表现为 $Sig<0.001$。其对剪纸文化了解程度越高，得分则越高，对于剪纸文化内涵的识别也越准确。家庭文化氛围对个体在剪纸文化内涵认知方面也具有显著影响（$F=8.970$，$P=0.001<0.050$）。经 LSD 比较发现，家庭文化氛围差异均表现为 $Sig<0.05$。个体的家庭氛围越好，其得分越高，对剪纸文化内涵的认知也越准确。

三、传统文化传播的针对性建议

从本质上说，提高个体对剪纸文化内涵识别程度，就是提高个体对中国传统文化的认识和了解。本次实验所选取的实验对象为某高校本科生和研究生，这些学生是接受高等教育培养的群体，文化素养较高；但是实验发现，对于满分为 120 分的测试，27 位学生在剪纸文化内涵的认知程度方面所测定的均分为 $73.33(\pm6.74)$ 分，得分偏低。这在一定程度上说明，被试群体对传统文化内涵的认识有待进一步提升，传统文化的传播亟待加强。为了更好地促进传统文化的传播，以下从传统文化传播的主体、客体、内容、形式四方面给出建议。

1. 传统文化传播主体

就目前而言，传统文化的传播主体主要是政府部门，对数据进行统计分析的结果显示：对传统文化内涵的识别程度与文理分科有很大关系。因此教育管理部门要针对学生群体，特别是理科生群体设置相应的传统文化教育课程，普及传统文化知识，将传统文化的教育纳入到素质、升学考核体系中，努力弥补学生群体，特别是理科生群体在传统文化认识上的欠缺。此外数据统计分析的结果显示：对传统文化内涵的认知程度也与对传统文化内涵了解程度有很大关系，因此政府相关部门应该在民众中有效普及对传统文化的通识教育，在政策上将对全民族传统文化的教育摆在一个重要的战略位置，除了采取多方位宣传的策略，还应纳入终身教育体系。

2. 传统文化传播客体

传统文化传播的客体，即传统文化的接受对象。在针对谐形取意主题类剪纸和谐音取意主题类剪纸的对比中，笔者发现人们对形象涵义的理解程度要远远高于对抽象涵义的理解程度。这启示我们在对传统文化的宣传上需重视形象化的宣传方式，如采用动漫、电影等体裁宣传的形式。

近年来以介绍和传播传统历史文化和人物的电影、动漫作品开始逐渐在电影市场崭露头角，并获得巨大的反响，如《功夫熊猫系列》动漫中融入了功夫、中国结等中国传统文化元素，以幽默谐趣的形式为我们传递正直、坚韧、乐观等中华民族传统价值取向，掀起了一阵阵"中国风"，大受欢迎。由此可见，将传统文化以一种喜闻乐见的形象化方式进行传播，更容易获得普通民众的理解和青睐。

3. 传统文化的内容

数据统计结果显示，人们对故事传说主题类剪纸要比象征寓意类剪纸的理解程度高，这不但由于故事传说的易读性，而且故事传说往往以人物为载体，配之以丰富的故事情节，容易引起人们的了解兴趣。在"你认为传统文化的普及推广，哪项特点最重要"一项问题的调查中，有58%的群体选择了趣味性，可见趣味性和易读性是传统文化普及的重要落脚点和发力点。因此需要对传统文化传播进行创新，在普及的过程中要注重群体的可接受程度以及内容本身的趣味性，努力使深奥的传统文化内容"易读化"。

4. 传统文化的传播形式

在统计问卷中，89%的人表示会通过电视、网络来获取感兴趣的传统文化。结合前文分析，为了增强大众对传统文化的识别能力，应该注重群体的可接受程度以及群体接触方式的多样性。一是要提高通讯软件和网络平台在传统文化传播中的重要程度，如可以针对传统文化中的书法、节日、剪纸等不同类别，建立相应的微信公众号，供感兴趣者订阅学习；二是要提高传统文化传播过程中的互动性，如可以基于主流社交网站建立公共主页，定期发布关于传统文化的图片、文章、视频资料供网友进行学习交流；三是要提高传统文化传播过程中群体的易接受性、趣味性。如可以开发关于传统文化的 APP 软件，人们可以根据自己的需求，随时了解自己想知道的有关传统文化方面的知识，并且可以拓展 APP 的实用功能(如提供节日节气提醒、每日一文、历史人物为你答疑等功能)。

第六节 非遗数字资源建设整体方案设计与实现

通过对非遗数字资源建设现状进行调研可以发现，目前非遗数字资源仍存在着分布分散、更新缓慢、数据标准不一、技术标准不一、共享难度高，缺少数据集成、资源聚合，缺少聚合意识和思路等问题；因此本节希望构建基于关联数据的非遗数字资源建设整体方案，以期可以为上述问题的解决有所助益。关联数据在图书馆领域得到了广泛关注和应用，基于关联数据的信息聚合技术，可以帮助图书馆和全球数据网络资源建立链接，拓展图书馆的资源和服务，使图书馆和其他相关领域的数据和应用进行协同，从而提升图书馆的价值。[①] 本节正是在这样的背景下，以图书馆的非遗数字资源的聚合为入手点，探讨分布和存储于不同介质的非遗数字资源，如何利用关联数据整合和共享馆

---

① 丁楠，潘有能.基于关联数据的图书馆信息聚合研究 [J].图书与情报，2011(6)：50-53.

内、馆间及互联网的各类资源，成为整理、传承和传播非遗文化的重要抓手。

一、关联数据用于数字资源聚合的相关研究

2006年蒂姆·伯纳斯·李(Tim Berners-Lee)提出关联数据(Linked Data)的概念，其原理是用一种轻型的、可利用分布数据集及自主内容格式、基于标准的知识表示与检索协议、可逐步扩展的机制来实现可动态关联的知识对象网络，并支持在此基础上的知识组织和知识发现。具体而言，关联数据可以理解成采用RDF(Resource Description Framework)数据模型，利用URI(统一资源标识符)命名数据实体，来发布和部署实例数据和类数据，从而可以通过HTTP协议揭示并获取这些数据，同时强调数据的相互关联、相互联系及有益于人机理解的语境信息。[①] 近几年，围绕关联数据展开了一系列的研究，召开了一系列的国际研讨，如WWW LDOW、ISWC (ISWC2010就有Consuming Linked Data专门会议)、DC会议、AAAI论坛等，讨论了关联数据的出版发布与浏览、关联数据的应用架构、关联算法和Web数据融合等方面的内容。[②] 其中Bizer[③]和Romero[④]等人，通过分析和设计实现关联数据的应用，在很大程度上推动了关联数据的研究进展。

随着网络上关联数据的不断增多，围绕关联数据的应用研究也逐渐增多，同时除了研究外，关联数据在实践方面也取得了一系列进展，比如W3C SWEO LOD(Linking Open Data)项目，目前已经有各种开放数据集在Web上提供，涵盖了Wikipedia, Wikibooks, Geonames, MusicBrainz, WordNet, the DBLP bibliography等多个来源，更多的数据集则是在知识共享(Creative Commons)

---

① 沈志宏，黎建辉，张晓林.关联数据互联技术研究综述：应用、方法与框架 [J].图书情报工作，2013, 57(14)：125-133.
② 黄永文.关联数据在图书馆中的应用研究综述 [J].现代图书情报技术，2010(5)：1-7.
③ BIZER C, HEATH T, BERNERS-LEE T. Linked Data — the story so far [J]. International Journal on Semantic Web and Information Systems，2009, 5(3)：1-22.
④ ROMERO-FRIAS E, VAUGHAN L. European political trends viewed through patterns of Web linking [J]. Journel of the American Society for Information Science and Technology，2010, 61(10)：2109-2121.

或 Talis licenses 的许可下发布的。项目的目标是通过发布各种公开的 RDF 数据集在网络上，并在不同的数据源的数据项之间建立 RDF 链接来扩展 Web，最终使得数据能够共用。①

1. 基于关联数据的资源聚合相关技术

早期关于资源聚合研究得比较多的是基于 RSS 或者类 RSS 的资源聚合方式，另外基于社会化平台以及基于语义的资源聚合也被广泛探讨。与以前众多的资源聚合方式相比，基于关联数据的资源聚合有着其独特的优势。基于关联数据的资源聚合不仅可以有效解决数据的异构问题，而且也易于与本体等技术相结合，提高数据间的语义关联性；同时 Web 上不同的被 RDF 描述的资源便可以建立起特定的语义关联，这给网络信息资源整合带来极大的方便，为网络用户提供了更加规范的数据资源。② 关联数据所具备的标准格式和扩充机制，能够适应不断膨胀的数据源和分布类型，对于图书馆而言，基于关联数据的资源深度聚合，可以促进数字图书馆知识服务体系的不断完善，有效提升服务质量，注重数据的最大限度关联与资源的充分利用，完善基于数据合作的图书馆服务体系。资源聚合中，关联数据关键技术除了统一资源定位符（URLs）以及超文本传输协议（HTTP）以外，主要包括 RDF、SPARQL、OWL 等技术。

（1）RDF

它是 W3C 于 1999 年推出的用于描述 Web 资源的标记语言，其提供了一个简单的通用数据模型，是表达机器可理解语义的基本格式，该数据模型具有语法独立性。在 RDF 文件里，可以通过简单的主体、谓词、客体三元组模式描述网络信息资源，其最基本的元素包括资源、属性和陈述。

在 RDF 的基础上，W3C 推出了 RDFSchema（简称 RDFS）用以扩充 RDF 对于资源描述的能力，RDFS 定义了类、类的属性和关系、相关限制等词汇，

---

① SweoIG/TaskForces/CommunityProjects/LinkingOpenData-W3CWiki［EB/OL］.［2014 - 08 - 10］.http://www.w3.org/wiki/SweoIG/TaskForces/CommunityProjects/LinkingOpenData.
② 马费成，赵红斌，万燕玲，等.基于关联数据的网络信息资源集成［J］.情报杂志，2011(2)：167 - 170.

在这些词汇基础上,用户可以定义自己所需的类,创建类间关系等,从而完成对相关领域的描述。①

(2) SPARQL(Simple protocol and RDF query language)

它是一种从 RDF 图中获取信息的查询语言,构建在早期的 RDF 查询语言(RDF DB、RDQL 和 SeRQL)之上,能以 URLs、空白结点、无格式和类型文字的形式提取信息。作为一种数据访问语言,SPARQL 适合于局部和远程的使用。②

(3) OWL Web Ontology Language

它是 W3C 开发的一种网络本体语言,用于对本体进行语义描述,其目的是为了更好地开发语义网。OWL 能够被用于清晰地表达词汇表中的词条(term)的含义,以及这些词条之间的关系,是关联数据与本体技术相结合的一种很好的选择。其强化了网络信息资源集成框架中各种类型数据之间的语义关联性,能为后期的集成检索和语义推理等提供便利。③

2. 国外图书馆资源聚合领域的关联数据应用

图书馆作为一个拥有大量结构化数据并向社会提供信息服务的机构,对于关联数据的应用也给予了足够重视,并进行大力推广与参与。多个国家的图书馆利用关联数据对图书馆资源进行了聚合。

其中,2010 年 5 月 28 日,W3C 成立了图书馆关联数据孵化组织(Library Linked Data Incubator Group),以增强图书馆数字资源的全球互操作性。这一组织在元数据模型、元数据架构、标准和协议等领域广泛开展工作,号召各图书馆遵守共同标准把各馆资源发布为关联数据,不仅实现图书馆领域的资源互联,还期望与语义网上的其它领域资源相互联系起来。

关联数据在国外很多图书馆中有着各类应用,比较典型的是美国国会图书馆和瑞典国家图书馆。④ 美国国会图书馆(The Library of Congress)将 LCSH(Library of Congress Subject Headings)进行语义化描述后,以关联数据形式发

---

① 娄秀明.用关联数据技术实现网络知识组织系统的研究 [D].上海:华东师范大学,2010.
② 谢桂芳.SPARQL 一种新型的 RDF 查询语言 [J].湘南学院学报,2009,30(2):80-84.
③ 方琼.大学生承继传统文化:现状、需求与日常生活化 [J].中国青年研究,2011(7):95-97.
④ 王薇,欧石燕.关联数据在图书馆领域的应用研究 [J].新世纪图书馆,2012(9):25-28.

布在 Web 上，这成为图书馆界应用关联数据的典例案例。其具体做法是为每条 MARC 规范记录都在 001 字段著录有 LCCN(国会图书馆控制码)，LCCN 具有的永久性和唯一性的特点，使其成为标识 SKOS(简单知识组织系统) 概念的最好候选，SKOS 采用 URI 来标识概念实例，用户在浏览 SKOS 中的相关概念时只需点击相关链接即可，实现了客户端直接向 LCSH 概念的 URI 请求相同内容不同格式的机读数据，且 SKOS 的数据可以从多个层面上与外界资源进行链接。此外，美国国会图书馆的其它词表，如国会图书馆分类法、人名规范文档、LCCN 永久链接服务等，都可以转化为以 RDF 表示的关联数据。[1] 而瑞典国家图书馆早在 2008 年便将瑞典联合目录(LIBRIS)发布为关联数据，LIBRIS 共包含约 600 万条书目记录，2 000 万条馆藏记录及 20 万条规范记录，为超过 170 家大学图书馆、公共图书馆、博物馆和档案馆提供编目服务。与 Ed Summers 率先把美国国会图书馆 LCSH 发布为关联数据(lcsh.info)不同，LIBRIS 是世界上第一个被整体发布为关联数据的联合目录或国家图书馆目录，前者仅仅是针对词表，而不包含书目数据，后者采用"数据优先"战略，更多关注效率和可用性，而不是试图去寻找数据的"完美表述"。瑞典国家图书馆在发布关联数据的过程中，LIBRIS 使用的词汇表并没有仅限于图书馆学领域，而是一个包含了 DC、SKOS、FOAF 和 Bibliontology 的混合体；LIBRIS 使用原有数据库中的标识(MARC 001 字段)作为书目记录和规范记录的 URIs；为加强和外部数据的关联，LIBRIS 还创建了到 lcsh.info 和 Wikipedia/DBPedia 的链接。[2] 此外，德国国家图书馆的联合权威档、法国国家图书馆的 RAMEAU 主题标目和匈牙利国家图书馆的目录和叙词表都是关联数据在图书馆领域进行资源聚合的典型应用。[3]

3. 国内图书馆资源聚合中关联数据应用研究

国内研究者最近几年对图书馆关联数据应用很关注，对关联数据在图书馆资源聚合中的应用模式、具体实现、实践推广等方面展开了讨论。

首先，应用模式的探讨，围绕作为资源来源的图书馆以及相关机构的横向聚

---

[1] 李琳.关联数据在图书馆界的应用与挑战 [J].图书与情报，2011(4)：58-61.
[2] 潘有能，张悦.关联数据研究与应用进展 [J].情报科学，2011，29(1)：124-130.
[3] 刘炜.关联数据：概念、技术及应用展望 [J].大学图书馆学报，2011，29(2)：9-10.

合模式，可以是机构内的聚合，也可以是机构间的或者与网络信息资源的聚合。如游毅等将关联数据的馆藏资源聚合模式，分为馆藏资源关联数据化、图书馆关联数据链接管理两部分。前者主要通过图书馆内的关联数据集创建与发布，为馆藏资源聚合提供数据基础；后者则通过多种方式，在图书馆关联数据集与其它数据集（馆外资源）之间，构建 RDF 链接并进行动态维护。① 另外，郑燃等构建了基于关联数据的图书馆、档案馆和博物馆（Library、Archives、Museums，LAM）三馆联合的数字资源整合模式。②

其次，应用模式探讨是根据聚合深度的分层纵向聚合模式进行。如丁楠等基于关联数据对图书馆信息聚合从数据层、聚合层和应用层三个层次进行研究。③ 欧石燕提出了一个面向关联数据的语义数字图书馆资源描述与组织框架，该框架具有元数据层、本体层、关联数据层和应用层四个层次；④ 其后还提出本体与关联数据驱动的图书馆信息资源语义整合框架，旨在实现不同层次与范围的资源整合。⑤ 郑燃等基于关联数据的 LAM 数字资源的整合模式，也从下往上分为数据发布层、数据关联层和数据集成应用层三个层次。

再次，关联数据应用于图书馆资源聚合的过程探讨和具体实施也有不少研究。王涛把关联数据在馆藏资源聚合中的应用，分为创建、发布、自动关联、浏览和链接维护五个环节；⑥ 孙鸿燕认为，图书馆对关联数据的综合管理，主要包括关联数据的挖掘、创建、关联构建、发布、浏览，以及链接维护等环节；⑦ 林海青归纳了发布、消费、服务和平台四个图书馆应用关联数据基本模式，⑧

---

① 游毅，成全.试论基于关联数据的馆藏资源聚合模式［J］.情报理论与实践，2013，36(1)：109-114.
② 郑燃，唐义，戴艳清.基于关联数据的图书馆、档案馆和博物馆数字资源整合研究［J］.图书与情报，2012(1)：71-76.
③ 丁楠，潘有能.基于关联数据的图书馆信息聚合研究［J］.图书与情报，2011(6)：50-53.
④ 欧石燕.面向关联数据的语义数字图书馆资源描述与组织框架设计与实现［J］.中国图书馆学报，2012，38(202)：58-71.
⑤ 欧石燕，胡珊，张帅.本体与关联数据驱动的图书馆信息资源语义整合方法及其测评［J］.图书情报工作，2014，58(2)：5-13.
⑥ 王涛.基于关联数据的馆藏信息资源聚合研究［J］.图书馆学刊，2012(8)：44-46.
⑦ 孙鸿燕.图书馆关联数据的综合管理及其实现［J］.图书馆学研究，2011(23)：51-54.
⑧ 林海青，楼向英，夏翠娟.图书馆关联数据：机会与挑战［J］.中国图书馆学报，2012，38(1)：58-67.

也是服务视角下的实施探讨。

最后，在图书馆界关联数据的应用实践方面，刘炜在2008年上海召开的"数字环境下图书馆前沿问题研讨会"上，做了《语义互操作与关联数据》的报告。其后国内图书馆界开始了不断的探索，包括上海图书馆数字图书馆研究所、中国科学院国家科学图书馆、中国科学技术信息研究所在内的研究团队，均有结合实践的研究推进。

二、基于关联数据的非遗数字资源聚合方案

通过RDF标引和URI定位实现非遗数字资源间的关联，整合视图的应用，可有效解决数据分布分散、标准不一、缺少共享与集成等问题，从而实现资源聚合。本节将给出图书馆非遗数字资源聚合的一般框架，并在详细探讨元数据标引、关联数据的创建和发布及其聚合应用等流程的基础上，给出了本节所采用的实现策略。

1. 图书馆非遗数字资源聚合框架

基于关联数据的图书馆非遗数字资源聚合框架见图3-7，主要包括三大部分：

首先是数据及标引。缺少资源谈聚合是空谈，缺少标准谈聚合也会事倍功半。在此框架下，非遗数字资源主要包括图书馆馆藏非遗相关资源和互联网非遗数字资源，通过非遗数字资源的元数据标准对上述资源进行标引，在此基础上形成关联数据项。

其次，是关联数据的创建和发布。关联数据项只是一系列知识的片段，不经过关联和整合很难体现非遗项目的知识体系；所以创建的关联数据可以是一般的关联数据项，也可以体现为整合视图下的数据集，最终形成一组可调用的RDF数据。

最后，关联数据的具体应用，除了聚合以外，也包括一般的浏览和检索查询。

2. 非遗数字资源的元数据标引

数字资源的聚合过程并不是仅仅将具有某些相关属性的资源集中到一起，

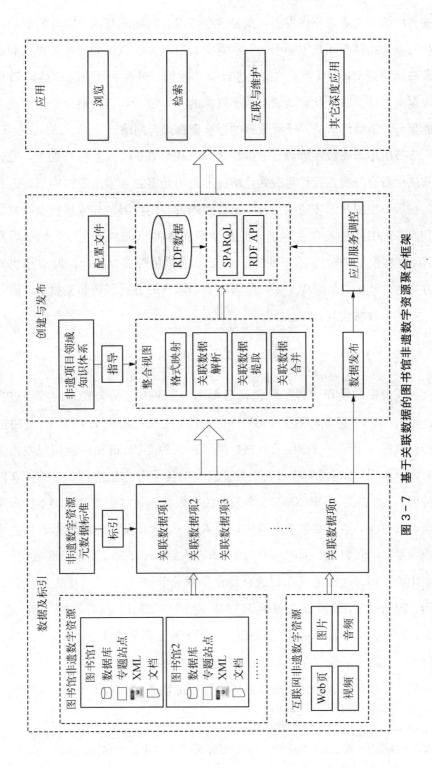

图 3-7 基于关联数据的图书馆非遗数字资源聚合框架

做些简单的分类或者整序发布,而是要在考虑元数据的基础上实现资源的深度关联与融合。基于元数据标引的数字资源,通过关联数据的方法,可以利用统一资源标识符 URL 对相关数据集进行统一标识,进而利用资源描述框架 RDF 对数据集进行关联,从而实现对数字资源的有效整合,这种整合是基于语义深度的聚合,能最终形成基于元数据的数字资源聚合网络。

本节所用非遗数字资源元数据标准,首先是在 DC 元数据基础上,充分考虑非遗项目自身特点设计生成的,结构上采用元素和元素限定词的形式进行描述;然后再根据我国非遗项目各特定类别进行专门扩展。元数据标引有自动标引和人工标引两种,自动标引一般借助对实体的自动抽取实现,标引后通过 D2RQ 等转换工具转化 RDF 形式。由于非遗项目种类众多,同时表述也极具地方特色,故本节研究中主要采取人工手动标引的方式创建非遗数字资源的语义、描述元数据及其管理元数据。

3. 非遗关联数据的创建与发布

关联数据的发布过程主要包括用 URL 对 Web 上所要发布的数据进行标识;使用 HTTP 机制将数据页在 Web 上表示出来;根据 HTTP URL 中的某个标识名称,发现可以链接的数据;提供相关的 URL 链接以便用户发现更多的数据对象。① 也有研究者对关联数据发布的技术和方法进行了总结,有以下六种形态:以静态 RDF/XML 文件发布关联数据,通过服务器端脚本发布关联数据,以 RDFa 格式发布关联数据,从 RDF 存储器发布关联数据,从关系型数据库发布关联数据,通过包装已有的应用或 Web APIs 发布关联数据。② 本节采用第一种,这种方式比较适合发布小型的 RDF 词表,对于大数据量并不适用,因为需要预先生成大量的 HTML 或 RDF/XML 文档。对于非遗数字资源而言,其元数据标准并不是很复杂,主要围绕着非遗项目的一些标识属性,所以这一方式足以建立非遗数字资源之间的关联。

具体实现是在非遗元数据标引基础上生成 RDF/XML 描述,对非遗数字资

---

① 金燕,江闪闪.基于四原则的关联数据发布方法研究[J].图书馆理论与实践,2013(5):77-80.
② 娄秀明.用关联数据技术实现网络知识组织系统的研究[D].上海:华东师范大学,2010.

源的内部结构及内含语义进行描述，建立 HTTP URI，生成 RDF 数据以建立起资源对象与对象之间的关联，在 Web 网页上发布此 RDF 描述信息，并提供公用检索和解析方法。在 Web 上发布 RDF 文档可采用以下两种方法之一：支持 HTTP 的内容协商机制(Content Negociation)，能根据客户端信息请求的类型(text/html 还是 application/rdf ＋ xml)决定采用返回 HTML 的表示形式还是 RDF 的表示形式；或支持采用带"♯"号(hash) 的 URI 方式定位到 RDF 中具体的数据资源。[①] 另外，对非遗数字资源关联数据还提供了一个标准开放的访问接口，以支持使用 RDF 的标准化检索语言 SPARQL 对 RDF 数据进行检索，供远程调用本地数据。

4．非遗关联数据的浏览与检索

数据集发布成关联数据之后，可以使用合适的浏览器来浏览这些数据，并通过各数据之间的 RDF 链接为用户提供不同数据源间的访问导航，能浏览关联数据的浏览器有 Tabulator Browser、Disco Hyperdata Browser、OpenLink Data Web Browser、Objectviewer、Marbles 等，通过这些浏览器可以方便地浏览并查询关联数据。除了浏览器外，用户也可以借助搜索引擎技术来检索所需要的数据，常见的关联数据搜索引擎有 Falcons、Sindice、Watson、SWSE (Semantic Web Search Engine)、Swoogle 等。[②] 关联数据浏览与检索技术往往可以结合起来。本节主要关注基于关联数据的聚合，所以对浏览和检索等功能应用不作赘述。

5．非遗数字资源的多维度聚合

基于关联数据的数字资源多维度聚合可以从聚合内容和聚合方法两个方面来理解。按聚合内容来分有纵向聚合和横向聚合。[③] 前者数字资源主要来源于机构内部，以图书馆为例，非遗数字资源纵向聚合主要针对具体图书馆的馆

---

① 夏翠娟，刘炜，赵亮，等.关联数据发布技术及其实现：以 Drupal 为例［J］.中国图书馆学报，2012，38(1)：49-57.
② 沈志宏，张晓林.关联数据及其应用现状综述［J］.现代图书情报技术，2010(11)：1-9.
③ 田宁.基于关联数据的信息资源整合［J］.图书馆学刊，2014，36(1)：37-39.

藏，包括数字文献资源、特色资源库、专题 Web 站点、各类信息系统等；后者则是将各个机构的信息资源，包括互联网信息资源在内的数字资源进行聚合，除了不同图书馆的数字资源和互联网资源外，非遗数字资源还可能会涉及博物馆、档案馆以及各级文化机构拥有的数字资源。在非遗保护体系中，不同文化机构资源数字化中各有侧重，所以对其进行数字资源聚合更具意义。不同信息机构可能在信息资源格式标准和技术应用上也存在较大差异，此时，基于关联数据的数字资源聚合方案就会显得更有优势。从聚合方法来看，基于关联数据的资源聚合，又可分为数据层的资源聚合和语义层的资源聚合。前者多聚焦于开放空间里的资源本身，资源命名后通过链接的方式加以指向；而后者则可能会涉及本体，基于本体建立 RDF 语义链接实现馆内、馆间、馆外的知识组织和资源互联。也有研究者在浅层关联数据（相当于数字层资源聚合）和深层关联数据（相当于语义层资源聚合）外，提出了中层关联数据用于数字图书馆聚合。[①]

  基于关联数据的非遗数字资源多维度聚合的实现在前面的聚合框架中已有所体现，首先是对图书馆内以及互联网上的数字资源加以梳理，进行标引；然后把所有与非遗相关的数字资源创建成关联数据形式并发布出去，结合构建关联数据之间的关系，通过整合视图的方式实现关联数据资源的聚合，通过 Web 或者其他可视化方式进一步应用。对图书馆而言，聚合的广度体现在聚合对象中有本馆资源，也有他馆资源、互联网资源等；有结构化数据，也有半结构化数据或者非结构化数据。聚合的深度体现在既有数据层的聚合（比如基于相同实体的多维度聚合），又有语义层的聚合（比如基于相关实体的多维度聚合）。聚合服务形式则包括图书馆把自有资源通过关联数据创建和发布出去，图书馆调用别人发布的关联数据以实现数字资源聚合，第三方资源聚合平台实现非遗数字资源聚合等不同做法。这与不同图书馆定位和不同非遗项目特点有关。本节实例是基于关联数据以非遗互联网资源补充图书馆馆藏，通过构建特定非遗项目专题库实现数字资源的多维度聚合。

---

① 王忠义，夏立新，石义金，等.数字图书馆中层关联数据的创建与发布 [J].现代图书情报技术，2013(5)：28－33.

三、基于关联数据的非遗数字资源聚合实例

图书馆的非遗数字资源主要包括馆内与非遗相关的书目、词表和数字资源等；非遗网络资源则更为宽泛，除了包括非遗相关的专题网站、机构门户与论坛，还包括相关的新闻、百科、图片、视频与音频等。本节通过调用这两种来源的非遗相关资源的关联数据，把相关内容都聚合到一个专题网站中，选取的非遗项目实例是浙江温州的"瓯塑"。根据上文所提图书馆非遗数字资源的元数据标引、创建与发布和多维度聚合方案，实现了"瓯塑"相关关联数据的数字资源聚合，如图3-8所示，用户在聚合后的"瓯塑"专题网站上能够便捷、全面地获得所需资源或信息，而不必受异构数据源的约束。

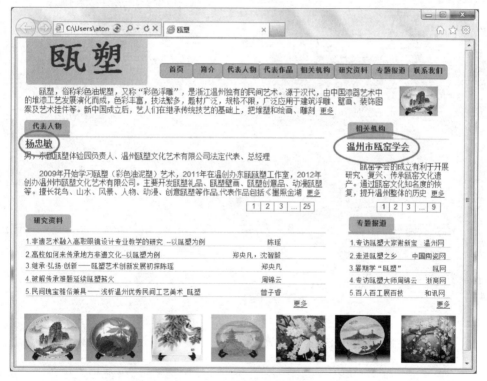

图3-8 非遗项目"瓯塑"的专题网站首页

与瓯塑相关的图书馆馆藏和网络资源共同构成了该专题网站的内容。以"代表人物"栏目为例，用户在该专题网站点击人物名"杨忠敏"时，检索页

面会关联呈现人物简介、代表作品、所在机构、人物关系等信息，其中人物简介包含名字、性别和主要经历等元数据；而点击"相关机构"栏目显示的"温州市瓯窑学会"时，跳转的页面中关联呈现机构简介、相关人物及专题报道等信息，其中机构简介包括机构成立时间及简要介绍等元数据信息。

通过对基于关联数据的非遗数字资源聚合的框架探讨、过程分析和实例呈现，可以看出关联数据在非遗这一资源庞杂领域的广阔应用前景，不仅是非遗资源相关关联数据的创建、发布、浏览、检索，还包括了基于语义的数字资源深度聚合。不过在实际的应用中尚存一些有待进一步加强的薄弱环节，比如：如何设计更有价值的非遗资源组织，如何在检索优化时融入非遗语义，如何在界面友好的基础上加强交互，等。另外，关联数据对资源开放程度依赖较大、链接动态同步、数据安全性等方面的问题也值得后续关注和研究。

第四章　非遗信息资源的组织

第一节　非遗信息资源的元数据规范与应用

从2005年发布《关于加强我国非物质文化遗产保护工作的意见》到2011年出台《中华人民共和国非物质文化遗产法》，我国已经在非遗的认定、记录、建档等方面开展了大量工作，并在国家、省、市、县四级建立了层级化的信息系统，积累了内容丰富、完整、规范的国内非遗管理信息。[①] 但是在现阶段，我国非遗数字资源建设仍然存在几个核心难题，其中就包括建立准确的、规范的和可互操作的元数据标准。建设过程中需要充分考虑到非遗项目的多样性和独特性，既要照顾到我国现有的非遗项目分类体系，还要兼顾与国际上通用数据标准的融合；而且为了有利于后续的数字资源整合，也要充分照顾到国内现有非遗数字资源系统的实际情况。本节正是在此背景下，首先综述了国内外元数据标准以及其在文化遗产领域应用的研究，在DC元数据标准和前人研究的基础上，提出更具有科学性和适用性的非遗元数据方案。

一、国内外元数据研究相关讨论

元数据（Metadata）是描述某种类型资源（或对象）的属性，并对这种资源进

---

① 李波.非物质文化遗产信息资源元数据模型研究［J］.图书馆界，2011(5)：38-41.

行定位和管理,同时有助于数据检索的数据。① 元数据也可以是用来描述网上信息资源,加强对网上信息资源的搜集、开发、组织与利用的结构化数据。② 从元数据在组织信息资源的功能上区分,其可以被定义为四种类型:其一,知识描述型元数据,主要描述信息资源的主题、内容特征,如 DC 元数据;其二,结构型元数据,相对知识描述元数据更侧重数字化信息资源内在的特征,如目录、章节、段落等特征;其三,存储控制型元数据,用来描述数字化信息资源能够被利用的基本条件以及指示这些资源的知识产权特征和使用权限;其四,评价型元数据,描述和管理数据在信息评价体系中的位置。③ 非遗数字资源的元数据规范主要涉及知识描述型元数据和存储控制型元数据(即"管理元数据")。

1. 国内外常见的元数据标准

为了能够对不同类型的信息资源进行描述和处理,不同领域的专业人员研究和制定了用于各个领域和各种场合的元数据标准。通过阅读和总结国内外研究,笔者列出目前在国际上比较有影响的八种元数据标准,参见表 4-1。

而在我国数字资源建设的过程中,根据各类数字资源对象的特征,在通用元数据标准的基础上又形成了许多专门元数据标准,如上海交通大学教学参考书元数据标准、北京大学拓片元数据方案、清华大学建筑数字图书馆元数据、中国民族音乐数据库元数据标准、CELTS-42 基础教育教学资源元数据规范等,这些专门元数据也会根据实际需求纳入到本节研究的非遗数字资源元数据方案中。

2. 国内外文化遗产领域元数据标准研究

文化遗产领域元数据标准的制定,首先要结合文化遗产的基本概念和特点,以提炼出具体属性,给出描述文化遗产资源基本特征的元素定义,即核心元数据。这一点要实现并不容易,因为文化遗产有物质类的和非物质类之分,前

---

① 冯项云,肖珑,廖三三,等.国外常用元数据标准比较研究[J].大学图书馆学报,2001,19(4):15-21.
② 马珉.元数据:组织网上信息资源的基本格式[J].情报科学,2002,20(4):377-379.
③ 赵庆峰,鞠英杰.国内元数据研究综述[J].现代情报,2003,23(11):42-45.

表 4-1 常见的元数据标准

全称	简称	发布机构	发布日期	应用对象	特点
categories for the description of works of art（艺术作品描述类目）	CDWA	艺术信息任务组	20世纪90年代	主要针对艺术品的需求而设计，描述艺术品的物理形态、保存管理等方面的特点	包含532个类目和子类目
visual resources association data standards committee（视觉资料核心类目）	VRA	视觉资源学会资料标准委员会	1995年	在网络环境下描述艺术、建筑、史前古器物、照片等艺术类可视化资源	著录单元集合比较简单，比较适合于工艺品、建筑、民间文化等三维实体
Dublin code（都柏林核心元数据）	DC	联机图书馆中心，美国超级计算应用中心	1995年	描述网络信息资源	包括15个基本数据元素，具有简练、通用、可扩充等特点，但也存在描述深度不够，不能够专指等问题
encoded archival description（编码档案描述）	EAD	美国档案工作者协会，加州伯克利分校图书馆	1993年	描述档案和手稿资源，包括文本节录、电子文档、可视材料和声音记录	
federal geographic data committee（地理空间元数据内容标准）	FGDC	美国行政管理和预算局	1990年	描述国家数字地理空间数据的术语及其定义集合	
government information locator service（政府信息定位服务）	GILS	美国联邦政府	20世纪70年代	描述公共联邦信息资源，为公众提供方便的检索、定位、获取的服务	使用基于都柏林核心数据的统一元数据对公平信息等进行标引
electronic text encoding and interchange（电子文本编码与交换）	TEI	文件符码化协会	1994年	用于电子形式交换的文本编码标准	格式具有很大限度的灵活性，综合性，可扩展性，能支持各种类型或特征文档进行编码
machine-readable cataloging（机读目录格式标准）	MARC	美国国会图书馆	1970年	描述书目记录数据	目前适用于书目记录数据的系统最完善，字段复杂，标准最严格的元数据格式

者包括各类自然与人文景观、艺术品、古迹、文物等；后者则有传统艺术、音乐、民俗等。在此基础上通过元数据整合，分散在不同载体上不同形式的遗产资源才能形成相对标准化的文化遗产资源库。

在物质文化遗产方面，默撒（B. Murtha）提出艺术和建筑领域的描述性元数据架构，包括本体 ID 和 VRA 核心类目，并加入艺术和建筑领域的受控词表和分类系统，丰富了具体的元数据模式。① 其主要是基于对该领域元数据标准的理论探讨，并没有具体实践；但其从用户检索效果的角度来制定元数据的方式值得借鉴。兰绪柳等提出了以 VRA Core 作为核心格式，在此基础上加入部分 CDWA 元素作为扩展元素的数字文化资源的元数据格式，并以亚伯拉罕·林肯雕塑作为实例，解释所提出的元数据格式在实际中的具体使用方法，② 该方案没有对核心元素进行扩展，且用户无法自定义所需元素，整体上缺乏灵活性。易军凯等提出了由核心元数据规范、专门元数据规范、元数据扩展规则组成的三级数字博物馆元数据规范体系，即以数字博物馆核心元数据规范作为扩展基础，实施元数据扩展规则中的相关方法，最终形成专门元数据规范，③ 该元数据规范体系能够在保证基本描述的情况下，对事物进行个性化的描述。

在非遗方面，联合国教育、科学及文化组织（United Nations Educational, Scientific and Cultural Organization，缩写 UNESCO）的《保护非物质文化遗产公约》将非遗分为以下几个方面：口头传统和表现形式，包括作为非遗媒介的语言，表演艺术，社会实践、仪式、节庆活动，有关自然界和宇宙的知识和实践，传统手工艺。巴莫曲布嫫等（B. Q. ubumo et al.）研究了中国口头史诗文献，并详细介绍了其定制元数据标准的过程，分析了遇到的问题和对应的解决方案，并在最后阐述了对非遗描述性元数据的几点思考。④ 朝戈金指出中国少数民族的非遗，

---

① BACA M. Practical issues in applying metadata schemas and controlled vocabularies to cultural heritage information [J]. Cataloging & Classification Quarterly, 2003, 36(3-4): 47-55.
② 兰绪柳，孟放.数字文化资源的元数据格式分析 [J].现代情报，2013, 33(8): 61-64.
③ 易军凯，周育彬，陈刚.可扩展的数字博物馆元数据规范研究与实践 [J].数字图书馆论坛，2014(2): 43-53.
④ QUBUMO B, GUO C X, YIN H B, et al. Customizing discipline-based metadata standards for digital preservation of living epic traditions in China: basic principles and challenges [C] //Digital Heritage International Congress. New York: IEEE, 2014.

尤其是口头传统极其丰富,而要将与口头传统文化有关的声音、视频、图片和文字信息数字化,必须要建立起"学科基础下的口头传统元数据"(Discipline-based metadata for oral traditions),在定制元数据元素和限定词时,要充分考虑到主观性、描述数量、多语言等问题。[①] 实际上我国将非遗分为了民间文学、民间音乐、民间舞蹈、传统戏剧、曲艺、杂技与竞技、民间美术、传统手工技艺、传统医药、民俗十类,这也决定了我国的非遗数字资源的元数据体系构建要充分考虑我国的实际情况,不能照搬国际常见的或者通用的元数据体系。

现阶段已有一些研究者对我国非遗数字资源元数据标准做了相应的探讨。李波根据我国现有非遗信息资源的特点,在信息结构、语义成分分析的基础上,提出了一种具有兼容性和可互操作性的非遗信息资源描述的元数据模型,将每一项非遗的本体特征和与之相关的文献、人物、实物、空间等实体,都纳入非遗元数据模型的构建中,既结合我国非遗数据库实际情况,又具有一定的国际通用性。[②] 叶鹏、周耀林(Ye Peng, Zhou Yaolin)比较了 DC 元数据标准体系与我国非遗保护的需求,提出了基于我国非遗资源的元数据标准并给出了应用范围。该元数据标准包含 14 个核心元数据,分别对应 DC 中的相关元素,仅仅去掉了"出版者"一项元素;不过叶鹏、周耀林同时也指出,该非遗元数据标准存在的一大问题,是没有与我国现有非遗数据库兼容[③],这也是本节提出的元数据标准所需要重点考虑和解决的问题。杨红在其非遗数据库若干关键问题的研究中,则是完全复用 DC 元数据中的 15 个元素,并在此基础上为部分数据元素扩展了元素语义修饰词。[④] 不过完全复用 DC 元数据存在着一些问题,DC 元数据是一个主要针对网络信息资源的元数据标准体系,虽然具有简练、通用等特点,但其无法充分考虑到非遗项目本身的特性以及相关数据的复杂性;因此必须结合实际来有选择地运用。

[①] CHAO G J. Ethnic oral tradition archives of the Institute of Ethnic Literature: its dilemma and a way out [C] //The Fourth Forum on China-US Intangible Cultural Heritage: Fieldwork, Documentation, Preservation, and Access. Washington: National Museum of the American Indian, Smithsonian Institution, 2013.
[②] 李波.非物质文化遗产信息资源元数据模型研究 [J].图书馆界,2011(5):38-41.
[③] YE P, ZHOU Y L. The framework and standards of Chinese intangible cultural heritage metadata [C] //International Conference on Applied Social Science Research. Paris: Atlantis Press, 2013: 198-200.
[④] 杨红.非物质文化遗产数据库若干关键问题的研究 [D].北京:中国艺术研究院,2013.

二、非遗数字资源元数据标准设计

本节将首先提炼出非遗资源的核心元数据集,结构上采用元素和元素限定词的形式进行描述,然后再根据我国非遗项目各特定类别进行专门扩展。

1. 非遗数字资源的元数据定义

考虑到元数据规范的通用性、可扩展性,元数据之间的易转换性,系统之间的互操作性等需求,以及现有比较通用的 DC 元数据是网络环境下信息资源描述领域影响最大、应用最广的元数据标准;所以本节方案的核心元数据将基于 DC 核心元数据集进行设计。但是 DC 元数据标准主要是针对网络实体资源的检索,它揭示的是数字实体资源的共性特征,而没有考虑如非遗等特定知识主题的文化内涵与知识脉络;[①] 所以为了充分揭示对象的特殊性,本节所提模型还将结合我国非遗项目的申报和记录情况,体现我国非遗项目的特点,要能够与已有的信息资源兼容与整合,尤其是要与文化部门现有的非遗管理系统灵活对接。

本节所提模型将从非遗数字资源的内容及属性、管理规范两个角度出发,在构建的过程复用了 12 个 DC 通用元数据,包括标识号、标题、主题、类别、覆盖范围、描述、关联、日期、创建者、格式、语言、权限。本节元数据标准定义时与以前研究者设计的方案存在着一些不同,具体而言包括:

第一,由于每个非遗项目涉及的主体可能比较多,包括传承者、保护者等,本方案将这些概括为"人"和"机构"两个实体与非遗项目建立关联关系,而不单独作为一个核心元素,因此除去 DC 中的"其他责任者"。

第二,为了能够与我国现有非遗数据库较好整合,即解决叶鹏等(Ye Peng et al.)在其文章最后提到的关键问题[②],本方案专门对"描述"项元素进行了修改和完善,将其与我国《国家级非物质文化遗产代表作申报书》中的有关内容

---

① 王忠义,夏立新,石义金,等.数字图书馆中层关联数据的创建与发布[J].现代图书情报技术,2013(5):28-33.
② 叶鹏,周耀林.中国非物质文化遗产项目代表性传承人名录的现状与发展[J].牡丹江大学学报,2013,22(11):9-12.

对应，包含申报书中相应的字段内容，如"历史渊源""濒危情况"等。

第三，本方案参考叶鹏等（Ye Peng et al.）提出的方案①去掉了 DC 通用元数据中的"出版者"字段，不过他们将"来源"设定为非遗项目的历史渊源，本方案则将其归入"描述"字段，故不再复用 DC"来源"字段。

第四，根据现阶段国内各省市非遗网站的搜索中经常用遗产级别等来反映具体非遗项目的认定情况，包括遗产等级和所属批次，故增加"遗产级别"字段。

本方案的具体的核心元数据定义见表 4-2。

表 4-2 非遗数字资源核心元数据

类别	核心元素	元素定义	复用标准	取值说明
内容及属性	标识号	唯一明确标识对象数字资源的字串或数字（例如 URL/DOI 以及国际标准书号 ISBN）	dc：identifier	主键，由数字、字母组成，唯一
	名称	对象起源名称、常用名称	dc：title	中文、拼音必填，英文选填
	主题	对象主题或内容的关键词或短语	dc：subject	
	类别	对象所属的非遗类型	dc：type	与我国十项非遗分类一致，不可多选
	地域	对象起源地点、分布区域	dc：coverage	省、市必填，区、县依据实际情况可选填；可添加区域
	民族	对象起源的民族		可多选，但应为我国 56 个民族规范名称
	描述	"国家级非物质文化遗产代表作申报书"内容	dc：description	文本类信息
	遗产级别	包括对象是否被认定为遗产、被认定为遗产的级别以及所属批次		级别选择世遗/国遗/省遗/市遗，取最高级别；批次则依据级别选择对应数字
	关联（自定义元素）	与该对象有关的关联信息，包括传承人以及其他实体关联和逻辑关联	dc：relation	关联实体的标识号

① 叶鹏，周耀林.中国非物质文化遗产项目代表性传承人名录的现状与发展［J］.牡丹江大学学报，2013，22(11)：9-12.

续 表

类别	核心元素	元素定义	复用标准	取值说明
内容及属性	标识	提供资源权限管理信息内容的服务器的标识		主键，由数字、字母组成，唯一
	日期	与创建、修改、维护数字资源相关的日期、时间段	dc：date	具体到年、月、日、时、分、秒
	创建者	对象数字资源的主要创建人、机构	dc：creator	创建者的标识号
管理	编码	用于数据交换及存储的格式	dc：format	编码格式的描述
	语种	数字资源内容的语种	dc：language	根据所选语言填写对应的规范缩写
	版权说明（自定义元素）	数字资源的版权声明、授权使用者、使用期限、使用方式和地点等	dc：right	

2. 非遗数字资源元数据规范体系

元素限定词能够缩小元素的含义和描述对象的范围，使其更具有专指性。限定词分为描述对象限定词、复合限定词、基本限定词。其中基本限定词是元素限定词中最基本的信息单元，不能再继续扩展；复合限定词是由多个基本限定词或者基本限定词与其他复合限定词，或者多个其他复合限定词共同组成的；描述对象限定词主要是对描述属性差异较大的几个元素描述对象进行限定。[1] 本方案的核心元数据项包括 15 项元素和若干限定词，具体情况见表 4-3。

表 4-3 比较直观地表现了本节元数据模型的架构。

3. 非遗数字资源元数据使用说明

使用本节元数据方案时，首先要对每个非遗项目提供唯一标志号，将其输入到数据库中，然后参考我国"国家级非物质文化遗产代表作申报书"内容以

---

[1] 赵庆峰，鞠英杰.国内元数据研究综述 [J].现代情报，2003，23(11)：42-45.

表 4-3 非遗数字资源核心元数据元素限定词

元数据元素	元素限定词		
内容及属性描述			
标识号			
名称	主名		
	别名		
主题	主题词		
	关键词		
类别			
地域	起源地		
	分布区域		
民族			
描述（参照"国家级非物质文化遗产代表作申报书"）	历史渊源		
	基本内容		
	传承谱系		
	基本特征		
	主要价值		
	濒危状况		
	保护内容		
	保护措施*	已采取的措施	
		计划采取措施	
遗产级别	级别（如世遗/国遗/省遗/市遗）		
	批次		
关联	人*	申报者*	姓名、地区、职业、职务、性别、生卒、民族、个人简介、传承人等级、自定义元素（如通讯地址、邮编、电话、邮箱、传真）
		传承人*	
		研究者*	
		保护者*	
		自定义元素	
	机构*	传承基地*	名称、成立时间、责任人、地址、邮编、电话、网址、邮箱、机构简介、自定义元素
		文化机构*	
		政府管理部门*	
		文化生态区*	

续 表

元数据元素	元素限定词		
关 联	机构*	学术基地*	
		自定义元素	
	直观对象*（可依据申报表中"相关器具与制品"栏）	工艺品*	视觉资料类目参考 VRA 元数据或艺术作品描述目录 CHWA 元数据
		实物*	拓片类参考《拓片描述元数据规范》
		相关场所*（如古迹）	参考视觉资料类目参考 VRA 元数据或《古建筑描述元数据规范》
		自定义元素	
	文献资料*	图书、期刊等连续出版物*	采用 MARC 元数据或者 DC 元数据
		古籍*	参考《古籍描述元数据规范》
		照片*	参考《电子图片文件元数据》
		音像资料*	参考《音频资料描述元数据规范》
		自定义元素	
	网络资源	采用 DC 元数据	
	相关非遗项目*	标识号	
		名　称	
		类　别	

管理数据描述

标　识		
日　期	创建日期	
	审核通过日期	
	更新日期	
	最后修改日期	
创建者	创建者标识号	
	所在单位	
	联系方式	

续表

元数据元素	元素限定词
编 码	编码规则
	编码模式
语 种	
版权说明	

注：标 * 者为复合限定词，其余为基本限定词。

及各非遗网站的记录描述，对各非遗项目的正规名称、主题、类别、地域、民族等字段进行标识，申报书中的内容按照其对应的栏目名称依次纳入"描述"元素下，具体各字段规范取值参照表 4-3 进行。

本方案一大特点在于"关联"字段的定义和扩充，该字段的扩展字段为所有与非遗项目有关的资源，即人、机构、文献资料、网络资源、直观对象、其他非遗项目等；而扩展限定词下的"自定义元素"，可以根据我国非遗项目 10 个类别特定的属性和内涵进行设定。例如，可以对我国非遗项目 10 个类别，在"人"这一元素限定词上，进行个性化纵向扩展，结果如表 4-4 所示。

表 4-4 非遗项目各类别下"人"的扩展限定词

民间文学	传统音乐		传统舞蹈	传统美术
	器乐曲	歌曲		
讲述者、演唱者	领奏者	歌手		
传统医药	传统戏剧		曲艺	民俗
中医	专业戏曲演出团体、业余戏曲演出团体			
传统技艺			传统体育、游艺与杂技	
表演者			表演者	

除上述提及"自定义元素"外，本元数据方案还在多处设置了"自定义元素"，主要是考虑到用户具体的、特殊的描述和检索需求，使得在不改变基本结构的前提下，保证模型的可扩展性。使用者可以对元素进行横向和纵向两个

方向的扩展,且要遵循一定的原则。一是在定义新的元素或者元素限定词时,必须要遵守一定的规范,以便于登记和维护到元数据注册系统中;二是新增术语不可与已有术语有语义上的重复或冲突;三是能够通过纵向扩展来描述资源时,尽量不采用横向扩展的方法;四是不可以对基本限定词再进行纵向扩展;五是纵向扩展的元素限定词的语义范围不可超出被修饰元素的语义范围。

此外,本节还对"关联"的各个相关实体做了元数据描述说明,比如对"人"有九个基本描述属性和一个"自定义元素",对"文献资料""直观对象""网络资源"则使用了现有国内外常见的元数据标准,以及我国已较为成熟的专门元数据标准,从而帮助实现与多媒体数字资源的整合。另外,对管理数据的描述元素内容,则依据实际的非遗数字资源库的建设、用户使用情况来填写或标记。

三、非遗数字资源元数据应用实例

本节通过结合具体非遗项目——"瓯塑",对非遗数字资源元数据应用情况进行探讨,并采用上文定义的元数据标准进行信息组织,从而更好地服务于"瓯塑"这一历史悠久的文化的传承、传播工作。

1. 非遗项目"瓯塑"简介

瓯塑,俗称彩色油坭塑,又称"彩色浮雕",是浙江温州独有的民间艺术,是著名的温州"四瓯"之一,属于我国第二批国家非遗名录下的传统美术类项目。它源于汉代,由中国漆器艺术中的堆漆工艺发展演化而成,广泛应用于建筑浮雕、壁画、装饰图案、艺术挂件、民间嫁妆品,如梳妆盒以及家具漆器等,色彩丰富、技法繁多、题材广泛、规格不限。与一般浮雕相比,瓯塑有一个明显的特色,即它还借助色彩描绘光线的强弱、色调的冷暖和深远的空间,从而大大加强了画面的艺术感染力。在这一点上,它与西方写实的油画方法一样,光色原理与色调处理成了瓯塑中的一种不可或缺的艺术手段。[①]

---

① 百度百科.瓯塑[Z/OL].[2018-10-20].http://www.baike.com/wiki/%E7%93%AF%E5%A1%91.

瓯塑虽然是国家级的非遗项目，也拥有国家级、省级等多位工艺美术大师，但其面临着与其他很多工艺美术类非遗项目一样的窘境，虽市场看好，但发展乏力，不仅没人愿意学艺而后继乏人，甚至连温州本地的一些年轻人也仅仅是知道"瓯塑"这个名字，更有甚者连听都没有听说过。为了更好地传承、传播这一历史悠久的文化，本节收集了一些相关数字资源，尝试用前文定义的元数据标准进行信息组织。

2. 基于 RDF/XML 的数字资源组织

要在应用中和各应用间有效地使用元数据，必须对元数据规范进行定义和描述，而资源描述框架 RDF（resource description framework）正是这样一个使元数据实现编码交换和再使用的基础结构。RDF 是目前比较强势的元数据规范描述语言，它能够从语义上去关注本体的属性以及这些属性之间的相互关系。而 XML，即可扩展标记语言本身不具备语义描述能力，因此 W3C 推荐以 RDF 标准来解决 XML 的语义局限，RDF 使用的 XML 语言被称为 RDF/XML。通过使用 XML、RDF 信息可以轻易地在使用不同类型的操作系统和应用语言的计算机之间进行交换。① 这两种语言互为补充，RDF 以一种标准化、互操作的方式来规范 XML 的语义，XML 文档可以通过简单的方式实现对 RDF 的引用，从而便于 Web 数据的检索和相关知识的发现。②

本节所设计的元数据体系，在实际使用前首先需要用 RDF/XML 对属性进行定义，这样才能够更好地将其转化为计算机可以理解的语言。非遗项目与人、机构、直观对象、文献资料、网络资源等存在着一定的关联关系，为了实现一个完整的非遗文化资源库，需要对这些实体分别在 RDF 中进行语义描述。需要说明的是，非遗项目、人、机构均为自定义命名空间，"直观对象"可采用 VCR 命名空间，文献资料采用"MARC"命名空间，"网络资源"采用 DC 命名空间。此外，还要对这些对象之间的各种关系的语义进行定义，如被保护（IsProtectedby）、被传承（IsInheritedby）、关于（IsReferencedby）等，参见图 4-1。

---

① W3school. RDF 简介［EB/OL］.［2014-07-08］.http://www.w3school.com.cn/rdf/rdf_intro.asp.
② 周竞涛, 王明微. XML, RDF：实现 WEB/OL 数据基于语义的描述［EB/OL］.（2003-03-01）［2020-12-02］.http://www.ibm.com/developerworks/cn/xml/x-xmlrdf/.

```
<?xml version="1.0"?>
<rdf:RDF
xmlns:rdf=" http://www.w3.org/1999/02/22-rdf-syntax-ns#"
xmlns:rdfs=" http://www.w3.org/2000/01/rdf-schema#">
<rdf:Description ID="IsProtectedby">
<rdf:type rdf:resource="http://www.w3.org/TR/rdf-concepts/#dfn-property">
<rdfs:label xml:lang="en-US">IsProtectedby </rdfs:label>
<rdfs:comment xml:lang="CH">被保护</rdfs:comment >
</rdf:Description>

<rdf:Description ID="IsInheritedby">
<rdf:type rdf:resource="http://www.w3.org/TR/rdf-concepts/#dfn-property">
<rdfs:label xml:lang="en-US">IsInheritedby</rdfs:label>
<rdfs:comment xml:lang="CH">被传承</rdfs:comment >
</rdf:Description>

<rdf:Description ID="IsReferencedby">
<rdf:type rdf:resource="http://www.w3.org/TR/rdf-concepts/#dfn-property">
<rdfs:label xml:lang="en-US">IsReferencedby</rdfs:label>
<rdfs:comment xml:lang="CH">关于</rdfs:comment >
</rdf:Description>
```

图 4-1　非遗元数据定义 Schema 部分示例

3. 瓯塑相关数字资源元数据标注实例

根据上文的 RDF/XML 的定义，使用"瓯塑"作为一个特定实例，来展示所设计的元数据方案，即将该实例的相关内容填入已定义的资源描述框架中。比如"瓯塑"非遗项目的部分介绍及其传承人之一杨忠敏的 RDF 描述，见图 4-2 和图 4-3。

```
<?xml version="1.0"?>
<rdf:RDF
xmlns:rdf=" http://www.w3.org/1999/02/22-rdf-syntax-ns#"
xmlns:chs=" http://www.culturalheritages.edu.cn/test/schema/#"
    //引用自定义 schema
```

```
xmlns:dc=" http://purl.org/dc/elements/1.1/"
xmlns:dcterms=" http://purl.org/dc/terms/"
xmlns:marc=" http://www.loc.gov/marc.relators/">


<rdf:Description rdf:about=" http://www.culturalheritages.edu.cn/Ousu.html">
<dc:Identifier>http://www.culturalheritages.edu.cn/Ousu.html</dc:Identifier>
<dc:Title>瓯塑</dcs:Title>
<dc:Type>民间美术</dc:Type>
<chs:Nation>汉族</chs:Nation>
<dc:Coverage>浙江温州</dc:Coverage>
<dc:Subject>雕塑,堆塑,绘画,雕刻</dc:Subject>
<chs:Heritagerate>
    <rdf:Bag>
        <rdf:li>国遗</rdf:li>
        <rdf:li>第二批</rdf:li>
    </rdf:Bag>
</chs:Heritagerate>


<dc:Description>
    <rdf:Bag>//内容具体见瓯塑的《国家非物质文化遗产申报书》
        <rdf:li>历史渊源（内容略）</rdf:li>
        <rdf:li>基本内容（内容略）</rdf:li>
        <rdf:li>传承谱系（内容略）</rdf:li>
        <rdf:li>基本特征（内容略）</rdf:li>
        <rdf:li>主要价值（内容略）</rdf:li>
        <rdf:li>濒危状况（内容略）</rdf:li>
        <rdf:li>保护内容（内容略）</rdf:li>
        <rdf:li>保护措施（内容略）</rdf:li>
    </rdf:Bag>
</dc:Description>
<dc:Relation>
    <chs:IsInheritedby>
    <rdf:Description rdf:about="
    http://culturalheritages.edu.cn/people/Yang.Zhongmin"/>
    </chs:isInheritedby>
        </dc:Relation>
</rdf:Description>
</rdf:RDF>
```

图 4-2 "瓯塑"非遗项目部分 RDF 描述

```
<?xml version="1.0"?>
<rdf:RDF
xmlns:rdf=" http://www.w3.org/1999/02/22-rdf-syntax-ns#"
xmlns:peo=" http://culturalheritages.edu.cn/people/schema/#">
    //引用自定义 schema
<rdf:Description rdf:about="
http://culturalheritages.edu.cn/people/Yang.Zhongmin">
<peo:Name>杨忠敏</peo:Name>
<peo:Gender>男<peo:Gender>
<peo:Residence>浙江温州</Residence>
<peo:Occupation>东瓯瓯塑体验园负责人、温州瓯塑文化艺术有限公司法定代表、总经理</peo:Occupation>
<peo:Introduction> 2009 年开始学习瓯塑（彩色油泥塑）艺术，2011 年在温州创办东瓯瓯塑工作室，2012 年创办温州市瓯塑文化艺术有限公司。主要开发瓯塑礼品、瓯塑壁画、瓯塑创意品、动漫瓯塑等。擅长花鸟、山水、风景、人物、动漫、创意瓯塑等作品，代表作品有《墨照金湖》《桃李芬芳》《天下西湖》《雁荡山》《江心孤屿》《月色》《动漫》等。
</peo:Introduction>
</rdf:Description>
</rdf:RDF>
```

图 4-3 "瓯塑"传承人杨忠敏 RDF 描述

第二节 基于主题词表的中医食疗知识库设计与构建

苏联教授布雷克曼（Breckman）曾提出学说，将人群分为健康人、病人和处于亚健康状态的人。[1] 资料显示目前我国约有 6 亿人处于亚健康状态。[2] 在 2012 年由世界卫生组织上海健康教育等开展的对都市人亚健康情况的网络调查

---

[1] 王琦.调治亚健康状态是中医学在 21 世纪对人类的新贡献 [J].北京中医药大学学报，2001，24(2)：1-4.
[2] 搜狐财经.研究称中国有 6 亿人处于亚健康状态 身体透支严重. [Z/OL].(2013-06-17) [2020-12-02].http://business.sohu.com/20130617/n379052458.shtml.

中发现,白领人群中约98.8%有不同程度的亚健康状态,其中26—30岁人群是重度亚健康的主力军,比例高达64.2%。① 亚健康是处于无病和有病之间的状态,患者通常会感到身体不适,表现为机体功能下降,无法完成预定的任务;但医学检查上没有明显的阳性发现。这种状态有较长潜伏期,如果患者没有"主动养生"的意识,没有采取必要的防治措施,日后会倾向于患上各类慢性疾病,进而增加社会的医疗负担。我国传统中医学早已认识到防患于未然、治"未病"的重要性,如《黄帝内经》就提出了"圣人不治已病治未病"的主张。其中饮食对防治亚健康具有重要作用,著名医者孙思邈在其著作《千金要方》中便论述了药与食的辨证关系。他认为食物是安身立命之本,合理的选食、进食能够预防和治疗疾病,保护健康,延长生命。② 同时,食疗作为我国非遗"传统医药"的重要组成部分,其历史源远流长,蕴含着丰富的文化价值。因此,无论是对亚健康人的需求,还是对文化的传承,中医食疗都需要引起我们足够的重视。

但在当今信息化时代,食疗信息分散、琐碎,既有传统文献,也有网络资源,如论坛、博客、百科等,尚未有公开的、成熟的食疗知识服务平台。有调查表明,在生活保健类知识上,公众最希望能从网络上获取食养类知识;③ 但面对成千上万的食疗文档,大多数人往往四处网罗,依靠自身判断各类信息,有时甚至盲目跟风,受谣言误导。因此,整合梳理食疗知识,构建食疗知识库意义重大。然而单纯地整合信息却不加以序化,往往会让知识库出现问题,如不同流派专家的表述差异,以及用户非专业的检索表达和查询能力,容易导致检索效率较低。由于知识检索是知识库的重要功能,极大地影响着用户体验,故在构建知识库时需要考虑对知识的内容组织与检索。

主题词表作为一种常用的知识语义组织技术,其应用已逐渐延伸到社会生

---

① 搜狐上海.一线城市白领重度亚健康率竟已高达91%[Z/OL].(2012-03-19)[2020-12-02]. http://sh.sohu.com/20120319/n338169468.shtml.
② 孙晓生.孙思邈食养食疗理论与实践集要[J].新中医,2011,43(4):120-122.
③ 侯丽,李军莲,夏光辉.公众健康知识服务系统的知识组织架构[J].中华医学图书情报杂志,2012,21(6):8-14.

活的各个领域，如政府、电商、医学、教育等，①并已被证明可以有效提高检索效率。因此，本节采用主题词表的方式，对亚健康人群食疗知识进行梳理、序化和规范，在此基础上构建出面向亚健康人群的食疗知识库。

一、中医食疗领域知识库研究现状

近年来，知识库已经成为医学领域的研究热点和必不可少的研究方向，并相继出现了各类主题的知识库。目前中医学领域的知识库主要集中在医案、中医证候、中药方剂等几类专题，②但是和普通用户结合更为紧密的中医食疗领域的知识库研究尚很欠缺。

1. 食疗及食疗知识库领域研究

如何更好地利用信息技术和知识来提高保健服务，促进人体身心健康，一直以来都受到国内外学者的关注。关于食物知识概念体系描述的研究，较早有USDA数据库、AGROVOC叙词表等。③近年来利用本体来建立食物知识结构的研究逐渐兴起。坎泰斯等(J. Cantais et al.)从营养学的角度构建了糖尿病患者的健康食物本体，其将食物分成177个类，每个类下都有50种属性来对应每种营养素，另有3种属性代表每日摄入量。④扎克里特·斯内(Chakkrit Snae)等设计了基于食物本体的专家系统(FOODS)，该本体下主要有食材、营养成分、烹饪方式、价格、每日摄入量等九大类，用于帮助餐饮、医药和家用领域选择合适的饮食菜谱。⑤ Napat Suksom 等在借鉴已有食物本体知识库的基础上，又

---

① 周晓英，曾建勋.主题词表的社会应用研究[J].数字图书馆论坛，2014(10)：2-6.
② 马利，崔志伟，毛树松.我国医学知识库应用现状研究[J].医学信息学杂志，2013，34(11)：55-59.
③ SNAE C, BRÜCKNER M. FOODS: a food-oriented ontology-driven system [G] //2nd ed. Digital Ecosystems and Technologies，2008. IEEE International Conference，2008：168-176.
④ CANTAIS J, DOMINGUEZ D, GIGANTE V, et al. An example of food ontology for diabetes control [Z]. Proceedings of the International Semantic Web Conference 2005 Workshop on Ontology Patterns for the Semantic Web，2005(9)：1-9.
⑤ 百度百科.瓯塑[Z/OL].[2018-10-20].http://www.baike.com/wiki/%E7%93%AF%E5%A1%91.

引入基于用户身体状况的规则库，构建了根据用户偏好和营养分析进行个性化食谱推送的知识库系统框架。① Chuan-Jun Su et al.借鉴了FOODS本体，并结合用户信息本体、HL7（Health level Seven）健康筛选本体设计了知识库系统，可兼顾领域专家知识和用户实时健康数据，给出个性化的饮食救治服务。②

总体而言，大多数国外研究是基于现代营养学角度来研究如何利用食物、菜肴、膳食治疗等调理健康；但本节研究的食疗，与营养学治疗有所不同。作为我国中医领域的一大特色，食疗扎根于中华传统医药文化，蕴含着中医辨证等思维，其相关研究主要产生在国内。目前国内对食疗的研究主要集中在具体食物的食疗价值、食疗对具体疾病的治疗、古代食疗思想与理法、食疗发展问题等，但在信息化方面的研究数量不多。且食疗领域的信息化研究主要仍是对食疗数据库的建设，如刘文杰等结合食疗理论和现代营养学，开发了可根据患者病情和食物特性来推荐疾病诊疗食谱的膳食搭配系统。③ 郑庚伟等研发了含有诊疗知识数据库、问诊功能等模块的食疗信息系统，可对患者或养生者选择的症状进行分析并推送食谱。④ 张雷在总结出适用于普通大众的药膳资料的基础上，基于SQL server开发了适用于医用、餐饮等各层次人群的药膳食疗查询系统。⑤ 这些系统主要基于字符串匹配的查询方式来呈现检索结果，没有涉及本体、主题词表等知识组织方法，仍属于传统数据库的范畴。由于知识库不同于传统数据库，其构建基础是经过分类、组织、序化后的知识集合，涉及对食疗内容的知识组织，并能够提供相应的语义服务；因此，构建具有语义特色的食疗知识库，对食疗领域的研究有着重要的理论意义。

---

① SUKSOM N, BURANARACH M. A knowledge-based framework for development of personalized food recommender system. [R/OL] (2010-02-10) [2015-10-21]. http://text.hlt.nectec.or.th/marut/papers/food_recommender-kicss2010.pdf.
② SU C J, CHEN Y A, CHIII C W. Personalized ubiquitous diet plan service based on ontology and Web services [J]. International Journal of Information & Education Technology, 2013, 3(5): 522-528.
③ 刘文杰,徐坚英,窦国祥,等.中医食疗与营养配餐系统 [J].南京铁道医学院学报,1998,17(3):179-181.
④ 郑庚伟,曹军,尚云青.中医食疗管理信息系统的应用研究 [J].中医药管理杂志,2013,21(2):135-137.
⑤ 张雷.药膳食疗系统的设计与开发 [D].重庆:重庆医科大学,2009.

2. 中医领域知识库相关技术

对知识库构建的关键技术研究，目前已有诸多理论和成熟实践，如利用主题图技术描述资源的知识结构和知识关系，[1] 利用 RDF 语言进行知识呈现和语义标注，[2] 通过关联数据实现知识库语义关联扩展，[3] 利用产生式规则、框架表示法等进行知识表示，[4] 利用主题词表进行知识组织、知识检索，[5] 利用本体来实现有效的知识表示、知识分享、知识推理和知识整合等。[6]

这些知识库相关技术在我国中医领域也得到了广泛应用，且基本覆盖了知识库建设的各级步骤，包括知识库整体架构构建[7]、知识获取[8]、知识表示[9]、知识组织[10]、

---

[1] 艾丹祥，张玉峰.利用主题图建立概念知识库 [J].图书情报知识，2003(2)：48-50.
[2] 王思丽，祝忠明.利用关联数据实现机构知识库的语义扩展研究 [J].现代图书情报技术，2011，27(11)：17-23.
[3] 周晓英，曾建勋.主题词表的社会应用研究 [J].数字图书馆论坛，2014(10)：2-6.
[4] 徐宝祥，叶培华.知识表示的方法研究 [J].情报科学，2007，25(5)：690-694.
[5] WIELINGA B J, SCHREIBER A T, WIELEMAKER J, et al. From thesaurus to ontology. [J]. K-CAP '01 Proceedings of the 1st international conference on Knowledge capture, 2001, 39(4): 620-622.
[6] 百度百科.瓯塑 [Z/OL]. [2018-10-20]. http://www.baike.com/wiki/%E7%93%AF%E5%A1%91；王琦.调治亚健康状态是中医学在 21 世纪对人类的新贡献 [J].北京中医药大学学报，2001，24(2)：1-4；马利，崔志伟，毛树松.我国医学知识库应用现状研究 [J].医学信息学杂志，2013，34(11)：55-59.
[7] CANTAIS J, DOMINGUEZ D, GIGANTE V, et al. An example of food ontology for diabetes control [Z]. Proceedings of the International Semantic Web Conference 2005 Workshop on Ontology Patterns for the Semantic Web, 2005(9): 1-9; SUKSOM N, BURANARACH M. A knowledge-based framework for development of personalized food recommender system [J]. Journal Article, 2010(2): 78-84.
[8] SU C J, CHEN Y A, CHIH C W. Personalized ubiquitous diet plan service based on ontology and Web services [J]. International Journal of Information & Education Technology, 2013, 3(5): 522-528；刘文杰，徐坚英，窦国祥，等.中医食疗与营养配餐系统 [J].南京铁道医学院学报，1998，17(3)：179-181.
[9] 郑庚伟，曹军，尚云青.中医食疗管理信息系统的应用研究 [J].中医药管理杂志，2013，21(2)：135-137.
[10] CHAO G J. Ethnic oral tradition archives of the institute of ethnic literature: its dilemma and a way out [C] //The Fourth Forum on China-US Intangible Cultural Heritage: Fieldwork, Documentation, Preservatio and Access. Washington: National Museum of the American Indian, Smithsonian Institution, 2013；张雷.药膳食疗系统的设计与开发 [D].重庆：重庆医科大学，2009.

知识推理①、知识检索②,具体研究概况如表 4-5 所示。

表 4-5 中医领域知识库相关技术

研究内容	主要技术	代 表 性 研 究
整体架构	三层架构 四层架构	易钢等基于本体技术构建了中医知识库系统,其体系架构包括数层、逻辑层和应用层三个部分;③ 朱彦等设计了通用的中医方剂分析系统,将框架分为数据层、数据处理层、业务逻辑层、应用层四层④
知识获取	本体叙词表	蒋宏潮等利用本体知识获取技术,得到蕴含在中医临床用药诊治过程中的隐形知识和规律。⑤ 王莹莹通过构建中医基础理论叙词表,实现了对中医基础理论知识规则的自动获取⑥
知识表示	产生式法则 框架表示方法	张五辈根据不同类型的中医药知识特点,选择了不同的知识表示法,如用框架表示法来表示中药和方剂,用产生式法则来表示中医诊断规则⑦
知识组织	元数据本体	易钢等制定了适合公众健康知识服务系统的元数据标准,能够对来源复杂的各类知识内容进行规范化组织;⑧ 李新霞通过本体技术对零散的中医脾胃病病案知识进行了规范化组织,在此基础上建立了知识库⑨

---

① 艾丹祥,张玉峰.利用主题图建立概念知识库 [J].图书情报知识,2003(2):48-50;王思丽,祝忠明.利用关联数据实现机构知识库的语义扩展研究 [J].现代图书情报技术,2011,27(11):17-23;徐宝祥,叶培华.知识表示的方法研究 [J].情报科学,2007,25(5):690-694;WIELINGA B J, SCHREIBER A T, WIELEMAKER J, et al. From thesaurus to ontology [J]. K-CAP'01 Proceedings of the 1st international conference on Knowledge capture, 2001, 39(4):620-622.
② 易钢,罗尧岳.基于本体的中医知识库系统的研究 [J].医学信息,2010,23(10):3516-3518;朱彦,高博,崔蒙.中医方剂分析系统框架设计及实现 [J].中华中医药杂志,2014,29(5):1543-1546.
③ 易钢,罗尧岳.基于本体的中医知识库系统的研究 [J].医学信息,2010,23(10):3516-3518.
④ 朱彦,高博,崔蒙.中医方剂分析系统框架设计及实现 [J].中华中医药杂志,2014,29(5):1543-1546.
⑤ 蒋宏潮,王大亮,张德政.基于领域本体的中医知识获取方法 [J].计算机工程,2008,34(12):16-18.
⑥ 王莹莹.基于叙词表的中医基础理论知识库的构建 [D].沈阳:沈阳航空航天大学,2012.
⑦ 张五辈.中医药知识库设计与实现 [D].沈阳:沈阳航空航天大学,2011.
⑧ 易钢,罗尧岳.基于本体的中医知识库系统的研究 [J].医学信息,2010,23(10):3516-3518.
⑨ 李新霞.基于本体的中医学脾胃病知识库的构建 [D].南京:南京理工大学,2008.

续表

研究内容	主要技术	代表性研究
知识推理	算法(神经网络、贝叶斯算法、贴近度算法、特征表示方法等)	吴芸等基于"舌象"与中医"八纲"之间的对应关系,建立了三种类型的神经网络,可用于中医推理。① 王学伟、曲海斌、刘平(Wang X W, Qu H B, Liu P)等通过朴素贝叶斯算法来提取特征和挖掘关联规则,实现中医智能诊断。② 李新霞等通过定义中医诊断规则和贴近度算法,实现了脾胃病疾病证候诊断、治法方药等方面的推理功能。③ 余胜等通过IIG的特征表示方法,初步实现了依据症状来判断对应膳食疗方④
知识检索	本体	付志宏基于中医药领域本体,语义上整合了多种数据源,并可对这些数据进行相关检索、语义图导航、概念推荐等智能检索。⑤ 李兵等基于本体论方法构建了温病古籍知识检索系统⑥

在知识组织、知识检索方面,大多数学者均从本体角度进行探讨,而利用主题词表进行中医知识库语义组织的研究非常少。由于本体要求比较完善的知识体系,中医食疗作为中医领域派系之一,其知识本体必然要纳入中医辨证等基础理论,但由于食疗诊断相对药疗要宽松,且该领域的辨证体系尚不完善;因此各个不同实体如食材、证候、症状之间的具体关系难以完全界定清楚。而各专家学者对同一实体存在的多种概念表述,又进一步加大了知识体系构建的难度。同时,现有的自动或半自动构建本体技术还不成熟,部分只在相对成熟的领域有实验性应用,缺少普适性;因此构建食疗本体是一个较为耗时

---

① 吴芸,周昌乐,张志枫.中医舌诊八纲辨证神经网络知识库构建[J].计算机应用研究,2006,23(6):188-189
② WANG X W, QU H B, LIU P, et al. A self-learning expert system for diagnosis in traditional Chinese medicine [J]. Expert systems with applications, 2004, 26(4): 557-566.
③ 李新霞,陆建峰,孟红梅,等.本体在中医脾胃病辅助诊断中的应用[J].江南大学学报(自然科学版),2010,9(2):151-155.
④ 余胜,李绍滋,郭锋,等.特征表示方法在中医食疗上的应用[J].厦门大学学报(自然科学版),2009,48(3):354-358.
⑤ FU Z H, CHEN H J, YU T. Intelligent search on integrated knowledge base of traditional Chinese medicine [J]. Journal of Southeast University (English Edition), 2009, 25(4): 460-463.
⑥ 李兵,张华敏,符永驰,等.基于语义关联的温病古籍知识检索系统的构建研究[J].辽宁中医杂志,2012,39(12):2403-2404.

耗力的工作。

主题词表的构建相对本体要简单，其以层级方式来连接食疗领域各个概念，提供多种语词关系如隶属关系、同义关系、相关关系等，可以实现语义扩展查询和文本挖掘的功能。且主题词表可以帮助确定本体中类的属性、为属性值提供语料库等，为之后领域本体的构建降低了难度。因此，本节选择以主题词表的方式对食疗知识进行组织。

二、亚健康食疗主题词表的构建

我国中医药领域对主题词表的研究起步较早，目前已形成较为成熟的《中国中医药学主题词表》，但该词表有极强的专业性，主要面向医学专家使用。中医食疗不同于药疗，其大众普适性更高，在信息内容组织上要充分考虑用户的非专业性，因此，目前在食疗领域尚未见到已成体系的主题词表，更谈不上具体的应用实践了。本节依据现有的权威标准与研究，结合专家指导，首先对亚健康食疗领域的主题词表进行了编制，为后续构建知识库建立基础。

1. 食疗主题词表的构建

刘哲峰认为，食疗的基本原理是在"辨证论食"的原则下，以脾胃为通路，五脏为作用部位，借助食物的性味和其对五脏的选择性作用，来调节五脏功能，恢复人体阴阳平衡，并促使人体保持在阴阳平衡的最佳状态。[①] 五脏，即肝、心、脾、肺、肾，各脏病的存在是由症状表现决定的，五脏各自对应一定的主证，食疗便根据相应的五脏问题进行对"证"调整。这种中医五脏辨证的思路是本节构建食疗主题词表的重要原则。

在对各种膳食知识进行整理分析的基础上，本节将主题词表的内容分为症状、治法、保健需求、食材四大类。

（1）症状类

本节主要以中医对亚健康人群的辨证为依据，以各类证候作为分类标准，

---

① 刘哲峰.古代中医食疗理法研究［D］.北京：中国中医科学院，2007.

引入对应的语词。庞军等将亚健康所有证型分为单一证型和复合证型,其中单一证型包括心气不足、肝阴虚等6种,复合证型包括肝郁脾虚、心脾两虚等16种。[1] 本节将这22种证型纳入到食疗主题词表的"症状"下,以"复合证型""单一证型"作为二级类目,22种证型作为三级类目,然后整理出各类证型的对应体征作为其下的主题词。在语词选择上,先借鉴已有的《中国中医药学主题词表》,再采用文献分析法,整理出专家学者对各类证型的权威诊断标准、文献研究,对这些文本中出现的体征描述用语进行引用。

(2) 治法类

由于中医对亚健康诊断的各类证型是按照五脏病位来鉴定的,因此,其治疗也应当根据五脏去实施。本节参考《中医临床诊断术语:证候部分》的治法,对五脏各自对应的病证治法用语进行筛选、归纳,引入主题词表的"治法"下。其中兼证类证型的治法,则依据其涉及的脏位选取相应主题词。

(3) 保健需求类

该部分与"五脏辨证"没有相关性,主要是为用户的保健需求服务,如"祛斑""美容""提高记忆力""乌发"等。在语词提取上,主要将各膳食知识内容中出现的关键词进行规范后作为最终主题词。

(4) 食材类

本节按照食物性味归经和"辨证施食"原则,从食物的食性(寒、凉、热、温、平)对食材进行分类,并通过权威百科对各种食材的名称进行规范。

由于食疗知识库面向普通用户,还要考虑大众健康信息检索习惯。因此,在专业主题词的基础上,需添加用户非专业习惯用词,实现专业描述词与用户语词的映射,减少用户检索障碍,保证用户对食疗知识的查全率和查准率。

本节的方法是,选择现有权威的健康社区如120ask、39健康、寻医问药网,对用户提问进行人工筛选、采集、分析,得到与各类证型共现的表征词,经由领域专家确认后作为最终有意义的健康语词,再按照词义将各类自然语词

---

[1] 庞军,唐宏亮,杨扬,等.亚健康状态中医证型相关文献统计分析[J].中国临床康复,2006,10(27):105-107.

归入到规范主题词的同义词中，使最终制定出的主题词表更符合用户的使用习惯，保证食疗主题词表的专业性和日常实用性。表4-6展示了本节对食疗主题词表的构建思路。

表4-6 食疗主题词表构建要素

一级类目	二级类目	主题词	专业词语料来源	非专业词语料来源
症状	复合证型	肝郁脾虚、心脾两虚……	《中国中医药学主题词表》、权威医学标准、文献著作	
	单一证型	肝阴虚、心气不足……		
治法	脾系证	脾虚、寒湿困脾……	《中医临床诊断术语》	（1）选取《中国中医药学主题词表》、权威文献、膳食内容、食材百科中出现的除受控词以外的词语。（2）选取健康社区问答内容中出现的健康用语
	肝系证	肝郁、肝火……		
	心系证	心火……		
	肾系证	肾阳虚……		
	肺系证	肺热、肺燥……		
保健需求		祛斑、提高视力……	膳食内容	
食材	寒性	绿豆、苦瓜……	食材百科	
	凉性	薏米、小米……		
	热性	龙眼、羊肉……		
	温性	陈皮、板栗……		
	平性	粳米、黑豆……		

以"肝郁脾虚"这一常见的亚健康证型作为实例。该证型的"症状"部分的选词，来自卫生部制定的"肝郁脾虚"诊断标准、赵歆等的《亚健康状态肝郁脾虚证常见症状调查研究》等权威文本；"治法"部分，选择和归纳了《中医临床诊疗术语：证候部分》中对"肝郁脾虚""脾虚""肝郁"证的治法用语；"保健需求"部分，以"肝郁脾虚"食疗方内容描述中出现的相关词作为语料；"食材"部分，以"肝郁脾虚"食疗方使用到的主要食材，结合食材百科进行选词和规范。在引入用户常用语时，本节通过对120ask健康咨询问答社区中明确表示"肝郁脾虚"或"肝脾不和"的用户提问进行筛选、采集得到的20条记录，经人工分析与专家鉴定后，最终确定与"肝郁脾虚"相关的用户健康语词。由此得到"肝郁脾虚证"的主题词表（部分）如图4-4所示，其中D代表"代替"，C代表"关联"：

```
1 症状
    11 复合证型
        111 肝郁脾虚（D 肝脾不和、肝脾不调、肝气犯脾 C 肝郁）
            乏力（D 四肢无力、肢软、体虚无力、腿软、没力气）
            食欲不振（D 没胃口、食欲差、食欲减退、胃口差）
            胃胀（D 胃脘胀满、食后胃胀、脘腹胀满）
            情志抑郁（D 情绪抑郁、郁闷、忧郁）
            易怒（D 易生气）
            大便溏（D 大便溏烂、大便不实、大便不成形、大便稀）
            ……
2 治法
    21 脾系证
        211 脾虚
            健脾（D 补脾）
            益气（D 补气）
    22 肝系证
        221 肝郁
            疏肝（D 舒肝、清肝）
            理气（D 行气、顺气）
            解郁（D 宣郁、舒郁、开郁）
3 保健需求
            祛斑（D 消斑）
4 食材
    42 凉性
            薏米（D 薏苡仁、苡仁、六谷子）
    44 温性
            甘松（D 甘松香、香松、甘香松）
    45 平性
            粳米（D 大米、精米、硬米、白米、肥仔米）
```

图 4-4 "肝郁脾虚证"主题词表(部分)

2. 食疗主题词表的用法

为存储主题词及其相关信息，首先设计主题词存储数据表对其进行形式化表示，具体如表 4-7 所示。

表 4-7　主题词存储数据表

字段名	字　段　含　义	数据类型	允许空值	备　　注
S_Id	编号	Int	否	主键，唯一
S_name	主题词	Varchar(20)	否	唯一
S_upper	上位词	Varchar(20)	是	词间关系为"属"
S_synonym	同义词或近义词	Varchar(50)	是	词间关系为"代"
S_relate	关联词	Varchar(50)	是	词间关系为"参"
S_py	汉语拼音	Varchar(50)	否	用于检索时主题词提示
S_pys	汉语拼音首字母	Char(1)	否	用于检索时主题词提示
S_mean	中文释义	Text	是	
S_mark	主题词被标引的频次	Int	否	
S_search	主题词被用户检索的频次	Int	否	
S_click	主题词被用户点击的次数	Int	否	

应用该数据表字段格式，存储主题词表中的所有专业主题词，得到如表4-8所示的样式。

主题词表对知识的语义规范主要体现在两个方面：第一，对食疗知识中可以表述具体概念的关键词进行分析，与主题词表进行对应后，选出正式主题词来标引该知识。第二，对用户输入的自然检索语词进行规范，若用户输入的检索词为主题词表中的词，则直接用对应的规范主题词进行查询；若用户输入的检索词不是主题词表中的词，则按照模糊匹配的方式选出相关的规范主题词供用户进行选择。以"甘松粥"这道"肝郁脾虚"食疗方为例，该食疗方的描述信息如图4-5所示。

参考主题词表中"肝郁脾虚证"部分，对这条膳食知识进行处理：

（1）内容标引

由于"甘松粥"适用于肝郁脾虚型亚健康，故首先添加标引词"肝郁脾虚"；再提取其内容描述中的关键词，得到食材类词"大米""甘松"，治法类词"健脾""补脾""行气"，症状类词"肢软乏力""食欲不振""脘腹胀满"

表4-8 主题词数据表(部分)

s_id	s_name	s_upper	s_synonym	s_relate	s_py	s_pys	s_mean
0	肝郁脾虚	复合证型	肝脾不和、肝脾不调、肝气犯脾	肝郁	ganyupixu	g	肝主疏泄，肝气郁结则疏泄不利，脾气亦因之运化失职，出现以消化功能减弱为主的证候
1	食欲不振	肝郁脾虚	没胃口、食欲差、食欲减退、胃口差	NULL	Shiyubuzhen	S	进食的欲望降低
2	乏力	肝郁脾虚	四肢无力、肢软、体虚无力、腿软、没力气	NULL	fali	f	没力气
3	胃胀	肝郁脾虚	胃脘胀满、食后胃胀、脘腹胀满	NULL	weizhang	w	脾失健运、升降失节，气滞不能正常运行而致胃脘、腹部等胀满
4	情志抑郁	肝郁脾虚	情绪抑郁、郁闷、忧郁	NULL	qingzhiyiyu	q	肝气郁结导致抑郁
5	大便溏	肝郁脾虚	大便溏烂、大便不实、大便不成形、大便稀	NULL	dabiantang	d	大便不成形、形似潘泥、俗称薄粪
6	易怒	肝郁脾虚	易生气	NULL	yinu	y	易于激动、易发怒
7	胸胁胀痛	肝郁脾虚	胸胁胀满、胁肋胀痛、胸胁胀痛、两胁胀痛	NULL	xiongxiezhangtong	x	肝气不舒造成的胸部、胁肋部胀、甚至胀痛
8	薏米	凉性	薏苡仁、苡仁、六合子	NULL	yimi	y	性凉、味甘、淡、入脾、肾经，具有利水、健脾、除痹、清热排脓的功效
9	祛斑	保健需求	消斑	NULL	quban	q	除面部色素斑

```
名称：甘松粥
配料：甘松，大米
用法：甘松5克、大米100克。将甘松择净，放入锅中，加清水适量，浸泡5—10分钟
     后，水煎取汁，加大米煮为稀粥服食，每日1剂，连续5—7天。
功效：行气健脾，补脾健胃。
主治：适用于气闷胸痛，脘腹胀满，食欲不振，胃寒呕吐，肢软乏力等。
参考来源：《肝郁脾虚型亚健康的药膳》（中华中医网）
         【甘松】甘松-功效与作用及食用方法
```

资料来源：中药药用价值网。

图4-5 "甘松粥"食疗方

等；最后分别将这些词用意思相近的正式主题词代替，即"粳米""甘松""健脾""益气""乏力""食欲不振""胃胀"等。

（2）用户检索

主要分两种情况。一为用户输入的检索词是主题词表中的，如"没胃口"，则系统直接对应到相应的正式主题词"食欲不振"，然后进行查询；二为用户输入的搜索词不是主题词表中的，如"吃饭后胃胀"，则系统通过前后一致匹配的方法，选出与该用户检索词意思相近的规范词"胃胀"，再到知识库中进行查找。

三、基于主题词表的食疗知识库架构设计

借鉴中医领域知识库的框架研究，本节将亚健康人群食疗知识库从下到上依次分为四层：数据层、数据处理层、业务逻辑层、应用服务层。该四层架构的食疗知识库，实现了将食疗知识从底层的知识获取、表示、序化到上层的检索、推理等知识服务的整个过程，总体上具有较强的可行性。而通过主题词表对知识库进行语义组织，实现智能检索，使得该知识库又具有一定的高效性。具体架构如图4-6所示。

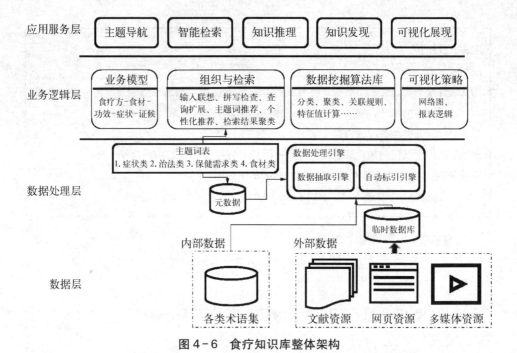

图4-6 食疗知识库整体架构

对各层的设计与功能进行具体介绍。

1. 数据层

数据层包括外部数据和内部数据。

(1) 外部数据

外部数据主要指膳食数据。考虑到食疗仍属医学治疗范畴，需要保证权威性和科学性，因此，在数据源的确定上，应当遵循权威性和全面性两个原则。

① 权威性

即保证信息的科学性和准确性，因此，需要医学专家对信息源进行鉴定，选出适合亚健康人群的食疗信息源。

② 全面性

即食疗知识载体多种多样，除了传统文献，还有音频、视频、图片、超文本等形式，需要利用人工或机器自动的方式对知识进行采集。

外部数据来源主要分以下三种。

① 文献资源采集

选择著名古籍如《饮膳正要》，学者专著如《中医食疗大全》，权威期刊文章如《脾胃病食疗方 10 首分析》，主要由人工阅读、采集和整理相关食疗方。

② 网页资源采集

网络文本资源主要包括医疗健康网站、饮食养生类博客等，可通过机器自动采集与人工筛选相结合的方式来获得食疗知识内容。

③ 多媒体资源采集

多媒体资料包括音频、视频、图片等内容，这种信息通常无法直接采集，需要人工参与，将声音、图形信息转化为文本信息。

通过以上方式采集到的膳食数据需先存入临时数据库，在后续经过一系列清洗、删除、修改、标引等处理后最终入知识库。

（2）内部数据

内部数据主要是与食疗方相关的领域知识，包括各类临床诊断术语、食材术语、中医证候术语等，用于实现膳食知识的相关检索。

2. 数据处理层

由数据层中获得的食疗数据由于资源来源繁杂，在内容描述上呈现明显多样性，需先以一定的标准对内容进行组织，让知识有序化，保证知识的一致性，其中涉及元数据、主题词标引等方式。

（1）元数据规范

使用元数据描述标准能够实现食疗信息在形式上的结构化，保证知识描述的清晰性。本节通过复用部分 DC 元数据，结合食疗知识特点，初步设计了一个食疗知识库元数据描述框架（表 4-9）。

表 4-9 食疗元数据标准

核心元数据	元素修饰词	标识	注释
标识号	编号	id	主键，唯一标识
名称	规范名称 别名	name alternate name	膳食名称 膳食别名

续 表

核心元数据	元素修饰词	标 识	注 释
描述	配料	ingredient	组成膳食的材料
	用法	use	膳食的主要食材用量、做法、食用方式
	功效	function	膳食的治疗功效
	主治	symptom	膳食针对的病证
	禁忌	contraindications	膳食禁忌
	浏览数	view	用户浏览该页面的次数
主题	主题	subject	反映食疗方的特征,以食疗主题词表作为语料来源
来源	参考资料	reference	膳食知识来源出处
创建者	创建者名字	creator	
日期	日期	date	
语种	语种	language	

(2) 主题词标引

食疗知识各字段的内容描述中含有较多不规则字符,存在着语义冗杂、模糊等问题,不利于知识检索和知识分析。通过引入主题词表,可将食疗知识字段中涉及的概念如食材、功效、症状提取出来后进行标准化标引,以实现知识层面的检索,如语义检索、关系检索等,并能够促进进一步的知识推理和知识发现。

(3) 数据处理引擎

该引擎包含数据抽取引擎和自动标引引擎。数据抽取引擎主要是对临时数据库中的无结构化食疗文档进行结构分析,利用食疗元数据标准,采用一定的算法,自动分隔和提取文本中相应字段的信息;之后通过自动标引引擎对各字段中的内容进行分词、释义分析,与主题词表中的语词进行匹配,获取该词在主题词表中的相关上下位信息,实现自动标引;最后由工作人员利用专业知识判断,对数据处理结果进行修改和确认,并最终将所有膳食数据存储到知识库中。

整个数据处理层充分结合人与计算机各自的作用,从而保证知识的完整性、专业性和科学性。

3. 业务逻辑层

业务逻辑层主要包含业务模型、数据挖掘算法库、知识组织与检索、可视化策略等,该层与应用服务层相呼应,用以实现对数据层的操作。

(1) 业务模型

主要将膳食知识中的概念以及概念之间的关系抽象出来,构建相应的模型,包括食疗方、食材、功效、症状、证候。

(2) 数据挖掘算法库

包括各类算法,如分类、聚类、关联规则、特征值计算等,使知识库能够通过一定的规则,实现食疗知识发现和知识推理。如通过计算各类膳食中症状词的特征值,为特定症状的用户推送最有效(即症状词的特征权值最大的)的食疗方。

(3) 组织与检索

知识检索的有效性和便利性很大程度上决定了用户对知识库使用的满意度,而知识检索的效果则取决于系统能否很好地识别用户的检索需求。基于主题词表,可以设计如输入联想、拼写检查、查询扩展、主题词推荐、个性化推荐、检索结果聚类等检索功能,[①]从而为用户的检索行为给出实时、科学、有效的引导。

其中,个性化推荐适用于知识库访问量足够大的情况,是为进一步提高知识库的用户检索体验,基于对用户行为、兴趣等的分析实现查询结果的个性化,从而让用户感受到"个性化服务"。本节设计了一个用户兴趣关联规则库,用来存取用户访问的知识库各链接点页面中的主题词信息、用户访问轨迹和页面停留时间等,利用增量算法动态更新各页面中主题词的权重,利用关联规则算法计算各主题词之间的关联度,利用决策树算法预测用户之后最可能访问的 n 个食疗方页面,由此为用户检索界面提供更富有针对性的知识内容,帮助用户更快、更准确地找到所需要的膳食信息,使搜索更加个性化、智能化。基本流程如图 4-7 所示。

---

① 黎邦群.基于主题词表的 OPAC 检索提示 [J].图书馆杂志,2014,33(3):24-30.

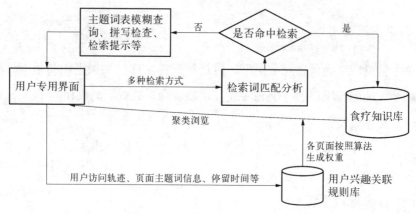

图 4-7 用户个性化推荐流程

(4) 可视化策略

可支持各种可视化界面和效果的生成，如网络图、报表等。

4. 应用服务层

该层是用户与知识库系统直接交互的界面，主要提供系统的具体功能，与业务逻辑层对应。

(1) 主题导航

设置主题词导航，可通过主题词之间的上下关系，实现结构化知识导航，帮助用户快速找到特定主题下的膳食知识。

(2) 智能检索

通过在界面上设置关键词检索、高级检索、分类检索等方式，让用户能够以任意维度（症状、食材、保健需求等）来进行语义或关键词查询、关联检索等。

(3) 知识推理

利用逻辑层的算法库（如特征值计算），由用户输入的症状词（集）推断出最可能有效的膳食，在此基础上还可进一步根据营养计算等方法生成膳食三餐搭配食谱。

(4) 知识发现

通过深度分析所有食疗方使用的食材种类、数量、搭配组合等数据，结合食材知识库，为用户提供食物知识，如食材配伍规律、食材最优搭配、食材禁忌等。

(5) 可视化展现

将具体内容通过可视化的图或表呈现给用户。

四、食疗知识库检索原型系统实现

1. 系统主要界面展示

本节选用 MySQL 数据库和 PHP 语言实现亚健康人群食疗知识库检索原型系统。网站首页(图 4-8)主要展现了热门食疗知识，同时系统还提供主题词导航、按条件检索、标签云等检索导航服务。对具体膳食(图 4-9)，页面呈现

图 4-8　食疗知识库首页

图 4-9　食疗方知识展现界面

了其配料、用法、功效、禁忌以及参考来源等信息，并初步根据食疗方的食材类标引主题词，在检索页左侧实现相似食疗方推荐。系统实现了基于主题词表的检索优化（图 4-10），如在搜索框中输入"没胃口"，可看到系统提示"您的检索词规范为：食欲不振"，即已将输入词转化为主题词后再进行查询。

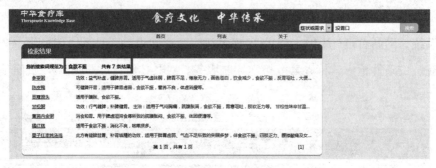

图 4-10 "没胃口"检索结果示例

2. 基于主题词表的语义检索测评

为验证主题词表对检索的改进效果，本节以综合了查全率和查准率两指标的评估指标 F 值，来比较基于主题词表的语义检索和基于关键词的字符串匹配检索的知识检索效果。以"肝郁脾虚证"作为测试实例，本节选择了两个症状词"肝郁脾虚""没胃口"，一个保健需求词"祛斑"，一个食材词"薏苡仁"，一个治法检索词"疏肝 * 健脾"来进行检索测试。目前用于测试的膳食知识共 120 条，其中专治"肝郁脾虚证"的食疗方为 12 条。最终得到的两者 F 值结果如图 4-11 所示，可看出

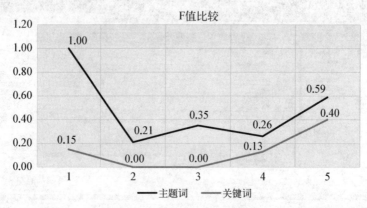

图 4-11 主题词、关键词两种检索方式 F 值比较图

基于主题词表的知识检索效果,相比较传统的关键词检索有了明显的改进。

分析 F 值提高的原因,主要在于用主题词表检索可以在基本维持查准率的前提下,实现扩展检索。一方面,主题词表解决了一义多词的问题;另一方面,主题标引可以揭示膳食本身特定属性,如治疗"肝郁脾虚"的食疗方,其内容描述中不会直接说明,故简单地用关键词检索就容易发生漏检。

总之,通过主题词表进行食疗知识库的语义组织,能够有效提高知识检索效率,从而在一定程度上提升知识库的知识服务效果,是具备有效性、可行性的方案。

第三节 主题图技术在非遗信息资源组织中的应用

在传统的非遗中,实际上存在着许多方面的合理文化内涵与文化因素,它们具体表现在非遗的传承方式、情感表达、创作心理、价值观等各个方面。[①]非遗从诞生到发展不是孤立存在于人的精神领域中,而是始终与特定的共同体和环境等因素联系在一起,只有在与其适应的群体与环境中,非遗才具有活态性和强烈的目的指向。[②] 这是非遗本身性质所决定的特殊属性,也是非遗的魅力所在。在组织非遗信息资源时,与非遗相关的群体及环境等因素至关重要。只有在全面的信息关联及展示下,才能够体现非遗的特殊属性。但是,目前非遗信息资源的组织多是传统树状或星状结构,信息关联程度低,没有构成完整的知识体系,无法在全面信息环境中展现非遗,弱化了非遗的价值。

主题图技术作为一种信息组织方法,结合了传统知识组织方法和语义网技术的优点,可以用来表达复杂的知识结构。本节基于主题图理论和方法提出了组织非遗信息资源的应用方案,建立了非遗信息资源主题图模型。本节所指非遗信息资源,是指信息内容与非遗项目和传承人相关的各类载体资源集合。其

[①] 蔡丰明.中国非物质文化遗产的文化特征及其当代价值[J].上海交通大学学报(哲学社会科学版),2006,14(4):64-69.
[②] 王巨山.非物质文化遗产的特征及其保护的再认识[J].社会科学辑刊,2006(5):165-167.

中，非遗项目是指经过各级政府部门公开认定的，具有一定级别的非遗项目。传承人是指经过认定的各级代表性传承人及其传承脉络中的人物。

一、主题图组织非遗信息资源的优势

作为融合传统信息组织方法的新兴技术，主题图是信息资源组织技术研究和实践的热点，主题图思想与书后索引思想有密切关联。索引最初是用来展现纸本文献的内部知识结构，相当于用户导览地图，随着数字化资源的增长和普及，传统索引技术明显不再适用；因为它只能体现单个文件的内部信息，不能实现文件间的关联，这无法满足数字信息用户对海量信息进行一键检索或快速定位的需求。1995年，在由美国图像传播学会发起的一次关于HyTime的应用大会上，学者们试图采用书后索引隐含的知识结构，实现索引的自动合并，这个构想被定名为"主题导览地图"（Topic Naviation Maps），也就是主题图的前身。此后，主题图概念不断发展，2000年成为国际标准化组织（International Organization for Standardization，ISO）和国际电工委员会（International Electrotechnical Commission，IEC）联合制定的国际标准ISO/IEC 13250：2000。

从学者们的研究成果来看，主题图主要用于知识管理、Web应用、语义关联等方面。知识管理方面，Y. G. Yao et al.结合本体和主题图的思想，提出了表示和组织知识的多视角建模方法，这种建模方法结合了本体和主题图的优势，一般的知识使用本体来具体描述，新的对象或关系则使用主题图进行描述。[1] 李清茂结合主题图工具提出旅游文献主题图构建方法，并展示旅游文献主题图的组织效果。[2] 知识管理是主题图技术的基本应用，相较于传统组织方法，主题图技术在词汇规范方面拥有更大的自由度，更利于知识的表达和组织。Web应用方面，施魏格尔（R. Schweiger）等使用XML主题图工具将医用临床数据建立关联，开发了一个搜索引擎，允许索引、搜索和链接各种基于不同

---

[1] YAO Y G, LIN L F, WANG F, et al. Multi-perspective modeling: managing heterogeneous manufacturing knowledge based on ontologies and topic maps [J]. International Journal of Production Resrarch, 2013, 51(11): 3252-3269.
[2] 李清茂.基于主题图的旅游文献组织方法研究 [J].现代图书情报技术, 2009(4): 82-87.

Web技术的数据。① 周伟提出了一种基于主题图的Web资源组织模式，并且通过"计算机百科"这一主题，进行了实践研究。② 将主题图技术应用于Web环境，是数字信息环境下的必然结果，主要集中在数字信息资源的组织、检索领域，有助于提升用户体验。语义关联方面，拉马略等（J. C. Ramalho et al.）介绍了一个以主题图为导向的环境，利用语义集成，来自多个数据库的大量不同类型信息被整合在一起。③ 李纲等提出一种基于语义的共词分析法，该方法利用主题图来描述专家知识，以该主题图为指导进行共词分析，来克服共词分词中存在的问题。④ 将主题图技术应用于语义关联方面，可以使数字资源按照一定的规则自主整合，提高资源获取、组织和管理的效率。

虽然与主题图相关的研究并不少见，但将主题图技术应用于非遗信息资源组织的研究，目前尚且没有，仅瓦萨洛（S. Vassallo）做过相近研究。他尝试建立一个以主题图为基础的文化遗产信息管理系统，多个相关部门可以通过这个系统来管理文化遗产信息，供用户浏览使用；同时还可以监视用户的导航历史、统计搜索数据，以此设定多样化的文化遗产名称。⑤ 他的研究在一定程度上表明了主题图应用于文化遗产信息资源组织的可行性；但偏重于技术层面，着重于文化遗产信息管理系统的建立和模型的设计，对于如何使用主题图组织文化遗产信息资源并未提及。

非遗是中国传统文化的精髓，在数千年的实践中通过身口相传的传承方式保留下来。它本身带有浓厚的人文气息与文化内涵，是一条源远流长的文化血脉，体现了民族独特性和差异性。通过合理利用，非遗的优秀文化内涵能够成

---

① SCHWEIGER R, HOELZER S, RUDOLF D, et al. Linking clinical data using XML topic maps [J]. Artificial Intelligence in Medicine, 2003, 28(1): 105-115.
② 周伟.基于主题图的Web资源组织研究. [D].武汉: 华中师范大学, 2011.
③ RAMALHO J C, LIBRELOTTO G R, HENRIQUES P R. Metamorphosis — A topic maps based environment to handle heterogeneous information resources [A] //MAICHER L, PARK J. Lecture Notes in Computer Science 2005(3873): 14-25.
④ 李纲, 王忠义.基于语义的共词分析方法研究 [J].情报杂志, 2011, 30(12): 145-149.
⑤ VASSLLO S. Navigating through archives, libraries and museums: topic maps as a harmonizing instrument [A] //Charting the Topic Maps Research and Applications Landscape, Volume 387311 Navigating Through Archives, Libraries and Museums: Topic Map Resea and Applications, 2005: 231-240.

为现代人思想与行为的导向,给社会价值观念带来正面影响。因此,非遗信息的普及是必要的。与非遗项目和传承人相关的各类非遗信息资源,必须进行合理的组织,才能达到良好的普及效果。

常见的非遗信息资源网站大都采用传统树状或星状链接进行导航,信息资源之间缺乏关联,分布散乱。用户对非遗的了解并不深入,很难在简单的链接结构中快速定位目标资源,逐条浏览不仅费时费力,还会迷失在信息海洋中。以"万柏林区非物质文化遗产网"为例,该网站主要用来展示太原市万柏林区的非遗信息资源,信息收录相对完整。网站采用传统树状结构组织信息,为用户提供"资讯""传承人风采""非遗名录""学术交流""非遗展厅""非遗申报""文搜"七个浏览大类。网站单独设立传承人入口,展示区级代表性传承人信息;但传承人信息与具体非遗项目之间没有提供链接。网站未为用户提供检索入口,用户无法检索到内容。虽然部分网站提供了信息检索入口,但由于用户缺乏专业非遗知识,使用的关键词很可能不精确,导致难以检索到全面信息。

目前的非遗信息资源网站各自为政,多以地域为界;然而,非遗传承的主体"人"具有流动性,这使得非遗并不严格局限于某一区域,它可以和多个地域融合并发展,并可能分化出流派。但是,不管其如何迁徙发展,都不能否认同宗同源的本质。各地非遗信息的单独罗列,犹如信息孤岛,无法从全国范围内统观非遗发展脉络。为了充分展现非遗风貌,非遗信息资源的组织不应该是散乱的信息集合,或者简单的信息罗列,也不是以地域分割的信息族群,而是使用简单易懂的关联关系将所有信息点连接在一起,形成围绕某一非遗的信息资源群。用户可以通过关联关系在资源群中畅游或驻足,全面深入地了解非遗。

主题图是一种用于描述信息资源知识结构的元数据格式,它可以定位某一知识概念所在的资源位置,也可以表示知识概念间的相互联系。[1] 它最大的特征是将知识结构化,围绕主题(topic)组织内容。凡是能引起讨论的对象都可以是一个主题。同一主题可以被赋予多个名称,既可以是专业词汇,也可以是用

---

[1] 刘秀如,杨永川,闫红丽.主题图在公安信息资源整合中的应用研究[J].计算机应用与软件,2012,29(4):206-208.

户熟悉的表达。主题之间的联系也不局限于简单的逻辑关系，使用者可以自主定义复杂的语义关系。在组织非遗信息资源时，主题图允许给同一主题设定多个名称，这为用户信息检索带来了极大便利；而且主题关联的建立，使得用户在浏览某一特定非遗信息的时候，能够迅速地发现其他相关主题，进行拓展浏览。除此之外，非遗的传承是靠人来完成的，是一个动态的连续过程，不仅需要专门知识和技术，还掺杂着人类情感与经历。主题图对复杂语义关系的定义，能够很好地揭示这些隐性知识，体现非遗的传承性和文化色彩。

二、非遗信息资源主题图模型建立

在主题图中，使用主题(topic)、主题关联(association)、资源标引(occurrence)三个核心元素来构造知识网络，揭示复杂知识关联。在建立非遗信息资源主题图模型时，主要是合理地设定这三个核心元素。

1. 定义主题类型

非遗信息资源涉及的范围比较广泛，具有浓厚的民族及地域特色，反映了不同的风俗、民情、技艺等，主题数量多且类型各异。因此，在主题选取时，采用层级方式，先选取一级主题类型，再分别下设子主题类型或具体主题。为了全面描述非遗信息资源内容，本研究定义七个一级主题类型：

(1)"民族"主题类型

非遗是民族文化传承的结果，有着深刻的民族烙印，体现了各民族的独特性。定义"民族"主题类型可以方便地将非遗信息资源进行分类，其下以民族名称作为具体主题，如"汉族""苗族""维吾尔族"等。民族与非遗信息的联系非常密切，而用户对各民族的名称较为熟悉，这为用户浏览信息提供了比较方便的入口。

(2)"地区"主题类型

地区体现了非遗的分布情况，对于具体区域来说，其下可能分布着多个非遗资源。"地区"主题类型，代表非遗项目所属的地区，可以聚集某一区域内的非遗，在对非遗进行分类的同时直观地体现该地区的总体特色。"地区"主题类型可以下设"省""市""县"等多级子类型，也可以不设子类型，直接设定具体主题。

（3）"非遗项目类型"主题类型

根据非遗本身内容和属性，非遗可划分为多种类型。在《国家级非物质文化遗产名录项目申报书》中，非遗项目被分为传统音乐、传统舞蹈、传统戏剧、曲艺、民间文学、传统美术、杂技与竞技、传统技艺、传统医药、民俗十个子类型。按照此种分类方法，可在"非遗项目类型"主题类型下，设定十个子类型。

（4）"级别体系"主题类型

非遗被政府部门评定的级别从一定程度上体现了非遗的价值高低和珍稀程度，可以让用户从另一角度，有选择性地先行查看目前来说被大众所普遍接受的高价值的非遗。同时，非遗传承人获得的级别评定，不仅是传承人的荣誉体现，也是对其技艺和贡献的高度肯定。设定"级别体系"主题类型可以让用户从不同的角度检索主题，该类型可以下设"代表性传承人级别""非遗级别"两个子主题，其下再分别设立"世界级""国家级""省级"等主题。

（5）"传承人"主题类型

非遗的流传方式对人有很强的依赖性，身口相传的传承方式是非遗不同于物质文化遗产的特征之一。在传承过程中，传承者的心理、情感、价值观都会对非遗产生影响，经过历代转变，形成现在的非遗形态。"传承人"主题类型下是经过认定的各级代表性传承人及其传承脉络中的人物，可以让对非遗传承及艺术家感兴趣的用户方便地浏览传承谱系。该主题类型下设具体传承人主题。

（6）"申报者"主题类型

申报者是非遗项目的申请主体，其范围广泛，可以是公民、企事业单位，也可以是社会组织及各级行政部门。申报者与非遗级别有着相互限定的关系，在主题图关联中，利用申报者，可以对不同级别的同名非遗项目进行区分。设立"申报者"主题类型可以让用户从立项角度了解非遗。

（7）"传承/保护基地"主题类型

传承/保护基地是非遗保护、开发的成果。目前，非遗开发并不完善，部分非遗尚未提供专门的公众体验场馆。为了实现非遗的良好传承，同时宣传推广非遗,政府设立了传承/保护基地,推动非遗发展。将"传承/保护基地"作为主题类型,可以让用户了解政府或社会部门在非遗保护和传承方面的具体行动和措施,并对非遗体验场所有一定的了解。这一主题类型可以下设多个具体主题供用户选择。

2. 定义关联类别

设定了主题之后,接下来是定义主题之间的关联,将独立的主题联系在一起,形成知识网络。根据上节设置的主题类型和主题间的关系,设置七个关联类别:

(1) "民族和非遗"关联

中国的一些省份,特别是少数民族聚集的地方,非遗项目多带有民族色彩,如云南国家级非遗苗族服饰制作工艺、白族绕三灵、怒族仙女节等。"民族和非遗"关联将"民族"和"非遗项目"联系在一起,可以以民族聚合信息,展现民族特色。

(2) "非遗/传承人级别描述"关联

"非遗项目"主题类型、"级别体系"主题类型、"申报者"主题类型、"地区"主题类型两两之间,不是简单的1:1或1:n关系,而是n:n的关系。一个非遗项目(项目名称相同,如京剧)可能有多个级别,一个级别下可能有多个同名的非遗项目。这种情况下,简单的两个主题相互关联是不准确的,需要四个主题同时限定,才能准确地揭示非遗项目的级别。如北京市西城区(地区)的市艺术研究所(申报者)申报的京剧(非遗项目)为市级(级别体系)。同时,"传承人"主题类型、"级别体系"主题类型、"申报者"主题类型、"地区"主题类型之间也是如此。所以设立"非遗/传承人级别描述"关联,可以准确表达非遗项目和代表性传承人相关的地域、级别等信息。

(3) "行政区域隶属"关联

"行政区域隶属"关联类型可以将"地区"主题类型下的具体主题关联起来,体现行政隶属关系。"地区"主题类型表示非遗项目的所属区域,在非遗级别评定时,国家级非遗所属区域一般以省为单位,省级非遗一般以市为单位。通常情况下,级别越低,其所属地区行政级别越低。如北京有国家级非遗京剧，北京市西城区有市级非遗京剧。在主题图中，为了准确描述非遗所属区域，"地区"主题类型里会有"西城区"和"北京"两个主题，而西城区隶属于北京。建立"行政区域隶属"关联类型，可以将非遗项目所属地区按照行政级别聚合在一起，方便浏览。

（4）"师徒"关联

非遗身口相传的延续方式，决定了传承谱系中最基本的师徒关系，"师徒"关联是"传承人"类型下具体主题之间的联系。被关联的两个主题，一个是师傅，一个是徒弟。随着关系的展开，同一主题可能既是师傅，又是徒弟。主题图技术提供"角色设定"功能，可以为主题定义其在关联关系中的角色。通过"师徒"关联可以直观地展示非遗代表性传承人的传承谱系。

（5）"传承"关联

每一个非遗传承人至少习得一门非遗技艺。"传承"关联类型将"传承人"类型下的主题与"非遗项目"下的主题联系在一起，展示了传承人与非遗项目的关系。同时，结合"师徒"关联形成的传承谱系图，可以看出非遗在传承过程中是否受到了其他非遗的影响，能够揭示出非遗之间的历史渊源。

（6）"非遗和传承/保护基地"关联

传承/保护基地的设立是用来宣传、保护一种或多种非遗。通过"非遗和传承/保护基地"关联，将"非遗项目"主题类型、"传承/保护基地"主题类型联结起来，建立基地和非遗的联系。

（7）"位于"关联

位于关系用来表达场所与其所在地区的位置关系，可以将"非遗和传承/保护基地"与"地区"两个主题关联起来，为浏览者提供更多的信息选择入口。

3. 指定资源标引

主题图通过资源标引来引导用户连接到特定主题的相关信息。这些信息描述了主题的各种属性，有多种展现形式，可以是图像或视频，也可以是简单的文字描述，对资源格式没有限定。本节依据前文设定的主题类型，根据主题本身的属性，总结了非遗信息资源主题图资源标引类型，如表4-10所示：

表 4-10 非遗信息资源主题图资源标引类型

主题类型	属　性	资源类型
民族	简史、附注	图片、文档、出版物、视频
地区	历史沿革、地理位置、地区简介	图片、文档、视频
非遗项目类型	历史渊源、基本内容、基本特征、主要价值、濒危状况、保护内容、附注	图片、文档、出版物、视频、音频
级别体系	等级说明、评定介绍	文档
传承人	别名、籍贯、生卒年、性别、民族、个人简介	图片、文档
申报者	基本介绍、附注	图片、文档
传承/保护基地	质量等级、建设历史、基地介绍	图片、文档、视频

三、基于主题图技术的京剧昆曲信息资源组织

本节以京剧和昆曲两个世界级非遗项目作为研究对象，选取 Ontopia 主题图开发工具中的 Ontopoly 作为主题图编辑工具，并利用开发工具自带的 Vizigator、Omigator 工具实现主题图的可视化和浏览。

1. 京剧和昆曲非遗项目概况

京剧和昆曲名列中国世界级非遗项目，两者之间有着千丝万缕的联系。京剧是我国影响最大的戏曲剧种，在各地都有广泛的表演。昆曲起源于明代，是现存的中国最古老的剧种之一，也是第一批入选联合国"人类口头遗产和非物质遗产代表作"的项目，对京剧的发展有着巨大影响。

在国务院公布的四批国家级非遗名录中，"京剧"和"昆曲"项目各有6项。除了国家级项目外，还有多项以"京剧"和"昆曲"命名的省市级非遗项目。对于非遗项目来说，地域的影响和差异不能否定同宗同源的本质。但是，目前的非遗信息资源建设多以地区为单位，项目信息互不联通，不能形成体现非遗历史发展和流派演变的清晰图谱。目前，还没有途径能够全面、便捷地浏览某一非遗项目的所有相关信息。不仅如此，笔者浏览多个省市非遗相关网站

发现，网站发布的非遗项目信息较为分散，而且分类简单，信息关联度低，倾向于简单的罗列。这种展示难以体现非遗的内涵，弱化了非遗的魅力，用户体验也随之降低。

2. 数据来源

本节选取京剧和昆曲两个非遗为研究对象。它们都是世界非遗项目，珍稀级别高，且具有历史渊源，具有较好的代表性。由于各级非遗项目数量众多、信息分散、采集费时费力，而本节着重于研究信息资源组织，并不进行数据分析，因此在不破坏主题图组织效果的前提下，以市级以上非遗项目为数据来源；同时省略了部分传承人数据。研究数据采集自"中国非物质文化遗产网"①、"中国非物质文化遗产名录数据库系统"②，并参考了"上海非物质文化遗产网"③、"百度百科"④ 和戏曲史家王芷章的专著《中国京剧编年史》⑤。

3. 主题图的生成和可视化

前文已对主题图元素进行了分析，定义了非遗信息资源主题图的主题类型、关联类型和相应的资源标引。Ontopoly 主题图编辑工具下设 Ontology 本体编辑器和 Instances 实例编辑器。编辑主题图时，先利用 Ontology 本体编辑器将定义的元素录入 Ontopoly，生成主题图元素构造图；再利用 Instances 实例编辑器，将京剧、昆曲非遗项目的数据依次添加到元素构造图中，生成相应的主题图。

Ontopia 提供的 Viaigator 工具，可以方便地进行主题图可视化，生成主题

---

① 中国艺术研究院，中国非物质文化遗产保护中心.中国非物质文化遗产网·中国非物质文化遗产数字博物馆.［EB/OL］.［2015-03-29］.http://www.ihchina.cn/.
② 中国非物质文化遗产名录数据库系统.［Z/OL］.［2020-12-21］.http://fy.folkw.com.
③ 上海市非物质文化遗产保护中心.上海非物质文化遗产网.［Z/OL］.［2015-03-29］.http://www.ichshanghai.cn/.
④ 百度在线网络技术（北京）有限公司.百度百科.［Z/OL］.［2015-03-29］.http://baike.baidu.com/.
⑤ 王芷章.中国京剧编年史［M］.北京：中国戏剧出版社，2014.

联接图。联接图利用主题标签和线条,展示主题及主题间的关联。如果主题资源数量众多,联接图全景展示会非常密集,不便于观看,可拖动缩放滚动条调整显示大小。不仅如此,Viaigator 工具还专门提供了局部控制参数。当用户选定一个主题标签时,便是选中了一个焦点主题,通过局部控制参数,可以设定联接图中围绕焦点主题展示的关联维度。关联维度是对主题之间关系远近的数量级描述。例如,A 与 B 直接关联,B 与 C 直接关联,那么 A 与 B 的关联维度为 1;A 与 C 间接关联,其关联维度为 2。同时,为了防止用户迷失在众多主题标签中,Viaigator 工具提供搜索功能,可以将主题词或其别名作为关键词进行搜索,搜索到的主题标签会变换颜色不停闪烁,以提示用户直接点击浏览。这为用户定位资源提供了极大便捷。

在京剧与昆曲非遗信息资源主题联接图中,为了便于观看,设定"京剧"为焦点主题,局部控制参数设为 2,显示结果如图 4-12 所示。图中,主题标

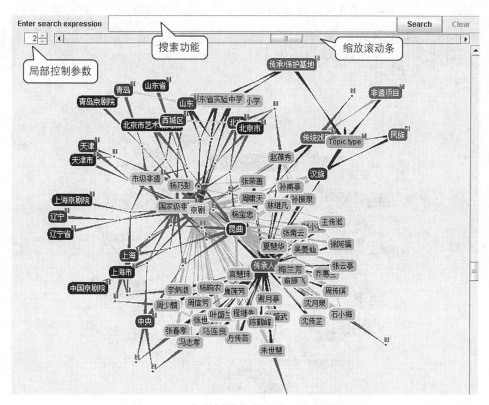

图 4-12 京剧与昆曲非遗项目主题联接图

签上的数值表示未显示的与该主题直接关联的主题数量。点击主题标签后，数值会消失，与该主题直接相关的所有主题都将显示在联接图中。连接主题的线条代表主题间的关联，鼠标放在线条上，便可显示设定的主题关联。每种主题类型和关联类型都有自己的专属颜色，不仅能够让用户方便地区分浏览，还增加了联接图的美观度。

4. 主题图的浏览

当主题联接图密集显示时，用户可以双击自己感兴趣的主题，联接图会自动以用户选取的主题为中心，以环形样式显示与其直接关联的主题。在联接图中，每个主题标签都可以作为浏览入口，给用户浏览提供了极大的自由度。双击"京剧"后的显示效果如图4-13所示。图中分别显示了与京剧非遗项目直接相关的"传承""民族""传承/保护基地"。离中心最近的一小圈标签数字3代表"非遗/传承人描述"关联中的其他三个主题，即"地区""申报者""级别体系"。点击后，可以展开京剧非遗项目的级别和地区等信息，查看京剧非遗项目在全国范围内的申报及等级情况。

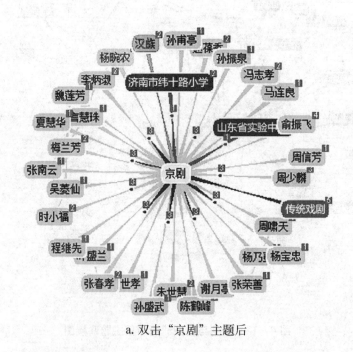

a. 双击"京剧"主题后

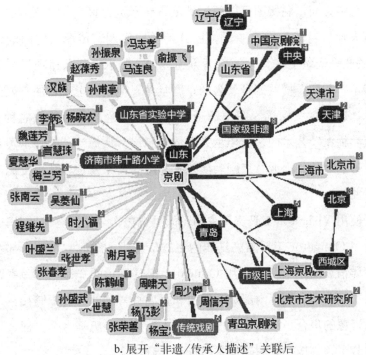

b. 展开"非遗/传承人描述"关联后

图 4-13 主题联接图效果

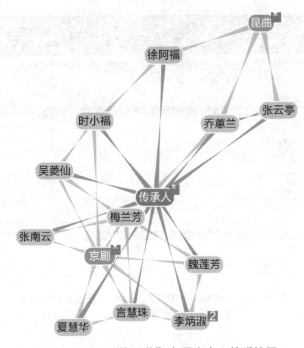

图 4-14 以"梅兰芳"主题为中心的联接图

第四章 非遗信息资源的组织 167

传承脉络方面，联接图可以很好地展现传承人之间的师承关系。图4-14是以京剧大师梅兰芳为中心主题，展开的关联主题。传承人之间的线条代表"师徒"关联，线条上方为师傅，下方为徒弟。传承人与非遗项目之间的线条代表"传承"关联。梅兰芳是著名的京剧旦角，他创立了著名的京剧流派"梅派"艺术，影响极其深远。图中清晰地显示了梅兰芳传承的戏曲种类——京剧，以及"梅派"艺术的多位传承人和传承脉络。从梅兰芳的师承关系可以看出，梅兰芳创建的"梅派"京剧表演艺术与昆曲关系密切，其历史渊源最早可追溯到昆曲。

除了使用 Viaigator 工具实现主题图的可视化、全景浏览主题及其关联外，还可以使用 Omigator 工具浏览具体的主题信息，了解该主题的内部及外部资源标引等详情。图4-15是利用 Omigator 工具显示的"梅兰芳"主题信息页面，包含了别名、性别等内部资源标引和百度百科的外部资源链接，是梅兰芳相关信息资源的集合，涉及生平事迹、个人情感和经历等多个方面。页面左侧是与梅兰芳主题直接关联的其他主题资源入口。

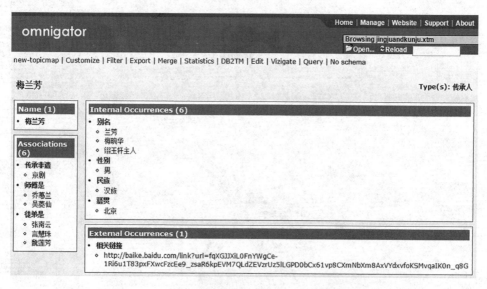

图4-15　Omnigator 中"梅兰芳"主题的显示页面
和点击"魏莲芳"后的跳转页面信息

第四节　基于关键事件技术的非遗形成及演化探讨

非遗是各种以非物质形态存在的与群众生活密切相关、世代相承的传统文化表现形式，活态性是其核心特征，它是以人为依托，活态化、动态发展的，是有其形成及演化过程的。非遗作为一种十分特殊的活态文化资源，它的形成一般经历了漫长的发展，并且一直处在不断的发展变迁之中；其在传承和传播过程中，不断地调适着自己的姿态。这种不停的演化和发展，所展现出的是一种活态的文化现象，因此，对于非遗的研究，必须抓住其传承演化的活的特性；然而，目前对于非遗的研究和申请的项目中，大多停留在时间截面的层次，对于其演变过程的研究却相对较少，对非遗演化过程的研究还具有许多可深化的空间。

在此背景下，本节基于关键事件技术，对非遗的形成及演化进行可视化研究，并以两岸同源非遗"歌仔戏"为例，提出一种对非遗进行可视化的方案。歌仔戏是闽南和台湾地区共同流行的戏曲形式，同根同源、同音同曲，是在我国三百六十多个地方戏曲剧种中，唯一由大陆和台湾民众共同创造的艺术剧种。其既已被申报中国非遗项目，同时又被选作台湾非遗项目潜力点。以歌仔戏为例进行研究，对两岸文化的交流与融合有着重要的理论与现实意义。

一、关键事件技术相关应用情况

关键事件技术由美国匹兹堡大学心理学教授弗拉纳根（Flanagan）于1954年提出，是研究者或针对某个特定的领域，或针对主题搜集故事，或针对关键事件，并采用内容分析法对其中有效或者无效的行为进行分类处理，深入分析后得出研究结论的方法。[①] 目前，国外图书情报领域的众多学者相继引入了关键事

---

① FLANAGAN J. The critical incident technique [J]. Psychological Bulletin, 1954, 51(4): 327-358.

件技术作为实证方法，取得了很好的效果，对国内相关研究的开展提供了借鉴。①

关键事件技术最初应用于军事活动中，目前该方法被广泛应用于教育、管理、零售、服务接触，以及关系管理等领域，重点应用于人力资源的绩效评估、服务质量的测定、心理学与管理领域。尹碧昌等学者利用关键事件技术建立人员的胜任力模型，并对关系绩效进行了研究。将关键事件技术应用于人力资源的绩效评估，充分考虑了研究对象的个性化特征，能直接有效地获取信息，并有助于科学地构建绩效体系。②罗军等学者利用关键事件技术，对图书馆服务质量进行了实证研究。他们使用关键事件技术收集读者感知的图书馆服务中的关键事件，对影响图书馆服务质量的关键事件加以分类，归纳出影响服务质量的关键因素群和要素；并将关键事件技术应用于服务质量测定，主要集中在旅游与图书馆领域，有助于感知服务需求，提高服务质量。③张婧等学者利用关键事件技术研究员工心理，对出现频率较高、员工情绪受到影响波动较大的行为进行分析。他们在研究中将关键事件应用于心理学与管理，为企业管理者提供合理化的建议，可以帮助企业管理层更好地管控员工。④

而将关键事件技术应用于文化资源的可视化方面，进行相关研究的学者寥寥无几，仅有钟正和杨慧的研究有所涉及。他们采用 Agent 模型表示虚拟环境中的角色模型，并利用关键事件技术，设计了一种较为简单且能满足故事表现的事件过渡结构，实现交互与自动事件生成及其过渡，并运用故事生成模型构造出故事脚本。⑤他们的研究主要侧重仿真系统设计，强调文化遗产中故事展示的逼真性和生动性，并没有聚焦到非遗项目上，也还没有运用其技术来展示整个非遗的形成与演化。但是，他们在进行文化资源的可视化中，所运用的关键事件的方法，在进行相关研究时非常值得借鉴。

由此，目前还尚未有针对非遗项目的成熟的可视化方法，也尚未有把关键

---

① 李晶.关键事件技术：通过获取关键事件进行实证研究的有效工具［J］.图书情报知识，2010(1)：26－30.
② 尹碧昌.我国田径教练员胜任力模型与绩效关系研究［J］.体育科学，2014，34(6)：59－67.
③ 罗军.基于 CIT 的高校图书馆服务质量实证研究［J］.图书馆杂志，2010，29(5)：49－56.
④ 张婧.顾客不道德行为下的酒店员工情绪研究［D］.上海：华东理工大学，2012.
⑤ 钟正，杨慧.基于关键事件的虚拟文化遗产展示［J］.系统仿真学报，2011，23(11)：2417－2421.

事件技术运用于非遗项目的相关研究，所以本节提出一种基于关键事件技术对非遗项目进行可视化的方法。传统的非遗研究多以大幅文字为基础展示非遗项目的形成与演化，难以兼顾历史真实性与直观性，进一步导致了相关深层研究的匮乏。运用关键事件技术对非遗项目进行可视化，选取非遗项目形成与演化中的关键事件，进行结构性与连贯性的描述，既活态化地展示了项目的历史发展，也使研究更具有可视性，可以更好地向公众传播非遗信息。同时，也更有助于对非遗项目进行深层研究。此外，对非遗的形成与演化进行可视化分析，可以发现非遗项目发展过程中的问题与趋势，对现在与将来的传承发展具有十分重要的指导意义。

二、运用关键事件技术的非遗项目信息可视化方法

运用关键事件技术对非遗项目进行可视化，主要可分为五个步骤：第一，非遗项目关键事件点提取；第二，关键事件信息收集；第三，关键事件的属性集建立与描述；第四，关键事件信息可视化；第五，分析与结论。通过对非遗项目发展过程中的关键事件进行结构性的描述和展示，实现项目的可视化，发掘项目发展过程中的深层信息，可以为当前传承与保护非遗提供借鉴与依据。

1. 非遗项目关键事件点提取

根据非遗项目形成与演化的过程，将非遗的形成与演化分解成相对内聚、独立、有意义的事件，并从中提取出对其发展具有重要影响，或具有转折意义的关键时间与事件节点。

2. 关键事件信息收集

根据提取出的关键事件节点，进行进一步的关键事件收集，得到更多关键事件信息。本节将通过文献调研法来收集取样，相对于访谈法与问卷调查收集方法，此方法具有以下优势：一是文献信息的优势在于可以公开获得，数量大、成本低，并且涵盖了广泛的内容主题；二是作者发表文章往往对主题

做了大量的研究，信息源与信息结论均能得到考证，与问卷法的事后回忆相比，在最大程度上消除了记忆偏差；三是与问卷法中受访人被动提供案例不同，文献收集法中主动收集相关主题文献，且作者多使用自己的、具有完整性的语言进行描述，最大可能地保留了事件原貌，使研究更加接近事件真相。尽管这一方法也有缺陷，即由文献中提取的信息不受研究者控制，没有实证研究会限制研究者对部分变量的研究，但其传达出的可靠且丰富的信息，是其他方法所不能比拟的。

3. 关键事件的属性集建立与描述

用形式化语言将收集到的、相对独立的关键事件，进行结构性的统一描述。首先，针对非遗项目的特征，构造该项目属性集。属性集除了包含事件发生的时间、场景、环境等基本属性，还应当包含该项目自身所具有的特殊属性。然后根据项目的属性集，依次对关键事件进行结构性描述。关键事件描述是对事件各属性间关系的描述，反映出对象间的层次，是研究整个非遗项目发展的基础。为保证事件的完整性和真实性，描述应做到充分、清晰和确定。因此，一个非遗项目形成与演化过程中的一个关键事件可以描述如下。

关键事件 E_i：非遗项目名称；

AT［时间］：事件在整个演化过程中发生的相对时间；

AT［区域］：事件发生的场地，如福建漳州、台湾；

UNDER［环境］：事件发生的政治或自然环境；

TAKE［传承谱系］：事件发生的传承情况；

TAKE［保护措施］：事件发生时地方对项目的保护措施；

HAVE［特殊属性］：非遗项目自身所拥有的特殊属性。

4. 关键事件信息可视化

非遗的可视化结果可分为三部分，通过图表将得到的关键事件进行直观的展示。第一部分主要通过列表详细展示非遗项目发展过程中的关键事件，包括非遗的特征、传承等内在要素，突出展示项目的演变过程；第二部分主要展示非遗随时间变化的地域变化，突出其发展过程中的空间变化；第三部分主要是个例的展示。

5. 分析与结论

根据前面所得到的一系列有关项目发展的关键事件，借助可视化的优势，分析其发展特点与趋势，或者发现其中具有特殊意义或价值的关键事件，得到一些有关该非遗项目发展的结论，以及后续发展的一些指导，获得该项目发展的深层信息。

基于关键事件技术对非遗项目进行研究，利用关键事件在时间上的连贯性，可以抓住非遗"活"的特性，有利于对非遗项目的整体把握以及深入研究。同时，关键事件的结构化描述，可以避免大篇幅文字陈述项目历史发展所带来的冗余感。而结果的可视化展示，更是直观地展示了非遗项目的演化历程，有助于了解其在各种背景下的生存状况以及发展态势，发现其发展过程中的重要事件，为今后的传承与发展提供依据。

三、以歌仔戏为例的非遗信息可视化实现

本节选择两岸同源非遗"歌仔戏"作为案例进行可视化分析，建立歌仔戏的属性集进行关键事件描述。在研究过程中，根据关键事件发生的时间与区域属性，将歌仔戏发展过程中的 19 个关键事件划分为 8 个事件集，在此基础上进行相关展示，讨论歌仔戏发展过程中的关键事件，以及发展过程中的特征及其他变化。

1. 案例选择

在台湾现行的剧种中，唯有歌仔戏被视为台湾本土戏剧，是台湾 12 项非遗潜力点之一，同时歌仔戏又属于我国第一批国家级非遗。（注：台湾不是联合国成员，不能单独申报非遗，所以台湾把此类项目称为非遗潜力点。）

歌仔戏是我国三百六十多个地方戏曲剧种中，唯一由大陆和台湾民众共同创造的艺术剧种，同根同源、同音同曲。歌仔戏起源虽有许多争议，但无论从任何角度出发，都可看出歌仔戏的闽台渊源，正如曾永义先生所说，"歌仔戏

虽于台湾土生土长，却非一刀斩断与福建之间的文化脐带而成立，论其渊源，实仍与福建的戏曲歌乐关系密切"①。歌仔戏发源于台湾宜兰地区，由闽南移民自大陆带来的锦歌发展而成，还结合了宜兰当地民谣，形成了台湾歌仔戏。然后传回到闽南地区，经过发展形成了"改良调"，又传回台湾，影响到了台湾的歌仔戏。两岸的歌仔戏起于同源剧种，在两岸的不断交流中得以完善和共同发展，是两岸文化一脉相承的历史见证，也是两岸民族群认同的精神纽带。歌仔戏的形成、发展与传播，印证了两岸血浓于水的深厚联系，反映了两岸的文化融合。

在歌仔戏的相关研究中，陈世雄将歌仔戏的演化与其所处的文化生态结合起来，从知识分子的参与、外来文化的影响、文化政策和文化精神方面分析了文化生态对歌仔戏演化的历程。② 李珊珊将歌仔戏的发展分为五个阶段：出现、形成、发展、鼎盛、式微，并从歌仔戏的发展历程中得到启示。③ 何绵山用大篇幅文字主要阐述了歌仔戏在闽台戏曲互动影响下的形成，以及发展成为大戏的过程。④ 可以看出，当前对歌仔戏的研究中，有学者研究其形成与演化来进行整体把握，但均多使用叙述性语言对歌仔戏的形成与演化进行描述与总结，形式上过于单一；且仅使用大量文字来展示其历程，可视化程度低，无法反映非遗内部要素间的复杂关系以及动态变化，从而在研究上缺乏深度发掘。通过对歌仔戏形成与演化进行可视化研究，可以深入分析其所代表的共荣共长的文化发展模式，探察两岸政治环境以及民间交流对非遗的影响，也有助于解决非遗所面临的传承与创新的新课题。同时，可以得到有关两岸非遗的交融与聚合方面的一些探讨和启示。

2. 关键事件提取

按照本节所提出的可视化方案，本节通过查阅歌仔戏研究的相关文献⑤，

---

① 曾永义.闽台戏曲关系之调查研究计划成果报告［R］.台北：台湾大学图书馆，1995：101.
② 陈世雄.歌仔戏及其文化生态［J］.戏剧艺术，1997(3)：107-119.
③ 李珊珊.台湾歌仔戏的形成、发展及启示［J］.福建省社会主义学院学报，2008(4)：73-78.
④ 何绵山.歌仔戏：闽台戏曲互动的结晶［J］.宁波广播电视大学学报，2007，5(2)：94-97.
⑤ 陈耕，曾学文，颜梓和.歌仔戏史［M］.北京：光明日报出版社，1997：1-26.

提取出了歌仔戏形成与演化过程中的 19 个关键事件，并建立歌仔戏的属性集进行关键事件描述。作为戏曲类非遗项目，歌仔戏除了具有时间、地域、环境、传承等基本属性外，还具有一些特殊属性，如题材、曲调、角色、唱词、形式、唱腔、场地等。为了具有更好的可视性效果，本节在研究过程中，根据关键事件发生的时间与区域属性，将歌仔戏发展过程中的 19 个关键事件划分为 8 个事件集，即将一段时间内发生在同一区域的事件，归纳到一个事件集中，在此基础上进行相关展示。表 4-11 列出了通过文献调研所得到的歌仔戏发展过程中的关键事件，以及发展过程中的特征及其他变化。

表 4-11 歌仔戏发展中的关键事件

事件集序号	事件号	事件名	地点	特征	备注
一	1	锦歌在大陆起源与发展	大陆	锦歌 AT 明末清初 HAVE { 　唱词：七字一句、四句一联 　唱腔：唱念兼备、以唱为主，男嗓演唱女主 　角色：一、二人演唱 　器乐：手鼓和月琴为主，其次三弦、二弦、夹板、琵琶 　曲调：四空仔、五空仔 　题材：起初仅反映日常生活，后增地方故事和民间传说 }	
二	2	锦歌从大陆传到台湾转化为歌仔	台湾	歌仔 AT 17 世纪 20—40 年代 HAVE { 　唱腔：清唱 　曲调：七字仔，贝思，大调 　区域：农村（多劳务时吟唱）}	锦歌主要通过 1624 年、1628 年和 1643 年的三次大移民从大陆传到台湾
	3	歌仔由业余走向专业	台湾	歌仔 HAVE { 　角色：琴师歌手 　场地：歌仔馆（组班结社）}	
	4	歌仔发展为歌仔阵	台湾	歌仔阵 HAVE { 　题材：民间传说和生活趣事 }	在此阶段吸收了民间小调和闽南车鼓进行发展

续表

事件集序号	事件号	事件名	地点	特 征	备 注
二	5	歌仔阵发展形成落地扫	台湾	落地扫 HAVE ｛ 　角色：生、旦、丑；所有演员均为业余男性演员，不着戏服，且无装扮 　演出剧目：仅《山伯英台》《什细记》《吕蒙正》及《陈三五娘》四出 　场地：民间广场流动演出 ｝	在此阶段吸收了外来剧种演变
	6	歌仔戏进入城市发展为野台歌仔戏	台湾	野台歌仔戏 HAVE ｛ 　角色：穿着戏服，粉墨登场演出 　题材：多与宗教活动有关，扩展到历史题材 ｝	在此阶段学习了地方大戏进行发展
	7	歌仔戏增加唱片形式	台湾	歌仔戏 AT 1914年 HAVE ｛ 　形式：唱片 ｝	随着时代发展，唱片歌仔戏逐渐为历史所淘汰
	8	歌仔戏走上舞台	台湾	歌仔戏 AT 1925年 HAVE ｛ 　场地：戏院室内剧场 ｝	福建戏班赴台演出促使歌仔戏走上舞台
三	9	歌仔戏从台湾传回大陆	福建厦门	歌仔戏 TAKE 传承 ｛ 　台湾歌仔戏剧团"三乐轩"回乡祭祖，传回大陆 ｝	
四	10	歌仔戏两岸发展均受挫	台湾	歌仔戏 AT 日据时期 UNDER 环境 ｛日本统治当局"取缔一切中国式的文化""禁鼓乐"｝ TAKE 保护措施 ｛改良｝ HAVE ｛ 　题材：将朝廷改成公司，皇帝改成董事长，丞相改成总经理，文武百官变成职员，对白照旧 　曲调：西洋音乐 　角色：穿上日本式和服 ｝	

续 表

事件集序号	事件号	事件名	地点	特 征	备 注

四			大陆	歌仔戏
				AT 日据时期
				UNDER 环境〔国民党当局论歌仔戏为"亡国调"〕
				TAKE 保护措施〔改编"杂碎调"〕
				HAVE {
				  唱词：突破传统七字一句、四句一联的唱词形式，辅以长短句，着重配合闽南方言的声韵
				  曲调：依从唱腔而形成曲调，唱腔免受曲调拘制，如诵似唱 }	

五	11	两岸歌仔戏融合	台湾	歌仔戏 AT 1948 年 TAKE 传承 { "厦门都马剧团"将"杂碎调"带到台湾，两岸歌仔戏融合 }	
六	12	大陆歌仔戏改名	大陆	歌仔戏 AT 1951 年 TAKE 传承 { 闽南地区流传的歌仔戏更名为"芗剧"}	
七	13	歌仔戏增加广播形式	台湾	歌仔戏 AT 1954 年 HAVE { 形式：广播}	广播歌仔戏在20世纪60年代相当兴盛，但随着电影电视的普及逐渐衰微
	14	歌仔戏增加电影形式	台湾	歌仔戏 AT 1955 年 HAVE { 形式：电影}	1970 年以后因电视的普及而式微
	15	歌仔戏增加电视形式	台湾	歌仔戏 AT 1962 年 HAVE { 形式：电视}	电视歌仔戏播出后深受老百姓喜爱，但随着媒体的多元化逐渐式微

	16	歌仔戏进入现代剧场	台湾	歌仔戏
				AT 1980 年
				HAVE {
				  器乐：现代灯光音响科技
				  场地：文化场（国家戏剧院、文化中心等）}	

续 表

事件集序号	事件号	事件名	地点	特 征	备 注
八	17	歌仔戏选为非遗	大陆	歌仔戏 AT 2006 年 TAKE 传承｛ 　以福建漳州市为申报单位成 　为了国家级非遗｝	
	18	歌仔戏选入非遗潜力点	台湾	歌仔戏 AT 2009 年左右 TAKE 传承｛ 　成为台湾非遗潜力点之一｝	
	19	两岸歌仔同发展	大陆 台湾	歌仔戏 UNDER 环境｛保护非遗｝ TAKE　传承｛两岸经常访问交流， 　　　　同台演出；非洲义演｝ HAVE：｛ 　角色：小生、副生、苦旦、副旦、 　　　　大花、老旦、丑角、彩旦 　唱腔：所有行当全用本嗓演唱曲 　　　　调：锦歌类、哭调类、民歌 　　　　类、戏曲类、新调类等 　器乐：多种文场乐器和武场乐器 　题材：丰富多元｝	

对歌仔戏发展过程中的 19 个关键性事件进行结构性描述，可以更直观和全面地理解歌仔戏的发展历程及其中的变化细节。通过特征字段可以发现歌仔戏发展过程中的内在变化，而根据备注字段可以看出歌仔戏变化过程中的一些外在因素，如锦歌起初由大陆传向台湾是移民所带动，歌仔戏在很多次重大改革中都吸收了其他剧种的精髓等。相比较于长篇的冗余介绍，通过关键事件进行可视化具有更强的可读性和可接受性，能更精准地获得歌仔戏发展中的关键信息。

3. 可视化的实现

歌仔戏作为两岸同源非遗，在大陆福建区域和台湾地区之间有着多次重要性传播和交流，建立以信息可视化技术为基础的非遗数字化信息数据库，建构一个具有交互功能的可视化系统。在数据库系统中，歌仔戏具有基本数据和统计数据两种。基本数据按照以下层次进行存储：事件集（包含时间段、地点）→事件（包含事件名）→事件特征（包含曲调、角色、唱词、形式、唱腔等具体事件属性）；而统计数据主要为歌仔戏发展中各时段的繁荣度。在系统展现中，基本数据展示如图4-16所示，主要突出其发展过程中随时间的地域变化。其中，带箭头的线条代表了歌仔戏发展的空间路径，即线条由上往下代表时间的前进，同时线条在区域之间的移动变换，代表了歌仔戏在两岸之间的传播，每一条路径所对应的事件集及事件如图4-16所示。

由图4-16可以直观地看出，歌仔戏发源于大陆锦歌，再由大陆传到台湾发展演变成歌仔戏，而后更是在两岸之间进行的不断交流互动中共同成长起来。可以看出，歌仔戏是两岸长期合作、互相交流、共同培育的结晶，这一反复传出再传入的文化传播模式，将两岸文化紧密地联系在一起，成为了文化共同体。两岸之间不断的交流与融合，极大地推动了歌仔戏的发展，是使得歌仔戏发展到今天的主要因素。特别的，通过事件集四和事件集五可以看出，两岸歌仔戏发展在日据时期都受到了压制，两岸属于隔绝状态，交流中断，呈现出各自发展的趋势。而在抗战胜利后，大陆的歌仔戏传到台湾进行了融合，可见政治环境是影响歌仔戏发展的重要外因。正是由于有了两岸的互相往来和频繁的交流活动，使两岸同胞增进了解和互信，特别是增进了对中华传统文化的认同，最终才会形成歌仔戏这一两岸同源非物质文化。这种两岸交流给文化发展所带来的促进作用具有重要意义，十分值得其他文化项目借鉴，也为中华两岸，乃至中日、中韩等的文化交流提供了一种方向，而其中政治环境对文化发展所带来的影响更值得深思。

图4-16是从全面的角度来展示歌仔戏的发展，突出了歌仔戏的活态性，也更直观地表明了其演化过程，有利于对歌仔戏发展的整体把握。但仅仅是这样的宏观展示缺少细节描述，所以若要查看事件的详情可以点击右侧下拉列表来选择事件，以事件10为例，选择具体事件后将得到如图4-17所示的详细信息，包含该事件的时间、地域以及具体的属性信息。

这一部分可视化是对图4-16宏观性展示的进一步细化以及探讨，不仅突出了歌仔戏单个关键事件的丰富信息，同时也通过坐标曲线展示了歌仔戏整个发展过程中的繁荣度变化。

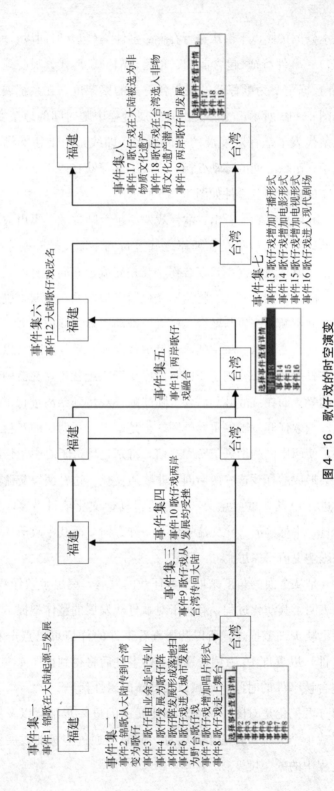

图 4-16 歌仔戏的时空演变

歌仔戏
AT 日据时期
UNDER 环境［国民党当局论歌仔戏为"亡国调"］
TAKE 保护措施［改编"杂碎调"］
HAVE［唱词：突破传统七字一句、四句一联的唱词形式，辅以长短句，着重配合闽南方言的声韵；曲调：依从唱腔而形成曲调，唱腔免受曲调拘制，如诵似唱］

详情：歌仔戏在漳州盛行时，却被国民党政府指责为"引诱妇女，伤风败俗"，几度下令禁演。当抗日战争爆发后，又被国民党当局污蔑为"亡国调"，加以禁演。为了生存以及保存、保护这一民间艺术形式免遭扼杀，邵江海等人在锦歌仔和台湾仔的基础上借用竹马戏、京剧、梨园戏、白字戏等部分曲牌，溶汇南词、南曲，以及一些闽南民歌、山歌的小曲，形成了一套新的唱腔体系。邵江海在1964 年编写的《芗剧曲调教材（其二）》的"杂碎调"曲调的简介中说，"大概在 1937 年，当局进一步加强严厉禁演唱台湾调，歌仔戏就采用漳、泉等各地民间歌调和京剧、高甲戏、潮剧等曲调来演出""本人带头主张向锦歌吸收为主。感觉锦歌杂碎调节奏太慢，联想台湾杂念调太快而受启发，大胆地把这两种自由曲体的曲调融合加工创作。更主要是从声韵、字句的组织、唱腔运用等，大下工夫，而成了另一种有独特风格的杂碎调"。改良调所呈现出清晰、亲切的音乐，打破了战时后方的沉闷和压抑，给离乱的人们带来了一丝鼓舞和安慰；因此，改良戏迅速在芗江一带的城镇乡村广泛传播开来。正是因为"改良调"的出现，使得歌仔戏能够在这个特殊时期在芗江一带继续风行，盛演不衰，出现了众多的专业、业余戏班。

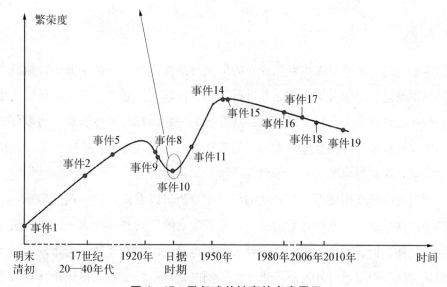

图 4-17 歌仔戏关键事件个案展示

所谓繁荣度即是指歌仔戏的昌盛程度，若剧目繁多，剧种认知度广、认可度高，受群众欢迎得到普遍传唱，则繁荣度高，反之亦然。通过对歌仔戏发展进行研究，可以发现歌仔戏的形成与演变具有出现、形成、发展、受挫、重新发展、鼎盛、式微等多个阶段。基于歌仔戏随时间的繁荣度变化，在坐标体系中，以时间为自变量，繁荣度为应变量，绘制了如图 4-17 所示的繁荣度变化曲线，并将歌仔戏发展过程中的关键事件按时间属性分布于曲线上。通过曲线，可以直观地看出歌仔戏随时间衍变的整体变化，看到其在历史发展中繁荣程度的波动。此外，还可从曲线中点取关键事件点，获取单个关键事件的详细信息展示。

歌仔戏的繁荣度之所以呈现出这样的曲线变化，是因为在战争爆发前，歌仔戏从大陆起源到台湾发展，均呈现向上发展的态势，是不断进行发展壮大的过程，所以繁荣度上升。而在日据时期，两岸分别受到国民党和日本的压制，歌仔戏发展受挫，繁荣度下降。抗战结束后，两岸歌仔戏融合，蓬勃发展，在20世纪50—60年代分别发展到了鼎盛时期，繁荣度上升到最高点。而后，歌仔戏的发展虽然没有受到极大阻力，但是随着信息时代的到来，现代化脚步进一步加快，新传媒文化带来了更多视觉上的冲击，视角更加多维，戏曲类文化的被喜爱程度大幅下降，歌仔戏的发展也从鼎盛逐渐式微，繁荣度缓慢下降。

4. 歌仔戏的未来发展

本节通过关键事件技术对歌仔戏的形成与演化进行了可视化分析，梳理了歌仔戏发展过程中的关键事件，并进行了结构性描述。通过可视化，得到了歌仔戏发展的整体态势，以及影响歌仔戏发展的一些内在与外在因素，为歌仔戏以后的发展提供了一些借鉴。那么，随着社会的衍变，应当怎样阻止歌仔戏的继续式微，保护好这个非遗，继续传承这一文化艺术？

通过对歌仔戏历史形成与演变的可视化分析可以看出，歌仔戏的传承与发展离不开两岸交流、政治环境的影响。可以说，歌仔戏的形成本身就源于两岸的文化传播，而其后发展中的突破性进展，也是由两岸交流学习所带动，可见两岸的交流学习对歌仔戏发展的重要性。同时，两岸的交流又被政治环境所左右。当两岸政治环境不理想时，两岸交流会受到阻断，进而导致歌仔戏的发展受到阻挫，可见歌仔戏的兴盛繁荣与式微，不仅仅是其内部一般发展规律所决定的，而且是在很多阶段受到政治外因的影响。所以，在歌仔戏的未来发展中，应当给予其良好的政治环境，提倡与促进两岸文化的继续加深加宽，创造出有利于其发展的空间。

影响歌仔戏发展的外部因素，除了政治环境与两岸交流外，还有现代媒体技术。新传媒文化给人们带来的场面更加宏大，形象更加生动，无形中对歌仔戏这类戏曲类文化的发展产生了挤压。而在歌仔戏过去的发展中，也遇到过唱片、电影等媒体技术发展对歌仔戏产生冲击的情况，歌仔戏则相应产生了唱片歌仔戏与电影歌仔戏等来顺应媒体技术发展，并借此加大了其受众面。鉴于此，歌仔戏也应当顺应与应用现代媒体技术，与其产生促进作用，如电视台可以多拍与多播歌仔戏进行宣传，歌仔戏利用现代媒体技术丰富其舞台效果等。

最后，在歌仔戏本身的自我发展中，应当勇于吸取其他剧种的精华与经验，大胆转型与创新。在歌仔戏的历史发展中，其曾多次学习与吸取其他剧种的精华来进行突破性改变，拓宽自己的空间。所以，在歌仔戏的未来发展中，可以不断学习其他剧种，从内容上的主题、故事、人物，到形式上的唱腔唱法、场次结构等各方面引入新元素，寻求戏曲的转型与创新。此外，在传承人的培养上可以进行大胆尝试，充分发挥民间力量来推动歌仔戏的发展与传承。

第五节　融合关联数据和分众分类的徽州文化数字资源多维度聚合

徽州文化被誉为与敦煌学和藏学并列的中国三大走向世界的地方显学之一。内容丰富，门类众多，新安理学、新安医学、新安朴学、徽派建筑、徽派版画、徽剧、徽菜等文化艺术流派异彩纷呈，是中华民族传统文化传承的典型，也是华夏文化百花园中放射奇光异彩的奇葩。

目前，徽州文化被挖掘和整理的历史文献非常丰厚，研究成果洋洋大观，关于徽州文化的数字资源也是百家争鸣、纷繁多样。但是，徽州文化数字资源又呈现出海量、分散、异构、多粒度四大特点。其一，海量特点体现在徽州文化数字资源在相关众多图书馆皆有收录，相应的徽学研究中心的专题数据库与网页也是比比皆是，Internet中的徽州文化数字资源更是浩如烟海。其二，分散特点体现在徽州文化数字资源多存在于一般网站、专业学科数据库或自建特色数据库中，这些信息资源由于其存在的目的和面对的对象不同，未能实现信息的共享和功能的互补，处于信息孤岛的状态。其三，异构特点体现在对徽州文化同一知识信息的展现，也存在着文本、图片、音频、视频等多种展现形式。多粒度特点体现在通过对中国知网"徽州文化"关键词进行全文检索,共找到14 847条结果,分布于39个二级文献分类中。可见其数字资源分布并不集中或均匀,呈现无规则多粒度的状态。

针对徽州文化数字资源的以上问题,如何有效获取所需要的数据材料,如何分析并展现所需要的知识信息,从宏观与微观全面把握徽州文化数字资源,是本节着重探讨的部分。因此对徽州文化数字资源进行多维度聚合是非常必要的。

一、数字资源聚合相关研究现状

数字资源聚合作为适应知识网络环境下信息再组织的一种模式,近年来,围绕其实现方法的研究,虽然取得了一定的研究成果,但还没有形成系统的成果和方法体系。[①] 包括"主题词表""文献计量""本体""社会网络分析""关联数据"和"分众分类法"等方法。通过国内外相关文献的综合统计,现阶段在资源聚合的研究中,本体(ontology)、分众分类(folksonomy)和关联数据(link data)是聚合研究主流的几条路径。针对本节所关注的徽州文化数字资源体系比较纷繁,系统性不强,不能形成规范化的知识概念模型的因素,与本体聚合结构严谨、逻辑严密,注重语义层揭示的要求不相符合的情况,本节的主要关注点,是关联数据聚合与分众分类聚合在徽州文化数字资源上的应用。

在关联数据聚合方面,2006年"万维网之父"蒂姆·伯纳斯-李(T. Berners-Lee)提出了关联数据技术,力图探索在Web网络中发布结构化数据,并构建数据之间关联的最佳实践方式,从而为馆藏资源聚合理念的实现,提供了一种现实可行的途径。[②] T.希思(T. Heath)为关联数据提供了基于开放标准的全球数据空间网络的延伸。同时介绍了关联数据的详细技术信息和基本原则,提供了关联数据发布与部署的实践指导。[③] 柯里等(E. Curry et al.)提出在云数据服务

---

① 毕强,尹长余,滕广青,等.数字资源聚合的理论基础及其方法体系建构[J].情报科学,2015,33(1):9-14.
② 游毅,成全.试论基于关联数据的馆藏资源聚合模式[J].情报理论与实践,2013,36(1):109-114.
③ HEATH T, BIZER C. Linked data: evolving the Web into a global data space [M]. Charlott: Morgan & Claypool, 2011.

中利用关联数据技术,关联数据能够创建出关联良好的相关信息聚合模型来管理云数据服务。[①] 在国内关联数据研究上,邱均平、王菲菲从共现与耦合的理论原理出发,着眼于计量学中共现与耦合方法在馆藏资源聚合中的应用,从文献特征关联、利用过程关联、知识关联、用户需求关联四维角度探讨了典型的八种馆藏文献资源聚合模式,以及研究主体—研究客体—研究载体交叉关联聚合。[②] 丁楠、潘有能讨论了当前关联数据在图书馆中的主要应用,在此基础上构建了基于关联数据的图书馆信息聚合模型,从数据层、聚合层和应用层三个层次进行研究。[③]

在分众分类聚合方面,2004 年托马斯·范德·沃尔(Thomas Vander Wall)和吉恩·史密斯(Gene Smith)首次提出分众分类(folksonomy),国内外学者围绕分众分类相关问题展开了热切的研究。G.比格尔曼等(G. Begelman et al.)讨论了利用聚类技术协同标签服务来实现标签自动聚类,提升用户体验。[④] B.阿德里安等(B. Adrian et al.)通过计算标签间的语义关联度,提出构建基于语义关联的标签推荐系统,极大地提高了标签的语义检索和标注能力。[⑤] 张云中、杨萌通过剖析 tax-folk 混合导航模型生成机理,构建出六个模块的 tax-folk 混合导航模型。tax-folk 混合导航模型兼顾了专家分类法和大众分类法的优势,实现了树状"干强枝繁叶茂"的资源聚合,有效提高了社会化标注系统中资源的可查找性。[⑥] 周姗姗通过对用户标签网络的属性分析以及模块化处理,将标签云中的标签划分成若干个知识群落。尝试将分众分类法和复杂网络分析二者有机地融合在一套体系之下,提出基于复杂网络分析的分众分类法模式下数

[①] CURRY E, O'DONNELL J, CORRY E, et al. Linking building data in the cloud: integrating cross-domain building data using linked data [J]. Advanced Engineering Informatics, 2013, 27(2): 206 - 219.
[②] 邱均平,王菲菲.基于共现与耦合的馆藏文献资源深度聚合研究探析 [J].中国图书馆学报, 2013, 39(3): 25 - 33.
[③] 丁楠,潘有能.基于关联数据的图书馆信息聚合研究 [J].图书与情报, 2011(6): 50 - 53.
[④] BEGELMAN G, KELLER P, SMADJA F. Automated tag clustering: improving search and exploration in the tag space [J]. Collaborative Web Tagging Workshop at www 2006, Edinburgh, Scotland, 2006.
[⑤] ADRIAN B, SAUERMANN L, ROTH-BERGHOFER T. Contag: a semantic tag recommendation system [J]. I-SEMANTICS, 2007(7): 5 - 7.
[⑥] 张云中,杨萌.Tax-folk 混合导航:社会化标注系统资源聚合的新模型 [J].中国图书馆学报, 2014, 40(3): 78 - 89.

字资源多维度聚合的思想。①

以上研究都在各自的数字资源聚合方面提出了独到的见解与看法，对数字资源聚合研究起到了推动与促进作用。但是不难看出，关联数据与分众分类在数字资源聚合上都有着各自的优势和缺点，这也正是数字资源聚合的方法与手段众多的原因之一。如何发挥二者在聚合上的优势，扬长避短，较好地条理化纷繁复杂的徽州文化数字资源，解决其海量、分散、异构、多粒度特点所面临的难题。本节将二者在数字资源聚合方法上分别称为关联维度与群聚维度的聚合，力图通过研究全面把握与揭示徽州文化数字资源的知识体系。

二、徽州文化数字资源多维度聚合设计

鉴于在微观层面徽州文化数字资源较为稳定但具有分散、异构的特点，本节的模型设计采用关联维度的聚合方法，注重数字资源的基层数据的描述，从而实现关键数据的构建与知识点的组织。

1. 设计思路

关联维度聚合的特点主要表现在可以将不同数据结构与系统平台之间的信息进行关联，在发布、浏览和检索上具有一定的优势，同时可以给用户更多的选择性，②但其自由度与动态性上具有一定局限。而群聚维度聚合的特点在于聚合的广泛性和自由性更加符合用户的认知能力，其标签的及时性和动态化也更受用户欢迎，③但其存在语义模糊结构性差的特点。基于此，考虑到在徽州文化数字资源的宏观层面，用户关注的热点较为动态且关联度较小，因此采用分众分类的聚合方法，注重数字资源的全局主线，符合一般用户的认知表述。

2. 整体框架

如图4-18所示，在数据收集模块，通过网络爬虫下载、链接指向等方式

---

① 周姗姗.基于Folksonomy模式的数字资源多维度聚合研究［D］.长春：吉林大学，2014.
② 伍革新.基于关联数据的数字图书馆资源聚合与服务研究［D］.武汉：华中师范大学，2013.
③ 孙中秋.社会化标注系统资源聚合［D］.长春：吉林大学，2015.

搜集专题 Web 站点、各种数字文献资源和本地特色数据库中的资源，由于数字资源的来源不同，其格式标准与技术应用存在着较大差异，形成含有文本、图片、音频、视频等多种媒体格式的徽州文化数字资源综合资源数据库；在知识发现模块，对收集的数字资源分别进行数据标引、关键词抽取后，分别产生关联数据聚合的 XML/RDF 描述与分众分类聚合的标签云及表示标签关系的社会网络图；在资源聚合模块，分别在宏观与微观结构上展现群聚聚合与关联聚合可视化结果。

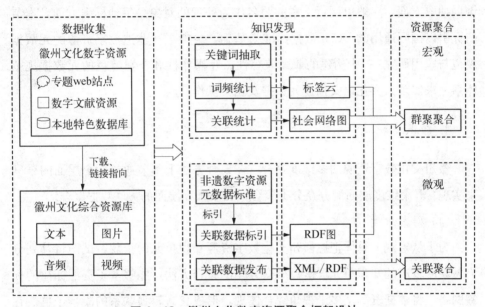

图 4-18 徽州文化数字资源聚合框架设计

可以看出，本节试图实现徽州文化数字资源两个方面的多维度聚合，从聚合方法上来看，既有基于关联维度的关联数据聚合方法，又有基于群聚维度的分众分类聚合方法，将二者结合起来，更能从深层次揭示徽州文化数字资源的知识体系。在聚合方法上通过关联维度与群聚维度，以及二者相结合的方式对数字资源进行多维度聚合，将海量、分散、异构、多粒度特征的综合资源聚合为有序化的知识单元；实现知识库与用户需求的无缝融合，提升用户知识获取体验。另一方面，从聚合内容上来看，实现内容来源的多元化，既有图书馆内部的纵向特色资源，又有专题 Web 站点及各种数字文献资源的横向外部资源。这些数字资源的媒体格式差异较大，包括了文本、图片、音频、视频等多种媒体格式，从侧面又实现了基于内容上的多维度。

3. 数据收集

通过网络爬虫下载、链接指向、本地自建的方式，搜集专题 Web 站点、各种数字文献资源和本地特色数据库中的资源。对于不同的数字资源来源，采取不同的处理方式。对于徽州文化专题 Web 站点中采集到的数字资源，特点是媒体格式多样且规范性不强，在数据清洗后，须手动标引和关键词抽取。关键词抽取方面，一般以网页文章的题名作为处理的对象。手动标引方面，本节的标引以国际通用的 DC 元数据标准为基础，参考了《非遗数字资源的元数据规范与应用研究》[①] 中构建的兼顾兼容性、互操作性和非遗特色的元数据规范体系，来实现徽文化语义描述元数据及相关操作。

4. 知识发现

徽州文化数字资源的多维度聚合，在聚合方法上本节通过两个层面的维度来实现：群聚维度层面的分众分类聚合，关联维度层面的关联数据聚合。

(1) 群聚维度

为了从宏观上总体把握徽州文化数字资源知识单元的全貌，试图将其划分为关联度较高的知识单元群落。分众分类的聚合方法，能够基于资源标注的标签网络，将数据资源从多个视角综合体现，形成具有较强联系的凝聚子群。在具体实施中，本研究首先对收集的数字资源进行关键词抽取，通过关键词词频统计，同时去除与徽州文化数字资源相关度不大的词汇，设定高频词阈值后，通过标签云软件，制作徽州文化数字资源标签云，初步了解徽州文化数字资源的总体面貌。其次，通过关键词共现关系，采用社会网络分析方法来确定各标签之间的关系。

(2) 关联维度

在关联维度上，即实现关联数据的创建与发布，发布关联数据的途径一般

---

① 许鑫，张悦悦.非遗数字资源的元数据规范与应用研究 [J].图书情报工作，2014，58(21)：13-20；仝召娟，许鑫，钱佳轶.基于关联数据的非遗数字资源聚合研究 [J].图书情报工作，2014，58(21)：21-26.

有四种①：静态发布，在数据量较小的情况下，可以直接采用静态 RDF 文件；批量存储，如果数据量很大，则需将它们放入 RDF 数据库中，并采用 Pubby 等服务器作为关联数据服务的前端；在线映射，如果数据更新频率大，须在请求数据时根据原始数据在线生成 RDF 数据，往往会借助于一些映射工具，如：D2RQ 平台、Virtuoso RDF Views、Sparqlify 等。② 鉴于徽州文化数字资源的数据量不大，元数据复杂程度不高，本研究采用了第一种途径进行关联数据的创建与发布。关联数据聚合能够有效解决数据的异构问题，实现数据的最大限度关联和资源的充分利用。这在一定程度上也可以实现徽州文化数字资源内容层面的多维度聚合。

综上所述，将关联维度实体与标签网络结合起来，这些关联维度实体在标签网络中具有较高的中心性，既是标签网络的重要节点，同时也起着连接枢纽的作用，形成以关联维度实体为中心且具有较强联系的标签网络。通过以上两种维度的互相补充，在宏观上以群聚维度构建知识单元的主要节点，在微观上以关联维度构建知识单元的枝叶。两者交叉互补，综合全面地展现徽州文化数字资源知识网络体系。

5. 知识组织与资源聚合

通过对徽州文化数字资源群聚维度的聚合，可以形成具有一定松散耦合关联的知识单元，对于每一知识单元，它们具有一定的独立性又相互具有多重间接联系，使单元内部与单元之间的关系更加清晰，提高数字资源利用的效率；通过关联维度的聚合，可以解决该知识单元之间分布分散、标准不一、内容异构的问题，统一了徽州文化知识单元的数据与技术标准，使用户对徽州文化知识单元的查询更加便捷，让徽州文化知识库的共享成为可能，同时又实现了数字资源在内容上的多维度聚合。通过对徽州文化数字资源进行知识组织，实现对知识单元以及之间关系的清晰展示，构建徽州文化数字资源知识库。

---

① 夏翠娟，刘炜，赵亮，等.关联数据发布技术及其实现：以 Drupal 为例［J］.中国图书馆学报，2012，38(1)：49-57.
② 沈志宏，刘筱敏，郭学兵，等.关联数据发布流程与关键问题研究：以科技文献、科学数据发布为例［J］.中国图书馆学报，2013，39(2)：53-62.

三、徽州文化数字资源聚合实现方法

本节对收集到的徽州文化数字资源进行内容分类,通过群聚维度的聚合研究和关联数据的发布,实现徽文化数字资源的有效聚合。

1. 数据准备

本节的数据来源主要如下:专题 Web 站点主要收集了徽州文化[①]、中国徽州文化博物馆[②]等多个徽州文化专题 Web 站点,数字文献资源库主要收集了中国知网、超星知识发现等多个与徽州文化相关数字文献资源库,以及笔者所在图书馆自建徽州文化特色资源库[③],以此作为徽州文化数字资源的数据来源。通过初步的数字资源内容分类,将数字资源划分为文本、图片、音频、视频等格式存储在数据库中。首先,利用分词标注软件 ICTCLAS[④]API,在参照徽州文化领域短语库的基础上,对数字资源的篇名进行自动分词与词语筛选。实现篇名关键词抽取,为群聚维度的聚合做准备。其次,通过专家咨询的方法即参照非遗数字资源元数据标准,对徽州文化数字资源信息进行手动标引,以此为依据构建徽州文化元数据,为关联维度的聚合做准备。

2. 群聚维度

首先,通过对所获得的数字资源进行关键词抽取后,根据关键词词频统计,同时设置一定的关键词标签云词频阈值,可以做出关于徽州文化关键词的标签云。通过关键词标签云可以很好地展示徽州文化数字资源的主要知识点,但是未显示这些知识点之间的关系,以及下级知识点之间的关系,因此需要进一步进行群聚维度的聚合研究。

---

① 徽州文化网.[Z/OL].[2015-03-01].http://www.hzwh.com/index.asp.
② 中国徽州文化博物馆.[Z/OL].[2020-12-07].http://www.hzwhbwg.com/.
③ 徽州特色数据库.[DS/OL]//安徽师范大学自建数据库[2020-12-07].http://lib1.ahnu.edu.cn/info/1016/1874.htm.
④ 大数据搜索与挖掘实验室.汉语分词系统[DS/OL].[2015-03-01].http://ictclas.nlpir.org.

通过关键词的共现关系与共现关系的阈值限制，利用 netdraw 软件，可以得出整个徽文化数字资源的关键词标签的社会网络图。与关联维度的实体描述结合起来，立体展示徽文化数字资源的知识网络。如图 4-19 所示，设定一定的词频阈值，去除与徽州文化关系度较小的高频词汇，使网络中的每一节点代表徽州文化标签云中的一个标签，两个标签云之间的共现关系代表了二者的关联。当二者的共现频率达到一定阈值时，即通过连线将二者连接起来，使徽州文化领域的标签云展示出一定的群聚性，从中可以发现一定的规律，达到徽州文化数字资源群聚维度的聚合。

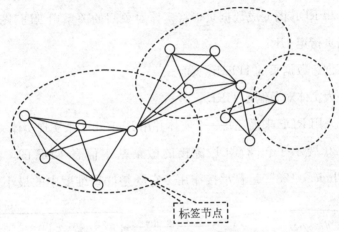

图 4-19 关键词群聚维度聚合示意图

3. 关联维度

在对采集到徽州文化数字资源进行手动标引后，根据蒂姆·伯纳斯-李 (Tim Berners-Lee)[1]提出的关联数据构建和实现的四个基本原则，在 Web 中发布的事物必须具有可参引的 HTTP URI 标识。[2] 统一资源标识符（Uniform Resource Identifier，URI）用于唯一标识互联网上的任意一个资源。关联数据可以通过 RDF 模型来实现展示，即由主语、谓词、对象三个部分组成，谓词即为 URI，主语是 URI 标识的资源，对象是与主语有关的其他资源的标识符，

---

[1] BERNERS-LEE T. Linked Data [DS/OL]. [2015-03-01]. http://www.w3.org/DesignIssues/LinkedData.html.
[2] 白海燕.关联数据及 DBpedia 实例分析 [J].现代图书情报技术，2010(3)：33-39.

即 RDF 链接(RDF link)。RDF 链接即可以链接不同数据库的资源,实现数据分散、异构的整合。落实到本节的关联数据发布策略,鉴于上文提到的徽州文化数字资源复杂程度不高的原因,本节采用网页直接调用 RDF/XML 文档的形式来实现关联数据的发布。其具体步骤如下:

第一,选取待发布的实体,设计 RDF 词表。① 本节采用了《非遗数字资源的元数据规范与应用研究》② 中的元数据规范标准。例如徽菜的元数据就选用了 dc:title,dc:subject,dc:description,dc:relation 来分别表示徽菜的名称、主题、描述、相关。

第二,将 RDF 图变成数据页,将实体对象间的关系用 RDF 图表示出来。为每个数据页指定 URI。

第三,创建数据页的 HTML 页面。

第四,为实体对象制定 URI。

第五,采用 RDF 来描述每一个实体并用 RDF link 来实现实体关联。

图 4-20 展示了包含 RDF 链接的徽菜基本信息 RDF 图。在此图中,"http://.../huicai/123"起着承接作用。它既是群聚维度中的最小标签节点,

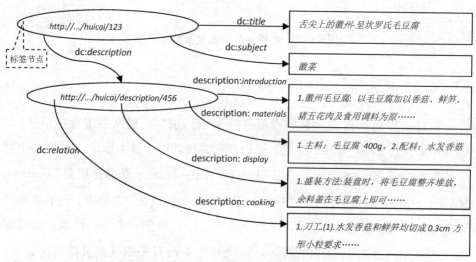

图 4-20　包含 RDF 链接的徽菜基本信息

---

① 张冰冰.基于领域本体的景点影视音乐推荐 [D].杭州:浙江大学,2014.
② 许鑫,张悦悦.非遗数字资源的元数据规范与应用研究 [J].图书情报工作,2014,58(21):13-20.

又是关联维度中需要描述的实体对象；既是群聚维度的展现终点，又是关联维度的描述起点。

四、徽州文化数字资源多维度聚合的实现

本节所构建的徽州文化数字资源多维度聚合方式展现如下：

1. 群聚维度聚合

从图4-21可以看出，"徽州"成为徽州文化领域出现频率最高的词汇，而"雕刻""藏书""医学""徽菜""徽剧""版画""文书"等成为该领域的高频率出现的第二集团，也契合了徽州文化领域的主要涉及方面。通过关键词标签云的可视化展示，可以直观地了解徽州文化领域主要内容，从框架上初步实现了徽州文化数字资源群聚维度的聚合。

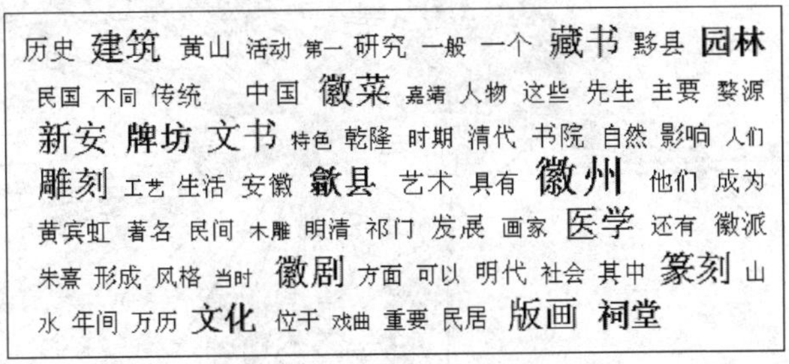

图4-21 关键词标签云

以上已展示出徽州文化数字资源群聚维度的初步实现，即基于关键词标签云的数字资源聚合，从中可以看出徽州文化数字资源的主要知识脉络。对于群聚维度聚合的实现如下：首先，通过高频词阈值的限制来实现图4-21中词汇的初步排查，将阈值限制在前四段的高频率词汇中，对于与徽州文化相关度不大的一般性词汇同时作手动删除，如图4-21中的"传统""先生""主要"等词汇；其次，对于获取到的每一高频徽州文化相关词汇标签，采取同一文献关联度的统计与排序，对于统计结果作关联度阈值限制与非徽州文化相关词汇的手动删除，从而形成徽州文化数字资源的主要词汇标签与子词汇标签的联系；最后通过netdraw软件画出词汇标签节点之间的关系。

如图4-22所示，图中展示了徽州文化主要知识点标签，与"版画""徽菜""祠堂""民居""牌坊"等标签的子群，可以发现，每一级别的标签表现出较强的联系；另外，对于每一标签子群，其标签子群内部表现出极强的联系，而与其他标签子群的联系较弱。这一特点，在推荐用户了解某一标签的相关知识与分支知识时，具有很强的指导性，有利于用户导航的设计与数字资源知识脉络的把握。以上即完成了徽州文化数字资源的群聚维度的聚合应用。

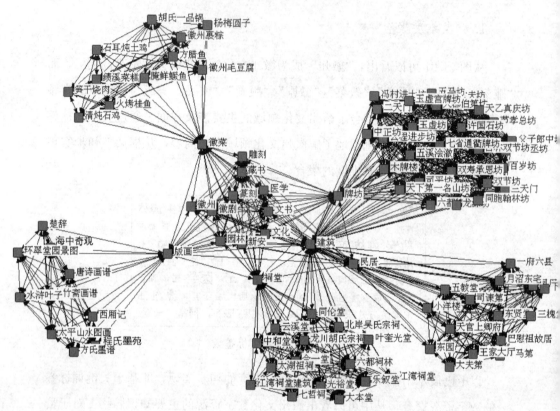

图4-22 徽州文化数字资源群聚维度聚合展示

2.关联维度聚合

通过元数据的标引、创建与发布，用户点击"徽菜"标签下的"徽州毛豆腐"标签，即可获取多个关于"徽州毛豆腐"的相关文本、音频、视频等多媒体格式的知识信息，如图4-23所示，图中即展示了关于徽州毛豆腐的相关视频——呈坎毛豆腐的制作视频介绍，同时在网页中展示了"名称""格式""相关介绍""制作工艺"等元数据信息,下文相应地给出了相关 RDF/XML 的文件描述。对于"徽州毛豆腐"下的关联数据信息资源,按其格式类别(文本、图片、音频、视频)分别进行标注,生成不同的网页,在相应类别下进行展示。以图 4-24 为例,图中视频文件以 html 多媒体标签<video></video>进行标

图 4-23 徽州文化数字资源关联维度聚合展示

```
<?xml version="1.0"?>
                      <rdf:RDF
xmlns:rdf=" http://www.w3.org/1999/02/22-rdf-syntax-ns#"
xmlns:chs=" http://localhost/huicai/schema/#"
xmlns:dc=" http://purl.org/dc/elements/1.1/">


<rdf:Description rdf:about="http://localhost/huicai/123">
<dc:title>舌尖上的徽州-呈坎罗氏毛豆腐</dcs:title>
<dc:subject>徽菜</dc:subject>
</rdf:Description>


<rdf:Description rdf:about=" http://localhost/huicai/description/456">
<description :Introduction> 1.徽州毛豆腐:以毛豆腐加以香菇、鲜笋、猪五花肉及食……
</ description:Introduction>
< description:Materials>1.主料:毛豆腐 400g。2.配料:水发香菇 20g、鲜笋 20g……
```

图 4-24 徽菜:徽州毛豆腐 RDF 描述

第四章 非遗信息资源的组织 195

注，在网页中无插件直接播放。图中元数据信息，通过网页的 html 语言调用上文中的 RDF/XML 文档来实现。

通过群聚维度与关联维度在聚合方法上的结合，实现了徽州文化数字资源从宏观到微观多层次的多维度聚合；对徽州文化数字资源多种媒体格式的聚合，实现了聚合内容上的多维度聚合。从以上展示中可以看出，对徽州文化数字资源的总体掌握更加全面，细节定位更加精准。用户利用徽州文化数字资源能够更加系统、高效与直观。

第六节　非遗数字资源中基于时空维度的传承可视化

运用可视化技术将非遗数字资源以一种更直观的方式通过数字空间向大众展示，同时再现非遗在历史时空的推进和演变，这能为科学规范地管理非遗数字资源提供强大的技术支撑和良好的展示呈现。本节以此为目标，通过综合多种可视化技术与相关方法，提出非遗数字资源中基于时空维度的传承可视化解决方案。

一、数字资源时空可视化研究现状

伴随着信息技术的发展，数字资源时空可视化技术成为各学科领域学者关注和研究的热点，他们从不同角度出发，对数字资源时空可视化的发展现状和理论基础进行探讨并进行展望，与此同时，数字资源可视化技术的发展，也为我们保护和传承非遗拓宽了视野。

1. 数字资源时空可视化

上世纪 90 年代以来，随着数字化技术的发展，各学科领域的学者纷纷以各自关注的视角对数字资源时空可视化进行了探讨，主要研究包括三大视角：

计算机科学与应用视角，该领域主要关注数字资源时空可视化的发展现状与最新理论与技术。徐苏维等从三维数据获取方式、三维数据模型和结构、三维可视化和三维空间分析等几个方面的研究现状进行评述，在此基础上描述了4DGIS/TGIS的特征、相关技术和发展前景。① 张聪等对信息可视化的相关概念、基本过程与特点，以及信息可视化的研究现状作了综述，揭示了繁杂的抽象信息之间的复杂关系和信息中隐藏的规律。②

地理学与测绘学视角，该领域主要关注数字资源时空可视化的实现方法与GIS的实现。郭达志等提出由于空间对象和3维GIS的复杂性，在处理各种空间现象时，宜根据实际应用的需要，采用不同的数据结构和可视化方式，包括2维、2.5维、3维的，以及它们的结合，以取得良好效果和效益。③ 刘春等从GIS应用发展开始，列举与GIS融合的其他信息技术，分析了GIS基础理论和技术研究的热点问题，通过这些问题展望了GIS的进展。④

图书情报学视角，该领域多从理论和概念体系上去把握和分析数字资源可视化的研究领域与研究对象。宋绍成等讨论了信息可视化的定义、基本过程与特征，以及信息可视化的主要研究领域。⑤ 周宁等比较了信息和知识的概念，阐述信息可视化和知识可视化的基本思想，然后从10个方面对它们进行了比较，最后对它们协作的方式进行了讨论。⑥

2. 非遗数字资源时空可视化

数字资源可视化技术的发展，给非遗的保护与传承研究提供了新的思路。非遗项目由于其地域性、活态性、流变性的特点，有必要通过可视化技术来直观显示和挖掘其隐性信息与规律。对非遗数字资源中时空可视化的研究，有从

---

① 徐苏维,王军见,盛业华.3D/4DGIS/TGIS现状研究及其发展动态[J].计算机工程与应用，2005，41(3)：58-62.
② 张聪,张慧.信息可视化研究[J].武汉工业学院学报，2006，25(3)：45-48.
③ 郭达志,杜培军,盛业华.数字地球与3维地理信息系统研究[J].测绘学报，2000，29(3)：250-256.
④ 刘春,刘大杰.GIS的应用及研究热点探讨[J].现代测绘，2003，26(3)：7-10.
⑤ 宋绍成,毕强,杨达.信息可视化的基本过程与主要研究领域[J].情报科学，2004，22(1)：13-18.
⑥ 周宁,陈勇跃,金大卫,等.知识可视化与信息可视化比较研究[J].情报理论与实践，2007，30(2)：178-181.

可视化技术出发的,有从非遗保护角度出发的。前者则分为计算机科学与应用视角和地理学与测绘学视角;后者主要关注者为民俗学与社会学视角和图书情报学视角。

计算机科学与应用视角,彭冬梅就探讨了如何应用数字技术对非遗进行有效保护,以浙江大学与山东工艺美术学院合作的非遗数字化保护项目为例,研究了两种非遗的保护手段。[①] 地理学与测绘学视角,李德仁提出以虚拟现实技术为纽带,综合计算机图形技术、多媒体技术等,通过对文化遗产的高精度测量、三维重建与建立数据库,为文化遗产的保护、研究、修复和虚拟旅游提供了一种新的方法和平台;[②] 刘斌在其博士论文中以超地理标记语言(Hyper Geographic Markup Language,HGML)为基础,建立应用于非遗保护的数据交换标准规范 ICHML,实现对非遗异构空间数据的可视化共享。[③]

从非遗保护出发主要基于民俗学与社会学视角,黄永林、谈国新认为,数字化技术在非遗保护与传承中的重要作用体现在四个方面,即数字化采集和存储技术、数字化复原和再现技术、数字化展示与传播技术、虚拟现实技术;[④] 谈国新、孙传明探讨信息空间下的非遗数字化保护与传播难题,提出信息视角下的解决方法,从不同维度对非遗数字化保护进行规划指导,实现非遗的有效传播。[⑤] 图书情报领域研究者对非遗保护与传承的可视化,主要集中于非遗数字资源的时间可视化上。周耀林、程齐凯在分析图谱概念的基础上,分析了非遗图谱的定义与作用,从非时序图谱、时序图谱两个方面重点分析了非遗在时间传承上的表述形式。[⑥] 赵智慧以 Web of Science 数据库有关文化遗产与数字化主题的 552 篇论文为研究对象,利用 CiteSpace II 可视化工具

---

① 彭冬梅.面向剪纸艺术的非物质文化遗产数字化保护技术研究[D].杭州:浙江大学,2008.
② 李德仁.虚拟现实技术在文化遗产保护中的应用[J].云南师范大学学报(哲学社会科学版),2008,40(4):1-7.
③ 刘斌.基于 G/S 模式的非物质文化遗产异构数据可视化共享机制研究与实现[D].成都:成都理工大学,2011.
④ 黄永林,谈国新.中国非物质文化遗产数字化保护与开发研究[J].华中师范大学学报(人文社会科学版),2012,51(2):49-55.
⑤ 谈国新,孙传明.信息空间理论下的非物质文化遗产数字化保护与传播[J].西南民族大学学报(人文社会科学版),2013(6):179-184.
⑥ 周耀林,程齐凯.非物质文化遗产的可视化图谱表示[J].信息资源管理学报,2011(3):67-72.

对所采集数据进行文献共引、关键词、名词短语、突发词等的分析与处理,揭示文化遗产数字化研究的演进路径。①

纵观以上研究大多基于本学科领域各有侧重,笔者认为,图书情报领域的研究者对非遗数字资源中传承可视化的研究,能够利用本学科对知识的理解,从信息组织和知识发现角度去把握;同时非遗数字资源中的传承可视化应用,也是对数字资源多维度聚合研究的丰富和拓展。

二、非遗数字资源中的传承可视化思路与方法

非遗数字资源中的传承可视化,不仅要展示非遗的空间分布关系,还要展示在时间流转的过程中,非遗传承人之间的关系,使非遗数字资源中的隐含关系能得到更全面和直接的展示,以显示非遗文化传承的时空意义。

1. 研究思路

基于此,本节研究在空间维度的基础上引入了时间维度,通过建立非遗传承时空模型,为研究非遗数字资源中的时空传承关系提供了新的手段。具体研究思路是:首先,通过社会网络分析方法展示非遗项目及其传承人的时间传承关系;其次,通过地理信息可视化展示非遗的空间连接关系;最后,通过时间与空间的结合,将社会网络分析中形成的数据导入地理信息可视化的工具中,形成基于时间社会网络的地理信息可视化,来展示时间与空间相耦合的传承关系,综合展现非遗数字资源中的时空可视化效果。通过以上思路,既可以显示时间维度上的派系传承结构,又可以显示空间维度上的空间传播关系,使得非遗项目时空演化和整体结构一目了然,也能更好地实现非遗数字资源的多维度聚合。

2. 社会网络分析法

社会网络是西方社会学从20世纪60年代兴起的一种分析视角。在《网络

---

① 赵智慧.文化遗产数字化研究演进路径与热点前沿的可视化分析[J].图书馆论坛,2013,33(2):33-40.

化：新的社会操作系统》(Networked: The New Social Operating System)一书中，李·雷尼(Lee Rainie)和巴里·威尔曼(Barry Wellman)将社会网络革命、移动革命与互联网革命并列为新时期影响人类社会的三大革命。社会网络分析法[①]最早应用于社会学研究领域，社会学理论认为社会不是由单个人而是由人与人的网络构成的，网络中包含了结点及结点之间的关系，可以通过对网络中关系的分析，探讨网络的结构及属性特征。社会网络分析法作为一种专门的研究方法已经得到了广泛的应用，在多个学科中都有着广泛应用。

目前，比较常用的社会网络分析工具有 Ucinet、Pajek、Gephi 等，本节选择了 Ucinet 工具作为社会网络分析软件，对于非遗数字资源中具体非遗项目的传承人关系进行分析，进而可视化展示。分析中以传承谱系中的传承人作为社会网络分析中的节点，以传承人之间的关系作为节点之间的连接，比如传承人之间的师徒关系形成箭头指向关系，既展示了传承人之间的传承脉络，又体现了传承派系的时间演化特点，基于此建立非遗时间传承网络图。

3. 地理信息可视化

20 世纪 60 年代中期，地理信息系统应运而生，地理信息系统是以空间数据库为基础，通过符号、颜色、注记的运用及图面配置，反映地理实体的空间特征和属性特征。随着地理信息产品的建立和数字化信息产品在全世界的普及，地理信息系统已成为确定性的产业，并逐渐渗透到各行各业，成为人们生活、学习和工作不可缺少的工具和助手。[②] 地理信息可视化是以地理信息科学、计算机科学、地图学、认知科学、信息传输学与地理信息系统为基础，并通过计算机技术、数字技术、多媒体技术动态、直观、形象地表现、解释、传输地理空间信息并揭示其规律。[③]

将地理信息可视化引入非遗数字资源研究，能够利用地理信息系统技术把

---

① 百度百科.社会网络分析法 [EB/OL].(2018 - 10 - 20) [2014 - 07 - 01].http://baike.baidu.com/item/社会网络分析法.
② 龚健雅.地理信息系统基础 [M].北京：科学出版社，2001.
③ 百度百科.地理信息可视化 [Z/OL].(2021 - 04 - 07) [2014 - 07 - 01].http://baike.baidu.com/地理信息可视化/3054837? fr=aladdin.

地图这种独特的视觉化效果和地理分析功能与一般的数据库操作集成在一起。通过对非遗数字资源的直观空间展示，能够深层次挖掘非遗数字资源中空间维度的内在隐含信息，对非遗空间信息的管理操作具有实践意义。当前比较常用的地理信息系统有 ArcGis、MapInfo、SuperMap、MapGis 等，它们在矢量绘图、栅格影像处理、空间数据存储管理、专题图制作、空间分析等方面具有各自独到之处，本节选择了整体功能强大和空间分析技术出色的 ArcGis 作为地理信息可视化工具。

4. 基于时间社会网络的地理信息可视化方法

社会网络分析方法展示了非遗数字资源中的时间传承关系，地理信息可视化展示了非遗数字资源中的地理空间连接关系，二者各有所长，但对于非遗数字资源聚合来说还是相对片面和孤立的。非遗相关研究者对非遗的时间和空间维度都很关注，那是否可以将二者结合起来全面展示非遗的时空传承关系呢？通过在时间和空间相结合的角度上来综合研究非遗数字资源中的社会网络关系，可以使得非遗数字资源中的传承可视化更加全面，也更加有效。

本节尝试将社会网络分析法与地理信息可视化的研究方法结合起来，形成基于时间社会网络的地理信息可视化，具体实现采用美国环境系统研究公司(Environmental Systems Research Institute，简称 ESRI 公司)推出的 WebGIS 客户端开发包 Arcgis flex api。该开发包用于互联网应用程序 RIA(Rich Internet Applications)的开发，为 ArcGIS Server 提供了一套全新的开发方式，能够处理模型、地图集和地址定位，同时具有创新结果的显示方式，其优点是运行速度快，可以为用户提供较好体验。

三、非遗数字资源中的传承可视化方案与实现

本节选取江西湖口青阳腔作为例子，来展示非遗数字资源中的传承可视化方案。

1. 非遗项目"湖口青阳腔"简介

青阳腔是流传于安徽、江西等地的汉族地方戏曲剧种之一，因形成于青阳

县而名，2006年5月20日，青阳腔经国务院批准列入第一批国家级非遗名录。青阳腔与徽州腔驰名于明清两代，被誉为"徽池雅调"。青阳腔是徽剧的前身，徽剧又是京剧的前身，因此青阳腔被誉为京剧"鼻祖"，戏曲的"活化石"。然而，由于历史上遭遇战乱和瘟疫，幸存者只能背井离乡、出外谋生，导致了青阳腔在其故土由衰落走向了湮没。青阳腔艺人弃家出外谋生，使得该剧种在发祥地青阳日渐式微，由水路流传到鄱阳湖一带，在江西省湖口县落地生根。

湖口县位于江西省北部，因地处鄱阳湖之口而得名。湖口县地理位置优越，其地处长江沿岸，鄱阳湖湖口，水陆交通十分便利。湖口青阳腔是明代隆庆至万历年间（1567—1619年）由安徽流传过来的，当地又称"高腔"（即湖口高腔、都目高腔）。当青阳腔流传到湖口、都昌等地后，当地群众学唱曲文风气极为盛行，手抄剧本家藏户有，人们称这些手抄本为"种子"，视为珍宝。当地人把看戏唱戏与当地的民风习俗紧密地结合在一起，认为唱戏能驱逐鬼怪、驱灾灭灾、降临吉祥、带来幸福……①20世纪80年代末以来，与全国性的"戏剧危机"同步，古老的青阳腔也陷入了深重的危机和困境。除了老艺人相继辞世，后继乏人，更大的威胁在于现代生活方式和文化形态的入侵。随着电视的普及，外出务工青年受到新的文化熏陶和审美习惯的养成，以及甚嚣尘上的物质主义冲击，青阳腔的命运已经处于岌岌可危的地步。

2. 基于时间维度的传承可视化

本节对非遗数字资源中的时间传承可视化采用 Ucinet 中自带的 NetDraw 工具进行描述，以非遗传承艺人作为社会网络的节点，非遗艺人间的传承关系作为社会网络的连接，从而将艺人的传承关系表现为量化的网络图，实现非遗数字资源中的时间传承可视化。

具体步骤如下：首先将搜集、整理的数据信息，采用有节点信息的文本节件导入 NetDraw，NetDraw 可识别的描述内容包括 node data（节点所代表的网络主体的属性数据）、node properties（节点属性数据）和 tie data（节点间关系数

---

① 刘春江.湖口青阳腔［M］.南昌：江西人民出版社，2007.

据)三个部分；node date 用于描述网络中节点所代表的研究对象的属性；node properties 是用来描述节点本身的显示信息，如坐标、颜色、形状和大小等；tie data 主要用于描述节点之间的关系属性。[①] 在实际操作中，本节在 node date 部分通过 ID 代表青阳腔艺人的姓名，NUM.代表传授的艺人数目，role 代表艺人的角色，如表 4-12 所示。

表 4-12 节点数据(Node date)

ID	NUM.	role
谭克训	2	师父
谭克照	2	师父
谭军奇	2	徒弟
谭军奇	10	师父

在 tie data 部分，通过 from 代表师父姓名，to 代表徒弟姓名，如两人互相学习，则需两条记录构成双向关系，如表 4-13 所示。

表 4-13 关系数据(Tie data)

from	to
谭克训	余杏生
谭克训	谭军奇
谭克照	余杏生
谭克照	谭军奇

node properties 用于描述节点在网络图中的坐标、大小、颜色、形状，以及标注的内容、大小和颜色，它包括了以下一些属性：ID，x，y，COLOR，SHAPE，SIZE。ID 代表艺人姓名，X、Y 代表节点在网络图中的坐标信息，COLOR 代表节点的颜色，SHAPE 代表节点的形状，SIZE 代表节点的大小。这些信息标示了关系图的具体外在表现形式，它可以通过 NetdDaw 的属性按

[①] 王运锋，夏德宏，颜尧妹.社会网络分析与可视化工具 NetDraw 的应用案例分析［J］.现代教育技术，2008，18(4)：85-89.

钮进行调节，也支持预先在文本节点中设置节点现实属性的方式，来设定节点在网络关系图中的位置。如表4-14所示：

表4-14 节点属性(Node properties)

ID	x	y	color	shape	size	Label text	Label size	Label color	Gap X	Gap Y	active
查正普	473	641	-16777203	10	8	查正普	11	8421504	3	5	TRUE
段道厚	864	574	-16777203	10	8	段道厚	11	8421504	3	5	TRUE
黄土玉	714	648	-16777203	10	8	黄土玉	11	8421504	3	5	TRUE
江如春	583	644	-16777203	10	8	江如春	11	8421504	3	5	TRUE

生成传承关系图后，将保存的VNA数据导入Ucinet，生成艺人传承共现矩阵。艺人之间如有传承关系则表现为1，如无传承关系则表示为0，如表4-15所示。

表4-15 艺人传承关系矩阵

	谭克训	谭克照	余杏生	谭军奇	余祖社	段道厚
谭克训	0	0	1	1	0	0
谭克照	0	0	1	1	0	0
余杏生	0	0	0	0	1	1
谭军奇	0	0	0	0	1	1
余祖社	0	0	0	0	0	0

3. 基于空间维度的传承可视化

对非遗数字资源中的空间传承关系可视化，本节采用了ArcGis作为地理信息可视化的工具。非遗传承艺人存在于一定的地理空间内，而艺人地理位置的活动，则对应于不同的地理空间节点。地理空间节点之间的关系，展示了艺人之间传承关系，形成了基于地理空间节点的社会网络。

本节采用Arcgis Flex API来对ArcGis进行扩展开发，将表4-15产生的艺人传承关系矩阵导入二维数组中，通过指针按行优先顺序逐个进行读取，同时通过读取配置文件，获取传承艺人的籍贯地理位置，通过划线函数将有关联的籍贯地理位置进行连线。

其配置文件如下：

```xml
<?xml version="1.0"?>
<configuration>
<P_name>,1,谭军奇,2、3,都昌县张岭虎山谭家桥,</P_name>
</configuration>
```

配置文件中的第一条记录"<P_name>,1,谭军奇,2、3,地理位置,</P_name>"。其中，"<P_name>""</P_name>"代表标签项；"1"代表剪纸艺人的ID；"谭军奇"代表艺人姓名；"2、3"代表有传承关系的艺人的ID，ID为1的艺人与其有传承关系的艺人的ID为：2、3；"都昌县张岭虎山谭家桥"代表艺人所在的村庄名称，形成如图4-25所示的传承关系。

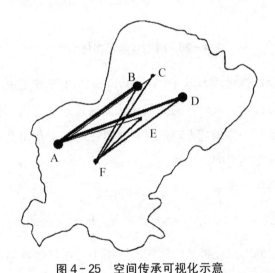

图4-25 空间传承可视化示意

4. 基于时空耦合的传承可视化

社会网络分析方法可以解决非遗数字资源中时间传承可视化的问题，地理信息可视化将非遗数字资源中的传承可视化扩展到空间的维度上，但都是单一维度上的可视化尝试。下面将尝试解决此孤立可视化的问题，将时间和空间结合起来，实现时空耦合的可视化。时空耦合传承可视化能够更加综合、具体、直接、全面地展示非遗数字资源中的传承可视化过程。

具体而言，非遗艺人间的时间序列传承关系，构建了艺人的时间维度传承模型；艺人间籍贯地理位置的空间地理节点传承关系，构建了空间维度传承模型。再用虚线将二者的关系连接起来，建立时空对应关系，从而可以清晰地展示非遗艺人传承的内在机制，如图4-26所示。

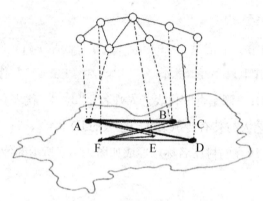

图4-26 时空传承可视化示意

本节时空耦合可视化模型基于 Arcgis Flex API 开发实现，在空间维度传承模型的基础上，读取艺人所在的籍贯，从而通过建立查询，将艺人与所在籍贯进行关联。对于每一传承艺人，通过其籍贯在地图上找出其对应的坐标，从而实现艺人时间与空间之间的关联。

部分查询代码如下所示：

query.where = "County_NAME like '%" + county+ "%'";

对于每一查询到的点，将其坐标放入数组中，通过画线函数进行连线。查询的图层须包含我们所需查询的信息，否则会查询失败。个别查询不到的地址，须进行手动添加。

```
for each ( var myGraphic : Graphic in featureSet.features )
{point.x= myGraphic.x;
point.y= myGraphic.y;
arr.push(point);}
```

四、湖口青阳腔非遗项目的传承可视化实例

本节数据一部分来源于包括《湖口青阳腔》在内的图书馆馆藏数字资源，主要是一些关于青阳腔的专著和研究论文，同时利用互联网数字资源进行了补充，如赣剧网①、青阳腔相关博客②、江西非物质文化遗产网③等。研究区域的基础地理数据来自中华人民共和国国家测绘局编制的1∶25万地形图资料，包括行政区、居民点、等高线等基本要素。

1. 青阳腔时间传承可视化展示与分析

根据上文中的设计思路，使用Netdraw工具生成青阳腔艺人传承的时间传承关系图。图4-27、图4-28是青阳腔两个派系主要传承关系，图中传承的方向是由师父指向徒弟，两个派系有着相同传承脉络，又有着各自的传承特点。

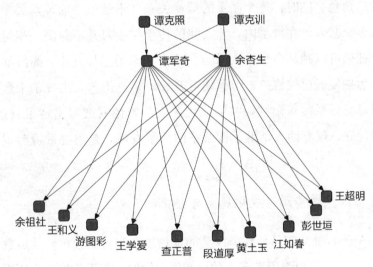

图4-27　都昌县青阳腔艺人时间传承可视化

---

① 南昌大学.赣剧网.[DB/OL].[2014-07-01].http://ganju.ncu.edu.cn.
② 青阳腔.青阳腔的博客[Z/OL].新浪博客，[2014-07-01].http://blog.sina.com.cn/genhao3e333.
③ 江西非物质文化遗产网.[EB/OL].[2014-07-01].http://www.jxfwzwhycw.com/.

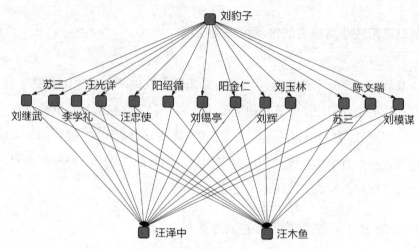

图 4-28 彭泽县青阳腔艺人时间传承可视化

从以上两图中可以看出,每个派系都有各自的传承中心人物。都昌县派系艺人以余杏生、谭军奇为传承派系的中心;彭泽县派系艺人以刘豹子为传承派系中心。他们都在各自派系传承过程中占据了关键的传承位置,扮演着重要的承启角色。同时,每个派系的师徒关系并不是单一的传承关系,某些艺人师从多个艺人。在派系内,艺人间的传承与学习并不封闭,相对比较开放,一个徒弟可以师从多个艺人学习。两个派系的差异在于:都昌县派系传承艺人的后期发展比较繁荣,传承相对开放,第三代艺人出现了十数人的情况;而彭泽县派系的青阳腔,在第二代艺人的繁荣发展后出现了衰落现象,传承相对保守,仅有两人承继了该派系的传承发展,是需要重视和重点保护的对象。

2. 青阳腔地域传承可视化展示与分析

通过 ArcGis 加载都昌县和彭泽县的地理地图和村庄数据,叠加数字高程模型(dem),生成湖口青阳腔艺人的分布图。同时,将青阳腔艺人所在村庄的传承关系,表现为青阳腔地域传承关系,如图 4-29、图 4-30 所示。

从两图中可以看出,两个派系的传承节点都分布在海拔较低、地势较为平坦的地带,他们的传承都相对绕开传承难度较大的山区地带,分布在山区的一侧或者两侧。这说明地势地形对非遗的传承具有一定的影响。二者的不同点在

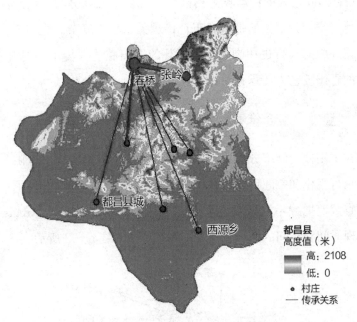

图 4-29 都昌县青阳腔艺人地域传承可视化示意图

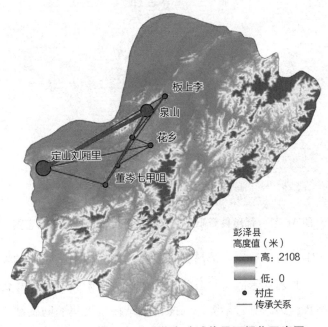

图 4-30 彭泽县青阳腔艺人地域传承可视化示意图

于：都昌县青阳腔艺人的传承较为离散，呈辐射扩散状分布；而彭泽县青阳腔艺人的传承，呈较为聚集的带状分布且传承关系较为复杂。这与上文的"时间传承可视化"中的分析也相吻合：都昌县的青阳腔艺人传承相对开放和繁荣；而彭泽县的青阳腔艺人传承相对保守。

3. 青阳腔时空耦合传承可视化展示与分析

我们在采用社会网络分析法和地理信息可视化分别实现了青阳腔艺人传承的时间传承可视化和空间传承可视化后，通过时间和空间耦合传承可视化，进一步全面直观地把握不同地点青阳腔艺人传承的特点。通过 Arcgis Flex API 的开发实现时间和空间的综合表达，如图 4-31、图 4-32 所示。

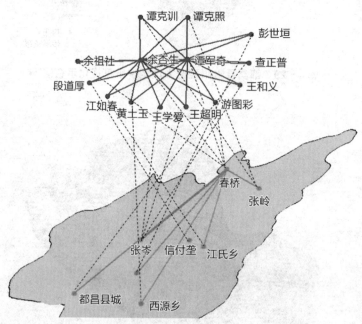

图 4-31　都昌县青阳腔艺人时空耦合传承可视化示意图

从图 4-31 中可以看出，都昌县青阳腔艺人的传承呈发散的树形结构，传承的范围较广。其艺人来源于全县各地，促进了青阳腔的发展和传播。其传承呈现出开放态势。彭泽县青阳腔艺人的传承结构呈聚集的网状结构。虽然传承关系看似复杂，但传承范围不大，主要集中在彭泽县西北部的定山刘厢里和泉山两地。青阳腔的传播比较保守。

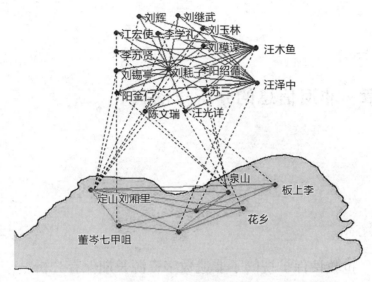

图 4-32　彭泽县青阳腔艺人时空耦合传承可视化示意图

通过以上青阳腔时间、空间、时空耦合可视化的展示，不难总结出以下一些现象和规律。其一，在非遗传承过程中，都存在着中心人物；中心人物的存在对于非遗的传承乃至繁荣和发展起着至关重要的作用。这一现象提醒我们，在非遗保护过程中要注重发现和培养非遗传承中心人物（这里的中心人物不仅仅指认定的传承人，还指那些真正能为非遗知识传承和文化传播发挥作用的传承人），要为他们提供必要的多方面的条件保障。其二，非遗的传承一定程度上受到了地势、地形的影响，这与人类生活空间的分布规律有关。非遗空间传承可视化结果显示：青阳腔的传播主要位于地势较为平坦的地区；而在地势起伏的山区，传播受到了限制。这一规律虽然未必适用于所有非遗项目，但对我们开展非遗项目调查和研究具有启示作用。其三，基于青阳腔两个派系时间、空间、时空耦合传承可视化的比较，不仅能够得出一些关于青阳腔发展态势的结论，还能帮助我们更具针对性地去关注和解决对比中发现的问题。

第五章　非遗信息的分析与挖掘

第一节　抢救性保护视阈下非遗数字资源长期保存分析

目前，运用数字化、多媒体等现代科技手段，对珍贵、濒危并具有历史价值的非遗对象进行真实、系统和全面记录、建立档案或数据库，已经成为非遗保护工程的主要实施内容，数字化技术也因其无害性、真实性、有效性成为非遗保护的重要手段及方法。然而非遗保护的范畴，不仅包括传统的文化表现形式，还包括其赖以生存的文化空间等。单一的数字化技术与存储方式，通常忽视了非遗隐性知识及其文化空间的活态性、本土性及完整性，很难将其作为一个整体进行保存；因此其数字资源的长期保存就成为了亟待解决的问题。可以说，实现非遗数字资源长期保存，是解决非遗数字化抢救与保护问题的必要途径。本节以非遗长期保存为切入视角，系统分析了当前我国实施的非遗长期保存数字化战略，并据此提出了非遗数字资源长期保存策略。

一、现行非遗保护名录及其分布

为了有效保护非遗，联合国教科文组织设立了评选制度，并建立三种名录类型，即"最能体现《公约》原则和目标的计划、项目和活动"（简称"最佳实践名录")、"人类非物质文化遗产代表作名录"(简称"代表作名录")、"急需保护的非物质文化遗产名录"(简称"急需保护名录")。对以上三类名录进行比较分析,一方面可以从宏观上把握各国非遗保护的最新进展,另一方面可以折射出不同名录所反映的非遗保护工作的侧重点。

1. 三类名录的总体分布情况

三类名录均为尽快实现非遗保护的重要举措。"最佳实践名录"是"最能体现公约原则和目标"的计划、项目和活动的国际肯定;"代表作名录"主要考虑收录非遗作品的艺术价值,也从另一个层面显示出,所包含的非遗项目的资源建设包括数字资源建设情况;而"急需保护名录"则强调濒危急救的重要性,所收录的非遗项目亟需采用适当的保护措施以避免其消亡。三类名录收入非遗项目数量的年度变化趋势如图 5-1 所示。

图 5-1 三类名录收录非遗项目的年度变化趋势

从图 5-1 中可以看出,"最佳实践名录"遴选那些完整的、有效的非遗保护计划,需要入选项目的数字资源建设达到一定程度和标准,评选要求最高且鼓励跨国申报,故入选项目数量最少,截至 2017 年 12 月共计 19 项;"代表作名录"从 2008 年开始收录,其数量远远大于其他两个名录,2017 年该名录收录的非遗项目共计 400 项;"急需保护名录"中所涉及的非遗项目数量从年度分布上看较为平均，数量小于"代表作名录"而略大于"最佳实践名录"，共计52项。反映出各国都有面临消亡而急需保护的非遗项目，但这些项目仅仅进入了名录，并没有提供合适的抢救性保护措施，信息资源建设程度较之"代表作名录""最佳实践名录"中的非遗项目有较大的差距。

2. 三类世界级非遗名录的地区分布情况

截至2017年12月，入选三类名录的非遗项目来自世界五大地区的172个国家，分布情况见图5-2至图5-4。呈现出以下规律：

首先，入选"代表作名录"与"急需保护名录"的非遗数量呈稳步发展的趋势，这与各地区对非遗保护工作的重视有极大的关系。但各地区入选"最佳实践名录"的非遗项目数量都不高，仅2016年欧美地区申请的非遗最佳实践达到5个项目，说明非遗保护的实践工作开展还存在较大的困难。

其次，亚太地区入选代表作名录的非遗项目与急需保护项目略高于其他地区，所涉及的国家大多历史悠久，文化与人类遗产丰富。但亚太地区的最佳实践项目远低于欧美地区。

再次，地区间入选数量存在不平衡的现象。如阿拉伯地区在三类名录中入选的非遗项目均很少，与该地区语言文化的特殊性、政局不稳定等具有较大的关系；欧美地区基本呈现增长趋势，这与其技术发达程度及政府重视程度是分不开的。

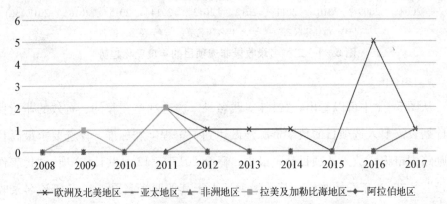

图5-2 入选最佳实践名录的非遗项目地区变化趋势

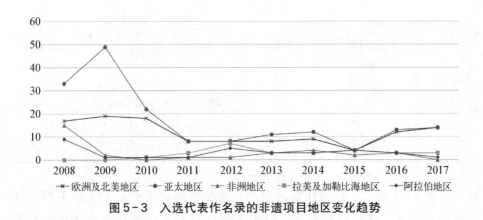

图 5-3 入选代表作名录的非遗项目地区变化趋势

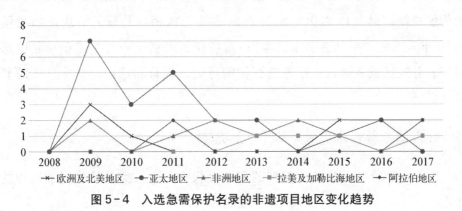

图 5-4 入选急需保护名录的非遗项目地区变化趋势

3. 三类世界级非遗名录的主题分布

通过三类名录所涉及非遗项目的主题分布情况(见表5-1),可以反映出每类名录在评选时的工作侧重,亦可了解各类名录所保护的主体对象。按《保护非物质文化遗产公约》可将非遗项目划分为五个类型:口头传说与表述,表演艺术,社会风俗、礼仪、节庆,自然界、宇宙的知识和实践,以及传统技能。

表 5-1 非遗三类名录的主题分布情况

	口头传说与表述	表演艺术	社会风俗、礼仪、节庆	自然界、宇宙的知识和实践	传统技能
最佳实践名录	0	0	14	0	5
占比	0	0	73.7%	0	26.3%

续 表

	口头传说与表述	表演艺术	社会风俗、礼仪、节庆	自然界、宇宙的知识和实践	传统技能
代表作名录	61	104	131	15	89
占比	15.4%	26%	32.6%	3.8%	22.2%
急需保护名录	1	6	21	0	24
占比	1.9%	11.5%	40.4%	0	46.2%

由表 5-1 可知，代表作名录中的非遗项目涵盖了所有的主题类型，且分布较为平均；急需保护名录中的非遗项目更为关注的是隐性且面临失传的传统技能，以及以文化空间为表征的社会风俗、礼仪、节庆，如我国 2010 年入选的"中国活字印刷术"；而最佳实践名录中的非遗项目是遴选国家、分地区或者地区关于非遗保护的计划、项目和活动，并非具体的非遗作品。

4. 非遗抢救性保护的必要性与紧迫性

以上的比较显示抢救性保护的实施过程中，这三类名录起到了不同的作用。

第一，非遗抢救性保护得到了各国、各地区的广泛关注，但普遍更为注重申报代表作名录。这是由于各国对非遗数字化保护力度加大，以某一非遗项目开展的信息资源建设已经较为成熟，能够代表本国精神面貌与文化传承体系，具有申报能力与申报条件。

第二，以亚太地区为代表的发展中国家，由于历史悠久、地域广阔而拥有大量的优秀人类文化，在急需保护名录中体现出集中的趋势。但经过调研，出现在急需保护名录中的所有项目并未建立起专门的数据库，甚至无法找到太多的图片、音频、视频记录，这说明急需保护名录的建立，并未对各国开展抢救性保护实践起到有效的指导作用。

第三，急需保护名录的建立，侧重对濒危非遗项目的抢救性保护，是数字化保护的第一阶段；代表性名录的建立，反映了基于某一具体项目的非遗信息建设情况，是数字化保护的体现形式；而最佳实践名录，多以实现活态性文化空间传承为主,是数字化保护的高级阶段①。

以上三类世界级名录的建立,均是实现非遗抢救性保护的重要举措,其中急需保护名录反映了各国濒危、且亟待保护的非遗项目名单,但这一名录中所涉及的项目数字化程度最低,信息资源建设情况最差。造成这一状况的主要原因,是这些项目主要涉及多种隐性的民族技艺,通常缺乏适当的数字化方法,其蕴含的文化内涵与存在的文化空间,无法完全借助数字载体进行存储。非遗抢救性保护迫在眉睫,但却又缺乏合理的数字化保存策略。

二、非遗抢救性保护数字化战略的态势分析法(SWOT)分析

截至 2017 年 12 月,我国入选世界代表性名录的项目高达 38 项,居世界第一;入选急需保护名录的项目只有 7 项;而入选最佳实践名录的项目只有 1 项。这说明,我国在非遗数字资源建设中已初见成效,也取得了良好的应用效果,但数字化程度不高,以其为主要手段的抢救性保护开展还存在较大困难。故有必要对目前我国的非遗抢救性保护数字化战略实施进行全面系统的分析。

1. 数字化与非遗抢救性保护

非遗的数字抢救与保护,即利用各种数字信息,如数码拍摄、三维扫描、数字录音、网络数据库等,对非遗资源进行采集与分类、存储与处理、管理与服务,建立文字、图像、视频、音频、动画等数据库,并开发功能强大的搜索引擎,使非遗资源及其文化空间实现数字化再现;并以新的视角加以解读,以新的方式加以保存,以新的需求加以利用。目前运用数字化手段抢救保护非遗的必要性与重要意义,已经在我国形成了广泛共识。一方面,先进的数字化技术能够为非遗长期保存提供全新的技术手段;另一方面,实现非遗数字资源的抢救性保护,并在此基础上构建其完整的保护体系,是非遗文化传承与传播的必要途径。

---

① 马治国,刘丽娜.从确立保存到传承复兴的"非遗"国际法保护之路:评析国际"最佳实践项目名录"制度 [J].西北大学学报(哲学社会科学版),2012,42(5):132.

本节利用 SWOT 战略分析框架，解析非遗抢救性保护中的数字化战略推进现状，其目的就是全面、系统地了解非遗数字化抢救与保护工作中存在的优势、劣势、机遇与挑战，为制定出科学、合理、可行的非遗抢救性保护数字化发展策略提供依据。

2. 优势分析

数字化技术已经成为当前非遗保护工作的最有效手段之一，其优势主要表现在以下两方面。

（1）传统数字化技术为非遗资源保存、抢救提供了基本技术支持

由于"抢救"是非遗保护的首要工作，事关一些濒危的非遗项目"生死"，其根本目标就是尽可能地挽救濒临消亡的非遗事项，并为实现其长期保存留下丰富珍贵的文本及数字化历史资料。数字化技术为非遗抢救性保护工作提供了基本技术手段，转化成数字形态的非遗资源，在得以永久保存的基础上，有助于实现非遗的重现、再生和有效利用。非遗数字化将最终在形成集抢救、挖掘、保护、传承与利用为一体的崭新局面。

（2）现代数字化技术为非遗数字化抢救与保护拓宽了新的路径

以语义网技术、物联网技术为代表的现代数字化技术的发展，为非遗的采集、保存、展示与传播提供了更为广阔的空间；数字化采集和存储技术（如数字摄影、运动捕捉），为非遗完整保护提供了保障；数字化复原和再现技术（现代计算机图形学、数字图像处理），为非遗有效传承提供了支撑；数字化展示与传播技术（如数字博物馆），为非遗广泛共享提供了平台；虚拟现实技术，为非遗开发、利用提供了空间。

3. 劣势分析

数字化技术的弊端也是显而易见的，本节主要从以下两个方面进行说明。

（1）数据采集阶段成本较高，数字资源重复建设严重

在非遗抢救性保护工作中，通常更为重视后期非遗数据库的建设与资源使用，如存储方式的选择、可视化展示平台构建等，而忽略在数据采集阶段的成本投入。实际上，在非遗资源采集阶段更需要大量的资金投入。一方面，数字

化技术本身存在一定的弊端,设备配置、系统开发、技术创新等贯穿其数字资源保存与利用的各个阶段,都需要高成本的投入;另一方面,针对不同的濒危非遗项目会制定不同的数字化方法,不同机构也会对同一项目采用不同的抢救方案,从而不仅导致成本的提高,还会带来数字资源重复建设。

(2) 数字化保存方式较为单一

目前我国的抢救性保护还基本上停留在拍照、采访、记录和物品收藏等简单的工作层面上,这种文字、录音、拍照、摄像等传统的非遗抢救性保护方法,曾保存了一大批珍贵的非遗资源。但这些传统的数字化技术与资源保存方法,不仅会受到自然环境的限制,也会使记录的部分信息不同程度地出现失真,单一的数字化及资源存储方式忽略了非遗项目本身的内涵及其存在的文化空间,很难把非遗作为一个完整的整体给予保存。非遗抢救性保护的数字化策略,不仅需要达到记录、保真的效果,还有必要对其资源实现长期保存与开发利用。

4. 机遇分析

政府的支持与保护,以及非遗文化长期保存的现实需求,都为非遗数字化的抢救性保护带来了新的发展机遇。

(1) 政府扶持力度持续加大

对非遗的抢救、保护政府相关部门极为重视。2005年3月26日颁发的《国务院办公厅关于加强我国非物质文化遗产保护工作的意见》,正式提出了包含"抢救第一"的十六字非遗保护方针,其目标是对珍贵、濒危并具有历史、文化和科学价值的民族民间传统文化进行有效保护。是年12月22日,国务院发布《关于加强文化遗产保护的通知》,并制定"国家+省+市+县"共四级保护体系,通过建立国家级、省级、市级及县级非遗名录,对非遗抢救性保护的优先顺序进行了合理规划,也成为我国申报三类世界级非遗名录的重要依据。

(2) 云计算环境为非遗数字资源长期保存提供了良好的发展平台

数字资源长期保存问题是实现非遗数字化抢救与保护的难点所在。当前非遗数字资源保存很大程度上借鉴了较为成熟的数字资源长期保存技术框架,可靠的存储环境是开展非遗数字资源长期保存活动的重要条件。云存储、云仓储延续了云计算技术的优势,可以实现对资源的集中监控和动态管理,从而解决数字资源长期保存在存储空间和有效管理方面的难题，在实现非遗资源数字化后，成为其长期保存的良好选择。

5. 威胁

大数据环境下，非遗资源呈现出海量、异构、多源等特点，这给非遗数字化抢救与保护带来较大威胁。主要体现在以下两个方面。

(1) 标准规范问题

自 2011 年正式启动非遗数字化保护标准体系至今，已经形成了包括《数字资源信息分类与编码》在内的三个基础标准，以及包括《数字资源采集实施规范》在内的七个基本标准。尽管如此，这些标准目前并没有完全应用于所有非遗数字化抢救与保护的过程中。一方面，非遗资源的复杂性使其分类标准、描述标准、数字化标准尚不能达到统一，从而造成未来各地数据库难以融合。另一方面，在存储载体、存储格式、存储环境等的选择上，以及信息分类、元数据编制等方面，都具有很大的随意性和不确定性，非遗资源保存方式有欠统一，对非遗资源存储与利用造成不利影响。这都说明了我国非遗数字抢救与保护缺乏自上而下的标准体系建设，存储保护方式尚需合理化。

(2) 安全隐患

安全隐患主要表现在技术挑战与产权风险两个方面。非遗数字资源抢救与保护关键在于维护数字信息永久性与真实性。与其他数字资源类似，其也面临着数据丢失、介质故障、软硬件过时、结构错误等问题。与此同时，非遗数字资源不仅包括非遗信息资源，还包括所衍生出的数字化产品。其抢救与保护会涉及不同的地区、机构或组织，任何一个部门实际上都无法独立完成这一工程性的项目，这就涉及大量的知识产权问题，如权力主体界定不明、民族技艺类的隐性知识产权、口头传承文化的归属等问题。

三、非遗数字资源长期保存的策略、建议与方案

在对非遗抢救性保护现状进行 SWOT 分析后，明确了应用数字化技术实现非遗抢救性保护时的优势、劣势、机遇及挑战，但仍需制定具体的策略以确

保非遗抢救性保护工作的顺利推进。

1. 非遗抢救性保护的数字化策略

本节基于 SWOT 分析框架，进一步提炼出非遗抢救性保护数字化发展策略，即 SO（优势—机遇）、ST（优势—威胁）、WO（劣势—机遇）及 WT（劣势—威胁）策略（图 5-5）。

SO 策略	ST 策略
1. 应用综合性数据采集策略 2. 整合多源、异构非遗数字资源 3. 最大程度实现资源开发与利用	1. 实现多类型、多内容非遗资源数字化 2. 完善人才体系结构 3. 创新当前数字资源存储模式
WO 策略	WT 策略
1. 加大政府引导下的多方合作 2. 设计多维度元数据标准体系 3. 选择科学合理的技术方案	1. 实现组织协同，减少重复性支出 2. 完善保存政策，建立责任体系 3. 界定知识产权归属

图 5-5 非遗抢救性保护的数字化 SWOT 策略

其中，SO 强调发挥现有优势，抓住当前机遇，制定整合多源、异构非遗资源等三种增长性策略；ST 策略聚焦发挥现有优势，规避不利条件，制定完善人才体系结构等三种多元性策略；WO 侧重避免不足，扩大发展机会，制定加大政府引导下的多方合作等扭转性战略；而 WT 则是为了弱化劣势、降低风险采取的防御性战略，包括界定知识产权归属等。

图 5-5 提出了非遗抢救性保护的数字化策略的备选方案。笔者基于以上 SWOT 策略分析，从微观与宏观两个层面，进一步凝练出以数字资源长期保存策略作为实现非遗抢救性保护的最佳战略方案。这一策略可进一步归纳为技术方案的选择、标准体系的构建、组织机构的协同及管理制度的制定四个方面的内容。

2. 非遗数字资源长期保存的技术方案

数字资源保存策略中，技术方案是其他全部策略赖以依附和执行的基础，亦是非遗数字资源长期保存的核心与关键；而非遗数字资源的复杂性与多源性，使其长期保存所涉及的技术方案更为复杂，其关键取决于被保存数字资源的内容与服务需求。基于此,本节构建基于三个要素的非遗数字资源长期保存技术选择框架(图5-6),该框架包含的三个要素即保存内容、保存需求与保存技术。

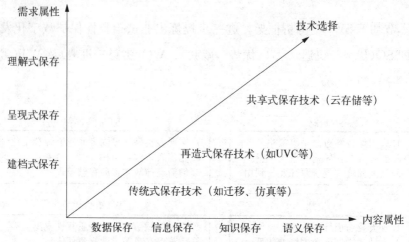

图5-6 非遗抢救性保护的数字资源长期保存技术选择框架

(1) 保存内容

保存内容是非遗数字资源长期保存的目标对象,决定了保存技术策略的选择。不同的非遗数字资源保存内容因其属性的不同,对保存的需求也有所不同。该框架中按照不同的层级度将非遗数字资源保存内容划分为数据保存(只存储原始数字对象,维护原始位流的完整性和可读取性,不考虑数字对象的载体与相关功能)、信息保存(以文档、图片、音视频等多种载体保存的信息资源内容)、知识保存(除信息资源外,还保存与其存储、使用相关的元数据)及语义保存(建立起以上三种保存方法与资源间的关联与推理关系)。

(2) 保存需求

非遗数字资源长期保存的最终目标就是使非遗文化能够实现最大范围内的传承与传播,故建档式的保存目标仅仅是其长期保存的第一步。在此基础上,还需要使其能够直观地呈现给用户,并能够让用户认知与理解,即非遗数字资源长期保存也需要面向用户。三种不同层次的保存需求也决定了技术策略的选择,如同一类数字资源可有不同的可视化呈现方式。

(3) 保存技术

非遗数字资源长期保存面临的一个挑战就是随着时间的变迁,数字资源需要通过特定的技术实现其保存与呈现。目前，迁移、仿真和硬件博物馆等传统数字资源保存技术已经较为成熟，UVC等数据再造技术正在进一步地发展；①而基于云计算产生的云存储、云仓储技术，以使保存对象多样化、保存资源平台化的巨大优势，②成为非遗数字资源长期保存技术策略的良好选择。

该框架可以根据非遗数字资源所涉及的内容及保存需求，选择适当的保存技术。一方面，可以解决非遗资源的复杂性问题，即非遗数字资源不仅包含相关的信息资源，还包含与非遗项目相关的人、实物及文化空间的数字化形式；另一方面，根据不同的展示需求采用不同的技术方案，避免了抢救性数字化保护中的成本过高、投资过大的问题。

3. 非遗数字资源长期保存的标准体系

无论处于非遗数字资源长期保存的何种阶段、选择何种长期保存技术，都需要建立一个完善的标准体系，以保证和约束非遗数字资源长期保存工作的顺利推进。基于此，本节构建三个维度下的非遗数字资源长期保存元数据标准体系（图5-7），即资源类型、项目内容及基于前两者实现的传承与传播维度。

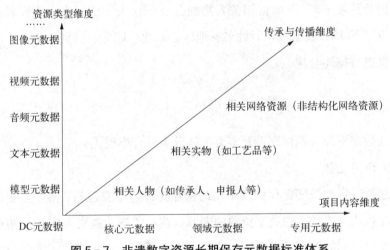

图5-7 非遗数字资源长期保存元数据标准体系

---

① 李卓卓，沈妍. 云仓储环境下图书馆联盟数字资源长期保存合作模式研究［J］. 图书情报工作，2013，57(14)：45-49.
② 吴振新，张智雄，郭家义. 数字信息资源长期保存技术策略分析［J］. 现代图书情报技术，2006(4)：8-13.

(1) 资源类型维度

是指非资源数字化的具体表现形式,可分为文本、音频、视频等。目前我国已基本建立起针对多种资源类型的元数据方案,如"多媒体元数据规范"《国家图书馆拓片元数据规范》[①] 等,可以直接选择和复用。

(2) 项目内容维度

主要针对各非遗项目中以技艺传承、口头传播为主的隐性知识。其中非遗核心元数据根据 DC 元数据制定;领域元数据根据非遗及 DC 元数据扩展而成(如传统舞蹈、传统戏剧等领域);专用元数据则根据领域元数据、非遗核心元数据、DC 元数据而制定,其专指性较强,通常指某一个特定专业的元数据集合(如家谱元数据、中医药古文献元数据、戏剧中的剧目元数据等)。

(3) 传承与传播维度

非遗数字资源长期保存的内容除以上两个维度外,还涉及相关的人物、实物及网络中的非结构化资源,这部分内容在实现非遗数字资源长期保存时常常被忽略,但确是其抢救性保护时的重点工作对象。故标准体系将这一维度中所涉及的内容考虑在内,所构建元数据著录方案参照许鑫制定的非遗数字资源核心元数据及其限定词。[②] 如将相关人物细分成申报人、传承人、研究者、保护者等,复用 FOAF 数据集,对姓名、地区、职业、职务、性别、生卒、民族等个人信息进行描述与规范。

4. 非遗数字资源长期保存的组织协同

非遗数字资源长期保存涉及多方主体及多种合作模式。

(1) 协同主体

非遗数字资源长期保存涉及不同的协作主体,主要包括:第一,非遗数字资源产生机构。这是非遗数字资源的来源机构,负责非遗资源实地或初期数字化产生及过渡期的保存。在我国,这类主体主要是产生非遗数字资源的保护机

[①] 胡海帆,汤燕,姚伯岳,等.国家图书馆拓片元数据规范 [M] //肖珑,苏品红,胡海帆.国家图书馆拓片元数据规范与著录规则,北京:国家图书馆出版社,2014:1-40.

[②] 许鑫,张悦悦.非遗数字资源的元数据规范与应用研究 [J].图书情报工作,2014,58(21):13-20.

构、技术部门、相关组织及个人。第二，非遗数字资源保管机构。这是非遗数字资源长期保存的核心主体，主要负责接受有价值的非遗数字资源并妥善管理，并实现其资源开发与利用等。在我国，这类主体包括各级各类的档案馆、图书馆、博物馆等具有保存功能的机构。第三，第三方主体。这是指为非遗数字资源长期保存提供技术、资金和管理等方面支持的组织和个人，所涉及的范围广泛，既包括非遗数字资源长期保存研究的参与者，如高校、研究机构等，也包括相关以盈利为目的的技术公司。第四，政府相关部门。政府既是非遗数字资源长期保存主要责任者，也是其重要受众，在非遗数字资源长期保存、拯救数字记忆方面肩负重要责任。若需实现非遗数字资源长期保存下的抢救性保护，需要以上几类主体的共同协调。

（2）协同模式

2016年联合国教科文组织公布的《联合国持续计划选择数字遗产进行长期保护指导方针》(UNESCO PERSIST Guidelines for the selection of digital heritage for long-term preservation)按照合作的紧密程度归纳了三类合作模式[①]：集中分布式合作、平行分布式合作和高度分布式合作。以上三种协同模式各有特色，应当充分把握文化共享工程、城市记忆工程、大数据环境下建设数字中国战略的契机，由政府主导，建立以集中分布合作模式为主体，以平行分布式、高度分布式合作模式为补充的综合性组织协同模式，开展三种形式的协同合作。即档案馆、图书馆、博物馆等非遗数字资源保存机构间的协同，非遗数字资源产生机构与保管机构的协同，以及突破非遗数字资源保存的传统管理范围、面向社会的各相关主体间的合作，发动广大民众自发加入非遗抢救性保护的行列。

5. 非遗数字资源长期保存的管理机制

在非遗数字资源长期保存中，管理是从整体上进行宏观规划、组织和控制，即使已经实现了非遗数字资源长期保存，也需要建立良好的管理机制。非遗数字资源长期保存的管理机制主要包括保存政策、责任机制、知识产权三个

---

① IFLA. The UNESCO/PERSIST Guidelines for the selection of digital heritage for long-term preservation [EB/OL]. [2020-12-20]. https://www.ifla.org/node/10723.

方面的内容。

(1) 保存政策的制定

非遗数字资源长期保存涉及的技术选择、标准制定、协同合作等问题，都需要政策与法律的约束。目前国际上包括教科文组织在内的多个机构、多个国家正在制定有关政策，有的已经实施，有的正在实施的过程中。非遗数字资源长期保存政策可以以实现非遗抢救性数字保护为最初目标，包括两个方面：一是保存资源的选择与保存程度的选择，即选择那些濒临消亡、容易丢失，与未来有关联的、具有重要价值的非遗数字资源，尤其是"口传心授"的原始数据；二是在实现长期保存的基础上，推进非遗抢救性保护的进程，使濒危资源不仅得以传承，还能得到一定程度的开发利用。

(2) 责任机制的归属

上文中已经指出非遗数字资源长期保存涵盖多种主体类别，其责任不应归属于某一或某类机构，不仅仅是图书馆、档案馆、博物馆这类保存管理机构，数字内容的创造者、生产者、开发者都应承担相应的责任。这种以合作形式为基础的责任机制，在上文中已经提及，此处不再赘述。

(3) 知识产权的界定

非遗项目存在于民间，并未具有特定的组织机构，且同一项目有多人共同传承，因此应该进一步完善知识产权体系。本节借助上文划分的各类协同机构，在对当前各类非遗数字资源分类现状进行研究的基础上，界定不同非遗项目的知识产权归属，构建非遗数字资源知识产权体系。

第二节 生产性保护视阈下非遗刺绣商品信息挖掘分析

本节基于淘宝电商平台，对非遗商品进行挖掘分析，以我国的四大名绣为例，进行相关信息的抓取、挖掘、对比分析，旨在了解这些非遗商品在电商平台上的发展现状，找出同类别非遗商品的销售差异及原因，向非遗商品的售家提供可行的改进方案，帮助他们调整策略，并为此领域的潜在进入者提供参考。

一、基于电商平台商品信息的挖掘方案

电商平台中商品的标题信息和评论信息,是用户购买或者获取商品信息的重要关注点,因此将两者结合起来并进行深入的对比分析。整体研究方案见图5-8。

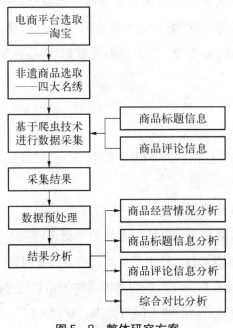

图5-8 整体研究方案

1. 数据采集

本节使用淘宝网作为数据采集平台,淘宝网是中国深受欢迎的网购零售平台,卖家进入门槛低,聚集大量非遗中小企业和零售商。在非遗商品的选择上,笔者选取刺绣中的"四大名绣"。刺绣是我国民间传统手工艺之一,历史悠久,其中,苏州的"苏绣"、四川的"蜀绣"、广州的"粤绣"、湖南的"湘绣"并称为我国的"四大名绣"。2006年,四大名绣被国务院列入我国第一批非遗项目。这四种绣品不仅知名度较高,而且发展相对成熟,商品种类丰富。

在研究过程中,借助GooSeeker网页爬虫工具,对四种绣品的检索结果按销量由高到低排序后,获取其商品标题信息和商品评论信息。检索时间为2017

年 1 月 10 日至 2017 年 1 月 20 日，在 10 天时间内完成四种绣品相关信息的采集，有助于检索结果的稳定。

商品标题信息爬虫结果过滤掉图书、纯教程类的商品，可得研究样本苏绣 4 386 条、蜀绣 4 373 条、粤绣 3 096 条、湘绣 4 399 条。商品评论信息对每种绣品销量前十的商品的评论进行采集。苏绣销量前十的商品均为手工 DIY，蜀绣、粤绣、湘绣前十的商品大多为刺绣成品。过滤掉缺失、重复、异常的评论，可得研究样本苏绣 5 298 条、蜀绣 677 条、粤绣 135 条、湘绣 348 条。

经过采集和简单的预处理，共形成两类数据（商品标题信息与商品评论信息）和八个数据集。

2. 数据处理

采用武汉大学中文挖掘软件 ROST CM6 对商品标题信息和商品评论信息的八个数据集进行文本挖掘。

（1）商品标题信息的处理

以苏绣为例，运用 ROSTCM6 对苏绣的数据集的文本节件进行分词处理，根据分词结果进行对 ROSTCM6 中的过滤词表、归并词表、自定义词表进行调整。对"苏绣""刺绣"这两个反映事物本身的词语进行过滤，将"扫描""工艺"等不能反映事物性质词汇纳入停用词表，对"入门""基础"这类的同义词汇进行归并。对一些在分词时被分开词汇如"手绣""针迹"等，在自定义词表中进行增加。调整后，重新进行分词，得到词频统计。最后使用 NetDraw 工具构建社会网络并进行语义网络分析，对商品标题信息中词语的关系进行分析。

（2）商品评论信息的处理

首先，对 ROSTCM6 进行分词处理，统计词频并提取商品相关特征。由于商品评论信息相较于商品标题信息具有不确定性、口语化等特点，笔者对评论分词结果中的反映商品特征的词汇进行人工标注。以蜀绣为例，将"品质""做工""绣工""材质""瑕疵"等词语归纳于"质量"这个特征，将"高档""廉价""拿得出手"等词语归纳于"档次"这个特征。最终找到蜀绣商品的特征词为"包装""质量""服务""物流""档次""价格""用途"（蜀绣主要是礼品），并对这七个特征词在评论中的分布情况进行统计，以便进一步分析。

二、四大名绣商品经营情况及特征分析

1. 四大名绣商品经营的情况

为了对四种绣品在淘宝电商平台上的经营情况有大致的了解,笔者借助淘宝自身的检索栏,分别输入检索词"苏绣""蜀绣""粤绣""湘绣",统计其商品数量及店铺数量,并取每种名绣商品销量前50名商品的平均价格,结果如表5-2所示:

表5-2 四种名绣商品整体经营现状

	苏 绣	蜀 绣	粤 绣	湘 绣
商品数量	102 958	6 778	2 899	8 324
店铺数量	3 037	299	111	367
价格平均值(元)	39.62	74.50	183.14	388.90

从表5-2中可以看出,苏绣的商品数量及店铺数量远高于其他三种绣品,但其销量前50名商品的平均价格却是四种名绣商品中最低的。粤绣、蜀绣和湘绣无论是在商品数量、店铺数量上都远远低于苏绣,但在平均价格上却都远高于苏绣。

结合表5-2中的统计数据以及四种名绣商品的行业发展现状,可以看出苏绣的市场规模大且占有率高。在平台上,从销量排名前50苏绣绣品的平均价格也可以看出客户对苏绣中低档商品的认可度和需求是非常高的。相较于苏绣,其他三种绣品的市场占有率低、市场规模小、价位高。因此,蜀绣、粤绣和湘绣可能存在商品宣传推广不足、生产方式落后、成本控制较弱、定价策略不灵活,以及中低端商品的开发严重不足等问题,不利于知名度的扩大和销量的提升。

2. 商品标题的特征分析

(1) 商品标题信息词频统计与高频词分类

商品标题是商品的信息载体,其中蕴含着吸引消费者的营销模式、产品定

位等细节描述，也反映着商品的价值取向和差异。[①] 因此笔者对所采集到的四种绣品的相应的商品标题信息进行分词和词频统计，在词频统计时，将"初学""入门"归并于"初学"，"礼品""礼物"归并于"礼品"。分别选择了四种名绣商品词频排名前30的词汇，如表5-3所示：

表5-3 非遗四种名绣商品前30个高频关键词

序号	苏绣		蜀绣		粤绣		湘绣	
	高频词	词频	高频词	词频	高频词	词频	高频词	词频
1	手工	2 763	礼品	4 611	礼品	2 155	手工	2 467
2	成品	2 166	特色	2 664	手工	1 962	苏绣	1 892
3	客厅	1 489	中国风	1 848	苏绣	1 351	礼品	1 631
4	DIY	1 423	出国	1 733	湘绣	1 067	客厅	1 545
5	挂画	1 404	老外	1 770	特色	940	成品	1 484
6	礼品	1 326	手工	1 636	蜀绣	889	精品	1 435
7	初学	1 292	双面绣	1 491	老绣	809	装饰画	1 360
8	套件	1 094	四川	1 431	广州	773	双面绣	955
9	精品	946	成都	1 391	摆件	683	摆件	836
10	装饰画	843	摆件	1 271	岭南	671	DIY	682
11	苏州	785	围巾	958	DIY	670	挂画	633
12	绣花	717	蜀锦	928	套件	653	装饰	599
13	玄关	581	屏风	852	底稿	592	蜀绣	592
14	包邮	554	真丝	759	老外	591	牡丹	589
15	真丝	536	商务	678	出国	502	套件	528
16	装饰	514	熊猫	674	外事	478	湖南	520
17	卧室	508	外事	402	中国特色	427	礼物	481
18	牡丹	431	锦官堂	331	文化	401	富贵	423
19	双面绣	414	鸡翅	315	双面绣	370	特色	411
20	荷花	401	牡丹	308	屏风	344	苏州	394
21	工具	393	成品	303	打籽绣	294	粤绣	380

[①] 李仁杰，傅学庆，张军海.网络店铺中地域文化商品价值取向的文本挖掘：蔚县剪纸的实证研究[J].地理研究，2013，32(8)：1541-1554.

续 表

序号	苏绣		蜀绣		粤绣		湘绣	
	高频词	词频	高频词	词频	高频词	词频	高频词	词频
22	餐厅	320	苏绣	279	代购	280	单面绣	367
23	手帕	314	精品	279	非十字绣	280	软裱	363
24	书房	306	会议	279	红棉	244	高档	330
25	商务	306	披肩	275	精品	241	丝线	318
26	教程	294	送礼	267	绣片	237	底稿	307
27	花鸟	272	客厅	263	清代	220	真丝	292
28	特色	258	挂画	262	南国	207	绣花	290
29	摆件	254	绣花	261	广府	197	送礼	284
30	针迹	253	钱包	259	民国	181	家居	281

淘宝的标题限制在30字之内,淘宝的卖家在设置商品标题时会添加相关词汇来提高检索率。表5-3中的这些高频词反映了卖家的营销模式、细节描述等,结合专家咨询的意见,将分词统计结果的高频词分为七类,如表5-4所示:

表5-4 非遗四种名绣商品高频关键词分类

	苏绣	蜀绣	粤绣	湘绣
刺绣种类	双面绣	双面绣、苏绣	双面绣、打籽绣、苏绣、湘绣、蜀绣	双面绣、单面绣、苏绣、蜀绣、粤绣
地理位置	苏州	四川、成都	广州、岭南、南国、广府	湖南、苏州
商品定位	礼品、初学、玄关、卧室、餐厅、书房、商务	礼品、出国、老外、外事、客厅	礼品、出国、外事、老外	礼品、客厅、礼物、高档、送礼、家居、精品
商品属性	手工、成品、DIY、真丝	手工、成品、真丝	手工、DIY	手工、DIY、真丝
商品主题	牡丹、荷花、花鸟	熊猫、牡丹、中国风	中国特色、清代、民国	牡丹、富贵
商品样式风格	挂画、装饰画、手帕、摆件	摆件、围巾、披肩、挂画、钱包	摆件、屏风、绣片	装饰画、挂画、软裱、丝线
其他	包邮、教程、针迹	锦官堂	文化、底稿、代购、清代	底稿

刺绣种类：在四种名绣的商品信息描述高频词中，都含有双面绣且排名靠前，可见双面绣这种工艺在绣品中广泛应用。另外出现在湘绣高频词中的"单面绣"、粤绣中的"打籽绣"，则显示了这两种名绣商品的特色。

研究还发现，"苏绣"在其他三种绣品的高频词中都有出现，特别在湘绣高频词中排名极高，可见苏绣的影响力。这几年，苏绣发展势头良好，在国内外市场都占有绝对优势，相比之下另外几种绣品发展则不太乐观。其他三种绣品的卖家将"苏绣"加入到商品标题中，可以提高商品检索到的概率，提高购买转化率；但同时也反映出这三种绣品影响力欠佳。这种提高检索效率的方式，其他卖家可适当借鉴；但如要从根本上转变这三种绣品较为被动的局面，还需要依靠政府、非遗绣品工艺传承人、经销商等多方的通力合作，突破传统的思维模式，利用先进技术进行绣品的推广。

地理位置：表 5-4 中的地理位置信息与四种名绣商品的地域归属大体符合：苏绣中含有苏州，蜀绣中含有四川、成都，粤绣中含有广州、岭南、南国、广府，湘绣中含有湖南。湘绣地理位置高频词中包含苏州，主要是由于湘绣的很多商品的标题描述中都加入了与苏绣相关的词汇。

商品定位：商品定位类的高频词，用于从客户的角度描述商品的应用价值，从表 5-4 中可以看出包括礼品和生活用途类，礼品类中又包含一般礼品和外事礼品。外事礼品指礼品用于外事、商务等用途，同时可以看出蜀绣、粤绣多用于外事礼品用途。生活用途类主要是描述绣品融入生活场景中的用途，比如"客厅、卧室、书房"等，从表 5-4 中可看出苏绣、湘绣中此类用途的商品较多。另外苏绣高频词"初学"说明了一些苏绣的商品定位于初学者。

商品属性：从表 5-4 中可以看到商品属性较集中的是"手工"和"DIY"两个。"手工"这一商品属性在四种名绣商品高频词的排名都居于第一位，这说明手工制作是名绣商品的重要卖点。DIY 在粤绣和湘绣的高频词排序中居第二位，较其他两种绣品的排名靠前，说明 DIY 对粤绣、湘绣的重要性，也是另一个重要的卖点。DIY 类绣品满足客户参与的意愿，拉近粤绣、湘绣与客户之间的距离，能激发客户的兴趣，成为名绣商品很好的尝试方向，可供其他两种名绣商品借鉴。

商品主题：由表 5-4 中可看出"牡丹"这一图案广泛应用于名绣商品的主题

中。牡丹是我国的国花,被誉为花中之王,寓意吉祥富贵,说明客户对牡丹图案的认知度高,且此主题的绣品特别适合家庭或办公场所的装饰,所以备受青睐。苏绣偏重"荷花""花鸟"的主题,"蜀绣"偏重"熊猫"主题,这和其地域特色密切相关。粤绣相较于其他三种名绣商品比较特殊,高频词中未出现明确的图案方面的词汇,但出现了"清代""民国"等词汇。这可能是由于粤绣在清代属于繁荣时期,名绣商品的主题和那个年代的文化背景密切相关。另外,从表5-4中还可以看到蜀绣和粤绣还有"中国风""中国特色"这种反映主题的高频词,这和其名绣商品多用于外事礼品密切相关。

商品样式风格:名绣商品样式风格类词汇强调绣品的风格、包装等具体的呈现方式。四种名绣商品的样式风格大体相似,为"装饰画""挂画""摆件"等。此外,苏绣中含有"手帕"这一样式风格,蜀绣中含有"围巾、披肩"等样式风格。

其他:在其他类里含有一些词如"包邮""清代""代购""底稿""针迹"等,涵盖商品的品牌形象(锦官堂)、营销模式(包邮、代购)等特征,也反映着名绣商品的卖点。

(2)四大绣品商品信息的可视化展示

商品标题信息词频统计和分类关注的是词语本身,并未对词语间的关系进行剖析。笔者运用社会网络分析的方法,构建共现矩阵网络,以揭示商品标题信息词汇的内容关联和隐含的寓意。如一条商品标题中共同出现的多个词语,说明其在商品描述上具有关联性。

本节在 ROST CM6 生成的高频词和共现矩阵基础上,提取特征词,构建网络词表,生成语义网络的 VNA 文件,接着启动 NetDraw 进行网络构建。可得矩阵网络图5-9至图5-12。图中节点均表示商品标题中的高频词,节点间连线表示高频词共同出现在同一标题中,存在关联性。

通过图5-9至图5-12可以看出,高频词间整体连通性较好,具有不同程度的共现关系。

3.四大名绣商品信息的共现分析

结合图5-9至图5-12的高频词共现矩阵网络,为了进一步探索高频词

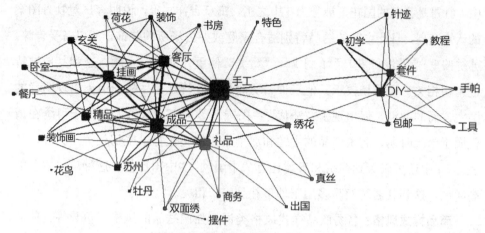

图 5-9　苏绣高频词共现矩阵网络

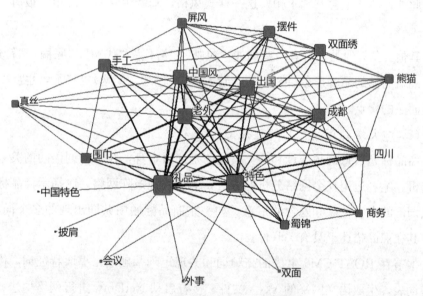

图 5-10　蜀绣高频词共现矩阵网络

之间的关联关系，引入中心度和小团体分析。中心度能够衡量一个高频词的重要性及影响力大小，小团体的分析则可以看出哪些高频词之间的关联更加紧密。

经过 Ucinet 计算，结果呈现在图 5-9 至图 5-12 的共现矩阵网络中。图 5-9 至图 5-12 中节点的大小表示中心度的大小，连线的粗细表示共现的强弱。将图 5-9 至图 5-12 的中心度和小团体情况总结为表 5-5。

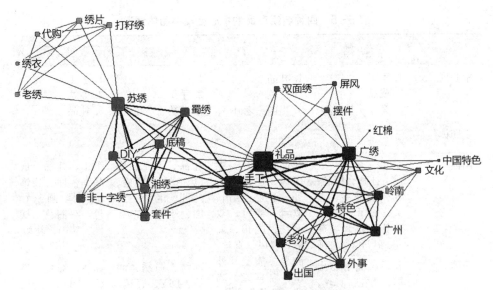

图 5-11　粤绣高频词共现矩阵网络

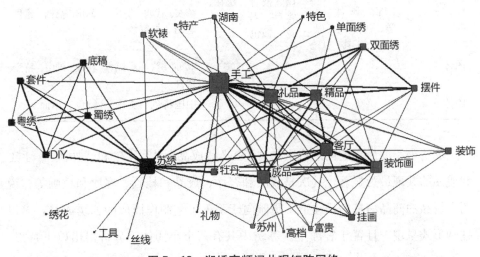

图 5-12　湘绣高频词共现矩阵网络

结合图 5-9 至图 5-12 分析可以看出，各名绣商品中心度的前三名和高频词的排名大体一致，个别地方略有差别。比如"DIY"在苏绣的高频词排在第四位，但在中心度的排名中被"挂画"超过。整体来说中心度和高频词的排名有一定的关系，中心度高的词往往重要性强，商家也每每会将其置于商品标题中。这里两者结果的一致性反映出商家对名绣商品相关因素的把握，总体上是比较合理。

表 5-5　四种名绣商品的中心度及小团体情况

	苏 绣	蜀 绣	粤 绣	湘 绣
中心度	1. 手工 2. 成品 3. 客厅、挂画	1. 礼品 2. 特色 3. 出国、老外	1. 礼品 2. 手工 3. 苏绣、广绣	1. 手工 2. 苏绣 3. 礼品
小团体数量	3	0	5	5
团体 1	手工、客厅、成品、挂画、精品、苏州、卧室、玄关、餐厅、书房、装饰、花鸟、荷花、牡丹、装饰画	礼品、特色、中国风、出国、老外、手工、四川、成都、摆件、双面绣、围巾、蜀锦、屏风、真丝、商务、熊猫、外事、锦官堂、鸡翅、牡丹、成品、苏绣、精品、会议、披肩、送礼、客厅、挂画、绣花、钱包	礼品、手工、广绣、特色、岭南、广州、老外、出国、外事、红棉	手工、礼品、成品、客厅、装饰画、挂画、牡丹、双面绣、摆件、装饰、礼物
团体 2	礼品、商务、出国、绣花、真丝、双面绣、摆件		苏绣、蜀绣、湘绣、DIY、底稿、非十字绣、套件	苏绣、蜀绣、粤绣、DIY、套件、底稿、绣花、工具、丝线
团体 3	DIY、套件、初学、包邮、教程、手帕、工具、针迹		绣衣、代购、绣片、老绣、打籽绣	苏州、高档、富贵
团体 4			双面绣、屏风、摆件	软裱、湖南、特产
团体 5			中国特色、文化	特色、单面绣

苏绣中心度最高的词语依次是"手工""成品""客厅"和"挂画"。手工和成品的共现最为显著,其次是成品和客厅、成品和挂画、客厅和挂画等。说明在绣品的商品信息的描述上,更倾向于手工工艺制作而成的苏绣成品,多以挂画形式呈现,且置于客厅中。苏绣中共有三个小团体,分析得出以下特点:手工的苏绣成品往往以挂画、装饰画的形式置于客厅、餐厅、书房;苏绣用于礼品用途时常常是商务或是出国场合;苏绣 DIY 类商品常以手帕制作形式呈现,多针对初学者,提供工具、教程、包邮等服务。

蜀绣中心度最高的词语依次是"礼品""特色""出国"和"老外",说明在商品信息的描述中,蜀绣更倾向于外事方面的礼品。在小团体分析中,软件并未对网络中的节点进行划分,也就是说蜀绣高频词间的关联性大致在同样的水平上。

粤绣中心度最高的词语依次是"礼品""手工""苏绣""广绣",值得注意的是"广绣"在上文的高频词排序表中未出现,此时却处于中心度第三名,与苏绣并列。粤绣中含有潮绣和广绣两大分支,高频词中未出现潮绣,说明广绣的知名度和认可度较高。粤绣中的高频词共有五个小团体,其中团体 1 的礼品和地域特色有关,且用于外事礼品。团体 2 的 DIY 和一些其他绣品的名称关联密切,推测出粤绣在 DIY 领域有一定发展。团体 3 的绣衣、绣片、老绣、打籽绣和代购置于一个小团体中,反映出粤绣的这类绣品的销售方式。

湘绣中心度最高的词语依次是"手工""苏绣""礼品"。湘绣的共现矩阵图也形成了五个小团体,各个小团体的关键词之间联系相对紧密。

4. 四大名绣商品评论分析

商品用户评论中包含丰富多样的商品信息和用户使用感受,帮助卖家从客户视角了解自己商品的优势和劣势,进而调整自己的销售行为,获得竞争优势,[1]促使四大名绣在电子商务领域有更好的发展。

由于按销量选取的商品,苏绣均为手工 DIY 类商品,蜀绣、湘绣、粤绣均为成品,因此提取的商品特征会有细微差别。在归纳特征时,对评论中的"粗糙、细致、瑕疵、质感、质地、材质"等词语归结为"质量"这一商品特征,同理也可提取其他特征词。最后,提取到的这四种绣品都有的商品特征为"包装""质量""服务""物流运输""档次""价格""礼品用途"。商品特征的评论分布如表 5-6:

表 5-6 四种绣品商品特征的评论分布

商品特征	苏绣		蜀绣		粤绣		湘绣	
	评论数	占比/%	评论数	占比/%	评论数	占比/%	评论数	占比/%
包装	143	2.70	156	23.04	28	20.74	51	14.66
质量	720	13.60	232	34.27	56	41.48	115	33.05
服务	530	10.01	117	17.28	45	33.33	73	20.98
物流运输	413	7.80	68	10.04	23	17.04	36	10.34

---

[1] 吉顺权,周毅.产品用户评论在企业竞争情报中的应用:基于产品特征的关联规则数据挖掘[J].现代情报,2015,35(6):114-121.

续 表

商品特征	苏绣		蜀绣		粤绣		湘绣	
	评论数	占比/%	评论数	占比/%	评论数	占比/%	评论数	占比/%
档次	7	0.13	99	14.62	28	20.74	25	7.18
价格	208	3.93	78	11.52	15	11.11	23	6.61
礼品用途	53	1.00	248	36.63	58	42.96	95	27.30
评论总数	5 295		677		135		348	

从表 5-6 中可以看出，苏绣评论客户关注偏高的依次是质量、服务和物流运输，对价格、包装、礼品用途关注度中等，对档次的关注度偏低。这可能和苏绣销量前十名的商品均为 DIY 有关。苏绣的 DIY 类商品大多价格低廉、包装简单，用户购买也是处于体验的目的，一般不做礼品用途，档次方面要求在四类绣品中最低。

蜀绣评论客户高关注度的依次为"礼品用途""质量""包装"，其次是"服务""档次"，关注偏低的是"价格"和"物流运输"。可见客户购买蜀绣重视"礼品用途"，关注"质量"和"包装"。对"价格"和"物流运输"不太敏感。

粤绣评论中的商品特征词占比情况整体上和蜀绣差不多，但是粤绣的前三项商品特征("礼品用途""质量""服务")的占比要远高于其在其他绣品中的比重。可见粤绣的客户对这三方面的重视程度。其次是"包装"和"档次"，两者并列，占比前者仅低于蜀绣，后者居四类绣品之首。

在湘绣的商品评论中客户关心程度高者依次为"质量""礼品用途"和"服务"，其次是"包装""物流运输"；而"档次"和"价格"占比低。由此可以看出，虽然湘绣也有礼品方面的用途，但是对档次方面的要求相比蜀绣和粤绣是较低的。

三、四大名绣商品标题与评论的对比分析

1. 不同名绣商品标题的对比分析

根据前述的与商品标题相关的四大名绣经营状况、词频统计及高频词的分

类、中心度及小团体分析结果可以得出以下结论。

第一，蜀绣、粤绣、湘绣在商品标题描述中在不同程度上加入其他名绣商品的名称，虽然短时间可以达到提高检索率的效果，但长期看来会影响客户对三者的认同感。真正要改变这种局面需要多方努力，改进现有的非遗名绣商品的生产性保护的方式，以适应市场规律而进一步发展。

第二，综合以上多方面的分析结果，不难看出苏绣的巨大影响力。苏绣能取得这样的成绩和其灵活多变的市场策略（既重视苏绣的成品，又重视DIY绣品的开发）、重视中低端商品、注重提高客户的参与度、将苏绣融入人们的日常生活场景中等方面密切相关。

第三，粤绣在淘宝上的店铺数量和商品数量都是四种商品中最低的，结合词频统计、分类及小团体分析结果可以发现，其存在两个方面的问题：一是商品的定位过于狭隘，局限于外事礼品领域，未和生活用途场景相结合；二是商品的主题不明确。在其他绣品的高频词中，都会出现一些具象的主题，如"牡丹""荷花"；但是粤绣的高频词中只有"清代""民国"这些指代时代的词语，主题不明确。

第四，湘绣方面，"苏绣"在其商品标题中出现的比重过高，导致词频统计和分类的结果存在很大的相似性。这在短时间内可以帮助湘绣打开销路，但造成的问题却非常严重。一方面苏绣和湘绣商品重合太高，容易造成人们对湘绣的认同感下降；另一方面这种做法掩盖了湘绣所具有的浓郁的湖湘特色和高超的绣制技艺，有损于湘绣长期发展，不利于湘绣的非遗生产性保护。

第五，蜀绣的商品比较有特色，在商品主题上结合"熊猫"这一地方特色，在样式风格上结合外事礼品的用途生产围巾、披肩等绣品商品。蜀绣卖家的这个思路是值得肯定的；但是想要获得更大的市场占有率，还得调整思路。另外在中心度分析中，蜀绣没有小团体，这反映了蜀绣卖家对其商品定位还不是很清晰。

2. 不同名绣商品评论对比分析

其一，整体上看，"质量"和"服务"这两个商品特征在四种名绣商品评论中的占比都比较高，说明客户在购买商品后对质量和服务的重视。

其二，从评论总数上，苏绣评论数量上的优势，再次印证了苏绣在刺绣行业的影响力和购买力。

其三，蜀绣、粤绣、湘绣的很多客户会关注其礼品用途及效果，相应地会关注到绣品的包装、档次。但在苏绣中这几个特征词的占比却很低，这可能和苏绣销量前十名的商品均为DIY有关，做礼品用途的比例小。另外，通过具体的评论可以看出，人们在选购苏绣DIY手工类商品时，还会关注难易程度以及教程等问题，这需要商家在推出商品的同时，主动关注客户的诉求，抓住用户的需求痛点。苏绣的卖家应该加强对苏绣质量管理，提高服务质量、加快发货速度，重视物流运输环节，做好绣品的运输保护，对DIY类绣品的档次可以适当忽略。

3. 同类名绣商品的分析总结

本节中将同类名绣商品标题信息和评论信息的分析结果综合起来（以苏绣和蜀绣为例），以生产性保护为视角，对非遗电商运营提出相应的对策与建议。

（1）苏绣非遗电商运营策略

苏绣的发展势头良好，销量和市场占有率都很乐观，整体发展是四种名绣商品中最好的。苏绣的商品有成品和DIY两种，在商品高频词排序表和中心度分析中，成品都要高于DIY；但是结合实际的销量排名，前十名的苏绣绣品都是DIY类的。DIY类商品多是手帕的手工制作，价格低，针对初学者。苏绣的成品则重视手工工艺，多以挂画形式置于客厅、餐厅等位置，一般这种绣品价格较高。如何把DIY培养的客户转到苏绣成品的购买上，这是苏绣卖家需要思考的问题。针对苏绣的商品评论，可看出客户对苏绣DIY商品的质量、服务、物流运输这三方面相当重视，卖家应对这几方面予以关注。苏绣的店铺数量和商品数量众多，应注重特色、口碑，从客户关注点出发销售商品，才有可能脱颖而出。

（2）蜀绣非遗电商发展瓶颈与对策

蜀绣注重和区域特色的结合，但其在电商平台中的影响力上还有欠缺。从蜀绣商品高频词中可看出其多用于礼品，商品评论中买家对礼品用途、质量、服务最为看重，此外也较为关注包装和档次。这说明卖家关注礼品用途的策略是正确的，也提醒卖家要关注用户的需求，重视礼品类名绣商品的包装，平时有意识地从拍摄场景、绣品图案的选择等方面提高名绣商品的档次。另外在扩大影响力方面,蜀绣可以向苏绣学习,例如推出一些DIY类中低档商品等。

四、对我国非遗商品发展的启示

通过电商平台销售非遗商品是我国非遗生产性保护的重要方式之一,对非遗的发展起着越来越重要的作用。本研究以非遗中有代表性的四大名绣为例,进行深入的剖析,为其他非遗商品的发展提供借鉴,促进非遗生产性保护更好地发展。

1. 对非遗商品卖家的启示

(1) 进入电商平台前要谨慎

现阶段,电商平台出现了越来越多的非遗卖家,但是经营状况参差不齐。很多卖家在对电子商务一知半解的情况下就盲目跟风加入;但受经营思维、理念滞后等因素的制约,往往经营不善或者遭遇瓶颈。以苏绣为例,其在淘宝这一电商平台上相关的商品数量有十万余种,店铺三千多家,而调研数据显示,月销量较好的商品只有几百种,如何在十万余种苏绣商品中脱颖而出,并获取利润是每个卖家都要面对的问题。

电子商务平台上,价格及商品信息公开透明,客户在购买前可以充分地比较,易受价格、折扣等因素的影响,因而客户忠诚度和留存度差。相对实体店铺,电子商务平台虽省去房租等费用,但是高昂的网上店铺维护成本、流量引入成本、物流成本、人工客服成本等,都是非遗卖家进入电商前必须要考虑的,务必谨慎。

(2) 学习电商的经营理念

进入电子商务平台后,非遗卖家要积极学习电商的思维方式、经营理念,要重视流量、对细分客户群进行精准营销,重视口碑传播。

在电子商务中,流量意味着客户量及浏览量,有助于转化为购买力。流量引入中一个重要且低成本的方式,是商家对标题中关键词进行优化,以提高检索率,可通过附加知名度较高、与客户需求密切相关的词汇,如蜀绣的商品信息中加入"苏绣""礼品""摆件"等词汇。另外,卖家还可根据自身的情况和需求，通过关键词竞价排名和广告位的投放引入流量。

非遗商品种类繁多，即使同类的商品，如名绣商品，不同名绣商品之间的销量及消费诉求也不一样。卖家应认真了解每类绣品的差异、客户购买关注点，对非遗市场进行细分，在商品类型的选择和价位上拉开梯度。通过上文分析可看出，作为知名度最高的苏绣，销量靠前的商品很大一部分是DIY手工类商品，而粤绣、蜀绣、湘绣销售量位于前列的商品均为成品，且多用作礼品用途，更关注"包装""档次"等方面。卖家在销售商品时应关注这些特征，有针对性地对目标客户进行推送。

(3) 重视线上线下的协同发展

相当一部分非遗商品卖家在进入电商平台之前有实体店铺，可以促进线上线下协同发展，优势互补。电子商务可以帮助非遗商家将商品推向更广的消费群体，非遗实体店铺可以弥补网上购物时客户无法身临其境体验的缺陷。实体店铺中卖家可以加强消费体验，并借此树立良好的品牌形象为线上引流，也有助于减少一些真正质量上乘的商品反而无人问津的情况。

非遗卖家在实体店铺中可保留小部分相同的商品，实行线上线下差异化销售。为客户在实体店身临其境感受品质、做工提供条件，促使客户通过少数同款商品的比价，影响其购买行为。另外，线上非遗商品的受众广，客户需求多样，消费能力也各不相同。卖家可在电商平台上推出多品种、多价位的非遗商品，以满足不同消费者的需求。

2. 对非遗商品相关行业的启示

(1) 维护良性的竞争环境

如今，在电子商务平台经营非遗商品的店铺数以万计，但平台上大多数非遗商品无法做到排他。当某种非遗商品的销量、收益表现较好时，会吸引大批的竞争者进入，利润空间被压缩。如此恶性循环，直至市场严重饱和，一些非遗卖家被迫退出。因此，在非遗商品相关联的行业内部，应积极地对相关从业者给予引导，减少恶性竞争，确保非遗商品市场健康可持续发展。

另外，行业内应鼓励非遗商品在使用场景、呈现形式和内容上进行创新，保留非遗精髓，这不仅能改善商品的同质化严重的状况，而且能吸引年轻的消费群体和更广的受众。比如卖家能够推出适合"客厅""餐厅""书房"等不同场景的商品，提供的绣品图案更多元、更现代化，推出更多的手工DIY类非遗名绣商品。这些都能大大地颠覆传统非遗在人们脑海中的刻板印象，加深和人们日常生活的联系，刺激消费。

（2）重视品质和服务

在经历早前的疯狂增长阶段后，网络零售市场将趋于成熟，在这个过程中，消费者也将趋于理性，质量和服务越来越成为影响人们购物选择的主导因素。从绣品的商品评论可以看出，消费者对商品质量和服务的重视程度要远大于其他要素。这里的质量不仅局限于商品是否完好，还包括绣工、质感、手感等诸多方面；这里的服务包括卖家及其客服态度、发货速度、解决问题能力等，也有别于传统服务中被动地满足客户的需求，需要商家积极主动地去为客户购物的整个流程提供便利。

（3）挖掘非遗商品的品牌价值

非遗作为我国传统文化的瑰宝，蕴含着丰富深厚的内涵。非遗卖家在商品的设计和开发上，应对其进行深度挖掘，赋予商品以内涵和差异性。

非遗商品的卖家要有品牌意识，在对四种绣品分析的过程中，可以看到"江南绣庄""金吴针"这样的品牌刺绣店铺整体销量较好。非遗卖家在电商平台发展中，应在同类商品的竞争中找到自身的核心竞争力，塑造自己的品牌形象，建设品牌文化，培养稳定的客户群，提高用户黏性，做好品牌与客户的互动和用户体验。做好非遗商品的品牌，不仅有助其提升知名度、扩大销量，还有助于品牌溢价。

3. 政府应给予保护和支持

在非遗生产性保护中，特别当很多非遗卖家在电商平台刚起步时，政府可以提供一些电子商务方面的培训，引进与电子商务发展相配套的物流、网络运营等相关企业，促进当地产业的升级。另外，政府还应对非遗及其传承人在资金上予以扶持、在政策上予以保护，以保证当地非遗的传承。最后，政府还应重视当地非遗的知识产权建设，运用法律法规对市场进行规范，制止恶性竞争，维护市场的有序运行。

第三节 生活性保护视阈下民俗文化媒体传播特征分析

很多非遗项目和民俗密不可分,但是关注各种媒体中非遗民俗的研究鲜见,因此,本节则聚焦于媒体中的非遗民俗,重点揭示其在二十四节气中所呈现的特点,以及在现有媒体语境下的传播现状,并由此探索有关民俗文化的传承与创新,以期为相关应用实践提供借鉴或参考。

一、民俗文化及其传播的研究现状

当前,中华传统文化的整合与交融、保护与变迁、传承与创新日益呈现出媒介互动、联动、融合的趋势。通过口语、行为、艺术和仪式等综合媒介传播形式,能够促进人们对优秀传统文化的感知、理解与互动,有效地提高人们保护和传承优秀传统文化的自觉性和积极性。①

1. 非遗传播相关研究

尽管我国非遗保护已取得不错成就,但是依然不能摆脱"文化搭台,经济唱戏"的模式,其面临的最大困境是如何让"非遗"在保护传承中避免"价值中空,失魂落魄",其中物化、表层化、碎片化现象严重,而精神、观念层面缺失。②学者研究表明,互联网技术的应用使得跨时空非遗文化氛围的营造和追随成为可能,在新媒体环境下,融合网络社区力量可为非遗保护和传承厚植土壤,促使非遗的精神价值得以回归。诚如是,随着社会历史语境的变化,非遗的传播状况正在悄然改变,已形成了以亲身传播、实物传播、大众传媒传播、新媒体传

---

① 黄淑敏.传承优秀传统文化的媒介策略[EB/OL].(2017-05-04)[2017-12-12].http://www.cssn.cn/zx/bwyc/201705/t20170504_3507481.shtml.
② 钟进文,范小青.新媒体视角下的"非遗"保护与传承观念新探:以裕固族为例[J].西北民族研究,2017(2):175-182.

播为主的几种传播方式,但无论何种方式(尤其是后两种)均因需经揭示、整理等流程而可能失去部分本真的魅力,主要表现为内涵的弱化、极易微观化。① 这大多是从非遗的横向的宣传维度进行传播,而纵向的传承维度则体现在非遗传承人的传播,大致可分为族群内的技艺传习、展演式传播、媒介式传播三种类型。②

与此同时,非遗作为传播中华传统文化的重要载体,探索其对外传播的内容、形式等,也受到了学界关注。③

2. 民俗文化及其传播的研究现状

民俗即民间风俗,指一个国家或民族中广大民众所创造、享用和传承的生活文化,起源于人类社会群体生活的需要,在特定的民族、时代和地域中不断形成、扩布和演变,为民众的日常生活服务。④ 它作为一类独特而丰富的传统文化现象,更贴近人们生活、世代相袭,极易被感知、延续、传承与创新,具有基础性、广泛性的渗透和影响。它大致分为三种类型:物质民俗文化,包括生产方式、交通工具、服装饰物、饮食、民居等;社会民俗文化,包括风俗习惯、社会结构、生活礼仪等;精神民俗文化,包括宗教信仰、伦理道德、民间口头文学、民间艺术、游艺竞技等。⑤

一般而言,民俗文化有内、外两种价值,其根本价值体现在具有生活特征的内价值,而不是作为欣赏对象或商品化包装的外价值。而运用"遗产"的概念,将民俗与前人留下的文物古迹相同看待,表明我们在强调民俗文化具有某种重要价值的同时,也暴露出对其内价值的实现缺乏信心。⑥ 以民俗事象为载体的民俗文化,能够折射出特定国家或民族物质文化与精神文化的历史积淀与

---

① 王诗文,陈亮.非物质文化遗产传播特点与策略研究 [J].淮南师范学院学报,2015,17(1):22-25.
② 孙信如,赵亚静.非遗传承人的传播实践和文化建构:以大理石龙白族村为研究个案 [J].当代传播(汉文版),2017(3):21-24.
③ 喻旭燕,蔡亮.文化阐释与叙事呈现:"非遗"对外传播的有效路径研究 [J].浙江学刊,2016(2):220-224;洪莉.生态翻译关照下的泉州非物质文化遗产英译 [J].湖南科技学院学报,2014,35(9):148-151.
④ 钟敬文.民俗学概论 [M].上海:上海文艺出版社,2009.
⑤ 蔡志荣.民俗文化的当代价值 [J].西北民族研究,2012(1):208-211.
⑥ 刘铁梁.民俗文化的内价值与外价值 [J].民俗研究,2011(4):36-39.

发展脉络，一般呈现出群体性、传承性、地域性、寄托性、形象性等特征，具有社会认知、启蒙教化、道德规范、心理调适等功能。① 然而，社会环境的变迁，民俗文化生存环境受到挑战、渐趋恶化。② 在坚定文化自信、走向文化强国的当下，重视民俗文化的传承与传播就显得尤为重要。

民俗传播本身有其基本结构模式，即遵循"传者→民俗惯习←→媒介←→心理积淀→受者"循环深化的心理传播过程，传者和受者共存于同一个传播情境之中，共享同一种民俗环境，因此对受众的需要、共鸣、认同性、选择性等心理的把握至关重要。③ 同时作为民俗文化中的一个重要组成部分，民间传承天然成为了前大众传播的文化传递形式，有别于透过媒介的大众传播方式。它作为一种人际传播方式并蕴含在漫长的人类历史中。④ 然而随着大众传播的兴起与重要性加深，民俗文化受到了大众文化冲击（民间传承渐趋弱化，较之大众文化的轻松娱乐，它则稍显理性和庄重），一些朴素的民俗技艺和观念也在不断消逝，但其传播离不开大众传媒。这影响着民俗文化的生存、传承与发展，⑤ 也成为近年来学界研究的一个热点。

当前学者研究民俗传播大多围绕大众传媒（含新媒体）影响及其有效利用、传播策略、国际传播等方面展开诸多有益探索实践。可见，面对社会环境的变迁，新时代对民俗传播有了新的要求。因此，系统厘清民俗在现有媒体语境下的传播现状及其存在的问题，其必要性和现实意义，也是本书的一个研究价值体现。

二、非遗民俗传播主题分析的思路与方法

1. 研究框架

研究以二十四节气入选世界级非遗名录为契机，探索其传播特点以更好地

---

① 尹伊君，王国武.民俗文化的特征、功能与传承 [J].学术交流，2009(11)：204-207.
② 王登佐.关于县级图书馆保护县域民俗文化的几点思考 [J].河南图书馆学刊，2012，32(1)：14-16；史乐乐，张辉，翟艳萍.公共图书馆参与民俗文化传承保护研究：基于文化传承视角 [J].晋图学刊，2016(6)：33-37.
③ 惠子.试论民俗传播中的受众心理 [J].东南传媒，2011(1)：101-104.
④ 丁艳霞，朱尉.大众文化语境下的民俗文化传播和发展研究 [J].今传媒，2014(10)：175-176.
⑤ 周福岩.民间传承与大众传播 [J].民俗研究，1998(3)：6-11.

融入人们生活，真正做好非遗保护工作。笔者力求重点系统全面呈现官方主导的非遗民俗传播现状，观察受众心理预期与之异同，继而探寻融入人们生活的机制与策略。研究框架，见图 5-13。

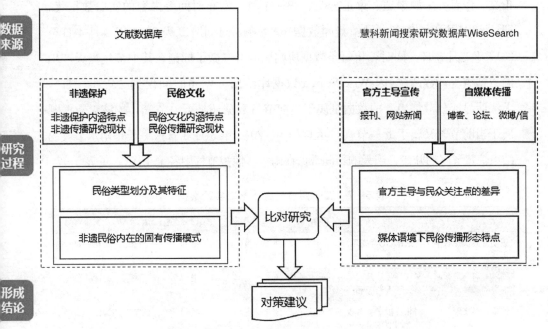

图 5-13 非遗民俗生活性保护的媒体传播特点及策略研究框架图

2. 数据采集说明

研究选取慧科新闻搜索研究数据库（以下简称"WiseSearch 数据库"）为数据源，以"节气—节气阀—节气门"（说明："—"在 WiseSearch 数据库中表示排除的关系，即每一篇被检索出的文章中，不应包含"—"之后的关键词；数据调研发现"节气阀""节气门"下的数据，与研究无关，故排除了该类数据）作为检索式，以每个节气为一个时间单位依次检索得到 2016 全年 24 个节气的媒体报道数据（官方主导的报刊、网站新闻等），并依托数据库自带的聚类功能进行数据去重处理后，做进一步的样本数据采集。数据采集时间为 2017 年 4 月 15 日至 2017 年 4 月 30 日。

WiseSearch 数据库获取的数据，仅导出为 PDF、HTML、RTF、TXT 的数据格式。考虑到数据抽取、清洗等，笔者以 400 条为单位事先生成系列 HTML

文档，然后使用火车头采集器配置对应的数据抽取模式将 HTML 文档中的新闻数据进行清洗、转换，同时删除正文内容为图片的记录(正文内容表现为"没有文字档""××摄"等)，最终得到 2016 全年的节气实验数据，其中包含标题、正文、作者、来源渠道、渠道分类、归属节气、发布时间等内容的实验数据集，即：报刊数据21 727条，网站新闻数据46 839条，时间跨度为 2016 年 2 月 4 日至 2017 年 2 月 3 日。同时，将每条数据所归属的节气做了标记，其中节气当天产生的数据重复计数两次(因 WiserSearch 数据库给出的发布时间仅到"年-月-日"，无法明显区分节气当天的数据是属于当前节气数据还是下一节气，故该天数据既属于当前节气又属于下一节气，示意如下：2016 年 3 月 5 日这一天是雨水节气的结束惊蛰节气的开始，当天的新闻数据在雨水、惊蛰节气中各记 1 次)。见表 5-7。

表 5-7　二十四节气媒体报道实验数据

标题	正文	作者	来源渠道	渠道分类	归属节气	发布时间
假期升温快穿衣要留意	本报讯(记者高乐)昨日，市气……	高乐	《西安晚报》(数字报)	报刊	立春	2016-02-06
周末开启一段"晴朗进程"	2016 年 2 月 26 日春天给人温暖和……	储文静	《潇湘晨报》	报刊	雨水	2016-02-26
惊蛰，春之眼	湖北日报讯 董改正 二十四节令里……	董改正	《湖北日报》	报刊	惊蛰	2016-03-07
清明	在清明的节日里，让我们了解清……		《邯郸晚报》	报刊	清明	2016-03-30
春分再至好梦当时	上周末，于薄雾细雨中溜过。真……		《乌鲁木齐晚报》	报刊	春分	2016-03-21
为今年的清明文明祭扫点个赞	清明，二十四节气之一。清明节……	张樱	《今日象山》	报刊	清明	2016-04-11
二十四节气灸——"立夏灸"	"节气灸"是根据一年当中的二十四……	马琳	《菏泽日报》	报刊	谷雨	2016-04-28

3. 关键技术方法

文本挖掘，隶属于数据挖掘这一交叉学科的一个具体研究领域，它的主要任务是从海量文本中发现潜在规律和趋势，是一个分析文本数据、抽取文本信息，进而发现文本知识的过程。研究主要采用其中的中文分词、词性标注等技术，从节气媒体报道数据中提取地名信息、识别主题等的文本预处理。

同时，研究需要借助特征选择来观测媒体报道的传播主题等。当前有诸多可供使用的特征选择方法，其中常用的方法有文档频率、互信息、期望交叉熵、卡方统计量、信息增益、文本证据权等，相关研究表明信息增益、卡方统计量效果相对较优，[1]且卡方统计量方法具有归一化、统计理论支持等特点，在中文分类系统的特征选择中被广泛应用，[2]研究选择卡方统计量方法进行特征选择。卡方统计量，可用来度量数据的分布与所选择的预期或假设分布之间的差异，在统计学中能够检验两个变量的独立性，通常用来度量特征 t 和类别 c 之间的相关度，并假设 t 和 c 之间的分布服从卡方分布，如公式（5-1）。

$$x^2(t,c) = \frac{N(AD-BC)^2}{(A+C)(B+D)(A+B)(C+D)} \quad (5-1)$$

其中：N 表示语料库中文档的总个数；A 表示包含 t 且属于 c 类的文档数；B 为包含 t 但是不属 c 类的文档数；C 表示属于 c 类但是不包含 t 的文档数；D 表示既不属于 c 也不包含 t 的文档频数。可以看出，N 固定不变，$A+C$ 为属于类 c 的文档数，$B+D$ 为不属于类 c 的文档数。也就是说，特征 t 对某类 c 的卡方统计量越大，它与该类之间的相关性越大，携带的类别信息越多。

三、二十四节气媒体报道的时空分析

研究重点选取官方主导的传者——以报刊、网站为载体，观察与揭示其向受众传播有关二十四节气的时空特点，其中报道二十四节气的主流报刊、网站，见表5-8。

表5-8　2016年报道二十四节气且发文量排名前十的报刊、网站

来　源　报　刊	发文量	来　源　网　站	发文量
《齐鲁晚报》（数字报）	239	搜狐网	8 577
《钱江晚报》	223	光明网	1 529

---

[1] 邱云飞，王威，刘大有，等.基于方差的CHI特征选择方法［J］.计算机应用研究，2012，29(4)：1304-1306.

[2] 徐明，高翔，许志刚，等.基于改进卡方统计的微博特征提取方法［J］.计算机工程与应用，2014，50(19)：113-117.

续表

来源报刊	发文量	来源网站	发文量
中国新闻社	221	东方头条	1 505
《烟台晚报》	180	凤凰网	1 049
《北京晚报》（数字报）	176	新浪网	781
《南湖晚报》	168	和讯网	778
《北京晨报》	156	浙江在线	770
《新民晚报》	147	中国网	761
《嘉兴日报》	144	汉丰网	607
《金华日报》	144	大河网	590
占报刊总量比%	8.28	占网站总量比%	34.92

表5-8大致反映出报刊、网站两个官方主导的媒体在传播二十四节气过程中的差异，相较于报刊的相对均衡，网站更为集中且多为（地方）门户网站。与此同时，我国东部地区的媒体在传播二十四节气上更具优势，中西部地区的媒体仅汉丰网、大河网两家网站入围前十且比重很低。

1. 时间维度分析

研究以节气为时间维度、媒体来源为观察对象，依次统计得到每个时间点上的报道条数，继而呈现媒体在各节气上的报道分布情况，见图5-14。

图5-14显示，报刊、网站两个媒体来源的载文量变化走势基本一致，但因实时动态、转载便捷等特点，网站新闻载文量远远高于报刊，且更容易受事件影响，如：在小雪节气。当"二十四节气"正式入选联合国教科文组织人类非遗代表作名录前后，报刊载文量虽有明显增幅，但相较于网站，它更显平稳、理性。在追求传播广度上，网站更具优势。

2. 空间分布特点

为把握媒体报道所体现出的地域空间要素，单纯依赖媒体所在地是无法真实反映的，因为报道内容不可避免会涉及其他地区民俗信息。研究选取报道正文，运用文本挖掘方法借助中文词性标注逐一识别报道正文中带有ns、

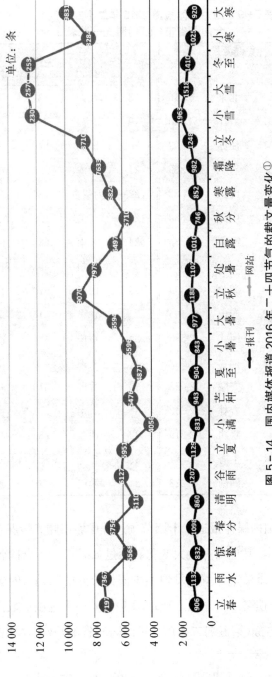

图 5-14 国内媒体报道 2016 年二十四节气的载文量变化①

① 考虑到客观反映媒体报道信息，此处引用的数据源自未去重的数据，故与实验数据集中的数据量有出入。

第五章 非遗信息的分析与挖掘 251

nsf 等词性能够反映地名的词语,并结合中国地名信息词表,做统一汇总①,见表5-9。

表5-9 国内媒体报道2016年二十四节气的全国各省市(地区)曝光一览表

排名	来源报刊	频次	来源网站	频次	排名	来源报刊	频次	来源网站	频次
1	浙江	2 351	北京	5 046	18	江西	934	天津	2 186
2	广东	2 051	浙江	4 450	19	上海	869	江西	2 121
3	江苏	2 031	江苏	4 402	20	湖南	840	青海	2 089
4	广西	1 964	广东	4 252	21	青海	826	辽宁	2 040
5	山东	1 885	山东	4 052	22	内蒙古	739	台湾	1 756
6	北京	1 819	广西	3 682	23	台湾	739	云南	1 727
7	湖北	1 334	河南	2 735	24	云南	699	山西	1 656
8	河南	1 323	黑龙江	2 624	25	贵州	633	内蒙古	1 588
9	黑龙江	1 170	湖北	2 596	26	山西	629	甘肃	1 386
10	福建	1 152	四川	2 595	27	甘肃	616	贵州	1 338
11	四川	1 127	河北	2 573	28	重庆	474	重庆	1 239
12	河北	1 099	福建	2 549	29	新疆	420	新疆	1 135
13	安徽	1 070	安徽	2 398	30	香港	319	海南	836
14	吉林	1 063	吉林	2 342	31	海南	318	香港	824
15	天津	1 030	陕西	2 319	32	西藏	286	西藏	760
16	辽宁	1 001	上海	2 287	33	宁夏	190	宁夏	391
17	陕西	964	湖南	2 223	34	澳门	50	澳门	142

表5-9反映了国内媒体报道二十四节气过程中城市曝光情况,其中排名前十的除了位次有变外,其他均无太大变化。不过如果考虑到全国各省市(地区)拥有的国家级非遗名录数量,就能发现不少值得考究的问题。时至今日,我国发布了四批国家级非遗名录,正式入选1 219项,其中入选项目数排名靠前十的省市占据了近83%名额(第五名二省市、第十名三省市并列),见表5-10。

---

① 为保证数据客观,一篇报道正文中出现的地名,其频次均记为1次,且节气当天产生的数据不重复。

表5-10 正式入选国家级非遗名录项目数量排名前十的省市列表

排名	省市名称	数量	排名	省市名称	数量
1	浙江	132	7	河北	77
2	山西	95	8	广东	76
3	山东	94	9	福建	73
4	四川	83	10	河南	71
5	江苏	82	10	湖北	71
5	云南	82	10	贵州	71

综合分析发现，拥有较多国家级非遗名录项目的山西、云南、贵州三省（见表5-10），在二十四节气媒体报道中并未获得应有关注（见表5-9），而不在表5-10前十位之列的拥有国家级非遗名录项目不多的广西省（32项）、黑龙江省（20项），在二十四节气媒体报道中却牢牢位居前列（见表5-9）。这从侧面在一定程度上反映了山西、云南、贵州三省的国家级非遗名录项目中节气民俗相对缺乏。如若与真实情况相反，上述图表所反映的现象就需要当地相关部门加以思考，着手探索与改变。广西、黑龙江两省的媒体报道关注度居多，间接反映出它们的节气民俗传播广度大。

需要说明的是，北京拥有国家级非遗名录项目66项、排名15，虽不在前十位，但因相关部门重视和自身固有的资源优势等原因，其纸媒排第六，网络媒体居首有其合理的一面。

四、二十四节气媒体报道的民俗主题分析

1. 主题特征描述

（1）实验数据处理

研究首先选用哈工大社会计算与信息检索研究中心研发的语言技术平台（LTP）对媒体报道正文进行中文分词，借助通用的中文停用词表剔除常见停用词，并采用常见的TF-IDF方法对所有字词进行加权处理，得到候选特征集合。同时以节气作为类别，顺次选取一个待提取特征词的节气作为类别，其他节气作为另一类，运用卡方统计量方法寻求所有字词中与该节气类别最为密切的特征词（研究

选取前1 000个作为候选特征词），并逐一计算出每个节气对应的候选特征词。最后结合实际研究需要①，对每个节气的候选特征词逐一作通用词删除、同义词替换等，继而得到研究所需的领域特征词。系列计算的核心代码，如图5-15。

```
def getListTxtWords(list_txts):  //定义一个函数，将报道正文进行中文分词并剔除常见的停用词
    result = []
    for txt in list_txts:
        this_words = ' '.join(filter_stopwords(segment(txt.encode('utf8'))))
        result.append(this_words)
    return result

list_txts = list(data['content'])
list_news_txt_words = getListTxtWords(list_txts)
list_target0 = list(data['jq'])
jq = set(data['jq'])
word_txt, tfidf_txt = getTFIDF(list_news_txt_words)   //计算每个特征词的 TF*IDF 权值
for v in jq:
    list_target = []
    for i in range(len(list_target0)):
        if list_target0[i] == v:
            list_target.append('1')
        else:
            list_target.append('0')
    kbest,scores = selectKBest(tfidf_txt, list_target, 1000)   //输出前 1000 个特征词
    path = 'jq\\'+v+'.txt'
    writeMyWords(path, kbest, word_txt)   //将最终结果存储到指定位置
```

图5-15 节气领域特征词提取的计算过程示意

（2）实验结果分析

研究选取领域特征词作为媒体报道的传播主题承载形式，直观呈现官方主导的民俗传播形态特点，了解其与人们生活的关联度。为有效、客观把握媒体报道的要点，研究选取2016年每个节气的前20个领域特征词作为观测对象，详见表5-11。

---

① 说明：主要是剔除一些如数字、日期，因当时热点事件出现的人名、地名、企业名、产品名等与研究关联不大的词语，并剔除节气名称；同时为排除"入选联合国教科文组织人类非遗代表作名录"事件影响，针对"小雪"节气，本研究已将相关词汇剔除。

表5-11 2016年二十四节气媒体报道中的主题特征一览表

排序	立春	雨水	惊蛰	春分	清明	谷雨	立夏	小满	芒种	夏至	小暑	大暑
1	春节	元宵节	春雷	清明节	清明节	百合	邮票	猴年马月	高考	狗肉节	尼伯特	高温
2	咬春	春雷	抬头	扫墓	扫墓	香椿	夏季	籽粒	考生	夏至日	高温	中暑
3	除夕	舆论	惊醒	踏青	殡葬	邮票	入夏	夏熟作物	端午节	高温	三伏天	中伏
4	春卷	灯谜	春耕	寒食节	踏青	牡丹	籽粒	饱满	猴年马月	狗肉	入伏	防暑降温
5	春饼	花灯	春龙节	祭扫	联社	炎暑	夏天	苦菜	粽子	津贴	三伏	酷热
6	春牛	春耕	理发	寒食	公款	中文日	苦菜	麦粒	龙舟	冬病	头伏	双抢
7	迎新纳吉	春捂	启蛰	介子推	供销	春暮	斗蛋	灌浆	香囊	炎热	冬病	热带
8	迎春	惊蛰寒	惊蛰节	先人	寒食节	春火	夏熟作物	麦收	梅雨	夏至面	中伏	大暑正
9	打春	乍暖还寒	倒春寒	风筝	纪委	人夏	饱满	草鱼	面试	面谈	中暑	萤火虫
10	吃春饼	湿气	仲春	祭奠	净流	播种	彩蛋	小麦	夏至面	凉面	黄鳝	高压
11	春饼店	始鸣	春季	祭祀	契约	移苗	灌浆	盈满	考场	尼伯特	三伏贴	腐草
12	春天	赏灯	蛰伏	立蛋	先人	雷雨	炎暑	小满者	融雪期	片山空	初伏	桑拿天
13	吃萝卜	回暖	平分	青团	顺延	掩瓜点豆	特种	三夏	笔试	梅雨带	伏天	溽暑
14	过年	蛰伏	春天	节日	壮行节	特种	初夏	儿童节	菖蒲	白昼	炙热	烈日
15	解冻	早春	角宿	缅怀	纪律	野米饭	蚕豆	江河	入梅	防暑降温	玉柴	仙草
16	六九	启蛰	雷动	插柳	祭祖	柳絮	盈满	麦子	华工	桑拿	避暑	阀热
17	羊年	沙尘	龙耳	祭祖	处分	茶叶	小满者	物致	节能	阀热	出梅	避暑
18	学占星	倒春寒	油菜花	先烈	横幅	春季	安闲	成熟	白昼	雷阵雨	阀热	抗洪
19	闹春牛	灯会	冬眠	逝者	周年	青蒿素	夏收	夏收	直射	林业	小金猴	三伏天
20	芒神	开学	春菜	哀思			午睡	表白	有芒	莞香	酷热	土润

续表

排序	立秋	处暑	白露	秋分	寒露	霜降	立冬	小雪	大雪	冬至	小寒	大寒
1	老虎	出伏	中秋节	国庆	重阳节	初霜	入冬	降雪	饺子	腊八	腊八	小年
2	早立秋	老虎	昼夜	鲅鱼	国庆	柿子	冬季	寒潮	大雪	三九	小年	春节
3	秋老虎	暑气	月饼	秋季	秋季	补霜	冷空气	雪花	汤圆	饺子	三九	鸡年
4	贴秋膘	秋燥	分夜	秋分之后	柿子	海马	寒潮	气象界	冬至界	雾霾	四九	立春日
5	高温	秋天	温差	台风	登高	透湿	降温	今冬	数九寒天	元旦	腊月	春饼
6	末伏	终止	秋季	桂花	深秋	气肃	冬天	初雪	团龙	腊八粥	腊八粥	祭灶
7	晴秋	出暑	入秋	入秋	露水	露结	降雪	积雪	数九	滋补节	祭灶	过年
8	热带	秋乏	秋燥	秋收季	凝结	降霜	补	冬季	贺岁版	腊日	年货	年货
9	秋天	温差	马勒卡	秋天	过渡	巨菌	建始	仲冬	羊肉	三九天	三九天	打春
10	晚立秋	凉爽	赏月	长假	露气	防郁	始冻	降雪量	馄饨	冷成	冰团	咬春
11	高压	高温	白露秋	遥芭	重阳	秋季	大哈	雪量	自冬	阿胶	冷成	春联
12	人秋	初秋	转凉	秋雨	九月节	小雨	雨夹雪	入冬	雾霾	冰团	雾成	王爷
13	暑气	转凉	人秋	秋分者	田管	补冬	交子	雪景	双春	怀谊	过年	正月
14	终止	秋季	早晚	凉燥	红叶	霜花	霄方	雪后	耳朵	大雾	寒冷	春运
15	雷阵雨	早晚	露身	火星	足部	宜平补	饺子	腌肉	水饺	寒天	春运	迎春
16	凉爽	鸭子	凉意	夜长	初霜	冷空气	今冬	结冰	祥云无尽	日历	王爷	鱼虾
17	热死牛	凉意	唇干	昼夜	海马	冰针	收藏	腌菜	玄黑	日历	扫尘	大年
18	副高	早晚凉	白露茶	燕将	菊花	青方	双十一	抑郁症	一阳生	消寒图	迎春	除夕
19	对立秋	奶类	露珠	螃蟹	九月	霄方	下雪	闭寒	博物院	重度	腊日	鱼鲛
20	秋麦	暑天	蒹葭苍苍	过渡	台风	防秋郁	补晴空	银装素裹	娇耳	隆冬	二九	春卷

表 5-11 系统阐述了二十四节气在官方主导的宣传中的重要关节点，可见既有对传统民俗文化的表达（咬春、龙抬头、端午节等），又有现代元素融入（中文日、国庆、春运等），在一定程度上有着传承与创新。不过，仔细研读会发现尚存一些值得进一步探究的现象，主要表现为：一是有关节气的天气描述居多，似乎更倾向于天气冷暖信息的传递，这在现有社会环境下较为少见；二是饮食（含食物、养生）生活性民俗基本上每个节气都有对应的信息，而精神层面的民俗不多见；三是部分民间流行民俗文化渐趋消退，如：七夕、中元节、寒衣节等；四是作为古人赖以指导农事活动的节气，有关农事生产的物质民俗文化类信息并不多见，且集中在立夏节气前后；五是富含现代特色的元素，皆具备全国性，可珍视、凝练与深挖，培育创新与延续。

2. 节气民俗知识图谱

为更清晰地刻画传播特征，本节在以往学者对民俗文化类型划分的基础上，新增"现代特色""其他"类型，并将表 5-11 中各节气的主题特征按照表 5-12 的分类体系进行逐一甄别、标记。

表 5-12 节气民俗文化类型示意——以芒种节气为例

节气名	一级大类	二级分类	主题特征集合
芒种	物质民俗文化	生产方式	有芒
		交通工具	
		服装饰物	香囊
		饮食	粽子、夏至面
		民居	
		风俗习惯	端午节
	社会民俗文化	社会结构	
		生活礼仪	
		宗教信仰	
		伦理道德	
	精神民俗文化	民间口头文学	
		民间艺术	
		游艺竞技	龙舟
	现代特色		高考、考生、面试、考场、笔试
	其他	气候、养生/健康等	梅雨、融雪期、入梅、白昼、直射、菖蒲、猴年马月、化工、节能

表5-11和表5-12通过对二十四节气传播主题特征进行的逐一分类统计，完整的二十四节气民俗传播要点得以清晰呈现。考虑到易读性、篇幅等，我们进一步选取物质民俗文化、社会民俗文化、精神民俗文化、现代特色为知识单元，并由外及里排序，每个知识单元的二级分类为知识点、一个主题特征作为一个知识点的计量单位，辅以颜色深浅表达知识点的多寡，绘制成二十四等分同心圆样式的节气民俗传播特征知识图谱，见图5-16。

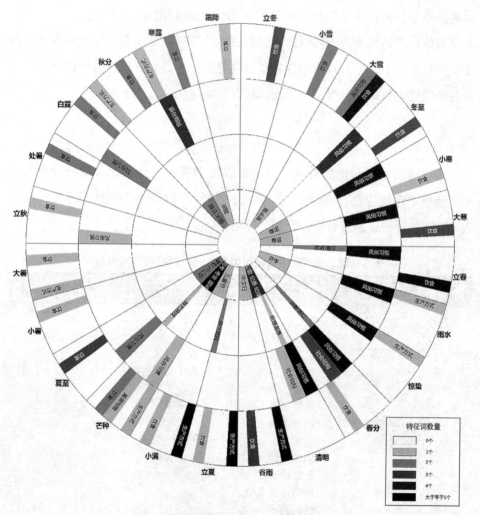

图5-16 媒体报道中的二十四节气民俗知识图谱

图5-16全面、直观形象地呈现出二十四节气民俗文化的分布特征，反映了节气民俗文化传播过程中有其偏好、且不均衡，需值得深思。此外值得一提

的是，知识图谱中所表达的知识点数量约占总体的 24.27%，从总体上看官方主导的宣传中有关节气民俗文化的比重过低，应引起足够重视。

同时为了解传播文本中二十四个节气之间有无关联，研究选取表 5-11 中得到的与节气分类关系最紧密的 1 000 个特征词作为特征维度来表示节气，以经典的余弦相似度方法度量不同节气之间的关联程度，生成一个 24×24 的矩阵，并借助百度 eCharts 可视化组件，最终得到如图 5-17 所示的节气关联现状。其中相似度阈值设为 0.7，当两个节气之间相似度大于 0.7，则认为两个节气之间存在相关关系，将矩阵的值置为 1，否则将矩阵的值置为 0；同时把相邻节气之间的相关性取值为 0，以排除因时间相近而带来的节气间相关性。

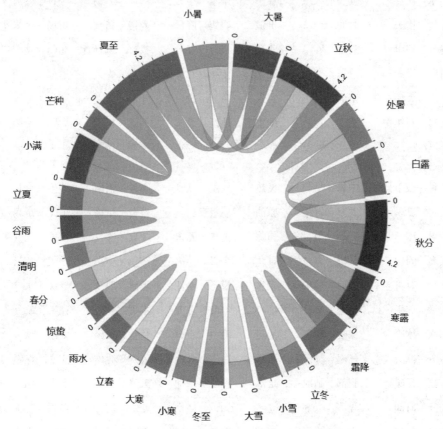

图 5-17 媒体报道中的二十四节气关联现状图示

研究发现二十四个节气中只有少量节气间有关联，如：夏至关联的节气最多为三个，秋分关联的节气两个，白露/小暑关联的节气一个。

第五章 非遗信息的分析与挖掘

3. 官方宣传与自媒体传播的差异分析

研究利用 WiseSearch 数据库自带的热词功能，逐一收集 2016 年源自微博、论坛、博客等自媒体有关节气讨论的热词，并提取与节气显著相关的 10 个热词作为网上民众关注点，见表 5-13。

表 5-13 2016 年自媒体传播中二十四节气的主题特征一览表

节气	主题特征集合									
立春	放假	初五	太阳	正月	父亲	春天	香气	家乡	暖和	寒冷
雨水	饮食	发展	天气	春季	雨水	空气	萌动	万物	今日	春风
惊蛰	抬头	时间	经济	价值	妈妈	降雨	爱情	指数	市场	玉米花
春分	到岸	燕子	春草	萌芽	银行	春分	拔节	柳青青	北归	油菜花
清明	思考	追思	文化	纪念	传统	意义	孝心	先人	道德	文明
谷雨	今朝	室内	夏季	实景	市场	投资者	开窗	立夏	照片	危害
立夏	农作物	夏天	预防	维生素	地区	天气	下雨	正式	太阳	希望
小满	遥远	偷笑	网友	前夕	指日可待	猴年马月	愿望	新闻	小暑	轮回
芒种	猴年马月	中暑	早起	炎热	气温	饮食	小暑	梅雨	养生	今日
夏至	夏季	太阳	行情	原油	能量	白昼	投资	价格	美元	市场
小暑	冰丝席	活动	力量	勾陈	炎热	乙未	才有	底气	模式	天气
大暑	闪付	队伍	即付	排队	今日	消灭	蒸熟	中国	手机	消暑
立秋	时机	颜面	养护	泉水	悦己	女性	敏感	肌肤	舒缓	水疗
处暑	养生	温差	今日	小心	早晚	节气	不贪	秋老虎	秋天	暑气
白露	冰冷	保暖	腹部	清热	冷一	手脚	睡觉	黄经	太阳	秋分
秋分	凉爽	气温	柿子	寒露	白露	水汽	天气	凝结	寒冷	保暖
寒露	保暖	腹部	适时	足部	秋游	增加	天气	冬天	老人	霜降
霜降	时间	收藏	大寒	立冬	知识	四季	变幻	国人	冬雪	谷天
立冬	气温	小雪	大旱	江雪	明年	中国	保暖	预示	骤降	常客
小雪	保护	实践	非物质	知识	体系	中国	社会	相关	遗产	文化
大雪	汤圆	小寒	大寒	今日	地方	习俗	数九寒天	吃饺子	纪念	最长

续 表

节气	主题特征集合									
冬至	民俗	滋补	羊肉	大年	来年	食物	小寒	腊八粥	病痛	今日
小寒	保暖	过年	迎来	拈花	年猪	节气	大部	小寒	时期	杀猪
大寒	增多	农历	民间	传统	立春	降雨	气温	期间	日照	生长

上表能够呈现在自媒体传播语境下民众的关注点更为分散,不过对天气冷暖给予诸多关注,且表达方式更贴近实际生活(如:保暖、腹部、手脚),也对市场经济活动行为敏感(如有关节气的话题中出现了诸如价格、指数、投资、闪付之类的关切)。这在主流媒体的宣传中较为少见。尽管其有着大量对天气的描述,但也多是从气象、气候方面进行客观表达,且不涉及有关市场经济活动。

同时在自媒体传播语境下民众对节气饮食的民俗虽有关注,但不够丰富全面,更为关键的是民众似乎并不在意传统节日(如:端午节、中秋节、重阳节等),认同感不足。这与国家的倡导存有较大偏差,尽管主流媒体的宣传中有着诸多相关信息向民众传递。由此可推测,节气作为一类贴近生活的民俗文化,探索其如何更好地融入民众生活、做好保护,还任重道远。

五、民俗文化传播策略研究及系列建议

培养文化认同感,可进一步增强国家的文化软实力和影响。而以民俗事象为载体的民俗文化,能够折射出特定国家或民族物质文化与精神文化的历史积淀与发展脉络,是国家文化软实力的一个重要体现,且在人们日常生活中易被感知、延续、传承与创新。它虽大多蕴藏于民间,但需媒体有意识宣传弘扬、增强国民认同,以更好地融入人们生活。面对当前飞速发展的时代及我国多民族文化共生的现实,更有其必要性和现实意义,传播则成为其中不可或缺的重要一环。因此,把脉非遗民俗现有传播特质,有助于破解非遗民俗生活性保护困境。

本节选取二十四节气为典型案例,研究发现主流媒体和(网上)民众不在一个共同的传播语境下、主流媒体主导的宣传也存有局限。造成这一局面的原因多样(本节对此不做深究),但针对研究发现的问题,做以下讨论并给出相关建议，以期抛砖引玉。

1. 传播语境营造

问题的关键在于探索如何将主流媒体与网民纳入共同的对话体系，拥有共同背景知识后方可渐趋形成民俗的自我认同。以节气为代表的民俗天然富含时间特色，面对新媒体已成常态、新技术不断涌现的现状，可采取事件式驱动设置议题传播更能贴近实际生活，在传播内容、形式与手段上应寻求新突破、新尝试，以期民众广泛参与、培育认同。

2. 资源共建共享

解决问题的重点在于形成民俗的基础知识共享机制后，（不同区域）媒体应力求专注于凝练与传播特色，而不是以年为单位循环传播基础知识。当前传播语境下存有大量基础知识普及的现象，这在未来一定时期内有其存在的必要性，但最终还是要输出更为高层次、更有深度的信息。

3. 媒体分布集中

面对我国多民族、多区域文化丰富多样的现实，民俗报道的媒体区域分布过度集中未必是好事，这就需要我们探索进一步调动本地媒体积极传播当地民俗特色的机制，扎根当地方可融入生活，继而做好传播，而不单是依赖外部媒体。

4. 内容广度深度

内容的广度与深度涉及民俗的传承与创新，随着生活环境等的变迁，当地民俗的内涵与外延也在不断演化，以节气为例，在现有传播语境下部分民俗（如农事生产、七夕、中元节）在弱化或消退，新的民俗（如春运）在出现。这一现实需要引起有关部门重视，毕竟在民俗的广度与深度取舍上能间接影响民俗文化发展方向。

5. 培育创新延续

环境的变化会造就或形成新的民俗（文化认同），这对传统势必产生冲击。

相较于传统，新涌现的民俗所辐射区域范围在扩大且具有全国性，对它的有序引导和培育具有一定的现实意义，如：雨水节气里的开学、芒种节气前后的高考（送行）等。

第四节 开发性保护视阈下非遗文化旅游信息资源挖掘

本节将非遗旅游开发和非遗信息资源组织相结合，以此作为研究出发点。以昆曲为例，探索游客在旅游中对文化尤其是非遗文化的实际需求，以此为根据，借助主题图技术，对非遗信息资源进行再组织，以期为游客提供更好的非遗文化旅游产品，为非遗信息的文化旅游开发和利用提供新的思路和方法。

一、非遗文化旅游开发和研究现状

1. 非遗旅游开发

近年来，非遗作为一种重要的文化遗产资源，受到学者的青睐，而非遗旅游也已经成为国内外学术界的研究热点。国际上，非遗旅游研究主要包括：非遗旅游的开发[1]，非遗旅游的管理[2]，非遗保护与旅游之间的关系[3]，旅游对非遗保护开发的影响[4]，非遗与旅游目的地管理的关系[5]，等等。国内关于非遗旅

---

[1] GONZALEZ M V. Intangible heritage tourism and identity [J]. Tourism Management, 2008, 29(4): 807-810.

[2] MCKERCHER B, HO P, CROS H D. Relationship between tourism and cultural heritage management: evidence from Hong Kong [J]. Tourism Manangement, 2005, 26(4): 539-548.

[3] YI W, BRAMWELL B. Heritage protection and tourism development priorities in Hangzhou, China: a political economy and governance perspective [J]. Tourism Management, 2012, 33(4): 988-998.

[4] USLU A, KIPER T. Effects of tourism on cultural heritage: awareness of local people in Beypazari, Ankara [J]. Journal of Tekirdag Agricultural Faculty, 2006, 3(3): 305-314.

[5] SOTIRIADIS M. Pairing intangible cultural heritage with tourism: the case of Mediterranean diet [J]. Euromed Journal of Business, 2017, 12(3): 269-284.

游开发的研究主要集中在理论研究层面①,包括:其一,非遗旅游开发模式,阚如良、王桂琴、周军等人在研究非遗资源特点和旅游开发策略的基础上,归纳出关于传统手工技艺类非遗资源开发的"主题村落再造"的旅游开发模式。其二,价值评价体系,张希月、虞虎、陈田等人对非遗资源开发研究进行梳理,从中构建了非遗资源旅游开发价值评价指标体系,为旅游地非遗资源筛选提供科学依据。其三,地理空间分布,李蕊蕊、赵伟、陈静运用定量统计及空间分析方法,对福建省非遗资源的地理空间分布特征进行了分析,探讨了影响空间分布的因素,为旅游开发和非遗传承提供参考。然而,非遗也是文化旅游的重要元素,文化旅游是开发和传承非遗文化的关键途径,现有研究较少从非遗与文化旅游相结合的角度来探讨非遗旅游开发,尤其缺乏基于游客感知视角的非遗文化旅游开发研究。作为一种重要的文化资源,非遗本身就蕴含了深刻的文化内涵,符合文化旅游中游客对于精神和文化享受的追求,而基于游客视角的研究,更能发掘游客在文化旅游过程中对于非遗资源的真正需求,更好地进行非遗资源开发,达成非遗保护、开发和传承的目标。

2. 非遗信息资源组织

由于网络技术的发展,信息资源组织方法的研究成为了国内外学者的研究热点,例如语义网络构建、叙词表、主题图及本体等理论及应用研究等。② 其中的一些信息组织方法在非遗的传承和开发领域得到了一定应用,一些学者对此展开了研究。张兴旺、卢桥、田清研究了大数据环境下非遗视觉资源数字化保护现状,针对当前存在的新问题提出了相应的非遗视觉资源的获取、组织、理解与描述方法。③ 屈健民则借助 RDA 技术,通过文献揭示、元数据提取与标引等技术及

---

① 阚如良,王桂琴,周军,等.主题村落再造:非物质文化遗产旅游开发模式研究 [J].地域研究与开发,2014,33(6):108-112;张希月,虞虎,陈田,等.非物质文化遗产资源旅游开发价值评价体系与应用:以苏州市为例 [J].地理科学进展,2016,35(8):997-1007;李蕊蕊,赵伟,陈静.福建省非物质文化遗产结构及地理空间分布特征 [J].地域研究与开发,2014,33(6):97-102.
② 中国科学技术协会.2011—2012 图书馆学学科发展报告 [M].中国科学技术出版社,2012.
③ 张兴旺,卢桥,田清.大数据环境下非遗视觉资源的获取、组织与描述 [J].图书与情报,2016(5):48-55.

文献关联与聚类功能的实现，探讨数字环境下非遗资源的组织。① 蔡璐、熊拥军、刘灿娇应用本体论的知识组织理论与方法，构建非遗领域本体概念模型，结合元数据的信息组织形式，为非遗资源的有序化组织与揭示提供理论参考。②

在信息资源组织领域，主题图因其在网络信息组织和知识索引方面优越的表现吸引了研究人员的关注。主题图是一种用于描述信息资源知识结构的元数据格式，它可以定位某一知识概念所在的资源位置，也可以表示知识概念间的相互联系。近年来越来越多的研究集中于主题图的应用，包括知识库、数据库、知识导航、语义挖掘等。目前也有部分学者将主题图技术应用到非遗信息资源组织中，王蒙、许鑫基于主题图理论和方法，建立了非遗信息资源主题图模型，并展示了主题图生成效果。③ 然而，上述研究未探讨文化旅游层面的非遗信息资源组织。文化旅游是非遗资源开发的重要方式，在进行非遗资源组织时，需要将其纳入文化旅游的范畴下，基于旅游开发的角度，借助主题图技术，对非遗资源进行组织。

二、昆曲非遗文化旅游的游客需求挖掘

1. 案例选择

本节选择了昆曲作为研究案例，研究昆曲在文化旅游方面的发展现状，以及游客对昆曲旅游资源的感知和需求。昆曲，又称昆剧、昆腔、昆山腔，是中国最古老的剧种之一，也是中国传统文化艺术中的珍品。2001年5月18日，昆曲入选联合国第一批"人类口头和非物质遗产代表作"。作为一种成熟完美的综合性艺术，昆曲具有诸多构成因素，主要包括文学、音乐、舞蹈、表演、妆容、砌末等，它的遗产价值也就体现在极其广泛的文化领域中。名作如《西厢记》《琵琶记》《浣纱记》《玉簪记》《牡丹亭》《占花魁》《清忠谱》《千忠戮》《长生殿》《桃

---

① 屈健民.基于RDA的非遗数字化资源组织初探［J］.四川图书馆学报，2016(2)：38-40.
② 蔡璐，熊拥军，刘灿姣.基于本体和元数据的非遗资源知识组织体系构建［J］.图书馆理论与实践，2016(3)：39-43.
③ 王蒙，许鑫.主题图技术在非物质文化遗产信息资源组织中的应用研究：以京剧、昆曲为例［J］.图书情报工作，2015(14)：15-21.

花扇》等至今盛演昆曲舞台,成为代表中华传统戏曲文化巅峰水平的传世经典。

2. 数据采集与整理

在数据采集方面,本节从昆曲景点评论和游客游记两个维度入手进行研究,利用火车采集器,抓取了携程旅行网上中国昆曲博物馆和山塘昆曲馆两个景点的游客评论,携程旅行网上关于昆曲的游记 340 篇(截至 2017 年 9 月 30 日),采用 ROSTCM 进行中文分词分析、词频统计,试图通过分析游客对昆曲旅游产品的评价,以及对昆曲旅游形象的感知情况,来得到游客对于昆曲非遗旅游的更加深层次的需求,为昆曲非遗信息资源组织提供方向。

3. 评论数据挖掘

中国昆曲博物馆位于苏州,以抢救、保护、传承、弘扬昆曲艺术为宗旨,以收藏、研究、陈列、展演昆曲遗产为主要职能。该博物馆既展示物质的昆曲文物和资料,还展示非物质的传统昆曲艺术,即丰富的昆曲表演艺术。昆曲博物馆馆址原为全晋会馆,是苏州历史上 100 多所会馆、公所中迄今保存最为完整的一座。

山塘昆曲馆位于苏州山塘街,环境古朴,不同桥段间隙会放下投影银幕讲解昆曲的一些历史。山塘昆曲馆每天都会演出昆曲经典折子戏,时而穿插苏州评弹、古筝演奏、滑稽戏等富有姑苏风情的传统及现代节目。两个昆曲馆评论总体对比情况见表 5-14。

表 5-14 两个昆曲馆评论总体对比

昆曲馆	评论数/份	总体评分/分	景色评分/分	趣味评分/分	性价比评分/分
中国昆曲博物馆	111	4.3	4.3	4.4	4.3
山塘昆曲馆	32	4.2	4.3	4.3	4.1

从游客总体评分看来,游客对中国昆曲博物馆的评分是 4.3 分(满分 5),其中景色评分为 4.3 分,趣味评分为 4.4 分,性价比评分为 4.3 分,游客对中国昆曲馆比较满意。具体来看,共有 111 名游客对其进行点评,其中有 43 名游客从景色、趣味和性价比三个方面进行了打分。其中评分为 5 分的有 20 名,

占总评分人数的近 50%；评分为 4 分的是 15 名，占比为 34%。由此可见，游客对中国昆曲馆的总体评论较为满意。相对中国昆曲博物馆，山塘昆曲馆游客数量较少，可能由于不同于前者的免费开放，山塘昆曲馆的昆曲等活动表演是收费的，4.1 分的性价比评分也反映了这一点。这表明昆曲旅游产品的价格高低会影响其对游客的吸引程度，这也是之后旅游产品设计时需要重点考虑的问题。

另外，对游客就中国昆曲博物馆和山塘昆曲馆的评论进行分词和高频词提取，剔除苏州、昆曲、博物馆等词汇，结合实际情况剔除"这次""倒是"等一些无关词汇，得到如表 5-15 所示高频词。高频词大多围绕着博物馆提供的昆曲演出活动，这在一定程度上表明游客对昆曲艺术活动有一定需求，对活动的讨论也展示了游客的兴趣；同时，高频词中还涉及了历史、文化等词汇，展示了游客有意或者下意识地将昆曲看作一种文化旅游的形式。此外，"值得""开心""惬意"等词语也在评论中出现，表明观看昆曲表演或者其他昆曲艺术形式，能够带给人们心理上的愉悦和满足感，体现了昆曲作为非遗和文化旅游重点元素的价值。但评论中较少提及昆曲作为非遗的保护和传承，在今后昆曲旅游产品设计时，可以更多向这方面引导。

表 5-15 中国昆曲博物馆用户评价高频词

高频词	词 频	高频词	词 频
演 出	42	文 化	13
艺 术	25	评 弹	11
平 江	19	免 费	11
表 演	19	周 日	10
戏 台	18	魅 力	3
历 史	16	值 得	3
戏 曲	14	开 心	3
古戏台	14	惬 意	2

4. 游记信息挖掘

游客游记是展示游客感受、需求和情感的重要载体，因此在了解游客对昆曲产品评价的基础上，本节还对游记进行了统计挖掘分析。采用 ROST CM6 来分析采集到的游记，首先在 ROST CM 原有分词词典的基础上，根据需要增加了一些词汇，对游记进行分词、词频统计，将无用词过滤掉，对同义词进行合并处理，整理出了游客在旅游过程中以下六个方面的需求：食、住、行、娱、地点、景点。其中，食、住、行三个方面的需求是游客在旅游中基本的需求，与昆曲之间并无直接联系，因此不作探讨。而"娱"不仅包含单纯娱乐游览方面，也包含对文化旅游的需求，地点和景点是同昆曲有关的重要需求，将昆曲本身的高频词单独作为一类，并对每类需求进行具体描述，见表 5-16。

表 5-16 与昆曲相关需求高频词

地点	词频	景点	词频	娱乐	词频
苏州	751	周庄	248	文化	180
江南	261	古镇	248	风景	166
上海	108	平江	199	历史	153
南京	87	园林	187	特色	121
昆山	69	博物馆	183	表演	114
杭州	69	水乡	136	门票	81
扬州	44	同里	98	感受	75
无锡	36	山塘街	89	游玩	73
姑苏	23	太湖	67	体验	72
西园	20	西湖	41	自然	70

如表 5-16 所示，在地点方面，苏州被提及的频率最高，原因在于苏州作为昆曲的发源地（昆山），与昆曲天然地存在一种紧密的联系。苏州是昆曲这一非遗的承载体，而昆曲也为苏州吸引了一批慕名而来的游客。由于苏州、上海、无锡、杭州等地，地理位置较近，一般游客会将其归为同一游览路线。在景点方面，周庄、古镇、园林、博物馆等被提及较多，昆曲的水磨流转、宛转悠扬与江南水乡园林的温婉也有着千丝万缕的联系，一般会同时出现在游客的旅游线路中。在娱乐需求方面，文化、风景和历史是游客游记中的高频词，显示出现在游客旅游在单纯娱乐与欣赏景色之外，更增加了对文化和历史的探寻和感受，同时

对具有特色的旅游产品有着浓厚的兴趣。昆曲作为非遗的典型代表,无疑符合游客的这一需求;而且它行腔悠长婉转、舞姿抒情细腻的表演特色也为观演者提供了一种慢节奏的放松方式,与当前"回归自然"的休闲追求不谋而合。

游客在游览过程中对昆曲的相关感受和体会是我们关注的重点。由表5-17可知,千灯古镇作为昆曲发源地,被提及程度较高,仅次于最高者"昆曲"。昆曲为千灯吸引了一批想要感受昆曲文化的游客,在今后的产品设计中,千灯古镇需展示更多作为发源地的特色,为游客提供更多关于昆曲非物质文化的保护、传承知识。昆曲中最有名的当数著名戏曲家、文学家汤显祖的代表作《牡丹亭》,广为流传且最受欢迎。它不仅是各类文化演出活动中必备的昆曲曲目,也是昆曲馆表演的首选。《牡丹亭》通过杜丽娘和柳梦梅生死离合的爱情故事,洋溢着追求个人幸福、呼唤个性解放、反对封建礼教制度的浪漫主义理想。其浪漫的爱情故事、形象生动的人物塑造、优美的唱词、跌宕起伏的情节,以及精美的服饰等特色,使其闻名遐迩远甚于其他作品。实际上,除了《牡丹亭》,昆曲中还有着类似《桃花扇》《西厢记》《长生殿》等非常优秀的作品;而丰富的唱本和剧目,也是昆曲旅游产品中值得重点关注的曲目,这样可以防止只有一个经典的审美疲劳,更可以通过越来越多优秀唱本的普及、类似杜丽娘等经典人物形象的塑造,吸引更多的人慕名观赏,提升昆曲的普及度,为其保护和传承提供丰厚的基础。

表5-17 昆曲高频词

高频词	词频	高频词	词频	高频词	词频
昆曲	244	古典	43	明清	29
千灯古镇	87	典型	42	典雅	28
牡丹亭	77	明代	37	百年	27
精美	71	独特	35	爱情	27
传统	63	汤显祖	32	作品	21
艺术	62	古老	32	青春	19
演绎	61	韵味	31	魅力	17
故事	61	记忆	30	古代	14
风情	54	戏台	30	戏曲	12
品味	45	声音	29	杜丽娘	12

5. 存在的弱项与建议

当前昆曲旅游资源开发中，大多游客是在观光游览苏州古镇时，将昆曲作为一个特色景点来观摩的，很少有游客专门为了听昆曲而特意来到相关旅游景点，而更多会选择去剧场看专业的演出。这就表明在昆曲旅游资源开发过程中，昆曲需要大众化，以浅显的方式展现给游客，更大范围地推广传播昆曲，提高其知名度。因为作为一种雅文化，昆曲的曲词较为深奥，普通游客大多难解其意，因此需要开发更多类似于《牡丹亭》这样的经典曲目，在景点向游客展演，提高对游客的吸引力。游客对于历史、文化有一定需求，因此不能仅限于对昆曲表演的呈现，还需对昆曲内在蕴含的关于艺术、文化、音乐等知识进行展示和宣介，满足游客更深层次的文化艺术需求。

昆曲非遗作为文化旅游的一部分，已经得到了一定的发展，但依然不够成熟，存在一些不容忽视的弱项。首先，昆曲非遗资源分布较分散，缺乏合理的组织；其次，呈现形式单一，一般是博物馆昆曲资源展览，或者昆曲馆的折子戏表演，并没有介绍昆曲相关的其他资源，例如服饰、剧本、表演者、表演艺术等；最后，现有的文化旅游，未能体现昆曲作为非遗的特点，没有将非遗作为一个特点来吸引游客，达不到昆曲传承和开发性保护的目的。因此，需要根据游客更深层次的文化艺术需求，对昆曲非遗信息资源进行再组织，创造更多与昆曲相关的旅游产品。

三、昆曲非遗文化旅游的信息主题提取与分析

1. 非遗资源组织现状

随着互联网的发展，非遗的保护和传承自然地与网络联系起来，人们获取非遗的相关信息资源，也更多地转变为通过网络获取，例如网站、微博、微信等自媒体方式。对于昆曲的旅游开发来讲同样如此，游客更多地通过互联网获取关于昆曲旅游、昆曲表演的相关信息，那么昆曲网站的资源组织情况、昆曲在自媒体上的宣传手段、旅游网站关于昆曲旅游景点的介绍，以及以往游客对

于昆曲的感知评论现状，这些对潜在游客来讲，是很重要的参考资源，也是昆曲能否得到更好地开发的关键所在。因此，合理组织昆曲网络资源、丰富昆曲宣传手段，是昆曲旅游开发非常重要的部分。然而，昆曲相关网络信息资源获取的现状却不尽如人意。

通过调研昆曲相关的网站，发现网站在资源组织上存在着明显的问题。网站上的昆曲信息资源组织多采用传统树状和星状链接，这种刻板的组织方式，无法展示昆曲自身的优美和特色，更难以传达昆曲作为非遗的特殊性，满足不了游客在文化旅游尤其是昆曲旅游中的需求，自然无法吸引潜在游客的注意，更加不能达到传承非遗的目的。

昆曲的微信公众号有上海昆剧院、江苏省昆剧院等，主要推送昆曲演出的通告，偶尔会有昆曲表演人员的经历简介；而对于昆曲起源、昆曲曲目背后的故事、昆曲服饰唱腔表演特色等普及性知识，以及昆曲作为非遗典型代表在了解和传承上的必要性，则相对较少提到。

在微博方面，一些比较著名的昆曲表演人员开通了微博账号，但其分享内容也仅限于演出通告的发布、演出图片的分享，而缺乏在表演过程中的感受、对人物形象的理解等。相关表演人员尤其是昆曲非遗传承人，在更多地从昆曲保护和传承的重要性出发，以自身的行动来带动昆曲更好地发展，丰富其表演形式，塑造更多经典的人物形象，为昆曲传承注入活力等方面尚有很大提升空间。

2. 游客对昆曲信息资源组织的需求

从上文可知，昆曲相关的信息资源在组织方面存在一些不足，阻碍了昆曲开发的进一步发展，无法满足游客在文化旅游中对昆曲的具体需求，为改善现状，可以尝试借助主题图技术来更好地对昆曲信息资源进行组织，并据此开发新的昆曲旅游产品，同时满足游客信息搜寻和实际旅游中对昆曲的需求。具体思路如图 5-18 所示。

首先根据上文对游客游记和现有昆曲相关产品评论的分析，以及对现有昆曲组织方式的调研，得知目前游客具体需求同昆曲组织现状之间的差异，从而总结得出昆曲资源组织应该更强调和侧重以下方面。

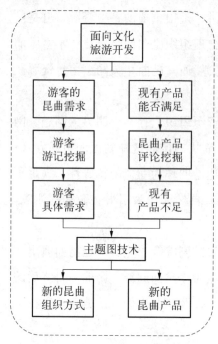

图 5-18 昆曲信息资源组织思路

(1) 人物

每种非遗都有其本身的特点,无论这种特点是什么,人物尤其是非遗传承人在非遗传承中都起着非常重要的作用。昆曲作为戏曲,是一种口耳相传的艺术,"人"是昆曲的主体,昆曲表演艺术家、表演者的影响对昆曲的传承和发展起到了至关重要的作用。作为观众和游客,也很关注表演者的表演以及其自身的信息。因此,在宣传和传承昆曲时,需要更加侧重对昆曲非遗传承人和昆曲著名表演者的介绍,而人物主题图的建立能够实现这种需求。

(2) 历史

昆曲有着悠久的发展历史,了解昆曲历史更有利于其传承。从前文游客需求分析发现,游客在文化旅游的过程中,对于历史很感兴趣,因此在主题图建立的过程中,可以更加关注昆曲起源、历史、发展和传承的部分,以求在吸引游客兴趣的同时,从更深入的层面实现其昆曲传承。

(3) 民俗

民俗主要体现在昆曲的服饰头面、唱腔以及剧本等中间。这些民俗是昆曲艺术独具的特点,无论是华美的服饰头面、悠扬的"水磨腔",还是文学性很强的剧本,都是昆曲艺术非常特殊而珍贵的部分,也是吸引游客用户的法宝,简单的展览和演出无法充分展示昆曲在艺术上的特点。因此,在组织昆曲资源的过程中,需要以主题图的形式,将昆曲的这些特点更加合理地加以呈现,这样既能满足用户文化旅游的需要,也能达到传承昆曲的效果。

(4) 景点

景点是游客旅游时重点关注之处,通过将昆曲与景点相结合,能使人们在游览的同时直接感受到昆曲的魅力。那么景点的选择,就更需要贴近昆曲本身的特征和元素。昆曲起源于昆山,自身具有典雅美丽的气质,与古镇、园林等景点有着天然的契合，主题图组织昆曲资源时可以考虑从这些角度入手，开发相应的旅游产品。

（5）报道

随着网络日益深入生活，微信、微博等新媒体也成为生活中必要的一部分，加强在这些新媒体的宣传和推广，可以使得昆曲更加贴近用户，以更细微却也更持久的方式来实现昆曲艺术的推广。

对非遗信息资源进行再组织时，可以根据昆曲本身作为非遗的特点，以主题及主题之间关联的形式展现，更好地展示昆曲相关的资源，系统揭示昆曲内部不同资源之间的密切联系，更好地吸引游客。这种组织形式可以体现在网站资源组织、旅游产品提供两个维度。在网站资源组织方面，主要考虑如何方便游客获取关于昆曲更多的系统的知识；在旅游产品提供方面，需要考虑游客喜好，重点推出苏州、无锡等地的旅游景点，将昆曲同景点结合起来，使游客在观景的同时增加对昆曲的了解。

主题图技术的应用中，包含了主题、该主题描述的信息资源实体，以及该主题与其他主题的关联性。通过各个主题词之间的关联，可以整理并系统描述信息资源之间存在的复杂关系。一般而言，只要是能引起讨论的对象都可以是一个主题。同一主题可以被赋予多个名称，既可以是专业词汇，也可以是用户熟悉的表达。主题之间存在关联性，这也是主题图中最有意义的一部分。将相关主题连接起来，形成了一个具有明确语义关系的知识网络，这也是主题图与传统主题索引的根本区别。关联同样具有不同的类型，使得给定的主题可以按照关联类型进行聚合，并在此基础上进一步探索信息资源之间的关系。

3. 基于主题图技术的昆曲信息资源组织

（1）主题类型提取

资源实体也被称为资源出处或资源索引，是通过 URL 为用户提供完整、准确的信息，是与主题相关的一个或多个信息资源。信息资源有许多不同的类型，文档、图片、网页等，所以一个资源实体可以是一段文字、一张图片、一个视频，这些资源实体可以独立于主题图文档之外。这也就意味着一个主题图可以应用于多个信息资源，一个信息资源可以拥有多个主题图。

结合领域知识和实际应用，目前主要提取了昆曲的十个主题类型：事件、人物、地区、景点、历史、民俗、旅游级别、资源类型、经济和非遗传承。① **事件**包含昆曲表演活动、昆曲传承活动等子主题类型。② **人物**包括昆曲从古至今的著名表演者、当前活跃的表演人员，可以按照昆曲角色来划分。③ **地区**可设直辖市、市和县等多级子主题类型，主要围绕昆曲发源与流行的苏州、无锡、上海和杭州一带。④ **景点**主题类型则包含古镇、园林、水乡和博物馆等子主题类型，是围绕昆曲主题展示的最佳场所。⑤ **历史**包括昆曲起源、昆曲发展等子主题类型，主要关注昆曲的发展演变历程。⑥ **民俗**中有昆曲服饰、头面、唱腔、唱本等子主题类型，从昆曲本身介绍昆曲。⑦ **旅游级别**下设自然旅游级别与人文旅游级别两个子主题类型。⑧ **资源类型**中有多个子主题类型，如艺术、文娱等。其中艺术子类下设昆曲曲目等主题。⑨ **经济**包括旅游业等主题类型。⑩ **非遗传承**则与前面九个主题类型相结合，包含非遗传承人、重要传承地点、重点传承曲目等子类型，从传承角度将昆曲的不同主题类型关联起来。前面九个主题类型皆是为传承服务，而传承则需要依托这九个主题类型而实现。

（2）主题关联定义

主题之间是存在关联性的，这也是主题图中最有意义的一部分。将相关主题连接起来，形成了一个具有明确语义关系的知识网络，这也是主题图与传统主题索引的根本区别。关联同样具有不同的类型，使得给定的主题可以按照关联类型进行聚合，并在此基础上进一步探索信息资源之间的关系。每一个资源实体可以有多个主题，同时，一个主题也与多个资源实体相关联。所以，通过主题之间的关系可以建立起资源实体之间的联系，使得原本分散的资源有序地组织起来。

目前已在主题类型之间建立了 11 个关联，如表 5-18 所示。

表 5-18 昆曲主题类型与关联关系

关联名称	主题类型1	主题类型2
昆曲表演人物	事件	人物
历史事件	事件	历史
经济事件	事件	经济

续 表

关 联 名 称	主题类型 1	主题类型 2
事件发生的地区	事件	地区
事件所属资源类型	事件	资源类型
历史相关人物	历史	人物
民俗相关历史	民俗	历史
民俗景点	民俗	景点
民俗旅游业	民俗	经济
景点所在地区	景点	地区
景点级别	景点	自然旅游级别

可以看出，事件是最基本的主题类型，其他的主题类型基本上都与事件有关联。事件的相关人物，基于相应历史的事件，事件与经济、旅游业关系的互相影响，事件发生的地区，等等。可以说事件是资源组织中最重要的主题类型。

(3) 主题图在昆曲的应用

通过主题图将所有的信息资源按照主题词进行组织，有助于信息查寻和相关信息的推送，主题词之间的关联也进一步准确地描述信息的特征，有助于信息的理解。本节以经过主题图技术组织的昆曲非遗信息资源作为数据基础，进一步构建了一个文化旅游信息资源系统原型，作为提供昆曲非遗文化旅游的信息平台，同时也能体现主题图提供信息获得和理解方面的优势。

昆曲非遗信息资源具有主题性和内隐特征，需要对信息资源的内容进行理解，才能提取出相应的主题，加上网络信息资源不断丰富，以及景区景点或旅游项目不断增加的情况，"昆曲非遗文化旅游信息资源系统"设计为一个开放平台，可以使昆曲非遗信息资源的主题图不断地得到补充和扩展。

系统后台数据库主要包括主题词表、主题资源对应表和资源信息表三张库表。主题词表中包含所有的主题词、主题类型、具体主题等，资源信息表储存了信息资源的内容、标题、URL、格式等信息，主题资源对应表存放的是主题词和信息资源的对应关系。通过程序实现，用户可按主题查看检索资源，也可通过主题关联获得更多相关联的信息资源，进而能更好地理解信息资源及其蕴涵的文化含义，如图 5-19 所示。

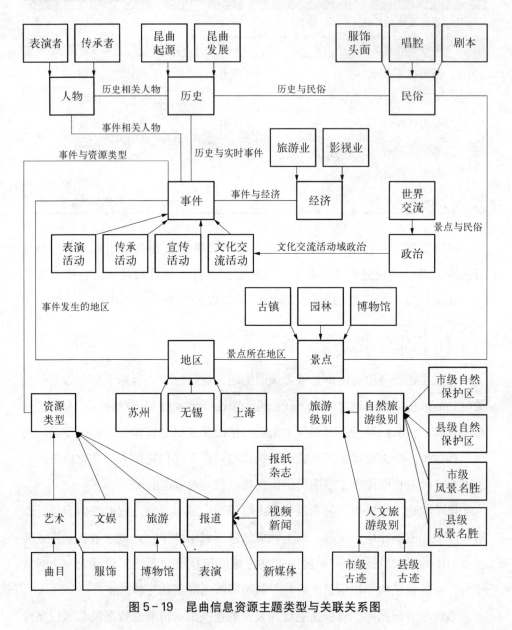

图 5-19 昆曲信息资源主题类型与关联关系图

4. 基于昆曲信息组织的文化旅游服务

与传统信息资源组织方法相比，借助主题图来组织昆曲非遗信息资源，更能满足游客在旅游前期搜索，以及在旅游过程中对文化旅游的需求。主题图的组织方式更强调昆曲等非遗信息资源背后的文化艺术内涵，非遗资源内部不可分割的联系，以及非遗资源和其他诸如政治、经济、民俗、文化等资源之间的关系，能够从整体展现非遗资源的完整性、丰富性和独特性，保证非遗在旅游开发保护过程中，传承的一致性。在利用主题图技术组织昆曲非遗资源之后，可以针对用户的需求，以主题的形式开发出相应的旅游产品，包括昆曲主题公园、昆曲主题展览、昆曲主题活动日等。

第六章 非遗信息资源的传播与利用

第一节 基于报纸和网络文本的非遗大众媒介研究

美国学者拉斯韦尔(Harold Lasswell)在1948年发表的《传播在社会的结构与功能》一文中提出,传播具有三个最基本的社会功能——"监测环境、协调关系、传承文化"。在他看来,"人类社会的发展是建立在继承和创新的基础之上的,只有将前人的经验、智慧、知识加以记录、积累、保存并传给后代,后人才能在前人的基础上做进一步的完善、发展和创造。传播是保证社会遗产代代相传的重要机制"。同时,拉斯韦尔也在这一论文中提出了传播的基本过程及五个基本的构成要素,即传播的"5W模式"——"谁(Who),说了什么(Says What),通过什么渠道(In Which Channel),对谁说(To Whom),取得了什么效果(With What Effect)"。[①]过去,报纸、广播、电视等传统媒体一直都是非遗传播的重要渠道。

一、非遗传播方式相关研究

大众传播在非遗的保护和传承中发挥着非常重要的作用,关于非遗传播的

---

① 郭庆光.传播学教程[M].北京:中国人民大学出版社,1999.

问题近年来也吸引了众多学者的关注,相关研究从2002年以来呈现出不断增长的趋势。

1. 国外研究

目前,国外学者对非遗传播的研究大体可以划分为两大主题:一部分学者将关注力放在如何利用大众媒介、数字媒体等对非遗进行更好地呈现和传播,以及如何利用新媒体、数据库等对其进行保护和传承。例如,卡里卡普(Cary Karp)在2004年提出了将非遗进行数字化整理并保存到虚拟博物馆中进行保护和共享的思路;[1] 随着信息技术的发展,卡布里·贾科莫、玛丽亚·埃琳娜·邦菲利、赞博内利·佛朗哥等(Cabri Giacomo, Maria Elena Bonfigli, Zambonelli Franco et al.)提出了文化遗产虚拟体验系统,该系统能够向用户提供虚拟访问特定的文化信息的功能;[2] 马西米利亚诺、加布里埃、卡洛(Pieraccini Massimiliano, Guidi Gabriele, Atzeni Carlo)在研究中尝试运用3D技术对文化遗产进行虚拟还原;[3] 奈杰尔·克劳霍尔(Nigel Crawhall)还设计了非遗信息管理系统,从保存和管理的层面确保非遗信息得到妥善的整理和归纳。[4]

另一方面,一部分学者则对当下大众媒介对非遗的传播进行反思和批判。例如,沃尔特·本杰明(Walter Benjamin)提出文化的大量的复制使得非遗失去了年代感和空间价值;[5] 学者耶胡达·E.卡莱(Yehuda E. Kalay)则认为,信息的大量复制、生产会造成大众对非遗的理解与解读的禁锢化,会让非遗的传承呈现碎片化,缺乏完整性;尤其是新媒体在传播呈现上的程式化,会导致大众

---

[1] KARP C. Digital heritage in digital museums [J]. Museum International, 2014, 56(1-2): 157-162.
[2] BONFIGLI M E, CABRI G, LEONARDI L, et al. Virtual visits to cultural heritage supported by web-agents [J]. Information & Software Technology, 2004, 46(3): 173-184.
[3] PIERACCINI M, GUIDI G, ATZENI C. 3D digitizing of cultural heritage [J]. Journal of Cultural Heritage, 2001, 2(1): 63-70.
[4] LI S T, ZHANG M, LONG J Z, et al. A protection and management oriented intangible culture heritage MIS architecture and its prototype application [J]. IEEE International Conference on Service Operations and Logistics, and Informatics, 2008(1): 1063-1067.
[5] BENJAMIN W. The work of art in the age of mechanical reproduction [M]. North Charleston: CreateSpace Independent Publishing Platform, 2009.

对非遗感受与理解的片面化。①

2. 国内研究

其中，大众媒介对非遗传播的现状、特点与作用，网络时代数字化语境下的非遗传播路径与策略，如何利用影像来进行非遗传播，典型项目或典型区域在非遗传播、传承中的实践经验，非遗的对外传播等都是近年来非遗传播研究中的热点议题。

在大众传播对非遗传播的现状、特点与作用这一问题上，王隽探讨了非遗与媒体传播的二位耦合和发展路径，分析了其在非遗传承、保护中的积极作用，主张应借助现代传媒的各种优势，做好非遗的传播和延续。② 相关文献较多，不一一赘述。

网络时代数字化语境下的非遗传播路径与策略方面的研究，是学者们近几年来关注的焦点。例如，王犹建分析了网络时代数字化语境下非遗传播的角色和特点；③ 黄丽娜、吴娅以"侗族大歌"为例，在分析互联网传播特点的基础上，主张利用好这个传播平台，提高非遗的传播效果，为非遗传播提供新的路径；④ 王琳、钟蕾则探讨了如何应用数字化采集、存储、展示、传播技术，对传统手工艺类非遗进行保护和传承；⑤ 在数字化传播方面，谈国新、孙传明、周子渊等学者亦有论述。

影像因其立体、直观等特点在非遗传播中被学者们重视。例如，朱秀凌以海峡西岸非遗的影像化生存为例，提出通过影像化传播，不仅能够有效地保护和传承非遗，而且可以在民间层面重构一种"集体记忆"，有助于实现影像传播与非遗保护两者的共赢；⑥ 孟志军则认为影像记录是非遗传承和保护的重要

---

① KALAY Y E. New heritage: new media and cultural heritage [M]. London: Routledge, 2007.
② 王隽.非物质文化遗产与媒体传播：二位耦合和发展路径[J].现代传播.2014(6)：12-14.
③ 王犹建.网络时代数字化语境下的非物质文化遗产传播[J].新闻爱好者.2012(10)：39-40.
④ 黄丽娜，吴娅.新媒体时代下非物质文化遗产的传播与传承：以"侗族大歌"为例[J].凯里学院学报，2015，33(1)：21-24.
⑤ 王琳，钟蕾.数字化在传统手工艺类非物质文化遗产保护与传播中的应用[J].艺术与设计(理论).2013(9)：120-122.
⑥ 朱秀凌.海峡西岸非物质文化遗产的影像化生存[J].集美大学学报(哲学社会科学版).2013，16(2)：20-25.

手段和方法，具有其他媒介无可比拟的优越性，是一种全息的记录方式，对保护非遗具有重要意义。①

此外，在非遗文化的对外传播、传播伦理、传播路径等方面，诸多学者亦有论述。总体而言，在目前的非遗传播研究方面，相关研究还不是很多，议题也相对比较集中。在研究方法上多以定性研究为主，个案研究是使用频率最高的研究方法。川剧、端午节、女书、昆曲、楹联、中医药等非遗项目都成为学者们研究案例的对象，往往通过对一些具体的非遗项目进行深度剖析，来展现其传播的现状以及存在的困难与问题，试图找到合适的解决方案。利用定量研究的方法，通过对传播文本的分析，来探讨非遗信息传播现状、路径与问题的研究还不多见。

二、传播方式的研究思路与方法

本节选取我国世界级非遗项目作为研究样本，对非遗信息传播的主体、渠道、内容等展开一系列研究。

1. 案例选取

截至2013年12月，中国入选联合国教科文组织非遗名录项目总数达37项。其中，被收入人类非遗代表作名录的30项，急需保护的非遗名录7项。非遗的类型在国务院2006年、2008年、2011年及2014年的四次发布中名目虽稍有变化，但始终保持着十大类型的基本框架。本研究以国务院2014年发布的十种类型为准，将37项非遗项目进行归类。见表6-1。

表6-1 我国世界级非遗名录及分类

类别	世界非遗项目
民间文学	《格萨尔》史诗、新疆《玛纳斯》
传统音乐	中国古琴艺术、蒙古族长调民歌（与蒙古国联合申报）、新疆维吾尔木卡姆艺术、福建南音、贵州侗族大歌、蒙古族呼麦、甘肃花儿、赫哲族伊玛堪说唱

---

① 孟志军.影像复制时代下的非物质文化遗产[J].视听天地.2015(2)：68-70.

续表

类　别	世界非遗项目
传统舞蹈	朝鲜族农乐舞
传统戏剧	昆曲、广东粤剧、藏戏、京剧、皮影戏
曲艺	西安鼓乐
传统体育、游艺与杂技	
传统美术	青海热贡艺术、书法、篆刻、剪纸
传统技艺	中国蚕桑丝织技艺、南京云锦、安徽宣纸、浙江龙泉青瓷、雕版印刷、传统木结构营造技艺、黎族传统纺染织绣技艺、中国木拱桥传统营造技艺、中国活字印刷术、中国水密隔舱福船制造技艺
传统医药	中医针灸
民俗	端午节、妈祖信俗、羌年、珠算、新疆维吾尔族麦西热甫

这些世界级非遗项目因其宝贵的历史和文化价值，不仅成为国家保护和发展的重点，也成为大众传媒在非遗领域里信息传播的重点，因此本节的研究选取了以上37个世界级非遗项目作为研究案例，以此来描绘当前我国非遗传播的现状与问题。

2. 数据采集与处理

本研究选取2014年1月1日至12月31日报纸和网络上关于37个世界级非遗项目的新闻报道作为研究样本。慧科数据库收录了1 600家中文平面媒体，1984家国内重要的新闻网站，602个全国性BBS、各省地方性BBS，以及微博、微信等热门社交媒体，本节选择慧科数据库作为数据来源。首先对相关数据进行全面汇集，然后根据主题相关度对获取的文本进行排序，剔除与主题无关的样本，共获得报纸文本189 133条，网络文本434 877条。使用日期、地域、媒体、篇幅等指标对这624 010条文本进行计量统计，用以对信息传播的主体、渠道、内容等进行研究。

对于传播内容的分析，则选取每个非遗项目在一年里最热门的20条报道，其中包括报纸热门报道10条、网络热门报道10条。运用内容分析法，确定类目和分类单元，对各类目出现的事实和数量进行客观评判和记录，并进行信度计算，在此基础上对这些报道的主题、体裁、来源等进行分析。

三、基于传播"5W 模式"的数据分析

从目前的实际情况来看，报纸、网络上有关非遗信息传播大多数还是沿袭了传统的线性传播模式，因此在数据分析方面，本节主要基于传播的"5W 模式"，从信息传播的主体、渠道、内容、受众与效果五个角度切入。其中，传播内容是本节分析的重点，对这一部分的研究主要从数量、类型和主题三个方面着手。

1. 信息传播主体分析

通过报道媒体和媒体所在地域两个指标，本节对报纸和网络上非遗信息传播的主体进行了分析，发现以下四个特征。

其一，报道数量多少不仅与媒体属性和其所在地有无非遗项目相关，还与其重视与关注程度高低密切相关。从报纸来看，山东虽入选项目居第三位，但《齐鲁晚报》发布非遗项目信息最多，其关注的项目类别主要集中在传统美术方面，尤其是书法、剪纸、篆刻等项目，另外对京剧和皮影戏也进行了一定数量的报道，这与其文化类媒体性质和较强的关注度不无关系。《中国文化报》、中国新闻社、《澳门日报》是涉及非遗信息名列前茅的传播主体，其中《中国文化报》对新疆维吾尔木卡姆艺术、中国蚕桑丝织技艺、西安鼓乐、羌年、珠算等 24 个非遗项目进行了报道，覆盖了传统音乐、传统舞蹈、曲艺、传统美术、传统技艺、民俗等六个类别；中国新闻社则报道了蒙古族长调民歌、中国古琴艺术、贵州侗族大歌、甘肃花儿等 23 个非遗项目新闻，包括传统音乐、传统戏剧、传统技艺、传统医药、民俗等五个类别。它们排二、三位，与地缘没有关系，主要还是因其属性而致。《澳门日报》作为我国境外媒体，其关注的主要对象是福建南音和广东粤剧，在这两个非遗项目上形成了较多报道。它的脱颖而出，与其属地具有入选项目相关。它们的报道信息数量及排名详见表 6-2。

表 6-2　信息传播数量排名前十的报纸

媒体名称	齐鲁晚报	中国文化报	中国新闻社	美术报	新民晚报	天津晚报	扬子晚报	今晚报	澳门日报	东南早报
报道数量	2 918	2 564	2 511	1 849	1 415	1 255	1 204	1 049	811	612

其二，在网络媒体方面，报道数的众寡、涉及面宽窄，不仅与其属性相关，还与关注度强弱相关；但与属地关系不大。新民网和搜狐网是传递非遗信息最多的两个主体，其关注的非遗项目涵盖了传统医药、传统技艺、民俗、传统美术、传统音乐和传统戏剧等六个类别，书法、剪纸、京剧、篆刻、昆曲是其信息传播的重点；中国艺术品网、雅昌艺术网作为专业艺术品网站，其信息主要集中在传统美术领域。凤凰网关注的侧重点是民俗、传统美术，光明网则是传统戏剧、传统美术。两者的共同点是相对其他网站来说，其涉及的内容比较广泛，信息基本囊括了所有类别。它们的传播数量及排名详见表 6-3。

表 6-3　信息传播数量排名前十的网站

媒体名称	新民网	搜狐网	光明网	天津网	中国新闻网	网易	中国艺术品网	和讯网	雅昌艺术网	凤凰网
报道数量	25 277	24 032	14 872	13 382	13 222	12 160	10 801	6 375	4 082	3 180

其三，从传播主体的地域分布来看，报纸媒体主要集中在北京、广东、山东、浙江、江苏、上海、福建、河南、四川、河北等几个省、直辖市，传播主体与项目所在地有着高度的相关性，一般而言非遗项目所在地媒体传播的信息比例最高，其次是北京，再次是周边省市。而对于网络媒体来说，信息传播的主体主要集中在北京、上海、广东、天津、山东、浙江、江苏、河北等地。从具体项目来看，传递信息比例最高的主体所在区域是北京，其次是所在地的官方网站或者新华社、人民网等国家级媒体的区域频道，再次是广东、上海等地的网站。这一地域上的分布跟网络传播能够突破时空界限的特性，以及我国主要新闻网站的地域分布有关。

其四，从信息来源来看，通过对热点新闻的内容分析发现，报纸在非遗方面的信息来源较为单一，但原创性高，几乎都是自采内容。网络的信息来源相对丰富，呈现出以网络、报纸为主，电视为辅的现象；但原创性相对较低，有

59.9%的内容来自报纸。此外，在网络上同一条新闻被互相转引的频率也大大高于报纸。这一方面说明，网络在传播非遗方面具有容量上的优势；另一方面反映了网络在传播非遗信息方面有很大的发挥空间，无论在内容和形式上，都可以开发出更加符合媒介自身特点的信息。

2. 信息传播内容分析

对于信息传播内容的分析主要从数量、类型、主题三个方面来进行研究。其中，数量和类型的分析主要基于总体数据的统计，对于主题的分类统计和部分类型统计则主要基于热点新闻。

（1）信息数量

从数量上来看，大多数非遗项目在时间序列上都至少具有一个传播峰值，如图6-1所示。例如，2014年6月2日是端午节，对端午节的报道在年初四个月为0，五月底六月初急剧增加到最高值，节日过后一个月内报道数量又迅速回落。

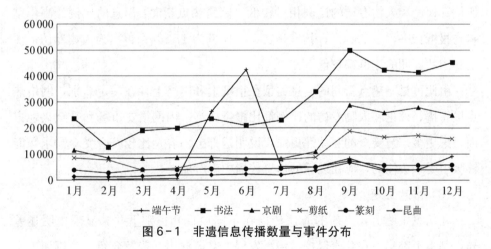

图6-1 非遗信息传播数量与事件分布

图6-1显示，总体来看，书法、京剧、剪纸、篆刻、昆曲、皮影戏等传统戏剧、传统美术类项目一般在9月份达到峰值，而且在媒体报道上往往同时出现，具有一定的共现现象。从内容上分析其原因可以发现，大部分非遗项目报道出现高潮时间与三类事件紧密相关。

第一类：国庆节、孔子诞辰日及中国传统节日（主要是中秋节和重阳节），书法、篆刻、皮影戏、剪纸等传统戏剧、传统美术类非遗项目，因其具有比较广泛的群众基础，都在此时段举办各种各样的庆祝演出、展示活动，相关报道达到了最高值。

第二类：相关艺术节举办的系列展览活动。

第三类：名家诞辰。

民间文学、传统技艺、传统音乐等项目受上述因素影响较小，还有一些较为冷门的项目，因报道数量相对较少，峰值较难判断。

(2) 信息类型

根据新闻的特点，信息类型主要以篇幅和体裁来划分。根据统计发现，无论在报纸还是网络上，37项非遗项目普遍以消息类报道为主，这部分类型信息的比例占总体数量的49.8%；而篇幅较长的特稿则最少用，在报纸上这部分信息类型的比例仅占2%，在网络上的比例为7%。

这一点在热点新闻上体现得更加明显。纸媒新闻：72%的热点新闻信息都以消息的方式呈现；简短、直观的图片新闻也占据了一席之地，有接近9%的比例；评论和人物专访的比例相对较低。网络热点新闻：消息的比例最高，基本与报纸持平，占73.7%；其次是特稿，比例为17.8%；再次为人物专访；评论和图片新闻的比例都较低。

由此可见，热点新闻的信息类型在报纸上和网络上存在一定差别，网络热点里特稿、评论和人物专访的比例都比报纸要高。因网络在市场和受众兴趣方面考虑更多，与受众的互动性更强，说明这部分内容是比较符合受众需求，能够吸引受众关注的，应在以后的信息传播中有所加强。

(3) 信息主题

在信息主题上，当前的非遗传播在不同项目和类别上并未显现出明显差异，基本上都集中在政府保护、传承发展、交流演出、普及介绍、分析评论和文化旅游等几个方面。基于此，本节在内容分析的类目构建上，将信息主题分成七个类别：政府保护、传承发展、交流演出、普及介绍、分析评论、文化旅游，以及其他。因有的非遗项目报道数量太少无法形成热点，同时剔除重复和不相关的文本，最终共统计37项非遗热点新闻报道437篇，其中报纸167篇、网络270篇。

根据统计，发现无论在报纸还是网络上，"交流演出"都占据了最高的比例，报纸比例为32.3%，网络比例为30%；其次是"普及介绍"，报纸比例为23.4%，网络比例为17.7%。除此之外，报纸报道的主题按照文化旅游、传承发展、分析评论与政府保护依次递减，网络报道主题则按照文化旅游、传承发展、政府保护、分析评论依次递减。

"交流演出"类的报道，多为推广介绍新的剧目、新的展览，也包括同类型非遗间的跨文化交流。传统音乐、传统舞蹈、传统戏剧、传统美术等类型的非遗项目，在该类报道中的比重较大，这与这些项目本身的属性密切相关。

"普及介绍"类的报道，则以向受众介绍非遗的来源、历史、发展创新、流变，以及当下状况为主。通过该种类型的报道，可以让受众了解到一些原来并不是很熟悉的非遗项目。

政府保护议题主要通过介绍政府对非遗的保护措施、所做的工作，来展现对这些项目的关注；传承发展则着重强调传承人的故事、非遗的演变和发扬；文化旅游的关注点在于非遗带动的旅游示范效应与文化交流；分析评论展现专家学者对非遗项目的保护、开发、传承等方面的观点与看法。

非遗需要人们了解，更需要人们在了解的基础上共同参与，唯有如此才能使之保持长久的生命力。普及介绍、交流演出类的信息以短消息为主，内容相对简单浅显，虽然能够帮助人们关注和了解非遗项目，但在改变态度、动员参与方面效果甚微。这方面的效果需要更有深度的议题来实现，这是当前非遗信息传播中所欠缺的。政府保护、传承发展、分析评论、文化旅游等相关的议题，对于非遗的传承与保护也相当重要；但因所占的比例相对较低，无法形成大规模的热点效应。这也是今后在非遗传播中需要加强的地方。

3. 信息传播渠道分析

从渠道来看，报纸、广播、电视等传统媒体是非遗信息传播的重要渠道，而随着互联网的兴起，网络以其及时、海量等特点成为承载相关信息最多的一条传播渠道。而对于不同的非遗项目，在不同渠道传播的数量与分布上存在着冷热不均的状况。见表6-4。

表6-4 非遗信息在不同传播渠道上的数量分布

非遗项目	报纸文本数量	网络文本数量	非遗项目	报纸文本数量	网络文本数量
《格萨尔》史诗	14	146	篆刻	10 148	27 417
新疆《玛纳斯》	0	6	剪纸	21 030	61 751
中国古琴艺术	31	114	中国蚕桑丝织技艺	23	77
蒙古族长调民歌	40	462	南京云锦	525	2 750
新疆维吾尔木卡姆艺术	38	152	安徽宣纸	28	119
福建南音	50	126	浙江龙泉青瓷	12	51
贵州侗族大歌	28	87	雕版印刷	751	3 235
蒙古族呼麦	20	132	传统木结构营造技艺	7	39
甘肃花儿	26	54	黎族传统纺染织绣技艺	41	211
赫哲族伊玛堪说唱	15	33	中国木拱桥传统营造技艺	12	35
朝鲜族农乐舞	41	78	中国活字印刷术	11	80
昆曲	5 212	22 664	中国水密隔舱福船制造技艺	4	21
广东粤剧	552	1 134	中医针灸	1 308	5 334
藏戏	611	2 893	端午节	26 346	94 287
京剧	28 057	97 847	妈祖信俗	120	773
皮影戏	2 854	9 224	羌年	54	266
西安鼓乐	96	304	珠算	792	2 927
青海热贡艺术	8	48	新疆维吾尔族麦西热甫	0	0
书法	90 228	354 264			

根据在不同渠道里的传播热度,可以将37项非遗项目分为五级:

Ⅰ级:单一渠道报道数量大于5 000,昆曲、京剧、皮影戏、书法、篆刻、剪纸、中医针灸、端午节;

Ⅱ级:单一渠道报道数量大于1 000,广东粤剧、藏戏、南京云锦、雕版印刷、珠算;

Ⅲ级:单一渠道报道数量大于100,《格萨尔》史诗、中国古琴艺术、蒙古族长调民歌、新疆维吾尔木卡姆艺术、福建南音、蒙古族呼麦、西安鼓乐、安徽宣纸、黎族传统纺染织绣技艺、妈祖信俗、羌年;

Ⅳ级：单一渠道报道数量大于10，贵州侗族大歌、甘肃花儿、赫哲族伊玛堪说唱、朝鲜族农乐舞、青海热贡艺术、中国蚕桑丝织技艺、浙江龙泉青瓷、传统木结构营造技艺、中国木拱桥传统营造技艺、中国活字印刷术、中国水密隔舱福船制造技艺；

Ⅴ级：单一渠道报道数量小于10，新疆《玛纳斯》、新疆维吾尔族麦西热甫。

从这样的级别划分里可以看出：传统戏剧、传统美术类非遗项目在传播渠道上拥有优先权，其次是传统医药类。而传统音乐、传统舞蹈和传统技艺、曲艺等项目，在宣传、普及上有待进一步提高；民间文学、少数民族民俗等项目，则亟需各方关注。这样的热度分级，在有关部门和媒体制定传播策略的时候，也可以作为参考。对于那些媒体关注热度较低的项目，应加大信息传播的力度和广度，让更多人关注、了解，以促进这些项目的传承、发展。

4. 信息传播的受众与效果

以报纸、广播、电视为代表的传统媒体和新闻网站作为大众传播媒介，其受众规模数量庞大、异质性强，具有高度的分散性和不确定性等特点。这些特点使得借由这些媒介渠道所进行的非遗传播，所面向的受众往往难以明确；所以呈现在这些媒体上的信息，在主题上也都比较宽泛，在传播的内容上很难做到有针对性。

受众的特点也带来了传播效果测度上的困难，线性传播模式使信息的传播成为直线、单向的过程，缺乏信息的回路与反馈，很难根据受众的需求、喜好来调整信息传播的内容和方式；同时，线性传播模式是静态的、孤立的，忽略了周围环境的因素。而非遗作为民族文化、生活、个性的"活"的显现，恰恰是一个动态的、发展的过程，需要社会公众的积极参与，通过身口相传才能使这一宝贵的文化链不断延续下去。非遗的这一特点也对信息传播的效果提出了更高要求，需要从认识到态度再到行为，在不同层次上对受众产生影响。因此，打破已有的传播模式，改进信息的内容与组织、呈现方式，是我国非物质遗产传播的当务之急。

四、非遗传播的策略建议

基于以上分析，不难发现当前我国非物质文化传播中存在着诸多问题：在传播主体上对非遗项目的关注有较大的地域限制和类别偏好，导致了传播内容的单一和传播渠道分配上的冷热不均现象；在信息的表现形式上也并不丰富，尤其是网络媒体并没有很好地发挥自身优势进行有针对性的、多元化的有效传播，线性的、单向的传播模式阻碍了受众的反馈和参与，极大削弱了信息传播的效果。针对这些问题以及非遗本身传承性、多元性、活态性等特点，本研究认为我国非遗的信息传播可从以下几个方面加以改进。

1. 传承保护的数字化

在非遗传承保护的过程中，大众媒介被赋予传承文化的责任，而数字技术的发展使传统意义上的媒体被重新定义。由此我们对那些地域性极强的非遗，不仅要在区域内进行保护与传承，更要通过网络实现信息的传播与共享。随着信息时代的到来，数字科技的架构、网络传播的盛行，在抢救与保护非遗的实践中，数字技术是非遗保存的较好方式之一。其中，建设非遗数据库系统是数字资源库建设的核心。①

在这一过程中，可以尝试利用主题图技术对非遗的信息资源进行组织，借助关键事件技术对非遗的形成及演化进行分析，融合关联数据和分众分类技术对非遗的数字资源进行多维度聚合，这些都可以使非遗资源得到更好的整合，在全社会实现最大程度的共享、共用，发挥其独有的文化价值和经济价值，这也是非遗信息适应新媒体时代，实现更广泛、有效传播的基础。

2. 传播策略的差异化

不同类型的非遗项目具有不同的表现形式和发展规律，可以针对非遗项目各自的特点，研究制定差异化的传播策略，并根据受众的需求调整信息传播的渠道、内容和方式，避免同质化，以真正挖掘和凸显出不同非遗项目深刻的文化内涵。

美国传播学者马克斯韦尔·麦库姆斯（Maxwell McCombs）在1972年提出的"议程设置"理论认为，公众对社会公共事务中重要问题的认识与传播媒介的报道活动之间，存在着高度对应的关系，即传播媒介作为"大事"加以报道的问题，同样也作为大事反映在公众的意识中；传播媒介给予的强调越多，公

---

① 王犹建.网络时代数字化语境下的非物质文化遗产传播 [J].新闻爱好者.2012(10)：39-40.

众对该问题的重视程度越高。① 例如，在对传统戏剧、传统美术类项目传播上，因其已经有比较好的知晓度和普及度，媒体可以发挥议程设置功能，利用节庆日、重大展览和演出等来创造热点话题，通过这些热点话题、关键事件不断引发人们的关注，进行项目的推广和宣传。对于一些传统技艺类的非遗，则可将产品营销和事件营销相结合，利用产品建立品牌，借助事件推广品牌，让这一类的非遗项目在销售中得到推广，在生产中得到传承。在2014年APEC会议上大放异彩的南京云锦，就是这方面值得借鉴的成功案例。

而在民间文学、传统技艺、传统音乐等项目和一些传播热度较低、区域性较强的非遗项目的传播上，简单的消息类新闻和广告宣传等虽有较高的到达率，能够增强项目的知名度，但对项目本身的普及和发展来说效果并不好。因为受众本身对于这些非遗文化知之甚少，需要一个了解和培育的过程。对于这些项目，一方面可以利用热点事件提高它们的知名度，如陕西的老腔借助电影不仅让国人熟悉，更是走出了国门，赢得了世界的喝彩；另一方面则可以将大众传播和组织传播、人际传播相结合，通过专家讲座、艺术展览、互动课堂等传播方式，使之"润物细无声"地走进人们的生活。

3. 传播渠道的立体化

在当前全媒体时代，数字化技术的迅猛发展为非遗的传播提供了更多的渠道选择和更为立体的展示空间。传统媒体、门户网站、社交媒体借助手机等移动智能终端，不仅拥有规模庞大的受众群，还提供了突破时空限制的传播平台。根据不同的传播要求和传播内容，选择、融合不同的传播渠道，对非遗进行"整合营销"，不仅能够帮助实现对受众的全方位覆盖，更有助于打破古老文明与现代人在时间上的隔阂，打破区域文化与外界在空间上的制约，让遥远而传统的文明真正走进人们的现实生活，焕发出新的青春。

例如，在白领里流行的"活字帖""迷你古筝"两个手机APP，就是这方面比较成功的例子。前者可实际临帖，并绘制出古代名家的原笔迹，体验一把

---

① 马克斯韦尔·麦库姆斯.议程设置：大众媒介与舆论[M].郭镇之，徐培喜，译.北京：北京大学出版社.2008：115.

书法家的快感；后者能够模拟 21 弦古筝，供爱好古筝的初学者练习弹奏《梁祝》《紫竹调》等经典曲目。这既普及了文化，也提升了体验，让人们切身体会到非遗的魅力所在。

根据美国学者埃弗雷特·M.罗杰斯（Everett M. Rogers）提出的创新扩散理论，不同的传播渠道在信息传播的不同阶段发挥的作用是有差异的。例如大众传播渠道、全国性传播渠道在信息知晓阶段有明显的效果；而人际传播渠道、本地媒体渠道在劝服阶段更为得力。① 因此，非遗传播，尤其是那些人们不太熟悉的非遗项目，在信息传播渠道的选择上不能盲目，是要根据项目的类型、传播的目标有针对性地进行信息的投放，同时也要充分发挥不同渠道在传播上的特点和优势。

4. 传播模式的交互化

在传统的传播过程中，传播主导者，决定着信息内容的数量与质量、流量与流向，从而牢牢掌握着传播的话语权。从上文的数据分析中我们已经发现，当前我国的非遗传播，无论在报纸上还是网络上，还沿袭着传统的线性传播模式，虽然网络传播会出现一定形式的简单互动，如在新闻报道下方使用评论栏等，但在当今全新的传播环境下，这样的互动是远远不够的。

随着新媒体传播模式的革新，极大地解放了受众，受众已不再是被动的信息接收者。在传播过程中，受众与传播主体之间不仅可以进行充分的互动，对其产生即时的反馈机制，更能积极地参与其中，实现传播主客体间的角色互换。参与、互动、体验、反馈，这些恰恰契合了非遗在全媒体信息传播上的需求。例如，英国乡村中篮子制作工艺非常丰富，是英国传统手工艺的代表和非遗。英国手工艺品网站上展示了传统的篮子制作工艺，并鼓励网民们上传照片，展示自己制作的篮子作品，通过这种方式，将篮子的制作工艺在公众中迅速传播开来。动手制作篮子并进行展示这一过程，使受众从简单的内容消费者，转变成为了一个内容的生产者和文化的传承者，而这正是非遗传播希望达到的效果。

在实现传播模式交互化方面，可以充分利用博客、论坛、微博、微信等社交媒体。这些社交媒体技术为使用者提供了一个即时、互动、开放的平台，允

---

① 埃弗雷特·M.罗杰斯.创新的扩散［M］.辛欣，译.北京：中央编译出版社，2002.

许人们撰写、分享信息，对信息进行评价、讨论，并实现随时随地地相互沟通。通过社交媒体改进非遗传播的模式，能够使自上而下的、单向的、线性的传播，转变成为去中心化的、网状的、交互化的传播模式，既能在迅速的信息扩散中不断引爆话题，又能把具有同样兴趣爱好的人聚合起来实现线上线下的联动，这将大大提升非遗传播的效果。

5. 传播内容的多元化

针对非遗的不同类型，受众的关注点和兴趣点也各有侧重，因此要准备多元化的传播内容，信息的"广播"和"窄播"相结合，不仅要全方位地对非遗文化进行介绍，还要满足不同层次受众的个性化需求。

传播效果不仅在层次上，由认知到态度再到行动，有一个不断积累、深化、扩大的过程，在持续的时间上也有暂时性效果和持久性效果的区别。如前所述，对于目前的非遗传播而言，多数内容还都集中在消息类报道上，以交流演出和普及介绍作为主要议题，这比较容易作用于认知层面，并取得短期的暂时性效果；但这样的传播内容也容易被淹没在海量的传播信息中，并因为缺乏深度而无法作用于人们的情感态度层面，难以引发人们的传承和保护行动，形成长期的持久性效果。

要取得长期的传播效果，就必须增加传播内容的深度和频度，提高传播的针对性。针对一些内容丰富、普及性高的非遗项目，可以开辟专门性的传播渠道，如专业性的网站、小众化的APP等，为用户度身定制、主动推送内容丰富、形式多样的信息；针对一些传统音乐、传统舞蹈和曲艺等具有极其鲜明区域特色的非遗项目，则将信息传播的内容与当地的旅游宣传相结合，比如在地方旅游宣传片中植入相关内容，通过报纸、电视、网络等渠道进行传播，不仅可以增强传播的效果，也能以文化带动旅游，实现共赢。

6. 呈现方式的多样化

根据前文数据分析，目前非遗信息在报纸上多以文字为主、配发图片的形式来呈现，文字报道所配资料图片一般都是在采访现场拍摄的"新闻图片"。而在"读图时代"的今天，非遗文化在通过大众媒体进行传播时，不仅需要用图说话，而且需要精心选择能够体现该非遗项目特色的色彩丰富、画面优美的图片，这样才能在巨大的信息海洋中赢得受众的关注和喜爱。而对于电视和网络来说，虽然会使用视频等动态的信息表达形式，但同样面临着如何避免表现形式呆板单一、内容枯燥乏味等问题。

在信息时代，媒体技术的发展为信息的表达提供了更多的可能性。例如信息的可视化技术则可以把枯燥复杂的信息转换为直观、易懂的画面；3D影像技术则可以为非遗项目创造身临其境的视觉效果，拉近不同时空里人们的心理距离。非遗的传播不仅要在内容上有所创新，更要在呈现方式上有所突破，实现内容与形式的完美结合。

总而言之，在非遗的传播中，传播主体要更加主动地研究非遗项目本身的特点，以及受众的需求喜好，有针对性地融合各种信息传播渠道，为公众提供主题更为丰富、形式更为多样的传播内容，形成立体化、交互化、个性化的传播新模式，以促进非遗这一宝贵的人类财富不断传承，持续发展。

第二节 社交媒体在非遗保护与传播中的应用

自 2003 年联合国教科文组织通过《保护非物质文化遗产公约》（*The Convention for the Safeguarding of Intangible Cultural Heritage*）以来，非遗保护一再被提上政府议程。非遗保护的主要参与者包括政府非遗保护机构、公共文化机构、非遗学术研究机构、非遗文艺表演及演出单位、非遗传承者，以及其他团体和个人，其中，我国非遗保护政府机构主要指各级政府非遗保护中心、非遗保护办公室或文化馆等。

有关政府部门根据情况采取非遗保存和保护两个层面的工作，对于体现中华民族优秀传统文化中具有历史、文学、艺术、科学价值的非遗项目，应在保存的基础上，采取传承、传播等保护措施。[①] 非遗传播形式有亲身传播、实物

---

① 第十一届全国人民代表大会常务委员会.中华人民共和国非物质文化遗产法［EB/OL］.(2011-02-25)［2020-11-30］.http://www.npc.gov.cn/wxzl/gongbao/2011-05/10/content_166868.htm.

传播、大众媒体传播和新媒体传播等四种。① 相对于报纸和广播电视等传统媒体，以网络媒体、手机媒体等为代表的新媒体迅速发展，其中，微博和微信不仅有庞大的用户群，还在参与性和互动性等方面都表现得更为强劲。在用户量方面，2016年第三季度统计数据显示，新浪微博月活跃用户数为2.97亿，同比增长34%；② 微信公测时间比新浪微博晚一年，但是其用户数量却后来居上，2016年第三季度微信海内外月活跃账户数达到8.46亿，比去年同期增长30%。③ 除了满足社交需求外，用户还广泛利用微博和微信进行信息获取、共享与互动等。2016年下半年，用户通过微信、微博等社交媒体参与新闻评论的比例分别为62.8%和50.2%。④ 截至2016年11月，微信公众号数量超过1 200万，同比增长46.2%，其中52.3%的网民使用微信公众号获取最新资讯。⑤ 微博和微信已凭借其用户数量和功能特质，日益成为影响文化传播和公众舆论的重要平台。

官方微博账号和微信公众账号(以下简称"官微")是政府非遗保护机构面向公众的最重要渠道之一，作为非遗保护的主要推动者、执行者和监管者，政府非遗保护机构应充分利用其官方微博和微信公众号等渠道开展非遗传承与传播工作。本节将在调研我国非遗保护政府机构对微博和微信公众号的利用现状的基础上，分析其存在的问题，并给出优化策略。

一、政府非遗保护机构及自媒体使用情况背景研究

随着相关非遗保护法律法规的完善，政府非遗保护机构在非遗保护工作中

---

① 王诗文，陈亮.非物质文化遗产传播特点及策略研究[J].淮南师范学院学报，2015，17(1)：22-25.
② 新浪科技.新浪发布2016年第三季度财报[EB/OL].[2017-01-12].http://tech.sina.com.cn/i/2016-11-22/doc-ifxxwrwh4878253.shtml.
③ 腾讯.腾讯公布2016年第三季度业绩[EB/OL].[2017-01-12].http://www.tencent.com/zh-cn/content/at/2016/attachments/20161116.pdf.
④ 中国互联网络信息中心.2016年中国互联网新闻市场研究报告[EB/OL].(2017-01-12)[2020-11-19].http://www.cac.gov.cn/2017-01/12/c_1121534556.htm.
⑤ 艾媒咨询.2016年APP与微信公众号市场研究报告[R/OL].(2016-11-29)[2017-01-12].http://www.iimedia.cn/c400/46539.html.

担任愈加重要的角色,是主要的引导、推动、执行和监管力量,因此,我国学者围绕政府非遗保护工作的开展情况进行了丰富的研究。

1. 政府非遗保护机构相关研究

各层级非遗保护政府机构职责的界定,可以参考 2011 年我国颁布的《中华人民共和国非物质文化遗产法》,法条中规定了非遗保护、保存工作相关事项,所提及的非遗保护政府机构职责主要有宣传、调查、推荐、传承与传播、监管等方面。具体来说,一是应加强对非遗保护工作的宣传,提高全社会保护非遗的意识;二是应开展调查工作,主要包括非遗认定、记录、建档,并建立健全信息共享机制等;三是对于国家级非遗代表性项目,应进行推荐,并制定和实施相应保护规划;四是在传承与传播方面,应开展非遗代表性项目代表性传承人认定,为传承人开展相应活动提供场地、资金等支持,并对非遗文化资源进行合理利用和开发;五是应对非遗保护的实施情况进行监督检查,必要时及时纠正、处理。①

目前对于各级非遗保护政府机构开展工作的研究认为,在非遗众多特征中,对于官方非遗保护相关机构工作影响最显著的特征有三点:非物质性或无形性、活态性或动态性、传承性或延续性。② 非遗保护最有效的两个渠道是利用媒体和走产业化道路,③ 存在的问题主要有非遗保护观念不当、专业人才缺乏、越位决策、组织管理缺失、法律政策不完善、缺乏监管等。④ 解决办法主要有树立正确观念、明确机构定位、合理履行职责、完善政策资金保障、吸引社会资源、搭建培训基地、打造专业队伍、加强数字化建设、运用新媒体技

---

① 冯晓博.非物质文化遗产保护的"两条腿":利用媒体和走产业化道路[J].赤子(上中旬),2015(10):94.
② 王云庆.图书馆等文化事业机构保护非物质文化遗产的措施[J].图书情报工作,2007,51(8):132-135.
③ 许鑫,张悦悦.非遗数字资源的元数据规范与应用研究[J].图书情报工作,2014,58(21):13-20.
④ 李华成.论非物质文化遗产保护中的地方政府角色:基于湖北省荆州市非遗保护的实证分析[J].太原理工大学学报(社会科学版),2011,29(1):73-76;黄旭涛.非物质文化遗产保护中的政府职责研究:基于杨柳青年画保护的调查[J].理论与现代化,2014(2):111-117.

术、加大宣传力度、重视保护传承人、建立考核监督机制等。[1]

2. 利用微博和微信进行非遗保护相关研究

研究认为微博和微信兼具媒体属性和社交属性，在媒体属性方面，微博具有形成网络舆论场的大部分特征，属于强媒体属性，[2] 用户需求从社交向信息获取方向偏移。[3] 在社交属性方面，微信与微博能有效实现跨媒体平台的沟通，构建个体间、群体间及个体与群体的三者互联；[4] 所以可将微博、微信平台作为信息沟通的桥梁，增进与群众、媒体、同行之间的工作互动。[5] 此外，微博与微信在传播、社交、沟通三方面既有区别又有联系，二者应结合使用，相辅相成。[6] 微博和微信的媒体和社交属性，决定了其对于信息传播和沟通互动的良好支撑作用。

在利用微博和微信开展非遗保护工作的研究中，游曼认为利用微博开展非遗传播切实可行，各级非遗保护机构应积极开设代表官方话语的官微，在运营过程中防止娱乐至上和传播模式单一。[7] 李梦瑜以微博"遗产小道"为例，认为非遗传播要动员全社会，综合运用各种手段，重视使用新媒体，增强运营的专业性与针对性。[8] 杨明磊等认为，高校利用微信开展体育类非遗传播方面，应指引政策导向，强化学习非遗项目资源，重视传播理论知识，创造非遗保护氛围，构建长效发展机制。[9]

---

[1] 相恒平，王西江.文化馆在非遗传承与传播中的作用探析：以日照市为例 [J].人文天下，2016(3)：36-40；杨莉.非物质文化遗产信息化建设的现状及对策：基于对昆曲信息化建设的调研 [J].图书情报工作，2011，55(11)：108-111；郭拓.浅析文化馆(站)在非遗保护中的做法 [J].大众文艺，2013(2)：6；单丽琼，刘昭.公共管理视角下政府机构借助网络数字技术对非遗的保护机制研究 [J].中国市场，2016(17)：113-114.

[2] 方兴东，张静，张笑容，等.基于网络舆论场的微信与微博传播力评价对比研究 [J].新闻界，2014(15)：39-43.

[3] 崔越.基于移动互联网的微博和微信用户使用行为影响因素比较研究 [D].北京：北京邮电大学，2015.

[4] 蒋艳.微信与微博比较研究：基于5W模式视角 [D].广州：暨南大学，2014.

[5] 李秀娜.微博/微信：博物馆自媒体应用经验谈 [J].中国博物馆，2013(4)：97-102.

[6] 陈永东.微信之于微博：是互补而非替代 [J].新闻与写作，2013(4)：31-33.

[7] 游曼.简析利用微博平台传播非物质文化遗产的可行性 [J].重庆第二师范学院学报，2013，26(3)：149-150.

[8] 李梦瑜.文化遗产传播现状及有效性研究：以群体为例 [D].厦门：厦门大学，2014.

[9] 杨明磊，冯海涛，李永平.微信对体育类非遗资源在高校传播的影响和策略 [J].新闻战线，2015(10)：139-140.

曹星认为非遗借助新媒体可以实现与旅游行业的联动传播。[①] 殷哲认为，应依托非遗保护网创建信息服务平台，利用二维码传递非遗衍生品的实用价值，加大对非遗传承人的关注力度。[②]

关于微博微信在非遗保护方面的研究，主要有通过其自身功能探讨应用于非遗保护的可行性，或通过个别账号讨论其特点及优化策略，或关注其在具体非遗领域的应用，目前尚无把非遗保护政府机构的官方微博及微信公众账号作为研究的对象。而政府非遗保护机构作为非遗保护的重要主导、推动、执行和监管力量，微博和微信作为当前最重要的媒介和交流渠道之一，充分利用官微开展非遗保护工作切实可行且至关重要。本节首先搜集非遗保护政府机构官微账户，然后对这些数据进行清洗，确认非遗保护政府机构官微，接下来依据传播研究要素分类统计相关指标，归纳目前非遗官微利用现状，然后从机构职责出发分析其存在的问题及其原因，最后给出优化策略。

二、非遗保护政府机构官微数据获取与分析

在新浪微博搜索[③]和搜狗微信公众号检索栏[④]中，分别以检索词"非物质文化遗产""非遗"查找用户，截至 2016 年 5 月 1 日，共检索到 4 166 个新浪微博账号和 320 个微信公众账号。

1. 非遗保护政府机构官微认定

初步检索到的微博和微信公众账号的运营者不但包含各级政府非遗保护机构，还包括图书馆、文化馆、博物馆、科技馆等公共文化机构和非遗学术研究机构，非遗相关文艺表演单位，以及其他团体和个人等。

---

① 曹星.非遗借助新媒体与旅游实现联动传播可行性分析：以云南省非物质文化遗产新媒体传播为例 [J].云南民族大学学报(哲学社会科学版)，2015，32(6)：53－56.
② 殷哲.积极探索非遗保护新模式：以微信二维码为例谈当前非遗保护的几点想法 [J].大众文艺，2015(4)：3－4.
③ 微博.微博检索 [Z/OL]．[2020－12－15].http://s.weibo.com.
④ 搜狗.搜狗微信 [Z/OL]．[2016－05－01].http://weixin.sogou.com/.

账号运营主体的声明可能出现在账号名称、账户认证或账号简介三者之中，笔者以在这三者中至少有一处声明该账号运营机构为政府非遗保护官方机构，或经认证的政府机构声明该账号主要职责之一为非遗保护为标准，经逐个筛查，整理出以非遗保护政府机构名义开设的官方微博 94 个、官方微信公众号 96 个。

2. 非遗保护政府机构官微指标获取

传播学领域中，拉斯韦尔的 5W 模式给出了传播研究的基本要素，即传播主体、渠道、内容、受众，以及效果[1]，本节将选择最能表征每个传播要素的指标，分别获取和整理非遗官方微博、微信公众号账号的各项数据。

其中，传播主体为各级非遗保护政府机构，传播渠道即微博和微信平台，传播内容要素主要包含账户名、认证情况、账号简介、微博数、原创微博数、开通时间、最后更新时间、菜单开通情况等。从对非遗保护的参与程度，受众可分为非遗保护参与者及普通大众；传播效果方面，微博的传播广度、深度和互动情况，均可反映在最能表征用户热度的粉丝数上，因此，微博的传播效果主要采用粉丝数，微信则选用根据阅读数据和点赞数据计算而来的微信传播指数。[2] 具体如表 6-5 所示：

表 6-5　非遗保护政府机构官微指标

	微　　博	微 信 公 众 号
传播主体	各级非遗保护政府机构	各级非遗保护政府机构
传播渠道	微博	微信
传播内容	微博名称、认证情况、账号简介、微博数、原创微博数、开通时间、最后更新时间、私信菜单等	微信公众号名称、认证情况、账号简介、发布条数、开通时间、最后更新时间和微信菜单开通情况等
受众	非遗保护参与者、普通大众	非遗保护参与者、普通大众
传播效果	粉丝数	微信传播指数

---

[1] 威尔伯·施拉姆，威廉·波特.传播学概论：第二版 [M].何道宽，译.北京：中国人民大学出版社，2010.
[2] 清博指数.微信传播指数 WCI(V14.2) [Z/OL]. [2016-05-01]. http://www.gsdata.cn/site/usage.

3. 非遗保护政府官微数据处理

将上一步获取的官微数据进行处理,可以得到官微定位、渠道利用、地域分布、时间分布等情况,为进一步分析做准备。其中,官微定位主要由账号简介内容反映,渠道利用主要从渠道开通数量、认证情况和菜单等功能开设情况获取,地域和时间分布主要从账号主体所属省份和账号开通时间统计。

根据这些整体数据并结合具体实例,可以看出非遗保护政府官微开通及利用的概貌,并结合其背后原因,从中发现存在的问题。

三、非遗保护政府机构官微现状与问题

根据上文整理统计的数据,可以发现目前官微地域差异明显,且运营重心从微博转移至微信。存在的问题主要有:非遗保护政府机构对官微渠道重视程度偏低,官微定位不够明确,官微利用不够广泛和深入,官微运营监管不够到位,等。

1. 官微地域差异明显

从官微运营机构信息中,整理出官微所属省份,非遗保护官方机构的官微省份分布情况如图6-2所示:

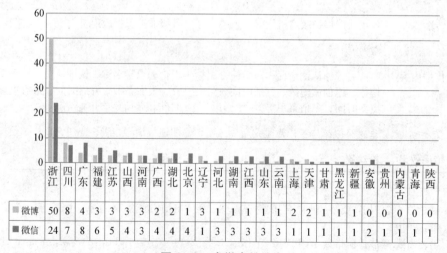

图6-2 官微省份分布

由非遗保护官微地域分布可以看出，非遗保护机构的官微地域分布非常不均衡：一方面，浙江省的微博和微信公众号开通量远高于其他省份，其微博开通量超过其余所有省份的开通量之和，微信公众号的开通量占总体的四分之一；另一方面，34个省市自治区中，尚有8个省份为空白。

浙江省的官微开通量遥遥领先，这得益于浙江省在非遗保护方面一贯的积极探索和实践。作为入选国家级非遗名录最多的省份，浙江省率先建立省、市、县三级非遗名录，率先实行传承人津贴，率先展开非遗普查，率先建立高校研究基地、省级非遗传承基地、省级生产性保护基地和省级非遗传承基地等非遗研究及保护基地。相对于其他各省非遗保护实践平均状况，浙江省在非遗保护的多项实践可谓卓有成效。

2. 官微重心从微博转移至微信公众号

官微的重心从微博转移至微信公众号，这表现在，从官微开通时间分布上看，近两年微信公众号开通数量上升且高于微博，而微博持续下降；并且，同时开通两种渠道的认证账户中，微博疏于更新的现象更明显。

（1）近两年微信公众号开通数量上升且高于微信

以半年为单位，统计官微的开通时间，可得到官方微博、微信公众号开通时间分布情况如图6-3所示：

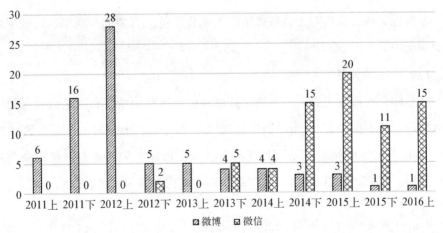

图6-3 官微开通时间分布

由开通时间分布可以看出，官方微博开通数量自2011年上半年起开始迅速上升，2012年上半年最多，之后开通数量突然减少且保持减少趋势。而恰是在2012年下半年这一时间段，非遗官方微信公众号开始出现，且开通数量呈上升趋势；而且，2014年下半年至2016年4月底，官方微信公众号的开通数量，基本稳定在每半年10个以上。

由此，2012年之后，非遗保护机构官方微信公众号在一定程度上替代微博，成为更热门的非遗官方新媒体平台；据此趋势可以推测，未来一段时间，微信公众号的开通量仍将高于微博。同时，从图6-2也可看出，26个开通微博或微信公众号的省份中，17个省份的微信公众号开通量均高于微博，另有4个省份开通两个渠道的数量持平。微信公众号开通量高于微博这一状况还将持续。

（2）微博疏于更新现象更明显

同时开通两种渠道的认证用户中，微博弃博率更高。统计官微开设主体可知，同时在微博和微信开通账号的官方非遗保护政府机构用户有32个，其中同时开通且均经过认证的官方微博和微信共16个。其中，有11个微博账户的年均发布条数小于微信年均发布条数。整体上，微信开通时间更短，却在短期内平均发布更多条数的信息，这同样反映官微重心从微博向微信转移这一现象。

3. 对官微渠道重视程度偏低

非遗保护政府机构对于官微渠道的重视程度可由官微的开通率、认证率两个层面反映。

（1）开通率偏低

从总体开通数量上看，由非遗保护政府机构运营的微博和微信公众号数量非常接近，其中微博有94个，微信公众号有96个，同时开通两个渠道的有32个。文化部2016年数据显示，我国共有各级非遗保护中心或非遗保护办公室2 637个[1]，可知，仅约3.6%的非遗保护政府机构开通了官微，仅约1.2%的非

---

[1] 中华人民共和国文化部.中华人民共和国文化部2015年文化发展统计公报［EB/OL］.(2016-04-15)［2020-12-15］.http://zwgk.mct.gov.cn/auto255/201604/t20160425_474868.html.

遗政府保护机构同时开通两个渠道。

（2）认证率偏低

在众多名称类似的微博和微信公众号中，经过认证的官微能够被用户快速、准确地检索和识别。统计官微的认证情况可知，微信公众号的认证率为39.6%，远少于微博62.8%的认证率。

表6-6 官微认证情况

	总量/个	认证数量/个	认证率/%
微博	94	59	62.8
微信公众号	96	38	39.6

究其原因，微博和微信公众号二者对于认证材料要求基本相同，但微信公众号的认证还需通过单位缴纳每年300元的认证费用。非遗保护政府机构可加强对于微信公众号认证费用及手续上的支持。

4. 官微定位不够明确

官微的定位不仅可以使用户明确通过官微可以得到的信息和服务，还能使运营者发布内容时更有针对性。分析官微的简介内容，可以了解官微对于自身的定位。通过统计分析官微简介中关键词并进行归类，可得到各关键词在官微简介中出现的次数，整理统计结果如下表所示。

表6-7 官微简介分析

侧重	类别	内容举例	微博/次	微信/次
提升保护意识	非遗保护的意义	民族文化、民族智慧、民族精神、文化表现形式、唤醒记忆、凝聚中华精神、生命运动与文明	9	8
宣传特色	宣传推广	宣传、推广、了解、展示、介绍	2	59
	描述特色	越剧诞生地、领略非遗之美、风光、山水、江浙之巅、剑瓷龙泉	5	4
发布信息	发布信息	发布(信息、活动、政策、项目等)	6	18

续表

侧重	类别	内容举例	微博/次	微信/次
交流互动	参与探讨	互相支持、共同探讨、期待您的参与、人人传承	5	7
描述非遗保护主体本身	机构性质	事业机构、成立、公益性、保护中心、活动中心、研究中心、培训中心	9	5
	职责	职责	15	18
	官方网站	网址	4	1
	机构名称	机构名	6	5
	办公地址	地址	3	1
无	无		46	1
合计			110	127

由上表数据可以看出,在给出了官微定位的账号中,其定位可归纳为四个方面,分别是提升保护意识、宣传特色、发布信息和交流互动。此外,还有一定数量的官微仅描述了开设主体本身或无任何介绍。

微信公众号简介中提到宣传方面的内容共出现 59 次,说明非遗保护政府机构更加注重利用微信公众号开展宣传推广和信息发布工作。此外,在全部 94 个官方微博中,有 46 个账号简介栏为空,占全部微博数量的 48.9%。

在非遗保护的传承与传播两层面对比,更多账号注重使用官微开展非遗传播工作,如宣传、推广、展示等,而只有少数官微提到传承、活动、培训等传承层面的内容。

5. 官微利用缺乏广度和深度

微博和微信公众号的自有功能涵盖方方面面,如账户认证、图文编辑、自定义菜单、自动回复、互动沟通等。灵活运用各项功能可以有效提升非遗保护水平。

除了认证率偏低、定位不够明确外,大部分官微对于其他功能的利用程度也不够广泛深入:一些功能没有利用,如几乎没有官方微博开通私信菜单;一些功能仅被少数运用,如仅有少量微信公众号开通了自动回复和菜单功能;一些功能运用不够合理，如在开设了微信公众号菜单的账号中，更多体现官微的宣传、发布等传播方面的功能，而较少体现活动场地服务、培训课程、传承人申报及审批等有助于非遗传承方面的内容。

6. 官微运营监管不够到位

非遗保护政府机构官微不仅是服务窗口，更是官方形象。运作良好能够提升非遗保护水平，运作失误同样有损于非遗保护效果；因此对于官微运营的监管和纠偏非常重要。

然而，官微运营的监管不容乐观，存在一些冒用、盗用和疏于更新等现象。一类是未经微博或微信官方认证，而自身却声称是非遗保护政府机构开通的账号。它们并非真正的非遗政府官微，这些微博常发布营销信息，或仅发布个人生活感悟，如微博账号"非遗蔓蔓"。另一类确实是由非遗保护政府官方机构开通的账号，它们长期未更新，导致账号被盗，发布的言论和非遗保护无关或不当；还有一类账号，只开通不运营，或疏于更新，形同虚设。

四、非遗保护政府机构官微利用的改善策略

综上所述，多数非遗保护政府机构在利用官微开展工作时，渠道上不够重视，定位上不够明确，功能利用上缺乏深度与广度，运营监管上不够到位。针对这些问题，本节从渠道、运营、内容及监管四个层面给出建议。

1. 整合资源，构建立体的传播渠道

首先，官方非遗保护机构应充分认识利用微博和微信这两个渠道进行传播的必要性，配备人力、资金、资源，并给予制度支持，提高微博和微信的开通率和认证率。在具体运营实践中，应采取选用专业人才、开展业务培训等方式加以重视。

其次，官方微博和微信应和线下及官方网站等服务渠道结合起来共同运行。一方面可建立公用素材库，共享展示资讯信息和数字资源，提升运作效率

和加强统一性、完整性；另一方面要兼顾各个平台传播特质及受众差异，发挥渠道各自优势。

2. 明确定位，提高官微的运营水平

首先，要设立明确的官微定位。一方面，这种定位应在官微账号简介中体现出来，应明确说明官微所能满足的需求，以引导用户更好地使用；另一方面，应根据定位选择不同的官微平台，如微信公众号进行细分后，分为订阅号、服务号和企业号三个类别。订阅号的各项功能，可使其更适合面向公众提供日常非遗信息阅读和查询等服务；服务号的各项功能，可使其更适合面向公众提供非遗申报及查询等服务；而企业号的各项功能，则更适合非遗机构内部通报新闻动态及沟通交流。

此外，具体运营者应充分熟悉官微功能，并加以灵活运用。对于具有无形性活态性的非遗来说，运营者可以从以下方面加以灵活运用：发布相关图片、音频、视频等多种形式展示非遗魅力；发布通知、公告以及实践的成败经验，使公众第一时间了解非遗工作动态；通过组织或发布线上活动、培训课程等方式，使非遗传承突破地域和时间的限制；通过合理设置自动回复和菜单等及时沟通互动方式，使非遗项目及传承人审批办理快捷；等等。微博和微信的功能在不断进行升级，能够满足更多运营要求的新功能层出不穷，官微应充分利用这些功能，如微信公众号的小程序、菜单、评论、关键词自动回复、基于API接口的功能开发，以及微博的私信菜单、话题标签、长微博、投票等功能。

同时，还应熟练掌握官微运营技巧，借助热点营销扩大官微影响力。"热点营销"是指企业或组织借助广受关注的社会热点、焦点以及名人、明星等，结合自身需要而开展的一系列宣传活动。对于非遗官微来说，可以选择一些特殊时间节点，如非遗保护日、地方非遗项目纪念日等，或者结合社会中的热点事件、热点新闻，统一调动本省或地区非遗官微对此事件进行宣传，从而引发人们的一致关注。另外，还可以通过策划组织非遗的学习、观摩活动或者借助影视剧、名人效应等吸引公众的关注，让更多人参与到非遗的传承与传播中。

3. 用户至上，丰富传播的内容与形式

首先，在内容方面，应根据不同对象选择不同推送内容。以微信订阅号、服务号和企业号为例，微信订阅号偏重于阅读功能，其订阅对象多为对特定区域或特定非遗项目感兴趣的公众，应增加内容的可读性、趣味性和感染力，充分结合当地非遗特色和公众日常生活，利用故事、图片、漫画、视频、游戏等，丰富传播的内容与方式，增强用户的黏性；微信服务号的功能侧重于提供服务，其受众多为有非遗项目或非遗传承人填报需求的个人或组织，因此其内容应侧重于推送非遗项目的认定、申报流程、非遗传承人的申报规定和进展等信息性和服务性的内容；对于面向官微保护机构内部员工的微信企业号，内容上则可多播报即时工作新闻及动态。

其次，在内容组织上，应充分结合渠道特点。微博面向所有公众开放，有话题标签功能，每条内容字数有一定规定，但每天发布的条数无限制，可以通过转发评论热点事件、热点微博账号言论等方式吸引用户关注；因此微博更适合于分话题、少量多次、多向联接的开放外向式内容组织。而微信图文消息仅可在标题中体现其栏目分割，每天最多仅可发布一条图文消息，且发布后无法修改；但对于字数无限制。它更多通过趣味性和实用性等特质，而非和其他账号互动的方式引发新用户关注；因此，微信则更适合分栏目、长篇高质、向内聚拢的内敛紧密式的内容组织形式。

4. 不断完善，加大官微的监管力度

运营监管对于非遗保护的实施效果具有重要的激励或纠偏作用，应建立良好的运营氛围，加大监管监督力度。

首先，应制定相应的监督政策和机制，对于运营效果评测指标及其对应奖惩措施做出明确规定；其次，应定期评价所属地区或自身官微的运作情况，并将运作情况予以公布。对于运作良好的官微给予精神表扬或物质激励，并将其作为先进实践案例进行推广，使更多官微学习先进运营理念和方法。同时应排查所属地区的落后官微，注销或举报冒用、盗用行为，对疏于更新或运用不当的官微进行提醒，并根据具体情况做出通报批评或其他相应惩罚。

第三节 语义出版技术在非遗数字资源共享中的应用

数字化方式因其无破坏性、传播面广等优势已逐渐成为当前非遗传播与共享的发展趋势,而其数字化的异构性、多源性、活态性,对传统资源共享方式提出了新的挑战。一方面,现有的资源描述方式,难以满足用户从海量信息资源中获取规律、模式、特色等知识性内容的需要;另一方面,Web2.0 环境下的网络资源非常复杂,导致非遗信息资源内容特征由静态到动态,信息单元之间的关系呈现非线性、多维性、模糊性。因此,本节借助语义出版技术提出了一种非遗数字资源共享方案,以期待有效解决当前非遗数字资源在出版模式与资源共享中存在的组织方式单一、关联程度不高、集成维度较低、个性化程度低等问题,基于语义出版平台实现非遗数字资源共建共享。

一、非遗信息资源共建共享研究现状

李纲、李新生、陈颖将信息资源共享方式分为文献资源共享与网络资源共享。[①] 目前,非遗信息资源共建、共享的途径主要为:一是采用分类法、主题词表等传统知识组织工具构建各类非遗门户网站,如"中国非物质文化遗产网""上海非物质文化遗产网"等,通过提供一站式访问入口,实现非遗信息共享;二是在三馆协同环境下,对各机构保存的非遗资源进行加工、整理,通过构建非遗特色资源库,并在一定程度上实现本馆资源和外部网络资源整合,进而组成一个有序的等级系统。以上资源共享方式只能在有限范围内实现不同资源系统中各数字资源在物理、逻辑和结构上的整合,并不能解决资源共享时出现的语义异构和互操作问题,也无法使资源在深层次的语义和概念层面互联。近年来,语义网技术的研究逐渐深入,基于文献与网络的非遗数字

---

① 李纲,李新生,陈颖.论信息资源共享及其效率 [J].中国图书馆学报,2001,27(3):40-42.

资源共享上升到语义层面的知识共享，故本节主要聚焦非遗数字资源语义层面的共享。

1. 非遗数字资源共享研究现状

基于语义的非遗资源建设是非遗资源共享的必然趋势，也是网络技术和网络资源发展到一定规模与程度的要求。当前，从共享方法与手段出发，基于语义层面的非遗数字资源共享，主要可分为三类。

（1）基于元数据的非遗数字资源共享

异构、多源的数字资源一般采用不同的元数据标准，不同非遗领域所使用的元数据标准差异巨大。完善的元数据标准可以准确地实现非遗资源外部特征与内容特征的揭示，从而促进非遗数字资源共建共享。DC、CDWA、MPEG-7等通用元数据规范的制定，为研究者构建非遗数字资源元数据标准体系提供了必要依据。

（2）基于本体的非遗数字资源共享

20世纪90年代，国外就开展了基于本体的信息资源共享方式研究，该方式主要基于领域本体模型对异构数字资源进行语义标注，通过构建元数据知识库实现资源共享。而国内针对于非遗领域本体构建的研究很少，一般囿于两种方式：一是借鉴较为成熟的本体（如 CIDOC CRM、ABC Ontology 等）进行复用，以实现非遗数字资源开发与利用。二是选取特定范畴进行领域本体或应用本体的构建，如谈国新、孙传明从中国古典建筑三维模型检索的角度出发，创建了基于本体的语义标注模型；[1] 翟姗姗、刘齐进、白阳在建立二维元数据标准的基础上构建了楚剧知识本体，实现了本体导航与可视化检索。[2]

（3）基于关联数据的非遗数字资源共享

关联数据作为构建数据之网的关键技术，在实现资源关联与共享方面具有天然的优势。它通过发布和链接结构化数据使得分散异构的数据孤岛实现语义

---

[1] 谈国新，孙传明.信息空间理论下的非物质文化遗产数字化保护与传播［J］.西南民族大学学报（人文社会科学版），2013(6)：179-184.
[2] 翟姗姗，刘齐进，白阳.面向传承和传播的非遗数字资源描述与语义揭示研究综述［J］.图书情报工作，2016，60(2)：6-13.

关联,从而使资源整合成为无缝关联、无限开放的整体。目前关联数据应用于非遗领域的研究主要集中在关联模型、组织模式的构建。仝召娟、许鑫、钱佳轶在非遗元数据标引的基础上生成 RDF/XML 描述,以建立起对象与对象间的关联关系;[1] 王伟、许鑫融合了关联数据技术与分众分类法,有效展示所收集的徽州文化数字资源的主要知识群落与知识单元细节;[2] 董坤应用关联数据技术实现了非遗知识单元间关联关系的语义化描述与揭示。[3]

综上可知,无论是非遗特色资源库、非遗门户网站,还是基于语义层面的非遗数字资源建设,都为非遗资源共享提供了必要的实现手段和有效途径,并已经取得了实践进展。大多数研究集中于非遗资源共享的概念、类型、模式、方法等方面,但仍存在着一些问题。一是导向性问题。现有的非遗数字资源共享的目标性不是很强,资源服务方式仍以文献查询、原文提供等传统方式为主,资源共享的呈现与展示可视化程度不高。二是微内容问题。不能很好地将资源组织单位由出版单元或文献细化到揭示资源"微内容"特性的知识单元。三是多维度问题。缺少一种综合多个维度的信息描述方式,导致资源共享方式单一、集成度不高。而语义出版的提出,为解决上述问题提供了契机。

2. 语义出版相关研究与实践

肖顿(D. Shotton)首次系统地提出语义出版概念,并将其界定为一种语义增强的期刊出版形式。[4] 其价值在于通过出版物内容的语义揭示,以及外部资源的知识关联,实现数字出版功能的提升;通过结构化描述实现计算机理解的方式,使得出版物内容更易于直观呈现,能够显著提高读者的阅读效率。[5] 近年来,在英国皇家化学学会、爱思唯尔、自然出版集团、美国科学公共图书馆

---

[1] 仝召娟,许鑫,钱佳轶.基于关联数据的非遗数字资源聚合研究[J].图书情报工作,2014,58(21):21-26.
[2] 王伟,许鑫.融合关联数据和分众分类的徽州文化数字资源多维度聚合研究[J].图书情报工作,2015,59(14):31-36.
[3] 董坤.基于关联数据的非物质文化遗产语义化组织研究[J].现代情报,2015,35(2):12-17.
[4] SHOTTON D. Semantic publishing: the coming revolution in scientific journal publishing[J]. Learned Publishing,2009,22(2):85-94.
[5] 李楠,孙济庆,马卓.面向学术文献的语义出版技术研究[J].出版科学,2015,23(6):85-92.

等众多知名学术组织及出版机构的参与和共同推进下,语义出版已经初步实现了从理念构想向实践应用的过渡,研究成果不断涌现。

语义出版目前最为广泛应用于学术出版领域,渗透到学术资源采集、概念识别、组织、利用等各个环节,极大地促进了学术研究的开展。如使用 Nanpublication 实现资源内容非结构化向结构化的转变;[1] 借助 Mircro Publication 通过自然语言陈述、数据、方法、材料支撑、分析、评论等多方面内容形成文献的科学论证链;[2] 使用关联数据发布 OA 期刊及期刊中所涵盖的科研数据,[3] 对科学文献进行语义标注,提取文献篇章中的模型、假设、方法、图表及结果等;[4] 融合关联数据与本体技术,实现学术期刊数字资源深度聚合;[5] 使用语义出版技术实现科研人员间的交流,寻找合作对象,建立科研合作关系[6];等等。除此之外,语义出版技术也在教育、多媒体出版中得到了一定程度的应用,如对电子书进行语义标注,辅助教学过程中的互动式学习。[7] 安徽大学出版社开发的"科普读物语义导航阅读平台",对该平台上 20 个系列百种图书进行了计算机语义自动标注。[8]

---

[1] CLARE A, CROSET S, GRABMUELLER C, et al. Exploring the generation and integration of publishable scientific facts using the concept of nano-publications [C]. Crete: CEUR Workshop Proceedings, 2011(721): 13-17.

[2] CLARK T, CICCARESE P, GOBLE C. Micropublications: a semantic model for claims, evidence, arguments and an notations in biomedical communications [J]. Journal of Biomedical Semantics, 2014, 5(1): 28.

[3] HALLO M, LUJAN-MORA S, CHAVEZ C. An approach to publish scientific data of open-access journals using linked data [C]. 6th International Conference on Education and New Learning Technologies, Bracelona. EDULEARN14 Proceedings, 2014: 1145-1153; LATIF A, BORST T, TOCHTERMANN K. Exposing data from an open access repository for economics as linked data [C]. D-Lib Magazine, 2014, 20(9/10).

[4] GARCIA-CASTRO L J, BERLANGA R, REBHOLZ-SCHUHMANN D, et al. Connections across scientific publications based on semantic annotations [C]. SePublica, 2013: 51-62.

[5] 许鑫,江燕青,翟姗姗.面向语义出版的学术期刊数字资源聚合研究 [J].图书情报工作,2016, 60(17): 122-129.

[6] SATELI B, WITTE R. Supporting researchers with a semantic literature management wiki [C]. Se-Publica. 2014.

[7] VIDAL J C, LAMA M, OTERO-GARCIA E, et al. Graph-based semantic annotation for enriching educational content with linked data [J]. Knowledge-Based Systems, 2014, 55(1): 29-42.

[8] 潘安,韩敏.语义出版与编辑作为 [J].中国编辑,2016(3): 47-52.

由于目前还尚未有针对非遗数字资源的语义出版物,也尚未有把语义出版技术应用于非遗资源共享的相关研究,故本节将语义出版技术应用于非遗数字资源共享中。非遗数字资源语义出版的实现,能使其资源组织对象从文本资源扩展到资源实体,出版单位由文献深入到知识单元,出版类型由单一载体形式演变为多元表征方式,服务模式由一般性文献服务拓展到知识服务,从而更好地实现非遗资源共享。

二、利用语义出版技术实现非遗数字资源共享的优势分析

非遗的无形化和活态化,使其数字化保存与共享存在较大难度。一方面,传统的数字资源组织与共享方式,并未解决非遗资源间的语义异构现象;另一方面,当前的数字化技术,并未令非遗数字资源与开放环境下的网络资源互联。语义出版作为数字出版发展的高级形态,颠覆了传统数字资源以单一出版单位进行组织共享的模式,以内容管理为核心,深入到出版物内容加工、制作、利用的各个环节。

首先,在数字资源加工阶段,大量非结构化内容的存在是数字资源再利用效率低下的原因之一。对非遗数字资源进行结构化描述,是有效进行其内容深度加工,实现资源共享的数据基础。而语义出版技术通过元数据描述出版信息,从源头上把大量非结构化信息变成结构化信息,并为其内容添加语义标签,从而实现对资源的结构化描述和知识单元的语义标准;进而实现其语义互操作,解决非遗数字资源内容上的语义异构问题。

其次,在数字内容制作阶段,实现非遗数字资源共享的关键实现条件是揭示资源间及其内在的语义关联;而现有的关联技术如文本映射、聚类分析等,虽各有优势但大都仅考虑了实例层的关联,很少深入到资源的微观内容结构。由于语义出版物的语义化过程也是一种穿凿过程,故数字资源在出版前就进行了内外部特征和相关关系的揭示与组织,依靠 URI 和为此实现不同来源资源的关联与共享,[①] 通过 URI 自动发现、整合与该 URI(实体、概念)有关的资源,

---

[①] 刘炜,张春景,夏翠娟.万维网时代的规范控制[J].中国图书馆学报,2015(3):22-33.

再通过谓词揭示与这些资源的各种语义关系，可将同类内容组织聚合实现资源共享，有效实现非遗出版物外部特征、内容特征及相关关系的深入揭示。

再次，在语义出版物的利用阶段，非遗数字资源的海量与多样性，使得由三馆主导的信息共享不可能穷尽所有用户需求。最有效的解决途径之一，就是面向用户需求在网络出版平台上开展个性化推荐。语义出版的新特征，使得出版商需要改变传统的为用户提供服务的方式与形态，使其以尽可能少的阅读量快速浏览、查找文章信息。语义出版物通过给资源内容添加语义标签，提供增强型文本，帮助用户提高阅读效率；借助不同颜色对资源中的关键信息进行标注，根据高亮词条出现的频率和位置来确定字体大小及出现顺序；利用悬挂窗口对相关信息进行详细展示，更好地表现知识的关联性，帮助用户实现知识检索和提升用户体验。[①]

三、基于语义出版技术的非遗数字资源共享方案设计

语义出版应用技术融汇了对数字资源内外部特征的挖掘，以及多维度知识关联的构建，同时关联了外部数据集，形成了"特征描述—知识关联—交互展示"的出版方式，并以此为基础实现资源共享。

1. 基于语义出版技术的非遗数字资源共享整体框架

王晓光、陈孝禹提出语义出版的 DBIU 层次模型，即数据层、业务层、交互层和用户层，本节据此设计了基于语义出版的非遗数字资源共享整体框架，[②]如图 6-4 所示。

由图 6-4 可见，该资源共享框架分为四个层次，即原始数据层、语义描述层、语义关联层和应用服务层。其中原始数据层是指存储于内部的非遗数字资源库，以及外部数据集中的人物资源库、机构资源库、事件资源库等。原始数据语义缺乏形式化、明确化的定义，因此需要通过对数字资源中的语义元素进

---

① 周杰，曾建勋.数字环境下的语义出版研究 [J].情报理论与实践，2013，36(8)：32-35.
② 王晓光，陈孝禹.语义出版：数字时代科学交流系统新模型 [J].出版科学，2012，20(4)：81-86.

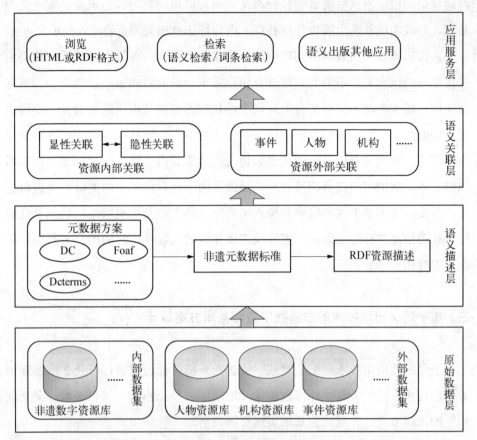

图6-4 基于语义出版的非遗数字资源共享框架

行识别,从字、词、句、篇章中,识别出不同粒度的知识单元,进行语义概念分析与表示。利用元数据等方法实现对数字资源特征语义化的描述;并结合对语义元素类型和属性的界定,既可以借助资源外部特征揭示语义元素间的基本关系,也可以借助各种知识组织体系揭示语义元素间的关联关系;然后通过用户交互接口技术,实现网络展示结果的细化、泛化、组合处理,使用户及时地获取不同层次的语义网络展现。

2. 非遗数字资源特征的语义描述

实现非遗数字资源语义出版必须尽可能完备地揭示其主题内容,因此科学、全面地定义该领域数字资源的基本特征,并确定其描述方案是语义出版的基础问题。非遗数字资源包括外部特征和语义特征两个部分。

外部特征即非遗数字资源基本题录项的描述，包括作者、机构、出版来源等信息。描述非遗数字资源外部特征需要符合其资源特征的元数据标准。本节借鉴了许鑫、张悦悦构建的非遗数字资源元数据规范①，该规范复用了12个DC通用元数据，并针对非遗数字资源特征增设了"历史渊源""濒危情况""遗产级别"等字段。同时基于语义出版实现的需要，本节参考了《新闻出版内容资源加工规范》中的《图书数字化加工规格应用规范》，在管理类元数据中增设了"加工深度标识"这一核心元素。"加工深度标识"表示资源内容揭示深度的标识，取值范围为"不加工""加工目次""加工文摘""加工引文"及"加工全文"。对非遗数字资源进行统一的元数据描述，可以使资源存储更加规范，易于与其他资源共享，也满足了语义出版的基本要求。

语义特征则需要通过语义元素来反映数字资源的知识内涵，这些语义元素就形成了若干知识单元，且富含极强的逻辑关联关系。一般情况下，单个出版物的知识单元可分为三个层次：一是单个出版物，如一本书、一篇论文等；二是篇、章、节，出版物结构中体现出的中粒度知识单元；三是知识元，出版物内容中不可再分割的细粒度知识单元，如观点、事实、事件、图片、表格等。对非遗数字资源语义特征的描述，可分为资源格式转化（转换为 XML 格式）、拆分及关键词标注，并在此基础上对以上知识单元进行关键词标注。关键词作为元数据项保存于数据库中。

3. 非遗数字资源语义关联

关联是知识组织与资源共享的核心。语义出版将原处于传统出版之后的知识组织过程前移，并融入出版过程中。语义关联也成为了语义出版的重要内容，进一步强化了出版过程中的知识多元化关联和集成效应。资源特征的语义化描述，实现了知识内容的结构化，为知识的内部关联与外部关联提供了条件。本节所构建的非遗数字资源知识关联，主要分为内部关联与外部关

---

① 许鑫，张悦悦.非遗数字资源的元数据规范与应用研究［J］.图书情报工作，2014，58(21)：13-20.

联两种。

内部关联是指出版物不同粒度知识单元间所建立的关联关系，分为显性与隐性关联两种。前者通过作者、机构、关键词等传统题录项间的显性关系构建，如责任者合作、机构合作、关键词共现等；后者则是建立在非遗数字资源中不同层面知识范式的判定与度，如主题相关度、资源相似度、事件相符度、观点相似性等，这是语义出版中极为重要的关联形式。

外部关联是指出版物与网络中其他关联数据集所建立起的关联关系。在本节中非遗数字资源将与非遗项目、非遗人员、知识资源、相关事件、非遗机构、数据库集六类外部资源集合进行关联，实例之间关联关系通过类属性来揭示，如图6-5所示。

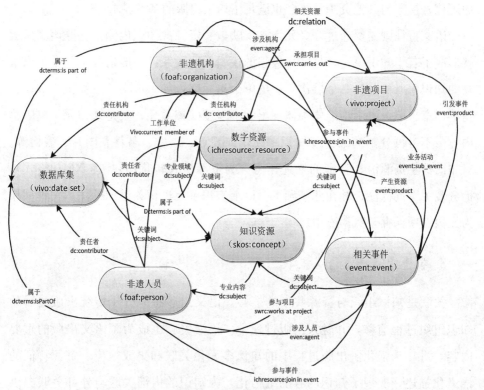

图6-5 非遗数字资源外部关联关系构建

值得注意的是，其中的知识资源是指一些与非遗相关的隐性知识与知识组织资源（如主题词表、中图分类法以及各领域叙词表等），如从中国分类主题词表中(Classified Chinese Thesaurus,简称 CCT)选取的有关"地方剧"的部分概念与概念间的关系,图 6-6 利用 RDF 有向图模型进行了表达。

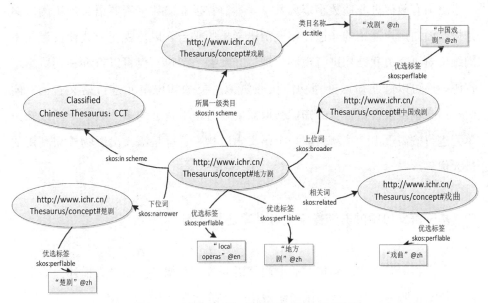

图 6-6 "地方剧"部分概念的 RDF 模型

本节的研究尽可能多地将其他数据集与非遗领域知识资源相关联,目的就是从多个维度揭示某领域中的隐性知识体系结构,这将为以后建立非遗领域主题词表及规范化的资源特征表达提供丰富的语义信息,为更好地发掘和共享非遗知识传承体系并实现语义出版提供了良好的语义基础。

4. 非遗数字资源的语义出版

语义出版的实质是在线信息服务提供者和大型出版机构运用语义网及其相关技术向用户提供知识的智能化发布、个性化获取和共享机制,以可视化的形式实现数字资源的展示与交互。较之传统的数字出版,语义出版物更重视资源的互联。在语义网环境下,需要考虑如何制作优质的语义出版物,提升用户体验。语义出版的最终形式可以是电子书、网页、APP 或者以上多种形式的结合,因而可以使用目前数字出版中较为成熟的方案,如出版物网络购买、阅读权限设置、提供用户交互功能等。另外,也可直接对数字出版物进行自动语义处理,如在浏览器上安装自动化插件,当浏览出版物内容时,插件将自动对内容进行语义化处理等操作，或者在浏览平台上提供可语义操作的功能选项，由用户决定是否对浏览的内容进行语义化处理。①

更为有效促进非遗数字资源共享，本节实现非遗数字资源语义出版的方案是构建面向用户使用的非遗数字资源语义出版平台，以可视化方式使读者从不同维度对语义关联结构进行观察、理解和掌握。用户不仅可以查询和浏览某个资源，还可以借助知识推理功能按照资源对象的知识单元进行语义查询；同时，用户也可以根据自身的知识获取需要，对该平台上的多个数字资源或知识单元进行按需重组，重新获取一个语义出版物。这也是语义出版物按需利用的最大优势。

四、基于语义出版的非遗数字资源共享应用实例

下面将依照上文所构建的非遗数字资源共享框架，按照语义描述—语义关联—语义出版的步骤，以中国传统戏剧——楚剧为例进行应用实现。

1. 楚剧项目概况及其资源特征

中国传统戏剧是我国重要的非遗领域之一，而楚剧是湖北地区主要的地方剧种，也是中国传统戏剧的重要组成部分。楚剧已于2006年5月20日经国务院批准列入第一批国家级非遗名录。

从资源组织的角度，楚剧领域所涉及的资源类型多样、内容繁多、组成复杂、受众广泛，迫切需要对数量庞大、标准不一、系统异构的楚剧资源进行聚合与重组，以消除"资源孤岛"与"资源超载"现象，实现资源共享。从非遗保护与传承来说，对楚剧资源实现大范围共享，不仅是地方特色资源合理保护的需要，更是非遗保护的主要内容之一；因此，对楚剧资源实现数字化共享，不仅是对其进行保护与传承的有效手段，更丰富了非遗的资源结构，对其他非遗项目的资源共享也有一定的借鉴意义。

---

① 徐雷.语义出版应用与研究进展［J］.出版科学，2016，24(3)：33-39.

2. 楚剧数字资源语义出版的实现

(1) 楚剧数字资源语义化描述

要在实现语义出版时有效地使用元数据,则需要对其进行定义与表述,而资源描述框架 RDF 就是使元数据实现编码交换和重复使用的基础结构。RDF 是目前使用较为广泛的元数据规范描述语言,能够从语义上关注概念、概念的分面及其属性,这也符合语义出版的需求。

需要说明的是,非遗数字资源类型众多,涉及不同的词表或本体,为区别不同词汇表和本体中的元素,本节对涉及的各个元素以及命名空间进行了规范化定义,为建立楚剧数字资源关联关系提供规范化表达方式。本节尽可能地复用现有的本体及数据集 Ichresource(The Intangible Cultural Heritage Resource),但是现有的词汇表及本体不能满足非遗资源的描述需求,因而通过用户自定义方式扩展了一部分词汇。图 6-7 表现了以"楚剧"作为具体实例来展示所涉及的元数据方案。

(2) 楚剧数字资源关联关系的构建

依据上文中非遗数字资源语义关联的构建,楚剧数字资源关联数据的建立也从内部关联与外部关联两个方面着手。对于语义出版而言,尽管开放网络资源的检索与利用对出版物知识内容的丰富程度有着重要影响,但出版物本身知识内容的组织与发布才是语义出版的根本性工作。从目前数字资源内容的关联程度看,主要是基于出版物的外部基本信息,如图书的书名、作者、出版社、期刊号等,这些关联数据一部分是由传统出版物元数据、数据库等转化而来,导致这些关联数据中有效实体链接并不多,关联程度不高。本节除建立楚剧数字资源显性关系外,也建立了楚剧资源中语义元素间的隐性关联关系。

另外,本节也建立了出版内容数字资源与知识组织资源、数据库资源、项目资源等前文划分的六类资源间的关联关系。

(3) 楚剧数字资源语义出版平台展示

楚剧数字资源语义网络的展示与交互需要借助具体的语义出版平台语义呈现,从资源内容的篇章节到知识单元,从细粒度到粗粒度,从二维空间到多维空间,对多维语义元素及其关系融合结果进行不同维度的展现,以便读者从不同的检索入口对语义出版物进行阅读,并直接参与可视化过程。

```
    <?xml version= "1.0"?>
    <rdf: RDF
    xmlns: rdf= "http://www.w3.org/1999/02/22- rdf- syntax- ns#"
    xmlns: chs= "http://www.Ichresource.ccnu.edu.cn/test/schema/#" //引用自定
义 schema
    xmlns: dc= "http://purl.org/dc/elements/1.1/"
    xmlns: dcterms= "http://purl.org/dc/terms/"
    xmlns: foaf= http://xmlns.com/foaf/0.1/>
    <rdf: Description rdf: about= "Ichresource.ccnu.edu.cn/Chuju.html.">
    <dc: Identifier > http://www.Ichresource.ccnu.edu.cn/Chuju.html
</dc: Identifier>
    <dc: Title> 楚剧</dcs: Title>
    <dc: Type> 中国传统戏曲</dc: Type>
    <chs: Nation> 汉族</chs: Nation>
    <dc: Coverage> 湖北</dc: Coverage>
    <dc: Subject> 戏曲, 传统戏曲, 戏剧</dc: Subject>
    <chs: Heritagerate>
      <rdf: Bag>
      <rdf: li> 国家级</rdf: li>
      <rdf: li> 第一批</rdf: li>
    </rdf: Bag>
</chs: Heritagerate>
<dc: Description>
    <rdf: Bag> //内容具体见楚剧的《国家非物质文化遗产申报书》
      <rdf: li> 源流沿革（内容略）</rdf: li>
      <rdf: li> 基本内容（内容略）</rdf: li>
```

图 6-7 "楚剧" 实例 RDF 描述（部分）

由于知识产权等因素的影响，本节只选取由同一出版社即中国戏曲出版社出版的与楚剧有关的数字资源为例，在该出版社内部建立楚剧资源语义出版平台以实现资源共享，暂不涉及其他出版社的出版物。该平台为用户提供分类知识点呈现、语义检索、词条检索、内容重组等多种功能。

在该平台中，用户除可以按照文本顺序阅读外，还可以通过点击已经被标注的数字资源知识单元，内链本节中其他信息，或内链该平台中所有数字资源信息，用户可由被动阅读转变为主动阅读。如点击"知识点"，显示某一资源中具体章节的所有知识点；点击"知识网"，显示某一资源中各知识点的词条网络。

3. 基于语义出版的非遗数字资源共享机制

本节通过建立楚剧数字资源语义出版平台实现其数字资源共享，其共享机制体现在三个方面。

第一，该平台出版物的知识单元可以是单个出版物（如某一图书），也可以是具体的篇、章、节，或是更细粒度的知识单元，我们通过知识单元中的关键词与知识点的描述进行匹配，建立资源与知识点之间的网状关联，进而将不同的资源通过"知识点"连接到一起，使知识共享单位由单个出版物细化到知识单元。

第二，该平台可以为用户提供语义检索与词条检索两种检索途径。用户通过语义检索可以扩展检索词的上位类、下位类词，并关联词汇的模糊检索；而词条检索则是基于特定关键词在该平台所有数字资源中进行查找，从而实现平台内基于该词条的所有知识单元的共享。

第三，语义出版的一个显著优势是以按需出版实现资源共享。出版者通过词条检索可将相关内容进行按需重组，重新生成一本新书。

第四节　基于视频纪录片的非遗传播

纪录片是文化传播的重要载体，也是了解一个国家和民族最直观、便捷的渠道之一。不同于其他种类的纪录片，饮食类纪录片通过拍摄与人们日常生活息息相关的饮食以及与此相关的文化、情感故事，很容易抓住受众内心最柔软和感性的一面，引发情感共鸣，获得大家认同。尤其是对于一些没有接触或品尝食物的人们来说，饮食类纪录片是他们直接认识与了解此类食物及其文化意涵的关键途径；因此，饮食类纪录片的传播内容和传播效果，不仅直接影响到大众对于食物的认知，对于饮食文化的传播也具有重要意义。

本节以内容分析法作为主要的研究方法，选取优酷、土豆等国内大型视频网站单个平台上播放次数超过一万次，共计七部48集饮食类纪录片作为研究样本。具体为：《舌尖上的中国》第一季和第二季、《面条之路》（韩国）、《饮食亚洲》（美国）、《民以食为天系列》（日本）、《美味食物工厂》（美国）、《日本大使的饕餮盛宴》（英国）。

纪录片主要由画面、音乐、音响等具象的非语言符号和字幕、解说词等抽象的语言符号组成。因此,本节分析饮食类纪录片的具体内容,从画面、解说词入手;对其整体内容及表达的分析,则从叙事手法和视听语言入手。在视听语言分析时,考虑到48集分析单位涵盖的镜头数量巨多,基于每部纪录片的拍摄风格具有连贯性,故从每部纪录片中运用简单随机抽样的方法选取一集作为研究样本。

一、饮食类纪录片传播内容特征分析

通过对画面内容的总体统计发现,饮食类纪录片在传播内容上主要包括获取食材(包括收割/采摘等)、处理食材(切菜、杀鱼等)、人物(单纯是人)、制作过程(包括煮/炸/烧火等)、成品展示(食物制作成功后的展示)、享用美食、空镜头等。其中,对食物加工处理部分所占比例最高,从处理食材到制作过程、成品展示,这部分内容的画面占据了总体比例的46%;人物也是纪录片中的主要角色之一,单纯人物的镜头占了18%,体现了纪录片对人的关注。详见图6-8。

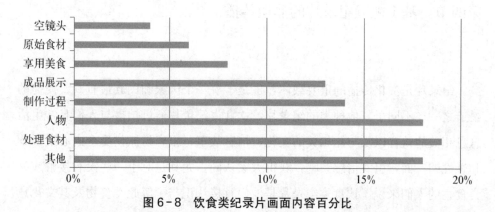

图6-8 饮食类纪录片画面内容百分比

具体到每部纪录片,在画面内容比例上略有不同。比如《舌尖1:主食的故事》《美味食物工厂》中以食材处理为内容的镜头所占比例最高,分别为39%和37%;在《饮食亚洲》和《日本大使的饕餮盛宴》中,以人物为内容的镜头所占比例最高,分别为29%和27%。总体而言,食物制作和人物是饮食类纪录片在画面内容表达上的重点。

解说词作为抽象的语言符号,与画面相辅相成,共同构成了纪录片的内容表达。通过对48集饮食类纪录片的解说词进行分词、聚类分析发现,这些解说词主要围绕五个方面的内容展开：食物与加工工具(食物、食材、工具、享用评价)、地域(地点、遗址)、制作过程(食材获取、食材处理、加工制作、成品展示)、历史传统(饮食演化、风俗、仪式、朝代、事件、生活方式)、人物属性(关系、身份)，分别占40%、20%、16%、13%、11%。

食物作为饮食类纪录片的主角，所占比例排在第一位。其中被提及最多的是食物的名称，占17%；其次是食材名称，占10%；再次是对食物的享用评价，占8.7%。对地域及其历史传统的关注，体现了饮食文化与民族传统、地方文化之间的关联。制作过程作为饮食类纪录片表达的重点，在此方面讲解最多的是关于加工制作和食材处理，分别占4.9%和4.6%。人物属性主要围绕两个方面：身份与关系，各占7.9%和3.4%。详见图6-9。

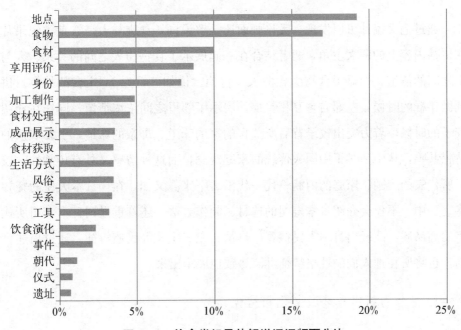

图6-9 饮食类纪录片解说词词频百分比

文化作为人类所创造的物质财富和精神财富的总和，从内部结构分为物质文化、制度文化、行为文化和精神文化四个层次。从以上分析中可以看出，各国饮食类纪录片在文化传播的过程中都兼顾了这几个层次。画面与解说词相结合，从人物及其关系、食物与器具、传统与生活方式、食物制作过程等不同的方面，为特定的饮食文化构建了立体的形象。在此过程中，这些纪录片将声画有机结合，在内容上体现了以下四个方面的共同特征：

1. 注重饮食背后的日常生活

通过具体分析可以发现，这些纪录片无论是在展示食物制作还是在描述人物的过程中，都结合了饮食背后的日常生活，将食物和人物置放在当地普通生活的背景下展开叙述。在这 48 集中有 81% 的纪录片具日常生活的起承转合。比如：《舌尖1：主食的故事》讲到面食，会去记录做面食的妇女以及当地卖这些面食的小贩，展示这些普通大众的日常生活；又如《日本大使的饕餮盛宴》中，展示了日本人捕鱼，在街边小吃街热闹地吃饭等生活场景。

2. 描述食物与人之间的联系，极富人情味

通过上文统计可以发现，无论画面还是解说词，食物与人是饮食类纪录片在传播内容上的两大主角，两者结合在一起展示了食物与人之间的关系、人与人之间的情谊，彰显了食物隐含的人文价值。比如《舌尖1：主食的故事》讲到做年糕的时候，左邻右舍互相帮忙，展示了邻里之间浓浓情谊。同样在介绍饺子的时候，着力突出饺子背后所蕴含的家的味道、母亲的味道，引发观众的情感共鸣，从中凸显了中国人传统的家庭观念，而这种情感又具有传承性。饺子所代表的团圆、家庭的内涵一代一代沿袭下来。又如，在《日本大使的饕餮盛宴》中，不仅会介绍日本寿司的选材、制作方法，还着重强调日本寿司所代表的高品质，凸现出日本人民执着、热情、完美主义等民族特征。通过描述食物，也将所在地人们的性格特征淋漓尽致地展示出来。

3. 将食物制作与地域文化相结合

历史传统和地域作为饮食类纪录片解说词中的两类关键词汇，借助对食物的介绍来彰显悠久的饮食文化和精神文化，是饮食类纪录片在传播内容上的重要特征，这一点在《舌尖上的中国》系列中体现得尤为明显。比如《舌尖1：主食的故事》，介绍嘉兴粽子，不仅展示它的口感、色泽，还介绍了粽子的起源是为了纪念约 2 300 年前投汨罗江的诗人屈原。同样介绍馒头时，说到只有中国人的祖先，从水煮食物的原理中获得灵感，并使中国成为最早用蒸汽烹饪

的国家。在介绍盛行面食的山西丁村时,则强调了地缘文化的重要性。谈到当地面食盛行的原因是山西属于多山少川的内陆地区,蔬菜品种少,没有办法对副食进行调剂,为了提高全家人食欲,妇女们只能在面食制作上用心创新;所以当地的面食种类繁多。

4. 植入文化符号,体现民族特色

在文化传播的过程中,这些纪录片都很注重利用文化符号表达饮食文化在地域、民族上的特色。例如,《面条之路:古老食物的诞生》将各个地区的文化符号融入其中,中国的万里长城、丝绸之路;意大利西西里人将穆斯林画在教堂天花板上面,是因为之前伊斯兰教统治了西西里188年,将穆斯林文化带入了西西里等。饮食类纪录片中融入了文化的内涵,超越了食物本身果腹的基本功能,显得更加厚重,更能引发观众的兴趣。

二、饮食类纪录片传播叙事特征分析

叙事手法作为一种艺术表达方式,既是纪录片内容组织与表达的形式存在,又是纪录片自身内容的有机组成部分,对饮食类纪录片进行叙事分析能够帮助我们更为深入地理解其文化传播上的特征与规律。

1. 宏观叙事和微观深描的发现视角

各个国家的饮食文化往往都在历史的发展中积累了深厚的文化底蕴,所以许多饮食类纪录片都会采用大量恢宏的镜头和生动的语言对其背景进行介绍。在48集纪录片中,有14%的解说词是讲解饮食文化的历史传统,而中国饮食纪录片中的这一比例更高。另一方面,浓郁的乡土情怀也在许多纪录片中有所体现,有19%的解说词涉及饮食的地理位置,在谈及饮食的同时,人们更倾向与地域文化相联系。如《舌尖上的中国》等都从历史传统和风土人情切入,从大的背景来引导人们认识饮食文化;但这方面的过度强调也容易引起人们的迷惑。因为很多饮食纪录片逐渐成为一个庞杂的内容体系,中途观看的观众经常不能马上明白是哪种类型的节目。比较而言,欧美国家制作的有关本国的饮食纪录片都比较关注饮食本身，如美国制作的《美味食物工厂》，主要体现食品制作的流程和其中的高科技；但欧美在制作其他国家，尤其是不发达国家的饮食纪录片时，经常运用人类学的视角，试图发现和探究饮食文化背后的宗教信仰等文化元素。这种区别对待的方式，一方面是为了展现多姿多彩的全球饮食文化，满足观众的猎奇心理；另一方面，也体现了欧美国家的文化迂回策略，通过探索异质文化以解决本国的文化冲突。

饮食文化与人们的生活方式息息相关，因此，很多饮食纪录片运用大量镜头来展示普通百姓的日常生活，通过展示当地人的生活细节，帮助人们了解某些饮食特殊的制作过程及其原因。不仅如此，饮食类纪录片还经常会"捕捉"大量特写镜头描绘主人公内心世界的情感变化，或者用长镜头来反映主人公的心路历程。饮食类纪录片对于人的社会关系和社会属性也非常关注，如韩国泡菜的申遗纪录片就强调了泡菜与婆媳关系、泡菜与社会关系维系的关联性。此外，很多纪录片还会通过饮食的演化对社会问题进行反思与反省，使得这些纪录片既有历史的厚重感，又有浓厚的社会责任感，还极为贴近人们生活，故而能够打动人、吸引人、感化人。

2. 故事化的叙事手法

通过对这 48 集纪录片的研究发现，这些纪录片并不单纯地描述食物，还讲述围绕食物所发生的故事，增强了纪录片的趣味性，更能抓住观众的眼球。比如：《日本大使的饕餮盛宴》全集就是在讲述一名英国厨师为了给日本大使做出正宗的日食去日本学习参观的所见、所闻、所感，极具故事性和趣味性；《舌尖上的中国》每一集都在拍摄食物之外，诉说着被摄地人们的生活和情感故事；《美味食物工厂——甜食的吸引》中也会讲述特定甜食背后的品牌故事。在纪录片中采用故事化的叙事手法，能够从情感上吸引观众，激发观众的情感共鸣和观影兴趣，同时也会让食物的形象更加丰满。

在叙事风格上，这些纪录片大多会在拍摄过程中设置悬念，调动观众的好奇心和求知欲。用一个接一个的问题和悬念，带动纪录片的整体节奏。如美国纪录片《美味食物工厂》里，整体由一系列的问题和悬念串联起来："大众食品"背后有什么科技力？薯片、冰淇淋、棉花糖、花生酱、爆米花、夹心面包等是如何诞生的？制作的技术是如何革新的？如何进行流水线生产？又如《日本大使的饕餮盛宴》这部纪录片，一开始就设置了一个悬念：这位英国的厨师能在短时间内学会日本寿司的做法，做出优秀正宗的日本食物吗？带着这个悬念，观众被纪录片牵引着，在寻找答案的过程中发现日本美食，了解日本文化。

3. 外聚焦型和因果式线性叙事方式

从叙事角度上来说，样本纪录片中有9集采用非聚焦型、14集采用内聚焦型、26集采用外聚焦型。非聚焦的显著特点是叙述者的全知全能；内聚焦是指叙述者从人物的角度来叙事；而外聚焦叙事是指以旁观者的视角进行，不去阐释前因后果。现在纪录片对非聚焦的背离，意味着人们对全知全能型叙述者的厌倦和不满。从统计结果来看，更多的纪录片选择了外聚焦型的叙事角度，尽可能保持客观中立，仅仅是将事件、故事表达清楚，至于背后隐藏了什么留给观众自己去发现，留给观众更多的自我思考时间。

在这48集纪录片中，70%的纪录片采用因果式线性叙事方式，其他的选择了缀合式团块叙事结构。因果式线性结构，主要以事件的因果关联为叙述动力来推动叙事进程，每集纪录片会被均匀地分成几段，每个时间段之间会插入历史性或者现场采访型内容，贯穿全篇；而这些穿插性内容之间互有因果或延续性关系。比如日本广播协会（NHK）大型纪录片《民以食为天系列》不仅有现场的一手素材还有二手、间接历史性素材，这种叙事方式会使纪录片整体脉络清晰连贯。而缀合式团块叙事结构，即整体上无连贯统一的中心贯穿情节，而是通过几个相互间并无因果联系的故事片段连缀而成的影片结构。如《舌尖1：主食的故事》中就记述了各个地区的主食故事，各个地域的食物并没什么关联，也没有什么因果关系，整个纪录片由不同的主食故事串联而成。

三、饮食类纪录片传播视听语言特征分析

视听语言作为向受众进行信息传递的感性语言，包括影像、声音、剪辑等方面的内容。通过对七部饮食类纪录片样本的统计发现，这些纪录片在传播上具有以下特征：

1. 富有节奏感的镜头变换

通过对镜头的统计分析发现，饮食类纪录片在镜头语言上富于变化，节奏感较强。从时长上来看，这些纪录片平均每个镜头的时长约为7秒，片头平均时长为3—4秒，通过一系列短镜头的不断切换，丰富了传播的内容，吸引着观众的注意力；从景别上来看，饮食类纪录片以特写镜头和近景镜头为主，不仅近距离向观众展示了食物的细节，也具有很强的视觉冲击力，详见图6-10；在镜头剪辑上，这些纪录片将运动镜头和静止镜头结合在一起，各种镜头穿插变换，减少了传统纪录片在镜头语言上的冗长感；此外，有29%的纪录片在表达节奏美感时使用变速摄影。这些都迎合了当下人们快节奏的生活方式，更容易吸引观众。

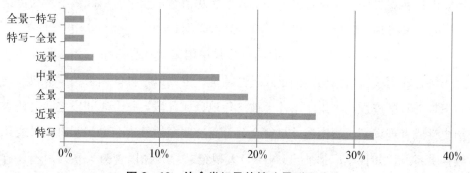

图6-10　饮食类纪录片镜头景别百分比

2. 客观的镜头表达

在统计样本中，有98.3%的镜头为客观镜头，仅有1.6%的镜头为主观镜头。大量使用客观镜头，以旁观者的角度向观众展示各类美食的制作流程和背后故事，为观众带来了身临其境的真实感。此外，在拍摄视角上，66%的镜头为水平拍摄，尽量以日常生活中人们真实所见的视角进行拍摄，拉近了观众与美食的距离，增强了纪录片在文化传播上的感染力。

3. 恰到好处的配乐和画外音

配乐和画外音对于纪录片的内容和情感表达具有推动作用，恰到好处的配乐和画外音具有代入感,能够让观众潜移默化地与纪录片融为一体。纵观这48集纪录片,都很好地运用了配乐、音响和画外音来补充内容、烘托氛围、渲染情绪。其中37%的纪录片在表达不同情绪时会随之不断变换音乐风格用以映衬,33%的纪录片传达艺术感受时运用了写意音响。在具体统计样本中,74%的镜头都有配乐。通常在展示食材的处理时,会选择节奏比较轻快的配乐;而在表达人物情绪和文化方面时,会选择节奏轻缓、比较深沉的音乐。同时,73%的镜头都采用画外音进行适当的补充说明。这一方面,让观众深入了解美食的制作流程和背景;另一方面,有力地调动了观众的情绪,让观众跟随配乐和意味深长的解说词,享受美食传达出的艺术美与情怀美。

4. 精美绝伦的画面

一部纪录片好不好,整体上的构图和画面感很重要,好的构图能准确地传达作者的思想,表现情节。这几部纪录片整体上构图均采用了比较经典的风格,介于"纪实风格"与"表现风格"之间,完美结合了真实与艺术,让观众感觉画面既真实又很美。如《饮食亚洲:日本》在展现日本寿司时,主要采用特写镜头,将寿司的细节、色泽凸显出来,仅仅通过观看画面就能感受到寿司原料的新鲜、制作的精细,令人垂涎欲滴,强有力地调动了观众的视觉和味蕾。此外,这些纪录片中,4%的空镜头大都是优美的自然风光,比如在介绍食材的采摘时,会拍摄高山、土地、夕阳等,刻画了食物来源于自然,人与自然的密切关系,具有很强的表达力和艺术价值。

四、对非遗传承与传播的启示

纵观目前进入世界级非遗名录的饮食类项目,法国大餐体现的是浓郁文化特色和独特的就餐礼仪;传统墨西哥饮食从种植、丰收到制作、享用的过程,整个链条彰显了传统饮食的全民共享性;土耳其小麦粥将饮食与表演相结合,通过代代沿袭加强了人们对社区的归属感,强调分享的理念;地中海饮食讲求均衡、健康的食文化,使一系列现代社会亟须大力倡导的健康饮食理念得到了更好的推广;韩国越冬泡菜文化凸显的是"妈妈的味道",体现了全民性和共享性，增强体现人与人之间的纽带感；日本和食不仅传递着健康的饮食观念，更渗透着年夜的家庭温情。

饮食类纪录片是传播非遗与弘扬地方文化、民族文化的重要形式，通过饮食类纪录片，观众不仅能够了解各地的饮食文化，还会引发对自身生活的反思与反省，这对于增强本国人民在文化上的归属感、认同感也具有重要意义。运用纪录片进行非遗传播要注意传播内容与形式的统一。

首先，在具体的传播内容上，既要通过对悠久历史和传统的介绍，挖掘这些宝贵遗产所蕴藏的深厚文化内涵，也要展现文化背后的日常生活，通过对人物、对故事的讲述，体现人文关怀，拉近与受众在时空上的距离，引发情感共鸣。非遗不仅是一个地域、一个民族弥足珍贵的精神财富，更是"全人类世界遗产"；因此在传播内容上还要注意与民族文化、地域特色相结合。这不仅能够加强民族、地域内部的文化自豪感和凝聚力，更能帮助非遗项目走向社会，走向世界，吸引更多的人关注和参与到非遗的传承与传播中，让非遗真正"活"起来。

其次，在整体内容安排和表达方式上，要调动各种传播符号，从叙事手法、镜头语言等方面增强内容的感染力。要综合运用宏观叙事和微观深描不同的发现视角，通过故事化的表达手法和因果线性的讲述方式等，将历史传统与日常生活有机结合；通过客观的镜头表达、平民化的视角等，体现纪录片的真实性；通过富有节奏感的镜头变化、精美绝伦的画面语言和恰到好处的配乐、音响，提高纪录片的观赏性。传播的过程中还要注意尊重纪录片的传播规律，在感情抒发、传递美好情感时不能过于泛滥，煽情过分往往会影响纪录片本身的客观性与真实性。在叙事技巧、技术运用、情感表达和故事化等方面也要掌握好尺度。比如，在利用技术、技巧增强食物本身诱惑力和纪录片可看性的同时，不能忽视对文化内涵的挖掘；在进行故事化表达激发观众好奇心、增强趣味性的同时，不能喧宾夺主，冲淡整体主题的表达。

第七章　中华烹饪文化知识库的建设实践

第一节　基于领域本体的专题知识库

随着信息的进一步激增，研究人员对高效组织与获取领域知识提出了更高的要求。在多个领域，知识管理者构建了各种专题知识库来对领域知识进行组织与利用。然而基于传统的数据库构建的专题知识库实质只是一种资源库，对领域知识的揭示极其有限，并且由于不同来源的专题知识库所采用数据的规范和标准不同，使得其数字资源难以统一，给检索和利用带来困难。同时，各个领域构建的专题知识库缺少必要的关联，难以提供高度集成的知识，因而无法实现知识检索、推理等更高层次的知识服务。

本体和语义网技术的引入和提出，对知识管理的研究产生了重大的影响。由于本体强大的知识表示和关联推理机制，基于本体的知识库模型俨然成为了新一代知识管理系统的自然选择。[1] 研究者们纷纷将其应用于各自领域的知识管理研究中，基于本体的领域知识管理，经历了由模型构建到系统开发的发展过程。在农业[2]、

---

[1] RAZMERITA L, ANGEHRN A, MAEDCHE A. Ontology-based user modeling for knowledge management systems [C]. User Modeling 2003, Johnstown, 2003: 213-217.
[2] 李景.本体理论及在农业文献检索系统中的应用研究：以花卉学本体建模为例 [D].北京：中国科学院研究生院，2004.

医学[1]、历史[2]、教育[3]、旅游[4]等多个领域出现了利用本体构建知识库的应用。

然而现有的大部分基于本体的知识库仅仅包含了本体库本身（概念和实例）。我们认为，一个完整的领域专题库不仅应该包括组织良好的知识体系和知识实例，还应该包含相应的领域文档。基于本体的知识检索返回的结果是本体中的知识片段（实例、属性值等），不能完全满足用户的信息需求。完整的文档所包含的内容是不能简单地被碎片化知识的组合所替代的，因此，本节的专题库由本体知识库和领域资源库共同构成。

一、基于本体的知识库相关研究

纵观现有的基于本体的知识库相关研究发现，目前本体应用的一个困境之一是研究本体构建的技术体系与研究检索的技术体系之间存在脱节问题。自动语义标注是本体大规模构建与应用的瓶颈。信息检索领域的研究者主要从本体如何改善文档检索的角度出发，利用本体进行文档语义标注；而本体领域的研究者则主要关注本体库构建本身：两者之间没有进行很好的结合。

信息检索领域的研究者开发了一些综合本体的知识库功能和语义标注功能的知识库平台，如语义检索平台（knowledge and information management，简称KIM）[5]、米密尔（Mimir）[6]等。两者共同的缺陷在于其主要从文档检索的视角出发，提供实体的标注与索引，而对领域本体中的知识与知识关联支持十分有限。而本体领域的研究者则主要关注本体库构建本身，构建了大量规模有限的领

---

[1] 李新霞.基于本体的中医学脾胃病知识库的构建[D].南京：南京理工大学，2008；孙海舒，符永驰，张华敏.基于本体论构建中医古籍知识库的探索[J].医学信息学杂志，2011，32(3)：64-68.

[2] 董慧，杨宁，余传明，等.基于本体的数字图书馆检索模型研究(I)：体系结构解析[J].情报学报，2006，25(3)：269-275.

[3] 赵嫦花.基于本体的学科知识库构建研究[D].重庆：西南大学，2008；曹灿.基于本体的软件工程课程知识库研究和应用[D].北京：北京林业大学，2010.

[4] 龚华明.旅游本体知识库的构建及推理应用研究[D].昆明：昆明理工大学，2008；钟福金，辜丽川.旅游领域本体的构建与应用研究[J].图书情报工作，2011，55(12)：105-108.

[5] Ontotext. KIM Platform [EB/OL]. [2013-02-01]. http://www.ontotext.com/kim.

[6] The University of Sheffield. Mimir：multiparadigm indexing and retrieval [DB/OL]. [2013-02-01]. http://gate.ac.uk/mimir/.

域本体，对如何高效地使用这些本体组织领域文档则研究较少。毛里西奥·B.阿尔梅达(Mauricio B. Almeida)、里卡多·R.巴博萨(Ricardo R. Barbosa)以某企业为例，介绍了在企业知识管理中，利用本体进行知识建模的方法，① 但该文没有涉及本体与文档的语义标注问题，因此并不能实现文档的大规模语义处理。

  从专题库构建的视角，探讨本体在知识库构建中的应用的相关研究，如：迪特尔·芬泽(Dieter Fensel)②介绍了 On-To-Knowledge 项目，该项目设计了一个利用本体自动获取、维护、访问弱结构化数据的方法，并提供了相应的工具。该项目主要从文档和数据利用的角度，探讨了本体在知识管理中的应用，而没有从领域知识建模的角度进行讨论。钱智勇以张骞研究专题知识库系统为例，探讨了基于本体的专题域知识库系统设计与实现。③ 然而该文并没有对关键的语义标注环节进行详细论述，也未见完整的系统实现。钱智勇、周建忠、贾捷还探讨了基于本体的楚辞知识库构建，讨论了基于本体的知识组织在知识库构建中的应用。④ 然而其语义提取部分则主要是通过人工操作。李景研究了本体在农业领域的应用，开发了一个多人大规模本体建模与开发工具 LODE，该工具可以提供利用领域本体自动标注文档的功能。⑤ 然而现在可以得到的用于实验的本体只是轻量级本体，内部关系较简单，其知识领域模型理论需进一步认证。

  综上所述，现有的大部分基于本体的知识库，要么不提供任何与领域知识节点对应的领域文档资源，要么与领域知识节点对应的文档是通过手动方式添加的。鉴于此，本节将探讨领域本体指导下的专题库构建模式，并利用现有的相关开源工具，进行领域知识的建模，完成领域文档的自动语义标注，并最终实现一个基于领域本体的专题库，开发出相关原型系统。

---

① ALMEIDA M, BARBOSA R. Ontologies in knowledge management support: a case study [J]. Journal of the American Society for Information Science and Technology, 2009, 60(10): 2032 - 2047.
② FENSEL D. Ontology-based knowledge management [J]. Computer, 2002, 35(11): 56 - 59.
③ 钱智勇.基于本体的专题域知识库系统设计与实现：以张骞研究专题知识库系统实现为例 [J].情报理论与实践, 2006, 29(4): 476 - 479.
④ 钱智勇, 周建忠, 贾捷.楚辞知识库构建与网站实现研究 [J].图书馆理论与实践，2010(10): 70 - 73.
⑤ 李景.领域本体的构建方法与应用研究 [D].北京：中国农业科学院, 2009.

二、基于本体的专题库构建模型

本节在现有的本体知识库一般模型的基础上,通过加入领域资源标注模块,实现了基于本体的专题知识库创新,从而提出了新的本体驱动的专题知识库模型。

1. 基于本体的知识库模型

本体驱动的知识管理模型已经经过了较长时间的研究与探讨,王昊、谷俊、苏新宁利用模型构建和功能分析的方法,对现有的本体驱动的知识管理系统模型进行了总结与分析,将本体驱动的知识管理系统模型分为三个环节:知识采集、知识组织、知识应用,如图7-1所示。[①]

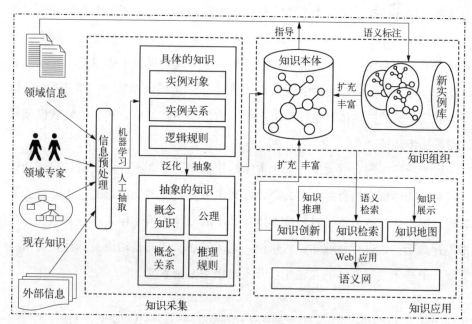

图7-1 本体驱动的知识库一般模型

该系统模型首先对来自不同信息源的信息进行预处理,采用机器学习或者人工抽取的方式从信息源中采集出具体的知识,如实例对象、实例关系及逻辑

---

① 王昊,谷俊,苏新宁.本体驱动的知识管理系统模型及其应用研究[J].中国图书馆学报,2013,39(2):98-110.

规则等，进而将具体知识泛化为抽象知识，例如概念知识、概念关系、公理和推理规则等。接着将采集的知识以本体的形式（如 XML 等）进行描述，形成领域知识本体库。该知识本体库可以用于指导领域信息的语义标注，以此获得领域新的实例，丰富和扩充原知识本体。在此基础上，领域本体可以提供知识应用服务，如知识地图、知识检索、知识推理和发现等。

2. 基于本体的专题知识库模型

由图 7-1 可以看到，现有的本体驱动的知识库模型，其本质就是本体库本身，即包括概念本体和本体实例库。模型的核心在于如何通过外部知识的采集去不断完善这个概念本体和本体实例库，以及挖掘这个本体库本身提供的知识服务功能。然而我们认为，一个专题领域的知识库不仅应该包含相应的结构化的知识体系和知识片段，还应该包含相关领域的资源库。鉴于此，本节在现有的本体知识库一般模型的基础上，加入领域资源标注模块，提出了新的本体驱动的专题知识库模型，如图 7-2 所示。

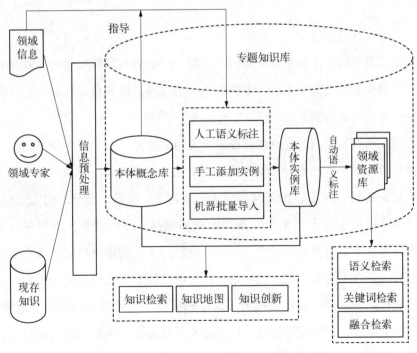

图 7-2 本体驱动的专题知识库模型

该专题知识库由本体概念库、本体实例库、领域资源库三个部分组成。其中，本体概念库通过本体实例填充的方式与本体实例库关联。领域资源库通过文档自动语义标注的方法与本体实例库和本体概念库相关联。在此基础上，专题知识库可以提供知识检索、知识地图、知识创新等知识服务，以及语义检索、关键词检索、融合检索等领域资源检索方案。

王昊等将知识管理模型分成知识采集、知识组织和知识应用三个相互关联的流程。本节在此基础上，结合基于本体的专题知识库模型，提出了一个更具体的基于本体的专题知识库构建流程，主要分六个步骤，如图7-3所示。下节以中华烹饪文化知识库构建流程为例具体介绍其过程。

图7-3 基于本体的专题知识库构建流程

3. 中华烹饪文化知识库构建流程

（1）知识库范围界定

知识库范围的界定是非常关键的，这深刻影响到后面的知识体系构建，以及领域知识资源的搜集策略。由于知识库一般是面向应用的，因此知识库的范围往往由需求分析得到。

本节在调查了国内现有烹饪院校的相关网站的基础上，将中华烹饪文化知识库界定为与中华烹饪美食相关的技巧、文化、历史典故、营养信息等相关的知识与知识文档。其中，知识内容分为五大部分：菜肴、食材、名人、餐馆、技法。菜肴包括了八大菜系十六帮别的典型菜品、烹饪技艺、历史典故等知识。食材包括了常用食材的特性、科属、处理方法、功能、口味、营养信息等知识。名人包含了与菜肴相关的创始人、大厨及历朝历代相关的帝王将相、文化名流和神话名人等。餐馆则搜集了提供相关特色菜肴的知名老店、老字号，包括它们的地址、招牌菜等信息。技法搜集了与菜肴烹饪相关的常用技巧，如炒、爆、熘、炸、烹、煎、贴、烧等。

(2) 领域知识资源采集

领域知识资源有两个用途：一是为专题知识库填充了领域文档资源；二是也为领域本体概念的搜集提供了文档基础。知识资源的采集应尽可能全面，以覆盖更多的领域概念。

按照前面知识库范围的界定，确立了领域知识资源的搜集策略。除了中华职业学校提供的相关领域资源，我们还根据菜肴、食材、名人、餐馆、技法五个大类，分别从互联网、数据库、已有资料文档中搜集相关知识资源，较全面地采集了领域的知识资源，包括与中华烹饪文化相关的典籍(电子书)、论文、报道等。

(3) 基于本体的知识体系构建

本体知识体系的构建是整个专题知识库的核心，因为整个知识库建设都是在本体知识体系的指导下进行的。本节中本体知识体系(也即概念及概念关系)的构建采用自底向上与自顶向下相结合的方式。即，首先，通过搜集的领域文档获取领域的主要概念；其次，通过自顶向下的方式整合领域概念；最后，识别概念层次、属性、关系等。关于中华烹饪文化知识体系(本体)构建的详细过程参见本章第二节"中华烹饪文化领域本体构建"。

(4) 本体知识实例填充

这一步工作主要是为前面构建的本体知识体系添加领域实例，以丰富本体库。本体实例填充的方法有多种，本节综合利用了直接手工添加实例、机器批量导入实例、对文档进行人工语义标注的方式填充领域实例。

(5) 基于本体的领域资源标注

这一步主要是为专题知识库添加领域资源，将之映射到本体知识库。用到的方法是基于本体的文档自动语义标注，即将文档中提及的本体实例与本体知识库中的概念关联起来。

领域文档是领域资源最重要的组成部分，本节中华烹饪文化专题知识库的领域资源标注部分，主要以领域文档为例，利用文本工程通用框架GATE实现了基于本体的文档自动语义标注。

(6) 知识库服务

在前面本体知识库构建以及领域资源库标注的基础上，专题知识库可以提供诸如知识检索、知识推理与可视化、文档语义检索等知识服务。

在中华烹饪文化专题库构建的基础上，通过开发一个知识检索原型系统，可以提供本体知识检索、文档资源语义检索等功能。

三、中华烹饪文化知识库检索平台设计与实现

基于本节构建的专题知识库，可以实现为用户提供多种形式知识服务的要求，其设计与实现方案如下：

1. 系统功能模块

知识检索是知识库最重要的功能之一，也是其他知识服务的基础。鉴于此，本节在前面本体库构建以及领域文档语义标注的基础上，开发了中华烹饪文化专题知识库检索原型系统，包括本体知识库检索和领域资源库检索两大模块。

（1）本体知识库检索

本体检索模块开发了一个检索本体库的知识检索界面。该检索界面提供了相关知识检索的功能，包括实例检索、属性检索、关系检索等。该模块的核心部件使用了Jena，用来对构建好的中华烹饪文化本体库进行解析和操纵。本体的查询语言选择SPARQL，这是目前3W推荐的本体查询语言。Jena工具包提供了对SPARQL查询语言的支持，可以方便地在开发程序中进行使用。

（2）领域资源库检索

领域资源库检索模块提供了检索专题知识库中领域资源（主要是文档）的接口。这其中包括了三个检索选项：文档语义检索、文档关键词检索、文档综合检索。

文档语义检索模块提供了通过语义标注检索领域文档的功能。本节借助GATE的语义检索API，实现对标注文档的语义检索，提供一定的结构化查询功能。

关键词检索模块提供了基于Lucene的全文检索功能。尽管基于本体的文档标注实现了语义层面的匹配，一定程度上提升了文档检索的查全和查准率。然而若文档未匹配到本体中的相关实例，则会出现漏检的情况。因此在本体中的资源还不够丰富、标注技术尚未成熟的情况下，传统的关键词检索依然起着不可取代的作用。

文档综合检索模块则整合了文档语义检索与文档关键词检索的结果，对结

果根据一定策略进行了合并,将最全面的结果展现给用户。

2. 关键技术应用

根据系统功能模块的设计,本系统的技术架构如图7-4所示。其中本体库检索模块主要运用了Jena语义网工具包和SPARQL本体查询语言;文档语义检索模块主要运用了GATE datastore的API;文档关键词检索模块运用了Lucene全文检索工具包。由于Lucene全文检索的功能已经比较完善,下面对其中涉及的Jena、SPARQL和GATE datastore API三个关键技术进行详细介绍。

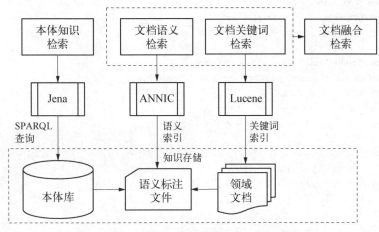

图7-4 中华烹饪文化知识库检索平台技术架构图

(1) Jena

Jena① 是由惠普实验室开发的开源的Java开发工具包,用于语义Web中的应用程序开发。Jena框架提供了操纵RDF、OWL的API、SPARQL查询接口以及推理支持。本节通过导入Jena的jar包,在MyEclipse开发环境中配置了Jena的开发环境。下面将通过几个具体的实例,介绍系统开发中用到的主要的Jena类和接口。

创建模型:处理语义Web数据的第一步是要找到一个用于访问这些数据的地址。对于Jena来说,一切要从Model对象的创建开始。我们首先创建了一个使用OWL语言的内存模型,代码如下:

---

① Apache. Apache Jena [DB/OL]. [2013-03-01]. http://jena.apache.org/.

```
Ont Model ont Model= Model Factory.create Ontology Model ( Ont Model Spec.OWL_
MEM);
```

填充模型：在有了对语义 Web 数据的参考之后，就需要用这些数据来填充模型。填充本体模型的方式有多种，如可以从文件或者 URL 来填充，也可以通过直接加入陈述来填充模型，还可以通过其他已经存在的模型来填充。这里我们选择直接读取 OWL 文件的方式填充模型。下面的代码读取我们创建的中华烹饪文化本体，若成功则输出"读取本体成功！"。

```
Publicclass Onto Handler2 {
  Publicstaticvoid main ( String [] args ) {
    OntoRead ( "file:./中华烹饪文化本体.owl" );
  }
  Publicstaticvoid Onto Read ( String source ) {
    OntModel m = Model Factory.create Ontology Model ( );
      try {
    m.read ( source );
    System.out.println ( "读取本体成功！" );
        }
    catch ( Exception ex ) {
      System.out.println ( ex );
      System.out.println ( "读取本体失败！" );
    }
  }
}
```

查询模型：在对模型进行填充后，我们就可以对本体进行查询、编辑、修改等各种操作。这里我们演示一个读取某一个类的所有实例的操作。下面的代码读取中华烹饪文化本体，并输出苏菜这个类下面的所有实例。

```
Publicclass Onto Handler2 {
  Publicstaticvoid main ( String [] args ) {
    OntoRead ( "file:./中华烹饪文化本体.owl" );
  }
  Publicstaticvoid Onto Read ( String source ) {
    Ont Model m = Model Factory.create Ontology Model ( );
      try {
    m.read ( source );
    System.out.println ( "读取本体成功！" );

ResIterator iter = m.list Subjects With Property ( RDF.type,
```

```
m.getResource("http://www.semanticweb.org/dell/ontologies/2012/10/cuisine
#苏菜"));
    while(iter.hasNext()){
      Resource 苏菜 = (Resource)iter.next();
      System.out.println(苏菜.get Local Name());
        }
    catch(Exception ex){
      System.out.println(ex);
      System.out.println("读取本体失败!");
    }
  }
}
```

程序的输出结果为:

```
读取本体成功!
三丁包
东海花生
什锦暖锅
全家福
八宝粥
凉拌八爪鱼
出骨八宝鸡
……
```

(2) SPARQL

SPARQL 是 SPARQL 协定与 RDF 查询语言(SPARQL Protocol and RDF Query Language)的递归缩写形式,是为 RDF 开发的一种查询语言和数据获取协议。W3C 于 2008 年 1 月 15 日正式把 SPARQL 作为一项推荐标注。关于 SPARQL 的详细使用方式,可参考其官方文档[①]。下面我们将结合本节开发中的具体例子,介绍 SPARQL 查询的用法。

查询某类的实例:下面的例子返回的结果与上节 Jena 的查询结果相同,即返回所有苏菜的实例。

查询语句:

```
PREFIX rdf: <http://www.w3.org/1999/02/22- rdf- syntax- ns# >
PREFIX owl: <http://www.w3.org/2002/07/owl# >
```

[①] W3C. SPARQL query language for RDF [DB/OL]. [2013-03-01]. http://www.w3.org/TR/rdf-sparql-query/.

```
PREFIX xsd: <http://www.w3.org/2001/XMLSchema# >
PREFIX rdfs: <http://www.w3.org/2000/01/rdf- schema# >
PREFIX cuisine: <http://www.semanticweb.org/dell/ontologies/2012/10/cuisine# >
Select ?x where {?x rdf: type cuisine: 苏菜.}
```

返回结果：

```
三丁包
东海花生
什锦暖锅
全家福
八宝粥
凉拌八爪鱼
出骨八宝鸡
……
```

查询某个实例的某个属性：下面的例子查询与"霸王别姬"这道菜相关的名人，返回的结果是"刘邦""项羽""虞姬"。

查询语句：

```
PREFIX rdf: <http://www.w3.org/1999/02/22- rdf- syntax- ns# >
PREFIX owl: <http://www.w3.org/2002/07/owl# >
PREFIX xsd: <http://www.w3.org/2001/XMLSchema# >
PREFIX rdfs: <http://www.w3.org/2000/01/rdf- schema# >
PREFIX cuisine: <http://www.semanticweb.org/dell/ontologies/2012/10/untitled-ontology- 11# >
Select ?mingren
where { cuisine: 霸王别姬 cuisine: 有相关名人 ? mingren.}
```

返回结果：

```
刘邦
项羽
虞姬
```

(3) GATE datastore API

GATE 中提供了一个用于存储并索引标注文档的 datastore API，同时提供了检索该标注文档的 API，即 ANNIC。ANNIC（ANNotations-In-Context）是一个功能齐全的标注索引和检索系统。

ANNIC 可以索引 GATE 系统支持的任何形式的文档包括 XML，HTML，

RTF，email，text等。和其他查询系统相比，它具有一些额外的特征，如可以对文档内容的语义信息进行全方位的索引，且独立于文档形式。同时，它还支持从重叠的标注和特征中抽取和索引信息。ANNIC是建立在Lucene全文检索框架的基础之上的。ANNIC改造并定制了Lucene，使其支持语义标注的索引和查询。关于这一过程的实施细节可以参考阿斯瓦尼等(N. Aswani et al.)的文章[1]。

本系统利用ANNIC API实现了对前面GATE标注结果的索引，而无需重新编写语义标注的索引，大大方便了原型系统的开发。

3. 系统实现与原型展示

本节的本体构建与本体语义标注所使用的工具大都是利用Java开发的开源工具，为了让系统可以跨平台运行，本节的中华烹饪文化知识库检索平台原型系统采用纯Java的开发环境。本系统的运行环境和主要开发工具如表7-1所示。

表7-1 系统的主要开发工具

系统/软件/包	版 本	软 件 功 能
Windows 7	旗舰版	操作系统
MyEclipse	6.5	Java集成IDE
Java JDK	1.6.0	Java开发包
GATE	7.0	自然语言处理框架
Jena	2.7.1	本体处理工具
Lucene	3.0.3	全文索引工具
Tomcat	6.0	Web服务器
Log4j	1.2.17	调试和日志工具

图7-5显示了本节中华烹饪文化知识库检索原型系统的主界面，系统提供了本体知识库检索与领域资源检索两大模块。其中本体知识库检索提供了以下功能：菜肴查询、食材查询、名人查询、餐馆查询、技法查询、实例查询、属

---

[1] ASWANI N, TABLAN V, BONTCHEVA K, et al. Indexing and querying linguistic metadata and document content [G] //International Conference Recent Advances in Natural Language Processing, Borovets：Bulgaria, 2005：74-81.

性查询、关系查询。领域资源检索模块提供了文档语义检索模块、文档关键词检索模块及基于两者融合的文档综合检索模块。

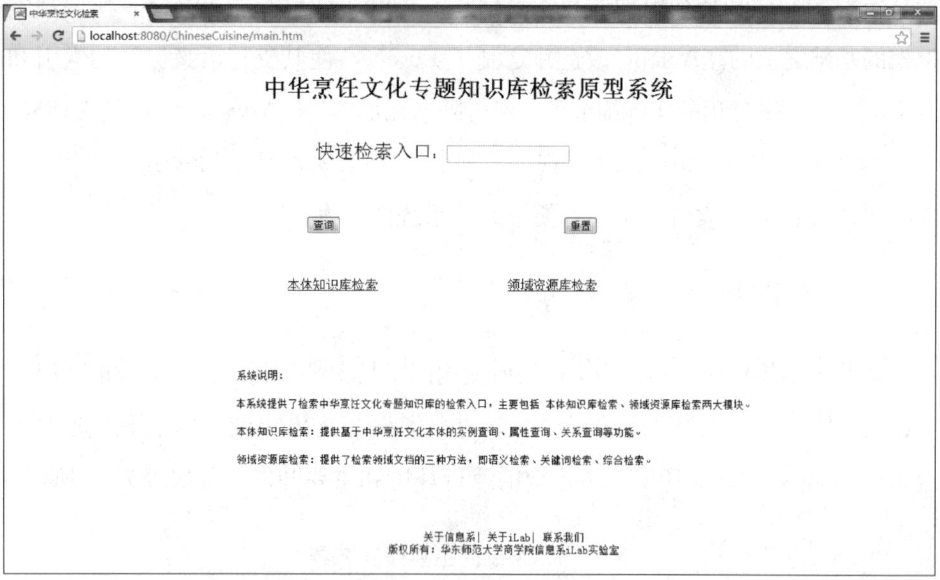

图7-5 中华烹饪文化专题知识库检索原型系统主界面

（1）本体知识库检索

本体知识库从功能的角度提供了菜肴查询、食材查询、名人查询、餐馆查询、技法查询、实例查询、属性查询、关系查询等功能。这里我们将以查询菜肴的属性为例，从本体技术的角度展示本体知识检索的功能。

查询：八仙过海的做法？

返回：八仙过海的烹饪步骤属性。

说明：图7-6显示了查询菜肴属性的界面，下拉列表展示了菜肴的常见属性，包括菜肴简介、烹饪步骤、历史渊源、文化故事、适合场景。查询结果返回了"八仙过海"这道菜的烹饪步骤的详细描述。

（2）领域资源库检索

领域资源库检索提供了语义检索、关键词检索、综合检索三个选择。以检索"川菜"为例，三种方法返回了不同的结果。语义检索的结果中，所有包含川菜实例的文档均被检索出来了，如包含"水煮牛肉""干烧鱼""水煮肉片"的相关文档。关键词检索的结果则仅返回了包含"川菜"关键词的文档。若本体中没有

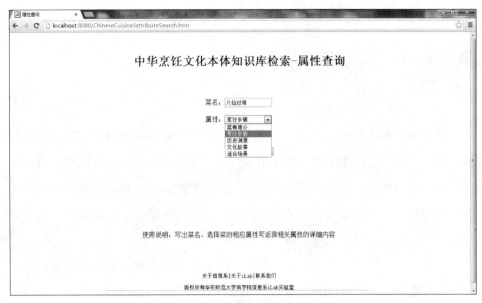

图7-6 属性查询示例

或者只有很少的实例,语义检索可能返回不完全的结果,这时候需要融合关键词检索的结果提供综合的检索结果。目前我们的综合检索策略是将语义检索和关键词检索的结果进行合并后去重,且将语义检索的结果排在前面(图7-7)。

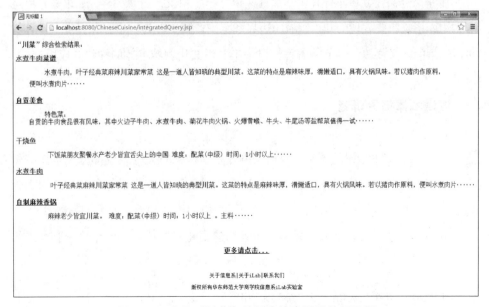

图7-7 查询"川菜"的综合检索返回结果示例

第二节 中华烹饪文化领域本体构建

近年来,本体在知识工程、人工智能以及语义网等领域得到了广泛关注和深入研究,被广泛用于解决知识重用与共享、知识获取与集成等问题。目前大部分可公开获取的本体资源主要局限在自然科学领域,如生命科学、农业科学、地理科学等。相较而言,由于领域知识的时空依赖性、主观性与模糊性等因素,使得人文社科领域的本体构建相对较少。

中华饮食文化博大精深,其中闻名于世的各式菜肴更是拥有源远流长的历史文化背景。然而目前的现状是,与中华烹饪文化相关的菜系、菜肴、技法、食材、相关名人、历史背景等领域知识散落在各处,没有得到很好的整合与利用。鉴于此,本节借助于与中华烹饪学校合作构建中华烹饪文化专题库的契机,探讨基于本体的专题知识库构建方案。通过构建中华烹饪文化领域本体,实现专题知识库的知识检索、语义检索等功能,以更好地促进领域知识的重用。

中华烹饪文化领域本体在中华烹饪文化专题库中发挥着重要作用:第一,界定了知识库系统所要表现的知识领域的边界和范围;第二,为检索服务提供了计算机可以理解的语义资源。本节将着重探讨中华烹饪文化领域本体的构建及应用过程。

一、领域本体相关研究

本体用于描述知识的语义,是语义网体系结构中的关键组成部分。本体的引入使得知识管理的内涵得到了扩展。研究者们纷纷将其应用于各自领域的知识管理研究中,基于本体的领域知识管理经历了由模型构建到系统开发的发展过程。

在自然科学领域,如农业领域,李景构建了花卉本体,[①] 提出了基于本体的

---

① 李景.本体理论及在农业文献检索系统中的应用研究:以花卉学本体建模为例[D].北京:中国科学院研究生院,2004.

领域知识建模方法。① 陈红英、金国英等构建了茶叶本体,实现了基于茶叶本体的知识服务系统。② 在医学领域,李新霞构建了中医学脾胃病知识本体,以及基于该本体的知识库;③ 孙海舒、符永驰、张华敏构建了基于本体的中医古籍知识库,提供医学领域的资源语义检索服务。④

在人文社会科学领域,如历史领域,武大董慧、杨宁、余传明等构建了"国共两党关系历史"本体,并基于该本体开发了完整的专题知识库和知识检索系统。⑤ 钱智勇构建了基于本体的张謇研究专题知识库,⑥ 还探讨了基于本体的楚辞知识库构建。⑦ 另外在教育领域⑧、旅游领域⑨、学术资源领域⑩也出现了相关的本体应用。

国外在领域本体的研究与应用方面已经处于比较成熟的阶段。如在农业⑪、

---

① 李景.领域本体的构建方法与应用研究 [D].北京:中国农业科学院,2009.
② 陈红英,金国英.基于本体的茶叶知识服务系统研究与实现 [J].中国农学通报,2011,27(4):453-458.
③ 李新霞.基于本体的中医学脾胃病知识库的构建 [D].南京:南京理工大学,2008.
④ 孙海舒,符永驰,张华敏.基于本体论构建中医古籍知识库的探索 [J].医学信息学杂志,2011,32(3):64-68.
⑤ 董慧,杨宁,余传明,等.基于本体的数字图书馆检索模型研究(I):体系结构解析 [J].情报学报,2006,25(3):269-275.
⑥ 钱智勇.基于本体的专题域知识库系统设计与实现:以张謇研究专题知识库系统实现为例 [J].情报理论与实践,2006,29(4):476-479;钱智勇.基于本体的专题知识库智能检索系统研究:以张謇研究知识库检索系统实现为例 [J].图书情报工作,2008,52(4):78-80.
⑦ 钱智勇,周建忠,贾捷.楚辞知识库构建与网站实现研究 [J].图书馆理论与实践,2010(10):70-73;钱智勇.基于本体的楚辞书目相关检索研究 [J].图书情报工作,2011,55(23):101-105.
⑧ 滕悦明.基于本体的远程教学辅助系统的设计与实现 [D].北京:北京邮电大学,2007;赵嫦花.基于本体的学科知识库构建研究 [D].重庆:西南大学,2008;曹灿.基于本体的软件工程课程知识库研究和应用 [D].北京:北京林业大学,2010.
⑨ 龚华明.旅游本体知识库的构建及推理应用研究 [D].昆明:昆明理工大学,2008;钟福金,辜丽川.旅游领域本体的构建与应用研究 [J].图书情报工作,2011,55(12):105-108;罗军,刘艺茹.本体和描述逻辑在景点查询中的应用研究 [J].计算机技术与发展,2012,22(6):239-242.
⑩ 王昊,谷俊,苏新宁.本体驱动的知识管理系统模型及其应用研究 [J].中国图书馆学报,2013,39(2):98-110.
⑪ LIANG A C, LAUSER B, SINI M, et al. From AGROVOC to the agricultural ontology service/concept server: an OWL model for creating ontologies in the agricultural domain [C] // International Conference on Dublin Core and Metadata Applications, Dublin, Ireland. 2006:76-88.

生命科学[①]、生物医学[②]等领域已经构建了非常完善的本体。另外,在电信、企业管理[③]等领域也出现了以本体为知识组织基础的知识管理模型和系统。本体和语义网技术逐渐成为知识管理研究的理论基础和技术支柱,且从研究的趋势来看,将有越来越多的领域利用本体来构建领域专题知识库,实现领域知识的共享与重用。

纵观现有的基于本体的知识库相关研究,其主要缺陷在于:其一,很多本体处于实验性质,规模还较小,尤其是大多数本体项目都采用手工添加本体实例的方式,因此规模十分有限。其二,很多本体构建好了之后,只提供简单的本体查询功能,并没有充分发挥本体的作用,如语义标注等。

二、中华烹饪文化领域本体构建方案设计

中华烹饪文化拥有丰富的内涵,在其历史发展中也形成了相当多的有价值的典籍、文档等资料。然而目前中华烹饪文化领域的知识管理还处于比较初级的阶段,对领域知识的揭示和组织都极为有限。鉴于此,我们将以中华烹饪文化领域为例,探讨领域专题知识库模型的构建。通过引入领域本体的概念,指导构建该领域的专题知识库,以实现该领域的知识获取、存储、检索等功能。

1. 本体构建:方法、工具与语言

我们在上一节中,对知识库的知识边界和范围进行了界定,即包括菜肴、食材、名人、餐馆、技法五大知识内容,因此也明确了本节本体构建的知识范围。现有的本体构建方法有很多,如骨架法、TOVE 法、methontology 法、七

[①] ASHBURNER M, BALL C A, BLAKE J A, et al. Gene ontology:tool for the unification of biology [J]. Nature Genetics,2000,25(1):25 - 29.

[②] MCCRAY A T. An upper-level ontology for the biomedical domain [J]. Comparative and Functional Genomics,2003,4(1):80 - 84.

[③] SUREEPHONG P, CHAKPITAK N, OUZROUT Y, et al. An ontology-based knowledge management system for industry clusters [G] //YAN X T, ION W J, EYNARD B. Global Design to Gain a Competitive Edge:An Holistic and Collaborative Design Approach based on Computational Tools, London:Springer, 2008:333 - 342.

步法等,并没有一个统一的标准。本节在借鉴以上方法的基础上,结合领域应用需求的特点进行了适当改进。总体策略是采用自顶向下(先设计顶层概念,再逐步细分)与自底向上(先从领域文档中搜集尽可能多的领域概念,再逐步归纳)相结合的方法。具体的构建流程如图7-8所示,主要包括需求分析、资源重用、建立本体框架、添加实例、本体形式化、本体评价几个环节。其中,实例的添加是一项异常繁琐的工作,这里综合利用了手工添加实例、机器批量导入实例及对文档进行人工语义标注的方式填充实例,大大简化了本体实例的录入工作。

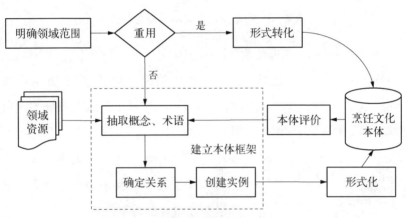

图 7-8 中华烹饪文化本体构建流程

在本体构建工具的选择方面,本节通过从通用性、协作性、易用性、支持社区等方面的比较,选择了使用较为广泛的 Protégé,使用的是其最新版本 4.2,其默认的本体构建语言为 OWL-DL。

2. 烹饪文化本体框架构建

按照前面提出的本体构建思路,我们首先完成了本体概念框架的构建。目前初步构建的中华烹饪文化本体库,拥有类 41 个、属性 51 个。

(1) 本体框架中的主要概念与关系

根据知识库范围的界定,中华烹饪文化本体中最主要的概念包括以菜肴为核心的五个大类:菜肴、食材、名人、餐馆和技法。这几个类通过概念关系互相构成一个网状的概念图,如"相关名人""烹饪技法""用的食材""特色菜"等,见图7-9。

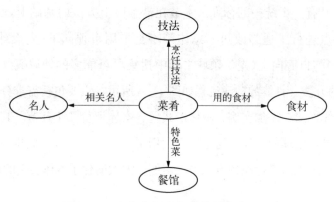

图7-9 中华烹饪文化本体概念与关系

(2) 本体类(class)层次结构

在 OWL 中，Thing 是所有 class 的基类。如图 7-10 所示，我们在 "Thing" 这个超级父类下构建了 "名人""菜肴""食材""餐馆""技法"五个大类。每一个大类下又分了若干个子类，以及子类的子类，构成了一个本体的骨架。

(3) 属性(property)层次结构

属性可以被用来说明类的共同特征和某些实例的专有特征。属性有两种类型：一类是数据属性(datatype property)；一类是对象属性(object property)。数据属性用于表示类和 XML 数据类型之间的关系，而对象属性用于表示两个类元素之间的关系。图 7-11 展示了本节中华烹饪文化本体的数据属性层次结构。其中定义了一些类的重要数据属性，以及属性的定义域(domain)和值域(range)。图 7-12 展示了中华烹饪文化本体的对象属性层次结构。

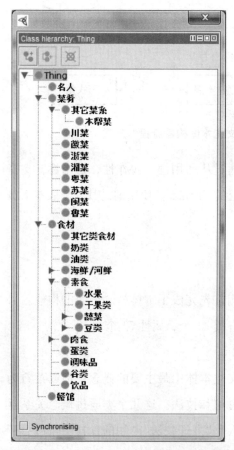

图7-10 中华烹饪文化本体类层次结构

图 7-11 中华烹饪文化本体数据属性层次结构

图 7-12 中华烹饪文化本体对象属性层次结构

3. 本体实例填充

(1) 手动添加

这是最简单也是最低效的实例填充方式。做法是在 Protégé 界面中的 Individual 选项卡中,手动输入相关实例及其属性值。如图 7-13 所示。

(2) 机器自动导入

部分具有结构化的外部数据资源,我们采取了机器自动导入的方式。如对部分外部菜谱的实例列表,由于菜谱的菜名、菜系、食材、烹饪方法等具有结构化的特征,我们可以将这些信息自动抽取出来。然后通过读取本体概念添加实例及属性的方式,将这些信息写入到本体文件中,实现了实例的批量扩充。读取本体文件并操纵本体数据,本节主要利用了 Jena 语义网工具包。这是一款使用最为广泛的开源的语义网开发工具包。

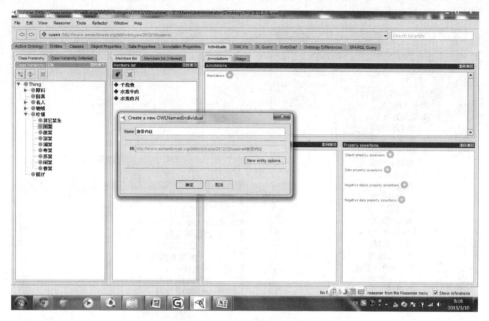

图 7-13　Protégé 中添加实例的界面

(3) 人工语义标注

这种方法通过语义标注工具来对领域文档进行人工标注,在标注的过程中可以自动创建本体实例,并填充实例关系。本节的中华烹饪文化本体库,主要通过这种方式进行本体的填充;因为,大量的领域实例散落在多个领域文档内,通过语义标注的方式,可以迅速填充大量领域本体实例。人工语义标注工具我们选择了英国加菲尔德大学开发的 GATE 工具。一方面 GATE 提供了文本自动处理的基本框架;另一方面其提供的 OAT(ontology annotation tool) 和 RAT(relation annotation tool) 工具支持可视化的基于本体的文档语义标注,并提供相应的编辑功能。在标注的过程中,可以实现本体实例和实例关系的自动添加,只要将结果保存到相应的本体文件即可。图 7-14 显示了在 GATE 中,手动标注实例关系的界面。

这样经过多种实例标注方式,目前的本体库已经拥有实例 600 多个,部分实例如图 7-15 所示。

4. 本体应用展示

本体最大的优势在于对领域概念和概念关系的揭示。图 7-16 展示了本体

图7-14　GATE中手动标注实例关系的界面

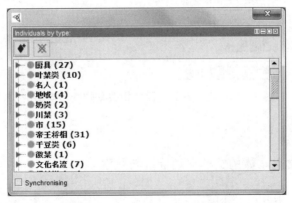

图7-15　中华烹饪文化本体实例

库中与"八仙过海"这道菜相关的实例和概念。由该图我们可知,"八仙过海"属于"鲁菜"。并且可以看到其所使用的食材包括"海参""青虾""鸡""芦笋"等;用到的调料有"猪油""绍酒""姜"等;使用的相关厨具有"磁灌""笼";与这道菜相关的名人,如文化名流包括"孔子""苏东坡",帝王将相包括"乾隆",神话名人包括了八仙中的具体名字。点击相应的节点,可以进一步展开与该节点相关的概念与实例。这样本体知识库就给我们提供了一个相互关联的知识可视化导航。

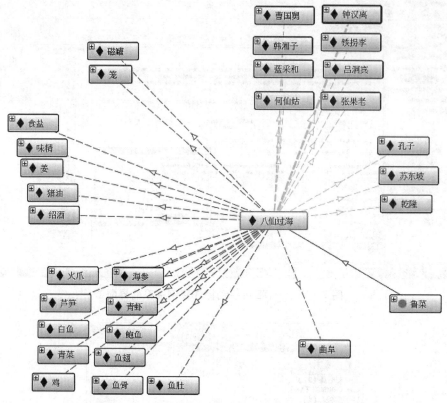

图 7-16 与"八仙过海"相关联的概念与实例

三、基于烹饪文化本体的文档自动标注与检索

本体的作用不仅仅是提供了一个可供检索的知识库，同时其可以作为知识体系组织领域相关的文档，通过语义标注的方法，实现领域文档的语义组织，以提供语义层面的文档检索。本节介绍利用中华烹饪文化领域本体对领域文档进行标注的方法，并展示了其在领域文档检索中的应用。

1. 标注工具

本节基于中华烹饪文化本体的自动语义标注，充分利用了 GATE 提供的本体处理工具。

GATE是英国加菲尔德大学自然语言处理研究小组开发的一款免费的开源工具，其对自然语言处理的各个流程，如语料搜集、文本预处理、语义标注、系统性能测评等方面都提供了良好的支持。由于GATE使用的是Unicode编码方式，因此支持多种语言编码，能处理HTML、XML、RTF和纯文本等多种类型的文档[①]。

GATE最新的几个版本都提供了对本体的支持，包括本体建模和操作以及基于本体的文档语义标注等功能。GATE中提供了两个组件，都能完成基于本体的信息抽取和语义标注功能，分别是OntoRoot Gazetteer和OntoGazetteer。这两个组件都能将本体的概念与文本片段中相应的实例标签联系起来，通过创建Lookup标注集来完成对文档的自动语义标注。OntoRoot Gazetteer的功能更加智能和全面，可以自动分析本体，并利用本体中类、实例、属性的标签进行自动语义标注；然而OntoRoot Gazetteer并不支持中文本体，因此，本节选择OntoGazetteer来完成基于中华烹饪文化本体的语义标注任务。

2. 标注原理

基于本体的中华烹饪文化领域文档语义标注的具体过程如图7-17所示，

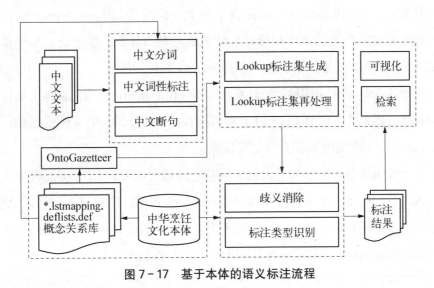

图7-17　基于本体的语义标注流程

---

① The University of Sheffield. GATE [EB/OL]. [2013-03-01]. http://gate.ac.uk/.

主要包括以下几个主要环节：自然语言处理、概念关系库生成、Lookup 标注集生成、标注类型识别、标注可视化与应用。

标注过程首先对领域文档进行中文分词，以及中文词性标注等一系列自然语言处理操作。其中中文分词部分加入了由中华烹饪文化本体导出的实例词典，作为用户自定义词典，以提高领域分词的效果。然后以自然语言理解为基础，对经过自然语言处理的文档进行分析，通过由中华烹饪文化本体库生成的概念关系库，确定那些可能是领域本体的实例的文本片段，在文本中的相关信息，如起始位置、终止位置，从而将它们从文本中标识出来，构成 Lookup 标注集。在 Lookup 标注集的基础上，利用 GATE 提供的 JAPE 规则识别 Lookup 标注的具体标注类型，并将其与本体中的概念（或实例）相联系，赋予其类（或实例）的 ID，这样就给文档中的文本片段添加了语义信息。标注工作完成之后，可以对标注的结果进行可视化、索引等进一步应用。

3. 自然语言处理

自然语言处理模块包括中文分词、中文词性标注及中文分句，是基于本体的文本标注系统碰到的第一个关键问题。GATE 中既提供了相关中文处理的组件如 Chinese IE System，也提供了中文分词组件 Chinese Segmenter。不过经试用发现其分词的速度较慢，且效果也不是最好的。鉴于此，本节采用 ICTCLAS 软件来完成中文分词，同时完成中文词性标注。

ICTCLAS[①] 是由中国科学院计算技术研究所研制的，是当前世界上最好的汉语词法分析系统。ICTCLAS 的主要功能有：中文分词、中文词性标注、未登陆词识别，同时还支持用户自定义词典。

由于领域文档一般包含了大量领域特有的词汇，ICTCLAS 不能很好地识别；因此我们构建了中华烹饪文化领域词典，作为用户词典导入分词系统中。领域词典中的词来自我们构建的中华烹饪文化本体的类、实例、属性的相关标签，通过读取相应的本体节点标签，将其写入 userdic.txt 文件中。

---

① 张华平.ICTCLAS 张华平博士 [Z/OL].(2010 - 05 - 03) [2013 - 03 - 01].www.52nlp.cn/推荐张华平老师的中文分词工具- ictdas 2010.

4. 概念关系库生成

原型系统通过 GATE 中的 OntoGazetteer 功能处理资源，将本体引入文档语义标注的任务中。OntoGazetteer 具有将词表中的词条与本体中的类相对应的处理资源功能。它的使用需要一个概念关系库。概念关系库根据中华烹饪文化本体库生成，包括了三种文件：若干个 *.lst 文件、一个 mappings.def 文件、一个 lists.def 文件。其中，*.lst 文件是一个由本体实例得到的词表文件。它的作用在于定义实体，一个实体对应着一个词条，每个.lst 文件都代表了一个待解析的实体类型。.lst 文件中定义的实体与中华烹饪文化本体中相应类的实例相对应。mappings.def 文件则描述了.lst 文件和中华烹饪文化本体概念之间的关系，也即词条与类的对应关系。lists.def 为访问 *.lst 文件的索引文件，其指明了每个.lst 文件所属的实体类型。

在信息抽取程序执行的过程中，GATE 将概念关系库编译成有限状态自动机。通过有限状态自动机识别出来的自然语言文本片段表达的领域实例，将会被赋予实体类型的特征值。

本系统中概念关系库的生成，采用了自动与手动相结合的方式。GATE 的 OntoGazetteer 资源提供了手动构建三类文件的方法，如图 7-18 所示。在该可视化界面中，可以编辑相关实例词表。同时还可以导入本体，将相应的实例词表文件对应到本体的类。.lst 文件的生成我们利用了机器自动处理的方法，即通过 Jena 语义网处理工具读取本体中的实例标签，然后输出到.lst 文件中。经处理后的概念关系库中的 *.lst 文件、mappings.def 文件和 lists.def 文件的部分片段，分别如图 7-19、图 7-20、图 7-21 所示。

5. Lookup 标注集生成与类型标注

概念关系库生成之后，就可以利用本体的信息对文本进行标注，主要有 Lookup 标注集生成和 JAPE 规则识别标注类型两个步骤。

（1）Lookup 标注集生成

Lookup 标注集的生成需要调用处理资源 OntoGazetteer，并载入概念关系库。通过对中文文本中可能是领域本体实例的自然语言文本片段进行标注，从

图 7-18 OntoGazetteer 中概念关系库编辑界面

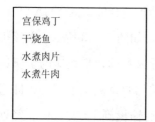

```
川菜.list:川菜:chinese
苏菜.list:苏菜:chinese
鲁菜.list:鲁菜:chinese
浙菜.list:浙菜:chinese
```

图 7-19 川菜.lst 文件片段　　　　图 7-20 lists.def 文件片段

```
川菜.lst:file:/D:/中华烹饪文化本体.owl:川菜
苏菜.lst:file:/D:/中华烹饪文化本体.owl:苏菜
鲁菜.lst:file:/D:/中华烹饪文化本体.owl:鲁菜
浙菜.lst:file:/D:/中华烹饪文化本体.owl:浙菜
```

图 7-21　mappings.def 文件片段

而生成 Lookup 标注集。Lookup 标注集是对一篇文档或者文档集进行基于本体的标注后得到的标注结果，为后续的标注类型赋予等处理奠定了基础。OntoGazetteer在标注的过程中，使用的不是本体本身，而是概念关系库；因而如果概念关系库中的三类文件在生成的过程中出现错误，将导致 Lookup 标注集的错误。

在 Lookup 标注集生成的过程中，如果一个自然语言文本片段与本体中的一个实例相对应，则在 Lookup 标注集中产生一条 Lookup 标注；如果一个自然语言文本片段与多个实例相对应，则生成多个 Lookup 标注，再通过后续的消歧算法确定具体的本体实例。

图 7-22 显示了 Lookup 标注的结果。"Annotation List"给出了每一个 Lookup 标注的详细信息，如类型、标注集、开始位置、结束位置、ID、特征等。其中特征给出了该 Lookup 标注与本体相关联的信息，如本体的类、本体的信息及主要类型(majorType)等。

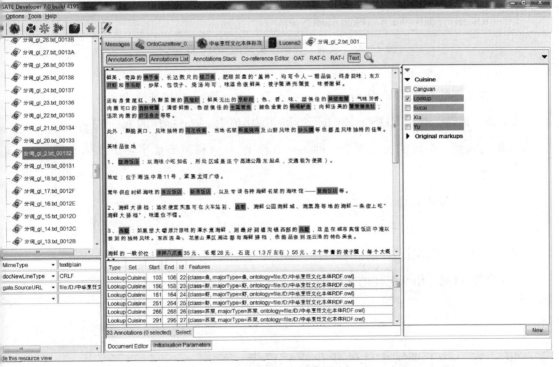

图 7-22　Lookup 标注结果示例

(2) JAPE 规则赋予实体类型

在 Lookup 标注集的基础上，我们利用 JAPE 规则，就可以识别出具体的实体类型。GATE 中的标注数据基本结构包括标注类型(type)和标注特征(feature)。前面 Lookup 标注集就是一个标注类型，其 feature 里面被赋予了本体中具体实例和类的 URI 作为 feature 的值(value)。接下来我们只需要编写相应的规则，识别出具体的类，即实现实体类型的标注。比如我们要识别苏菜这个类，可以编写如下 JAPE 规则从 Lookup 标注集中识别出具体的标注类别，如图 7-23 所示。

```
Phase: OntoMatching
Input: Lookup
Options: control = appelt
Rule: SucaiLookup
(
{Lookup.majorType == "苏菜"}
):Sucai
-->
:Sucai.Sucai = {class=:Sucai.Lookup.majorType}
```

图 7-23　识别"苏菜"类别的 JAPE 规则

该规则的 LHS(left hand side)匹配所有 majorType 的特征值为"苏菜"的 Lookup 标注，然后 RHS(right hand side)则将该 Lookup 标注的 majorType 特征值写入到一个新的标注类型，即 Sucai(苏菜)。这样就完成了一个本体类型的标注。

（3）文档语义检索示例

基于前面文档语义标注的结果，可以实现对文档的语义检索功能。GATE 提供了一个存储语义标注文档的 DataStore。将标注后的文档存储到该 DataStore 中，可以自动对语义标注的文档进行语义索引和关键词索引。

第三节　基于领域本体的优化文档检索

随着全球信息化建设的力度加大，互联网上的信息资源呈现指数级的增长趋势，如何使用户在这海量信息中快速而准确地找寻到所需信息，已成为一个非常有必要解决的问题。因此提升信息检索技术已经成为全世界范围内的热点和重点问题。传统关键词检索虽有简单、便捷的优点，但存在"言不达意""词汇孤岛""表达差异""机械匹配"等几方面明显的问题，[1]尤其体现在文档的检索结果上。所以，难以良好地解决网络信息量激增与用户对高质量文档需求之间的矛盾。针对此问题，有学者将本体概念引入检索领域，提出了语义检索。本体具有良好的层次概念结构和逻辑推理支持性，而领域本体更是对领域内知识概念与关系作了更精准的概括，基于领域本体的语义检索相对于关键词检索来说具有更加良好的检索效率，在文档的查全率与查准率方面都有比较大的提升。

本节从实践的角度，通过实验将中华烹饪文化领域本体映射至KIM平台的顶级本体系统中，研究了基于领域本体进行文档信息检索的关键技术，最后对文档检索效果进行测评，并指出不足。

一、基于领域本体的语义检索相关研究

在传统网络信息资源检索方法的局限下，现今越来越多的国内外学者将关注点投向了各自相关研究领域中文档语义的挖掘上，把领域本体引入检索之中。例如：索内尔·卡拉等人（Soner Kara et al.）表现了基于本体的信息提取和检索系统在足球领域的应用；[2] 阿萨尼·考特拉库（Asanee Kawtrakul）采用本体构建、信息抽取的方法实现了一个农业领域的服务系统；[3] 杜建、张士靖则研究了生物医学领域的语义检索机制。[4] 各个领域都有研究的范例，如学习教育领域[5]、

---

[1] 朱庆生，邹景华.基于本体论的论文检索［J］.计算机科学，2005，32(5)：172-176；张赪军，刘祥瑞，李军，等.基于本体的语义检索技术研究［J］.计算机工程与应用，2010，46(9S)：373-394.
[2] KARA S, ALAN Ö, SABUNCU O, et al. An ontology-based retrieval system using semantic indexing [J]. Information Systems，2010，37(4)：197-202.
[3] KAWTRAKUL A. Ontology engineering and knowledge services for agriculture domain [J]. Journal of Interative Agriculture，2012，11(5)：741-751.
[4] 杜建，张士靖.基于领域本体的生物医学语义检索机制研究：以GoPubMed和SEGoPubMed为例［J］.数字图书馆论坛，2010(7)：56-60.
[5] 孙成国.基于大学领域本体的语义检索技术研究［D］.广州：中山大学，2012；牛强，邱波，夏士雄，等.基于领域本体的学习资源语义检索模型［J］.计算机应用研究，2008，25(7)：1977-1982.

政务信息领域①、旅游信息领域②等。

而在基于领域本体的语义检索系统实现时,不同的研究采用不同的本体处理策略,主要表现为四个方面:

1. 基于本体的查询处理

文献③都是获取查询条件的中心词,将本体作为词表引入查询条件的处理过程中,通过其所蕴含的同义、整分、上下位等词汇关系来实现查询扩展和消歧。④

2. 基于本体的概念标注

文献⑤通过将文档的特征词汇与本体的概念词汇进行映射的方法来实现语义标注。⑥

3. 基于本体的三元组规则标注

荆涛、左万利、孙吉贵等人以三元组的表示方法,将文档词汇与本体的映

---

① 于静,吴国全,卢燚.基于领域本体的政务信息检索系统 [J].计算机应用,2010,30(6):1664-1667.
② 李兆龙.基于领域本体的旅游信息检索系统研究与实现 [D].北京:北京邮电大学,2012.
③ 孙成国.基于大学领域本体的语义检索技术研究 [D].广州:中山大学,2012;牛强,邱波,夏士雄,等.基于领域本体的学习资源语义检索模型 [J].计算机应用研究,2008,25(7):1977-1982;于静,吴国全,卢燚.基于领域本体的政务信息检索系统 [J].计算机应用,2010,30(6):1664-1667;李兆龙.基于领域本体的旅游信息检索系统研究与实现 [D].北京:北京邮电大学,2012.
④ 孙成国.基于大学领域本体的语义检索技术研究 [D].广州:中山大学,2012;牛强,邱波,夏士雄,等.基于领域本体的学习资源语义检索模型 [J].计算机应用研究,2008,25(7):1977-1982;于静,吴国全,卢燚.基于领域本体的政务信息检索系统 [J].计算机应用,2010,30(6):1664-1667;李兆龙.基于领域本体的旅游信息检索系统研究与实现 [D].北京:北京邮电大学,2012.
⑤ 时念云,杨晨.基于领域本体的语义标注方法研究 [J].计算机工程与设计,2007,28(24):5985-5987;秦春秀,赵捧未,窦永香.一种基于本体的语义标引方法 [J].情报理论与实践,2005,28(3):244-246;张辉,王英林.基于本体的面向概念信息检索模型研究 [J].微计算机信息,2009,25(2-3):185-187;荆涛,左万利,孙吉贵,等.中文网页语义标注:由句子到 RDF 表示 [J].计算机研究与发展,2008,45(7):1221-1231.
⑥ 时念云,杨晨.基于领域本体的语义标注方法研究 [J].计算机工程与设计,2007,28(24):5985-5987;秦春秀,赵捧未,窦永香.一种基于本体的语义标引方法 [J].情报理论与实践,2005,28(3):244-246;张辉,王英林.基于本体的面向概念信息检索模型研究 [J].微计算机信息,2009,25(2-3).

射关系通过本体桥表示出来,实现了文档间词汇关系的标注。①

4. 基于本体的实体标注

瓦莱特等人(D. Vallet et al.)以开发完全的本体和知识库(Knowledge Base)为基础,利用本体和实例共同建立文档与实体之间的标注关系。②

以上四种策略都为达到成功的语义检索提供了方法。基于本体的查询处理,虽然为扩充丰富了查询条件,提升了检索的查全查准率,但却没有真正实现语义匹配检索,且过度扩展易造成检索效率低下。基于本体的概念标注是在语义标注时多数研究者们选择的方法,做到了一定程度的语义匹配,但在文档词汇的属性、词汇与词汇之间的相互关系的标注上有欠缺。而基于本体的三元组规则标注方法则是较好地实现了文档层面的语义推理,然而该方法对信息抽取的要求较高,不适用于对大规模文档集的三元组抽取。基于本体的实体标注策略,利用本体和知识库中定义好的实例来表征文档内容,涵盖了文档词汇概念、属性、相互间关系,而文献③缺乏此策略在中文上的应用,也没有体现在某个具体领域。

本节在比较以上几种策略的基础之上,综合考虑了领域特点、技术的可实现性、本体的利用程度后,提出了基于 KIM 平台结合本体的实体标注方法来构建中华烹饪文化领域的检索平台。

二、基于领域本体的语义检索总体方案设计

本节以领域本体构建为基础,提出利用领域本体实现优化文档检索的方案,其设计原理、思路和主要环节如下。

---

① 荆涛,左万利,孙吉贵,等.中文网页语义标注:由句子到 RDF 表示 [J].计算机研究与发展,2008,45(7):1221-1231.
② VALLET D, FERNÁNDEZ M, CASTELLS P. An ontology-based information retrieval model [M]//GÓMEZ-PÉREZ A, EUZENAT J. The Semantic Web: Research and Applications. Heidelberg: Springer Berlin Heidelberg, 2005: 455-470.
③ VALLET D, FERNÁNDEZ M, CASTELLS P. An ontology-based information retrieval model [M]//GÓMEZ-PÉREZ A, EUZENAT J. The Semantic Web: Research and Applications. Heidelberg: Springer Berlin Heidelberg, 2005: 455-470.

1. 设计原理与思路

本节所设计的利用领域本体优化文档检索的方案，总体思路如图7-24所示。

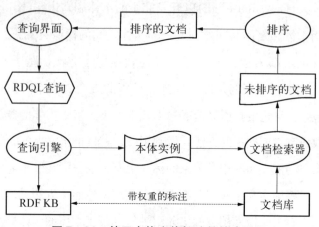

图7-24 基于本体实体标注的检索流程

2. 总体设计环节

根据方案设计的总体思路，关键的环节为四个：

(1) 领域本体构建和完善环节

这是本节实验中最为基础的一个环节，领域本体结构层次的完善合理、实例知识库中实例知识的丰富都为其他环节的运行提供依据。

(2) 基于本体的实体语义标注环节

本节将采用基于本体对文档中的实体概念、概念属性、概念间关系进行标注索引的策略。本质上是把文本中出现的实体与本体知识库中的实例对应起来。实体也称命名实体（named entity），指人名、机构名、地点名实体名称，此概念是从文档角度出发；而实例是指本体知识库中具体某类下面的例子，此概念是从本体角度出发（例如，"苹果即将发布操作系统iso7"一句中通过实体标注后，对应到知识库的实例中，能自动识别出这里的"苹果"为一家公司，包括其地点属性、员工属性等都将一一被识别出，而非一种水果）。

(3) 基于本体的实体索引环节

在对文档中的实体标注完成的基础上，用户可以复杂的语义组配进行实体或者文档的索引查询。与传统的关键词查询不同，用户在查询时可以定义类似"在某组织拥有某头衔的某人"这种复杂的提问。在索引过程中，系统将用户在查询界面所输入的条件转换为 RDQL 语言后，与本体知识库中的实例相匹配，若存在成功匹配，则将实例与文档库中的文档标注相匹配，返回相关文档。

（4）基于语义的检索结果排序环节

在排序环节的设计上，将采取语义检索结果与关键词检索的结果相融合的方法，原因是虽然语义检索能良好解决关键词检索的各种问题，但是语义检索的效果直接被文档中实体标注的完善程度所影响；因此在有大量文档结果出现时，有必要对此两种检索模式下的检索结果进行融合排序，按与用户查询条件相关度从高到低返回给用户，优化文档检索效果。

三、基于 KIM 平台的检索系统构建与配置

KIM(Knowledge and Information Management)是 Ontotext 实验室开发的一个集语义标注、索引与检索功能为一体的语义检索平台。[①] KIM 平台语义标注的原理与本节前面介绍的原理基本一致，即利用一个通用的上层本体(KIMO)，以及相应的实体知识库(KB)对文档进行标注。

选择 KIM 平台作为实验平台主要基于以下三点考虑：

1. KIM 信息抽取策略在通用实体识别方面达到了较高的精度，如对 Date、Person、Organization、Location、Percent、Money 等通用实体类别识别的平均 F 值分别达到了 93.63%、90.87%、71.30%、89.77%、97.69、98.72%。[②]

2. KIM 平台是一个强大的开源平台，体现在以下三个专门的领域：RDF(S)存储库、信息抽取(IE)和信息检索(IR)。这三个领域的技术实现分别架构在 Sesame、GATE 和 Lucene 这三个开源项目上；因而可以根据实验需要定制规则，这样有利于实验展开。

3. KIM 的本体 Proton 作为上层本体，具有可扩展性，可较为简便地将本

[①] 侯玉芳，耿骞.KIM：一个基于本体的信息检索平台［J］.现代图书情报技术，2005(8)：27-31.
[②] KIRYAKOV A, POPOV B, TERZIEV I, et al. Semantic annotation, indexing, and retrieval ［J］. Journal of Web Semantics, 2004, 2(1)：49-79.

实验的领域本体映射进来,并基于新映射的领域本体进行标注与检索。

1. 基于 KIM 平台的语义检索系统构建

本节基于 KIM 平台的语义检索系统结构如图 7-25 所示。

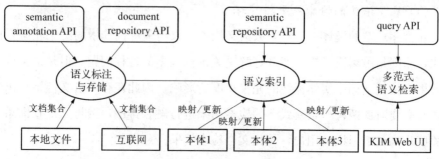

图 7-25 KIM 平台系统结构框图

利用 KIM 进行相关语义处理的流程主要包括标注、存储、索引、检索等。①

2. 中华烹饪文化领域本体的选择

本节将在中华烹饪文化本体数据的基础上,尝试构建一个语义搜索平台,将零散的烹饪文化知识组织起来,供用户查询搜索,一方面为本节的研究提供实验数据,另一方面让用户对中华烹饪文化有进一步的认识。中华烹饪文化本体分为以下五大类:菜肴、食材、技法、名人、餐馆。图 7-26 是此实验本体的类和属性部分的展示图。

3. KIM 平台的本体和标注配置

(1) 领域本体添加

基于本实验的设计意图,需要将已经构建完成的领域本体映射到 Proton 里面去。具体配置方法可参照 KIM 的说明文档。②需注意统一 UTF-8 的编码格式,并且将类名、属性名等全部用英文字母来表示,这样 KIM 才能正确识别。部分代码如下:

---

① 白如江,王效岳.基于 KIM 的语义检索系统研究 [J].图书馆理论与实践,2010(10):56-58.
② Ontotext. CustomizingKIM3 [EB/OL]. [2013-01-23]. http://www.ontotext.com/sites/default/files/Customizing%20KIM3.pdf.

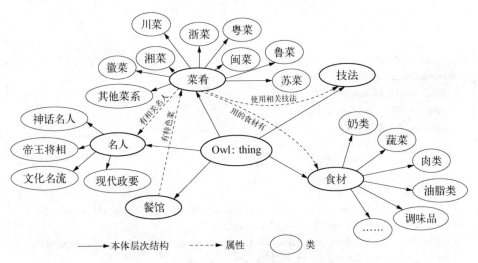

图 7-26 烹饪文化领域本体部分展示图

```
<!-- http://www.semanticweb.org/dell/ontologies/2012/10/untitled-ontology-11# Zhecai -- >
  <Class rdf: about= "&untitled-ontology-11; Zhecai" >
    <rdfs: label>浙菜</rdfs: label>
    <rdfs: subClassOf rdf: resource= "&untitled-ontology-11; dish"/>
  </Class>
```

(2) 本体实例扩充

在成功添加了新的本体之后，需要向 KIM 的知识库中填充领域本体的实体。为了能让新添加的本体实体被 KB 识别，这些实体需要满足下面三个条件：一是 protons：Entity 的子类；二是至少有一个别名；三是来自于一个可信的来源的。[①] 在本次实验中，其具体的配置代码片段如图 7-27 所示，描述的是粤菜的一个实例：菠萝咕咾肉。用 label 来表达词实例的名称，用 hasAlias 的属性来表达此实例具有别称：可以将不同的名称指向同一实例。

(3) 实体语义标注配置

KIM 的信息标注与抽取核心组件是基于 GATE 之上的，预先定义好了针对于 Proton 各类的信息抽取的规则。其核心是 gazetteer 和 JAPE 两个组件。gazetteer 的功能是将本体中的实例转换成 GATE 可处理的词典格式；而 JAPE

---

① 于静，吴国全，卢嶷.基于领域本体的政务信息检索系统［J］.计算机应用，2010，30(6)：1664-1667.

```
wkb:yue_00010 a cuisine:yue ;
 rdfs:label "菠萝咕咾肉";
 protons:hasMainAlias wkb:yue_000101 ;
 protons:hasAlias wkb:yue_000102 ;
 protons:hasAlias wkb:yue_000103 .
wkb:yue_000101 a protons:Alias ;
    rdfs:label "菠萝咕咾肉".
wkb:yue_000102 a protons:Alias ;
    rdfs:label "菠萝咕噜肉".
wkb:yue_000103 a protons:Alias ;
    rdfs:label "菠萝古老肉".
wkb:yue_00010 <http://www.semanticweb.org/dell/ontologies/2012/10/untitled-ontology-11#HasIngredientsWith> wkb:LivestockMeat_0002E .
wkb:yue_00010 <http://www.semanticweb.org/dell/ontologies/2012/10/untitled-ontology-11#HasIngredientsWith> wkb:Fruit_00010 .
wkb:yue_00010 <http://www.semanticweb.org/dell/ontologies/2012/10/untitled-ontology-11#HasIngredientsWith> wkb:Cereal_00029 .
wkb:yue_00010 <http://www.semanticweb.org/dell/ontologies/2012/10/untitled-ontology-11#HasIngredientsWith> wkb:Eggs_00022 .
wkb:yue_00010 <http://www.semanticweb.org/dell/ontologies/2012/10/untitled-ontology-11#HasIngredientsWith> wkb:Tubers_000F5 .
wkb:yue_00010 <http://www.semanticweb.org/dell/ontologies/2012/10/untitled-ontology-11#HasIngredientsWith> wkb:Condiment_00065 .
wkb:yue_00010 <http://www.semanticweb.org/dell/ontologies/2012/10/untitled-ontology-11#HasIngredientsWith> wkb:Condiment_00011 .
wkb:yue_00010 <http://www.semanticweb.org/dell/ontologies/2012/10/untitled-ontology-11#HasIngredientsWith> wkb:Condiment_000CD .
```

图 7-27 实例文件部分代码

则是 GATE 中添加语义识别规则的工具。关于两者配置的详细过程可参考 GATE 相关文档[①]。本节利用 KIM 自动为新添加的实体和文档之间创建标注的方法，说明新的实体是 Proton 中某类的子类，并被标为可信实体。代码如下：

```
@prefix protont: <http://proton.semanticweb.org/2006/05/protont#>.
@prefix cuisine: <http://www.semanticweb.org/dell/ontologies/2012/10/untitled-ontology- 11#>.
@prefix rdfs: <http://www.w3.org/2000/01/rdf- schema#>.
  cuisine: Cuisine rdfs: subClassOf
  protont: Object
```

---

① ANON. Ontologies and Semantic Annotation [EB/OL]. [2013-02-21]. http://gate.ac.uk/sale/talks/gate-course-may10/track-3/module-10-ontologies/ontologies.pdf.

四、基于 KIM 平台的检索系统实现

本节的实验准备包括实验的本体和文档数据准备。本体数据准备已在前文做了说明,而在文档数据准备阶段,首先从网络资源上(包括电子书、美食博客、美食网站等)筛选下载了 200 篇与中华烹饪文化相关的中文文章,包括"菜谱""各地美食攻略""美食故事"和"食材介绍"四个方面的文档各 50 个。以这 200 个文档内容和美食网站上的分类为基础,在 KIM 本体库和本体知识库中,创建并定义了中华烹饪文化本体的 50 个类和 188 个实例。

接着,重新下载了 540 个网络文档,对这共 740 个的网页文档进行去除 HTML 标签等网页预处理工作,得到纯文本的 txt 文件。然后,使用中科院分词系统 ICTCLAS[①] 对这 740 个文档进行分词与词性标注处理。最后,将分词完的文档进行最后的处理,转换为 KIM 可识别标注的格式,利用 KIM 自带的 populater 工具对测试文档进行自动语义标注,并在客户端的界面上进行文档检索实验。

1. 实验结果

实验过程按上文的配置方法进行配置,配置完成以后启动 KIM,便可实现语义检索。本次实验的结果的语义检索界面,由结构化检索界面来展示,主要实现类查询和属性查询。

类查询是指直接查询,例如"川菜""调味品"等某类下的所有实例或所有相关文档;也可以直接精准查询某一实例,例如查询名称中包含"豆腐"的某菜肴。

属性查询可以满足用户更加具体复杂的查询需求,其包括类属性限制查询和类和类间的关系属性限制查询。

也可将两种属性查询结合起来定义更加复杂的条件,比如查询某使用了

---

① ZH 奶酪.中文分词器 ICTCLAS 使用方法(Java)[EB/OL].[2013-04-22].http://www.cnblogs.com/CheeseZH/archive/2012/11/27/2791037.html.

"牛肉"食材的口味为"麻辣味"的菜肴,可以查询得到相应符合查询条件的食材名称或是菜肴名称,及提到它们的文档。此例的文档查询结果如图7-28所示。

Document Query Result ›	
Looking for X	
where	and
X is 用的食材有 Y	the name of Y contains 牛肉, and the Taste of X contains

Date	Title
24-10-2017	分词 水煮牛肉的做法- 水煮牛肉的做法[副菜名]水煮牛肉的做法[食疗功效]其他功效[……
24-10-2017	分词 cp 7 水煮牛肉 标签:叶子 经典菜 麻辣 川菜 家常菜 这是……
24-10-2017	分词 水煮牛肉- 水煮牛肉[副菜名]水煮牛肉[食疗功效……
24-10-2017	分词 gl 31 ……菜 自贡的牛肉食品很有风味,其中火边子牛肉、水煮牛肉、菊花牛肉火锅、火爆黄喉、牛头、牛尾……
24-10-2017	分词 麻婆豆腐的做法- 麻婆豆腐的做法[副菜名]麻婆豆腐的做法[食疗功效]其他功效[……
24-10-2017	分词 经典麻婆豆腐- 经典麻婆豆腐[副菜名]经典麻婆豆腐[食疗功效……
24-10-2017	分词 cp 16 ……香酥色泽红亮、味道麻辣、鲜香软嫩的麻婆豆腐是川菜中的名品,相信是无人不知,无人……
24-10-2017	分词 麻婆豆腐- ……肴。此菜有一百多年的历史,是成都"陈麻婆豆腐店"传世佳肴。凡到四川的游客莫不以一尝……
24-10-2017	分词 夫妻肺片京菜- 夫妻肺片 京菜[副菜名]夫妻肺片[食疗功效]其他功效[关键字……

图7-28 文档查询结果界面

2. 结果测评

为了测试本节基于本体的文档语义检索的检索性能,在此引入查全率和查准率两个指标来进行与基于关键词的检索方案的对比测试说明。在关键词检索部分,选用Lucene3.6[①]的核心组件,在MyEclipse10的开发环境下,对这740个文档数据进行了全文搜索。这里选定了四组不同情况下的查询条件,查询结果的查全率、查准率以及F值对比如表7-2所示。

---

① YOU Y J.使用lucene3.6创建索引和实现简单搜索[Z/OL].[2013-04-24].http://blog.csdn.net/youyajie/article/details/7487498.

表7-2　基于本体和基于关键词的查询结果测评

		查询条件$_1$	查询条件$_2$	查询条件$_3$	查询条件$_4$
查全率对比	基于本体	0.957	1.000	0.857	0.295
	基于关键词	0.553	0.667	0.286	0.962
查准率对比	基于本体	0.978	1.000	1.000	1.000
	基于关键词	0.897	1.000	1.000	0.962
F值对比	基于本体	0.967	1.000	0.923	0.456
	基于关键词	0.684	0.800	0.445	0.962

而四组查询条件分别是：查询介绍川菜菜肴的文档，查询提到"红薯"的文档，查询以"鸡蛋"为食材的且口味为"咸鲜"味的菜肴文档和查询以"豆瓣酱"为食材的菜肴文档，而具体的查询内容和结果如表7-3所示。

表7-3　四组查询条件内容及查询结果对比

	内容		结果					
	本体	关键词	本体			关键词		
			相关	漏检	误检	相关	漏检	误检
1	X is a 川菜，which name is unknown	川菜	45	2	1	26	21	3
2	X is a 食材，which name contains 红薯	红薯	12	0	0	8	4	0
3	X is a 菜肴，which name is unknown. And X 用的食材有 Y，Y is a 食材，which name contains 鸡蛋；And X 口味 contains 咸鲜	鸡蛋 AND 咸鲜	12	2	0	4	10	0
4	X is a 菜肴，which name is unknown. And X 用的食材有 Y，Y is a 食材，which name contains 豆瓣酱	豆瓣酱	23	55	0	75	3	3

3. 语义排序

本节的排序算法借鉴空间向量模型（SVM模型），将文档看成为由各个权重不同的实例组成的特征向量。权重的计算根据实例在每篇文档中出现的频率，结合 TF-IDF 为[①]：

---

① 李兆龙.基于领域本体的旅游信息检索系统研究与实现［D］.北京：北京邮电大学，2012.

$$W_{ij} = \frac{\text{freq}_{ij}}{\max_k \text{freq}_{kj}} \times \log \frac{N}{n_i} \quad (7-1)$$

其中，D_j 代表文档 j，I_i 表示某文档 j 中被标注出来的实例 i，freq_{ij} 表示在 D_j 中 I_i 的出现频次，$\max_k \text{freq}_{ij}$ 则表示 D_j 中出现次数最多的 I_k 的频次，n_i 是带有 I_i 标注的文档数，N 则是总共的文档数量。

相似地，将查询条件看作由权重不同的查询实例组成的查询向量。

在文档排序算法中，文档的排序优先性由该文档与查询向量的相似性来决定，相似度越高，排序上越靠前。语义相似度的计算方法为：

$$\text{sim}(D_j, Q_s) = \frac{\sum_{i=1}^{n} U_{is} \times W_{ij}}{\sqrt{\sum_{i=1}^{n} (U_{is})^2} \times \sqrt{\sum_{i=1}^{n} (W_{ij})^2}} \quad (7-2)$$

而当本体知识库中的实例数量有限或者某些标注失败时，语义检索的效果也会很差。在这种情况下，本节认为将关键词检索结果融入，综合计算文档与查询条件之间的相似度得分后再进行文档排序，将能更好地为用户返回高相关性的文档结果。因此，最终的语义相似度得分的计算方法如下：

$$S = \lambda \times \text{sim}(D, Q) + (1-\lambda) \times k\text{sim}(D, Q) \quad (7-3)$$

明显地，$\text{sim}(D, Q)$ 为基于本体实体的文档和查询条件之间的相似度，而 $k\text{sim}(D, Q)$ 为基于关键词的文档和查询条件之间的相似度。$\lambda \in [0, 1]$，λ 的值可视具体情况而定。

本次实验以查询口味为"辣"的以"牛肉"为食材的文档为检索实例来演示排序算法。Q=（牛肉，辣），语义检索得到 12 篇文档结果，关键词检索得到 17 篇文档结果。查重后，得到共 24 篇文档结果。最后对这 24 篇文档依次进行相似度计算，本次实验的 λ 取值为 0.5，原因是知识库中实例的完善程度并不高。表 7-4 中展示的是前 15 位的文档结果及其相似性得分。

表 7-4 文档语义排序前 15 篇结果

排序次序	文 档 名 称	相似度得分（λ=0.5）
1	正宗四川名品——麻婆豆腐	0.971 7
2	麻婆豆腐	0.951 4

续 表

排序次序	文 档 名 称	相似度得分($\lambda=0.5$)
3	自贡美食	0.924 3
4	夫妻肺片凉菜	0.921 7
5	水煮牛肉_0	0.919 2
6	水煮牛肉	0.913 5
7	水煮牛肉的做法	0.874 5
8	麻婆豆腐的做法	0.500 0
9	经典麻婆豆腐	0.500 0
10	杭椒牛肉	0.500 0
11	杭椒炒牛肉的做法	0.500 0
12	酸菜烧肥牛的做法	0.500 0
13	辣子牛肉的做法	0.462 4
14	红油香辣牛肉米线的做法	0.448 2
15	自制麻辣牛肉干的做法	0.444 3

4. 讨论

相较于关键词搜索，基于本体的文档检索策略能够优化文档搜索的关键在于让知识库中显性知识的概念、分类、结构、关系、规则等，与文档中相对应的知识产生映射，从而让文档较好地"被理解"，进而让索引器能够按照用户的需求去检索文档，呈现出让用户较为满意的检索结果。

从上面的实验结果来看，与关键词检索相比，本节所设计的实验在以下几点实现了文档检索的优化。

第一，在查询某类的实例时有较好的查全率。查询条件1的对比结果验证了这一点，"川菜"二字即使不出现在文档中，只要出现被标注为"川菜"的词的文档也会被检索出来。

第二，在查询有多个别名的实例时有较好的查全率。"红薯"又可称为"地瓜""洋芋"，增强了文档中多个别称指向同一实例的查全率。

第三，在查询某上位概念类时有较好的查全率。举例来说，查询"食材"，返回的文档中包含有食材类下的子类：蔬菜、水产品等各类的实例。

第四，在用结构化查询条件时，有较好的查准率。结构化的查询语句允许用户对其查询需求进行更加细致准确的描述。举例来说，查询"用到五花肉为食材的菜肴"，而在关键词搜索中是做不到这样具体的需求的表达的。

第五，利用本体的分类结构有较好的查准率。在本体结构中，实例有明确的类别的归属，例如在用户查询"霸王别姬"的菜肴时，返回的文档都是与这道菜肴相关的文档，而非有关电影或者其他的文档。

固然基于本体的语义查询在查全率和查准率上都比基于关键词的要有所提升，但仍存在缺陷，具体体现在查询条件4的表现上。可能的原因有：第一，烹饪领域本体本身的问题。实例因地域、文化各种影响下其称呼有很大的不一致性，并且很多菜肴的做法也有很大的不同；故而为知识库填充增加难度，进而导致语义查全率查准率不高。第二，实验操作中存在不足。信息抽取规则不够完善，KIM 的抽取规则主要适用于英文，在中文的表现上存在不足。

第四节　基于领域本体的知识库多层次文本聚类

知识库中除了包括由专家、管理员组织入库的信息外，还包括由用户生成、来源于互联网等外部信息源的信息，如何对这些源于外部的大量信息进行快速的自动组织、发现其中有用的信息，是知识库不断扩充、有序组织的关键问题，也是进一步提供知识服务、可视化导航、优化检索的重要基础。

文本聚类作为一种重要的无指导的信息自动组织方法，对知识库的建设与发展有着重要的意义。目前，文本聚类研究大多采用向量空间模型（VSM）[①]。在 VSM 中，向量的每一维通常由一个词来表示，词与词之间是相互独立的，这导致向量维度通常很高，并割裂了文本原有的语义关系。针对 VSM 的不足，近年来学者们将本体引入了文本聚类中，通过将词转换为概念，大大降低了文本向

[①] SALTON G, WONG A, YANG C S. A vector space model for automatic indexing [J]. Communication of the ACM, 1975, 18(11): 613-620.

量的维度;同时,利用本体所具有的语义结构,更好地反映了文本的内容特征。

然而,与普通文本集平面组织结构不同,在知识库(如上海图书馆网上联合知识导航站知识库①等)中信息往往呈树状组织结构。为了实现这种多层级的文本自动组织,本节提出了一种基于领域本体的多层次文本聚类方法,通过领域本体将词映射为不同层级的概念,并对文本中未能转换为概念的词进行了进一步的特征选择,利用不同层级的概念与非概念特征词的组配,实现了不同粒度的多层次聚类。

此外,本节结合中华烹饪文化本体所具有的特性,对文本概念映射、概念间语义相似度算法进行了优化,这些优化不仅在利用中华烹饪文化本体时起到了较好的效果,对于应用其它本体开展文本聚类也具有一定的借鉴价值。

一、基于本体的文本聚类研究现状

本体作为描述概念及概念之间关系的概念模型,其实例与概念间所具有的抽象性有助于更好地表征文本内容并降低文本向量维度。此外,利用本体中概念间的语义关系,能够进一步优化语义相似度计算和文本聚类算法,提升聚类效果。因此,近年来学者们对基于本体的文本聚类研究主要涉及以下三个环节:

1. 基于本体的文本表示研究

霍托·安德烈亚斯、斯蒂芬·斯塔伯、格德·斯图姆(Andreas Hotho, Steffen Staab, Gerd Stumme)②、朱利安·谢丁、迪米塔尔·卡扎科夫(Julian Sedding, Dimitar Kazakov)③、D. R.雷库佩罗(D. R. Recupero)④等国外学者利

---

① 上海图书馆.网上联合知识导航站[Z/OL]. [2013 - 10 - 01]. http://vrd.library.sh.cn/.
② HOTHO A, STAAB S, STUMME G. Ontologies improve text document clustering [G]. Third IEEE International Conference on Data Mining, 2003:541 - 544.
③ SEDDING J, KAZAKOV D. WordNet-based text document clustering [C]. Proceedings of the Third Workshop on Robust Methods in Analysis of Natural Language Data, Geneva, August, 2004:104 - 113.
④ RECUPERO D R. A new unsupervised method for document clustering by using WordNet lexical and conceptual relations [J]. SIGIR, 2007(10):563 - 579.

用 WordNet 对同义词和多义词进行了概念转化与消歧处理；国内学者朱会峰、左万利、赫枫龄①、罗娜、左万利、袁福宇②等也引入了 WordNet 对文本进行了概念映射，通过概念节点及概念间的语义关系降低了文本特征向量维度。此外，斯维特拉娜·汉斯曼（Svetlana Hensman）在 WordNet 的基础上构建了表示文本的本体图；③ 明均仁利用本体图更好地表征了文本的语法结构和语义内容，优化了文本聚类效果。④ 然而，WordNet 作为英语通用本体，仅包括了概念间简单关系，难以充分表征各领域概念间深层关系。因此，安德烈亚斯、斯塔伯、斯图姆利用包含特定领域本体的 SMES 系统将特征词映射为领域概念；⑤ 张玉峰、何超利用英语竞争情报领域本体实现了语义层面的文本表示；⑥ 龚光明、王薇、蒋艳辉等引入中文生物医药领域本体的同时，进一步结合领域文本特点设定了判定条件。⑦ 上述学者利用本体的文本表示更好地揭示文本语义层面的知识，并较好地降低了文本向量维度；然而在文本映射时未能对那些无法转换为概念的词加以利用，损失了部分文本内容。

2. 基于本体的概念间语义相似度研究

本体由概念和概念间的关系构成，不同关系的概念间具有着不同的语义相似度。近年来，对于本体的概念间语义相似度算法的研究较多，主要可以分为四类⑧：基于距离的语义相似度算法、基于信息内容的语义相似度算法、基于

---

① 朱会峰，左万利，赫枫龄，等.一种基于本体的文本聚类方法［J］.吉林大学学报（理学版），2010，48（2）：277-283.
② LUO N, ZUO W L, YUAN F Y, et al. Using ontology semantics to improve text documents clustering [J]. Journal of Southeast University (English Edition), 2006, 22(3): 370-374.
③ SVETLANA H. Construction of conceptual graph representation of texts [C]. Proceeding of the Student Research Workshop at HLT-NAACL, Boston, 2004: 49-54.
④ 明均仁.基于本体图的文本聚类模型研究［J］.情报科学，2013，31（2）：29-33.
⑤ STAAB S, HOTHO A. Ontology-based text document clustering [J]. Advances in Soft Computing, 2002, 4(6): 48-54.
⑥ 张玉峰，何超.基于领域本体的竞争情报聚类分析研究［J］.情报科学，2011，29（11）：1613-1615.
⑦ 龚光明，王薇，蒋艳辉，等.基于领域本体的文本资料聚类算法改进研究［J］.情报科学，2013，31（6）：129-134.
⑧ 孙海霞，钱庆，成颖.基于本体的语义相似度计算方法研究综述［J］.现代图书情报，2010（1）：51-56.

属性的语义相似度算法,以及基于混合式的语义相似度算法。在此基础上,赵捧未、袁颖,①吕刚、郑诚②等学者对经典算法进行了修正;谢红薇、颜小林、余雪丽提出了一种新的基于概念属性交集的加权相似度计算方法,优化了 K - Means 聚类算法;③学者王刚、邱玉辉考虑了概念特征间的相似情况,提出并逐步改进了一种基于语义元的概念相似度计算方法。④在上述各类算法中,基于距离的语义相似度算法最为成熟、被引用率最高,因此,本节借鉴了该算法,并结合中华烹饪文化本体的特性,计算得本体概念间的相似度。

3. 基于本体的聚类算法研究

文本聚类是根据文本间的相似度将文本划分为多个簇或类的过程。因此,学者们对基于本体的聚类算法研究主要侧重于文本间相似度算法的研究。如罗伯特·巴西利、马克·卡米萨、亚历山德罗·莫斯奇蒂(Roberto Basili, Marco Cammisa, Alessandro Moschitti)结合概念间的语义相似度与文本特征权值,提出了融合语义核的文本间相似度算法;⑤张雷、王志超鉴于不同特征在文本中不同的重要性,进一步利用本体语义关系对文本特征进行了加权,提出了基于本体的特征权重聚类算法(OFW - Clustering)。⑥针对 K - Means 聚类算法,张玉峰、何超、王志芳⑦,王刚⑧等学者将本体概念间语义关系融合到聚类过程中优

---

① 赵捧未,袁颖.基于领域本体的语义相似度计算方法研究 [J].科技情报开发与经济,2010,20(8):74 - 77.
② 吕刚,郑诚.基于加权的本体相似度计算方法 [J].计算机工程与设计,2010,31(5):1093 - 1095.
③ 谢红薇,颜小林,余雪丽.基于本体的 Web 页面聚类研究 [J].计算机科学,2008,35(9):153 - 155.
④ 王刚,邱玉辉.一个基于语义元的相似度计算方法研究 [J].计算机应用研究,2008,25(11):3253 - 3255;王刚,邱玉辉.基于本体及相似度的文本聚类研究 [J].计算机应用研究,2010,27(7):2494 - 2497.
⑤ BASILI R, CAMMISA M, MOSCHITTI A. A semantic kernel to classify texts with very few training examples [J]. Informatica,2006,30(2):163 - 172.
⑥ ZHANG L, WANG Z C. Ontology-based clustering algorithm with feature weights [J]. Journal of Computational Information Systems,2010(9):2959 - 2966.
⑦ 张玉峰,何超,王志芳,等.融合语义聚类的企业竞争力影响因素分析研究 [J].现代图书情报技术,2012(9):49 - 55.
⑧ 王刚,邱玉辉.基于本体及相似度的文本聚类研究 [J].计算机应用研究,2010,27(7):2494 - 2497.

化了簇心选择与孤立点剔除。此外,王晓东、郭雷、方俊等学者鉴于用户对聚类精度的不同需求,通过设定概念抽象度调节因子将本体中抽象度大于用户定义阈值的特征概念权值置零,从而实现了一种基于本体的抽象度可调文档聚类。[①] 在上述研究中,本体中的语义知识较好地优化了文本聚类算法,并考虑到了用户对不同聚类粒度的需求,然而,这些聚类结果往往是无层次的,无法直接应用于知识库树状组织结构中。

基于前人的研究成果与不足,本节针对知识库树状组织结构提出了一种基于领域本体的多层次文本聚类方法。在文本表示中,本节在将词映射到本体概念并融入概念间语义相似度的同时,对未能转换为概念的词进行了进一步的特征选择,结合文本特征概念与非概念特征词更充分地表征了文本内容。此外,在概念映射与概念间语义相似度计算的过程中,本节结合中华烹饪文化本体中同义词、类间关系较多等特性,在经典算法的基础上进一步引入了标签匹配、对象属性关系计算等方法,获得了更好的聚类效果。

二、基于本体的文本聚类研究思路与框架

传统的基于VSM的文本聚类方法一般包括文本预处理(分词、去停用词等)、文本向量化表示、文本相似度计算、文本聚类计算等步骤。基于领域本体的文本聚类方法,在此一般步骤的基础上,引入了领域本体对文本表示与文本相似度计算进行了优化。

本节在上述流程中,通过将文本中的词映射为各层级的概念,并进一步结合那些未能映射概念的特征词,实现了从粗粒度到细粒度的多层次文本聚类。通过实验探讨,验证了该聚类方法能够较好地适用于知识库树状层次结构,实现知识库中文本的自动组织。本节的研究思路与框架如图7-29所示,该研究框架对其他本体聚类研究也具有一定的借鉴价值。

[①] 王晓东,郭雷,方俊,等.一种基于本体的抽象度可调文档聚类[J].计算机工程与应用,2007,43(29):172-175.

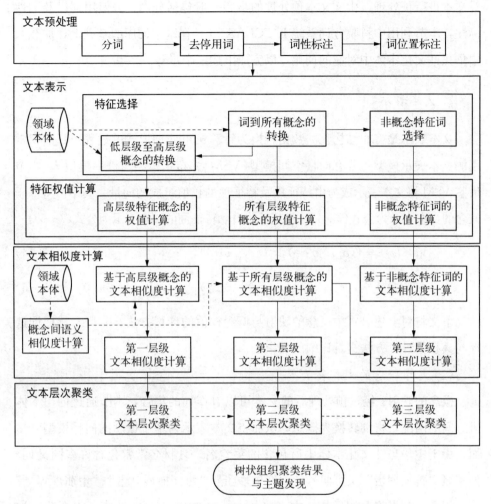

图 7-29 基于领域本体的知识库多层次文本聚类框架

三、基于本体的文本聚类研究设计与具体实现

本节基于领域本体提出了一种适用于知识库树状结构的多层次文本聚类方法，具体设计和实现方式如下。

1. 文本预处理

由于文本属于非结构化数据，为了将聚类算法应用在文本对象上，必须先对文本进行预处理。中文文本预处理的步骤一般包括分词、去停用词以及词性标注,本节利用中科院分词系统 ICTCLAS 5.0,在基本词库的基础上,加载入中华烹饪文化本体中对应的词典,以完成上述三个步骤。

2. 文本表示

文本表示是将非结构化的数据转换为计算机可处理形式的过程。目前,常用的文本表示模型主要有向量空间模型(VSM)、布尔模型与概率模型[①]。本节借鉴 VSM 将文本表示成为由特征项及特征项的权值组成的向量。其中,将基于概念的文本表示为公式(7-4),将基于非概念特征词的文本表示为公式(7-5):

$$VC(D_i) = \{(c_1,\ wc_{i1}),\ (c_2,\ wc_{i2}),\ \cdots,\ (c_n,\ wc_{in})\} \quad (7-4)$$

$$VT(D_i) = \{(t_1,\ wt_{i1}),\ (t_2,\ wt_{i2}),\ \cdots,\ (t_n,\ wt_{in})\} \quad (7-5)$$

下文将对上述公式中概念的映射与概念权值的计算方法、非概念特征词选择与其权值计算方法进行详细的介绍。

(1) 基于概念的文本表示

概念的映射:经过预处理后的文本可以看作词的集合,本节通过词与本体概念间的匹配,将词转换为概念,从而将文本表示为基于概念的向量模型。然而,由于中华烹饪文化本体中所包含的菜肴名、食材名常常包含许多同义词,如菜名"番茄炒蛋"又可叫做"西红柿炒蛋""西红柿炒鸡蛋""番茄炒鸡蛋"等,因此,如果将分词后的文本直接与本体概念/实例进行匹配,将会遗漏许多概念/实例。为解决这一问题,本节对中华烹饪文化本体中的各实例加注了标签(如"番茄炒蛋"包含 label"西红柿炒蛋""西红柿炒鸡蛋""番茄炒鸡蛋"),通过将词与标签进行匹配来优化概念映射。具体匹配规则如下。

步骤 1:将词与大类下的概念(类)进行匹配。如果匹配,将词转换为相应的概念;如果不能匹配,执行步骤 2。

步骤 2:将词与大类下的属性进行匹配。如果匹配,将词转换为属性所属的概念;如果不能匹配,执行步骤 3。

---

① 林利.基于本体的文本聚类的应用研究[D].天津:天津大学,2011.

步骤 3：将词与大类下的实例进行匹配。如果匹配，将词转换为实例所属的最低位概念；如果不能匹配，执行步骤4。

步骤 4：将词与大类下的各实例标签进行匹配。如果匹配，将词转换为相应实例所属的最低位概念；如果不能匹配，继续遍历下一个大类下的所有概念、属性、实例及实例标签，直至完成所有遍历后，执行步骤5。

步骤 5：将各文本中未能匹配的词标记为"未转换"，保存到新的向量中 $VT_i = \{t_1, t_2, \cdots, t_n\}$，以待后续特征选择。

高层级概念映射：在将词映射为本体概念后，为了实现不同粒度的聚类，本节进一步基于本体结构将低层级的概念映射为高层级的概念。在选择高层级概念时，可以根据领域本体结构与用户需求进行确定。鉴于中华烹饪文化本体所包含的概念层级较少，本节选用根节点下的第一层概念作为高层级概念，对该层之下的概念进行转换。

特征概念的权值计算：在对高层级特征概念与所有层级特征概念进行权值计算时，为了消除文本长短对概念出现频次的影响，本节借鉴文献①的归一方法，将概念的权值定义为该概念在文本中出现的次数与该文本包含的所有概念出现次数的比值，如公式(7-6)所示：

$$wc_{ij} = \frac{\text{freq}(c_{ij})}{\sum_{j=1}^{n}\text{freq}(c_{ij})} \tag{7-6}$$

其中，$\text{freq}(c_{ij})$为概念C_j在文本D_i中出现的次数。

(2) 基于非概念特征词的文本表示

非概念特征词选择：在将文本表示为基于概念的向量后，我们对未能转换为概念的词进行了进一步的特征选择。首先，根据词性标注筛选出其中的名词。其次，进一步利用文档频率(DF)算法过滤无效高频词及出现次数过少的词，最终保留在2%—90%的文本中出现过的名词作为特征词。

非概念特征词的权值计算：本节采用经典的tf*idf算法对非概念特征词加以权值计算，用词频和文档频率共同表示非概念特征词对文本的贡献，如公式

---

① 张爱琦，左万利，王英，等.基于多个领域本体的文本层次被定义聚类方法[J].计算机科学，2010，37(3)：199-204.

(7-7)所示。

$$wt_{ij} = tf_{ij} \times idf_j = tf_{ij} \times \log\left(\frac{N}{df_j}\right) \qquad (7-7)$$

其中，tf_{ij} 是特征词 t_j 在文本 D_i 中出现的次数，df_j 是文本集中含有特征词 t_j 的文档数目，N 是文本集中文本的数目。

3. 文本相似度计算

文本相似度是用来衡量两个文本之间相似程度的度量，是后续文本聚类计算的基础。本节在上述基于高层级特征概念、所有层级特征概念与非概念特征词文本表示的基础上，分别计算了各自所表征的文本间相似程度。以基于高层级特征概念的文本相似度来表示第一层级文本相似度，以基于所有层级特征概念的文本相似度来表示第二层级文本相似度，并综合基于特征概念与非概念特征词的文本相似度结果，来表示第三层级的文本相似度，以更充分地表征文本内容（如图 7-30 所示）。

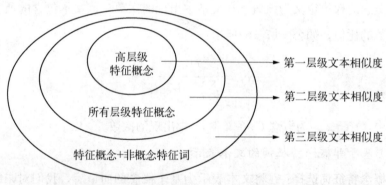

图 7-30 各层级文本相似度计算方法

为了充分利用本体包含的语义优势，在计算基于高层级特征概念与所有特征概念的文本相似度时，本节借鉴了近年来学者普遍的研究思路[1]，进一步考

---

[1] RECUPERO D R. A new unsupervised method for document clustering by using WordNet lexical and conceptual relations [J]. SIGIR, 2007(10)：563-579；朱会峰，左万利，赫枫龄，等.一种基于本体的文本聚类方法 [J].吉林大学学报（理学版），2010，48(2)：277-283；张玉峰，何超，王志芳，等.融合语义聚类的企业竞争力影响因素分析研究 [J].现代图书情报技术，2012 (9)：49-55.

虑了特征概念间的相似度,以削弱传统文本相似度计算中词与词之间相互独立、缺乏语义关系的弊端。

(1) 本体概念间语义相似度计算

在利用基于概念的文本表示计算文本间相似度时,除了对特征项权值进行运算外,本节进一步融入了本体概念间的语义相似度。在四类语义相似度计算方法中,本节借鉴了基于距离的语义相似度算法,通过计算两个概念在本体树状结构中的最短路径长度来量化它们之间的语义距离[①],如公式(7-8)所示。同时,考虑到概念在本体层次树中的位置(所在深度),对各路径边加以了权值[②],如公式(7-9)、公式(7-10)所示。此外,除了考虑概念间的上下位关系外,本节对概念间具有的对象属性(object properties)关系也加以了考虑,设其路径权值为1(如图7-31所示),进一步完善了概念间的相似度。

$$Sim(c_i, c_j) = \frac{2 \times (Length - 1) - Dis(c_i, c_j)}{2 \times (Length - 1)} \quad (7-8)$$

$$Dis(c_i, c_j) = \sum_{i=1}^{n} weigh\ t_i \quad (7-9)$$

$$weigh\ t_i = \frac{1}{depth} \quad (7-10)$$

其中,$Length$ 表示本体树状结构的最大深度,令根节点的层级为1,$Length$ 即树状结构中最底层节点的最大层级数。$Dis(c_i, c_j)$表示概念 c_i 和 c_j 之间最短路径的长度,$weigh\ t_i$表示连接 c_i 和 c_j 的最短路径上第 i 条边的权值,$depth$ 表示边所连接的上位概念所在的层级数。

根据上述算法,"食材"与"餐馆"间的语义相似度为0.666 7,"食材"与"菜肴"间的语义相似度为0.833 3,高于其与"餐馆"间的相似度,与实际情况相似。"食材"与"禽肉"间的语义相似度为0.861 1,"食材"与"肉食"间的语义相似度为0.916 7,"肉食"与"禽肉"间的语义相似度为0.944 4,高于

[①] 赵捧未,袁颖.基于领域本体的语义相似度计算方法研究[J].科技情报开发与经济,2010,20(8):74-77.
[②] RICHARDON R, SMEATON A, MURPHY J. Using WordNet as a knowledge base for measuring semantic similarity between words [EB/OL]. [2020-12-17]. http://citeseerx.ist.psu.edu/viewdoc/versions? doi=10.1.1.49.6027.

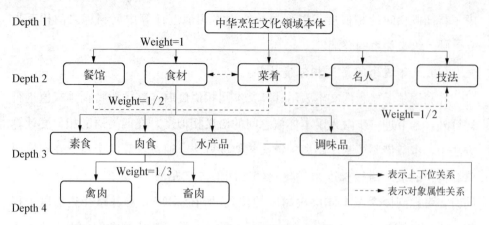

图 7-31 本体概念间距离示意图

前两者,也与实际情况相似。从而可见,上述概念间语义相似度算法能够较好地运用于该领域本体。

(2) 基于概念的文本相似度计算

基于概念的文本相似度,是指借助于概念向量间的相似度来表示的文本内容间的相关程度。在三个层级的文本相似度计算中,无论是基于高层级概念还是所有层级概念,都涉及了此基于概念的文本相似度算法。

本节借鉴巴西利等(Basili et al.)所提出的文本相似核(kernel for document similarity)算法,结合上述概念间的语义相似度,对基于概念的文本相似度进行了计算,具体算法如公式(7-11)所示。

$$K(d_i,\ d_j) = \sum_{p=1}^{n} \sum_{q=1}^{n} wc_{ip} \times wc_{jq} \times \sin(c_p,\ c_q) \qquad (7-11)$$

其中,wc_{ip} 是文本 d_i 中概念 c_p 的特征权值,wc_{jq} 是文本 d_j 中概念 c_q 的特征权值,$\sin(c_p, c_q)$ 是概念 c_p 与 c_q 间的语义相似度。

为了避免不同文本长短对计算结果的影响,需要进一步对上式(7-11)进行归一化处理,如公式(7-12)所示:

$$\mathrm{cp\_sim}(d_i,\ d_j) = \frac{K(d_i,\ d_j)}{\sqrt{K(d_i,\ d_i) \times K(d_j,\ d_j)}} \qquad (7-12)$$

(3) 基于非概念特征词的文本相似度计算

在第三层级文本相似度计算中,本节进一步考虑了非概念特征词对文本间相似度的影响，采用余弦相似度算法对基于非概念特征词的文本向量进行了相似度计算，具体算法如公式(7-13)所示：

$$\text{t\_sim}(d_i, d_j) = \frac{\sum_{k=1}^{n}(wt_{ik} \times wt_{jk})}{\sqrt{\sum_{k=1}^{n} wt_{ik}^2} \times \sqrt{\sum_{k=1}^{n} wt_{jk}^2}} \quad (7-13)$$

其中，wt_{ik} 是文本 d_i 中特征词 t_k 的特征权值，wt_{jk} 是文本 d_j 中特征词 t_k 的特征权值。如果某篇文本中未能包括任何被选择的特征词，则将这篇文本与其他文本间的相似度置为 0。

(4) 各层级文本间相似度计算

由于第一层级与第二层级文本相似度计算都仅仅基于概念的文本相似度。因此，第一层级与第二层级的文本间相似度算法皆如公式(7-14)所示：

$$\text{sim}(d_i, d_j) = cp\_\text{sim}(d_i, d_j) \quad (7-14)$$

在第三层级的文本相似度计算中，本节综合考虑了基于概念的文本相似度与基于非概念特征词的文本相似度结果，第三层级的文本间相似度算法如公式(7-15)所示：

$$\text{sim}(d_i, d_j) = \alpha \times cp\_\text{sim}(d_i, d_j) + (1-\alpha) \times t\_\text{sim}(d_i, d_j)$$
$$(7-15)$$

其中，α 为调节因子，用以调节文本中概念与非概念特征词对文本相似度的影响，可通过实验或经验取得。在后文实验分析中，我们将对 α 的取值进行探讨，以获得更好的聚类结果。

4. 文本凝聚式层次聚类过程

聚类算法主要可分为基于划分的方法、基于层次的方法、基于密度的方法等。其中，基于层次的聚类算法可分为自下而上的凝聚式和自上而下的分裂式两种类型。鉴于本实验样本量较少，基于层次的聚类算法能取得更精确的结果，本节在三个层级的文本聚类中皆选择了自下而上的凝聚式层次聚类算法。

在凝聚式层次聚类过程中，类间相似度是聚类的依据。类间相似度是指两个类中所有文本两两间相似度之和的平均值。具体算法如公式(7-16)所示：

$$\text{sim}(cluster_i, cluster_j) = \frac{\sum_{m \in cluster_i} \sum_{n \in cluster_j} \text{sim}(d_m, d_n)}{n_i \times n_j} \quad (7-16)$$

其中，d_m 是类 $cluster_i$ 中的文本，d_n 是类 $cluster_j$ 中的文本，n_i 和 n_j 分别是类 $cluster_i$ 和 $cluster_j$ 中包含的文本数。具体层次聚类过程如下：

输入：各层级文本间相似度矩阵 Matrix_sim，希望达到的最终聚类数 m。

输出：各层级聚类分析结果 $C_1 = (c_1, c_2, \cdots, c_m)$；$C_2 = (c_{11}, \cdots, c_{1p}, c_{21}, \cdots, c_{2p}, \cdots, c_{m1}, \cdots, c_{mp})$；$C_3 = (c_{111}, \cdots, c_{11q}, \cdots, c_{1p1}, \cdots, c_{1pq}, \cdots, c_{m11}, \cdots, c_{m1q}, \cdots, c_{mp1}, \cdots, c_{mpq})$。

(1) 基于第一层级文本相似度对所有文本进行聚类；

(2) 将每个文本看作一个类，构成类集 $(cluster_1, cluster_2, \cdots, cluster_n)$；

(3) 用公式(7-13)计算每个类间的相似度；

(4) 选择最大相似度的类对 $(cluster_i, cluster_j)$，将 $cluster_j$ 中的文本合并入 $cluster_i$ 中，构成新的类集 $(cluster_1, cluster_2, \cdots, cluster_{n-1})$；

(5) 不断重复上述步骤(2)、(3)，直至剩余类数到达要求的第一层级聚类数目 m；

(6) 在第一层级聚类结果的基础上，利用第二层级文本相似度，依次对第一层类下的文本进行第二次聚类，不断重复上述步骤(2)、(3)，直至剩余类数到达要求的第二层级聚类数目 p（当 p 大于各类中所含的文本数量 n' 时，聚类数目取 $n'-1$）；

(7) 在第二层级聚类结果的基础上，利用第三层级文本相似度，依次对第二层类下的文本进行第三次聚类，不断重复上述步骤(2)、(3)，直至剩余类数到达要求的第三层级聚类数目 q（当 q 大于各类中所含的文本数量 n'' 时，聚类数目取 $n''-1$）。

四、实验结果与分析

本节以上文中所介绍的中华烹饪文化领域本体与其知识资源为例，从"菜谱""食材介绍""美食故事""各地美食攻略"四类文本集合中，随机各抽取出 50 篇文本，构成实验数据，以验证上文所述聚类方法的有效性。

1. 实验数据与聚类质量评价标准

在对聚类质量评价中，我们选用了熵的方法①，以度量各类中包含相关语料库中已分好的类别的程度，如公式(7-17)、公式(7-18)所示。

$$E(j) = \sum_i n_{ij} \log(n_{ij}) \qquad (7-17)$$

$$E_{CS} = \sum_{j=1}^{m} \frac{n_j \times E(j)}{n} \qquad (7-18)$$

其中，n_j 为类 C_j 中文本的数目，n_{ij} 为第 i 个语料库内类别 L_i 被划分到第 j 个类 C_j 的文本对象的数目，即 $n_{ij} = |L_i \cap C_j|$；n 为所有实验样本的个数。熵的值越小，表示类内部一致性越高，聚类结果越好。

2. 实验结果

本节首先对实验文本开展了第一层级与第二层级的聚类，聚类结果如表 7-5 所示。

表 7-5　第一层级与第二层级文本聚类结果

类簇	所含样本数	文本概念结构	主题
C_1	53	食材＋菜肴＋技法	菜谱
C_2	52	菜肴＋餐馆＋食材	美食攻略
C_3	52	名人＋菜肴＋食材	文化故事
C_4	43	食材＋少许其他概念	食材简介
C_{11}	28	其他菜系＋各类食材	除川菜外其他菜系菜谱
C_{12}	25	川菜＋各类食材	川菜菜谱
C_{21}	27	菜系＋各类食材	推荐各地著名菜肴的美食攻略
C_{22}	25	餐馆＋各菜系	推荐各地著名餐馆的美食攻略

---

① 高茂庭.文本聚类分析若干问题研究 [D].天津：天津大学，2006.

续 表

类簇	所含样本数	文本概念结构	主题
C_{31}	28	名人+各菜系	与名菜相关的文化故事
C_{32}	24	名人+各类食材	与各地饮食相关的文化故事
C_{41}	23	非蔬菜类食材	非蔬菜类食材简介
C_{42}	20	蔬菜类食材	蔬菜类食材简介

为了进一步评价本节所提出的多层次文本聚类算法的效果,判断其是否适用于知识库树状组织结果,根据原有知识库两层分类结果,计算了第一层级文本聚类结果的熵值,并与传统的基于特征词的文本聚类效果进行了比较,实验结果如表7-6所示。

表7-6 聚类结果熵值对比

第一层聚类结果(类簇为4)					
评价指标	熵值	类簇中所含样本数			
		C_1	C_2	C_3	C_4
基于领域本体的文本聚类	90.013	53	52	52	43
基于特征词的文本聚类	214.62	161	29	8	2

第二层聚类结果(各类类簇为2)								
评价指标	熵值	类簇中所含样本数						
		C_{11}	C_{12}	C_{21}	C_{22}	C_{31}	C_{32}	C_{41}	C_{42}
基于领域本体的文本聚类	73.154	28	25	27	25	28	24	23	20
		C_1	C_2	C_3	C_4	C_5	C_6	C_7	C_8
基于特征词的文本聚类	134.436	101	46	21	13	11	6	1	1

从上表可见,本节所提出的基于领域本体的文本聚类效果较好,与原始的知识库分组情况相似,能有效地提高文本的聚类精度。

此外,在进行第三层级文本聚类时,为获得最好的聚类结果,本节对第三层级文本间相似度算法中调节因子 α 的取值进行了研究。图7-32是聚类数目为3、α 取不同值时的基于领域本体的文本聚类算法的聚类效果。

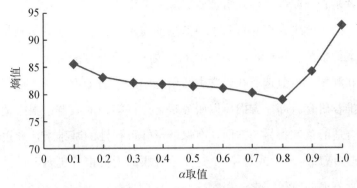

图 7-32 调节因子 α 与熵值对应关系

图 7-32 显示：随着 α 取值的增大，熵值呈缓慢下降趋势，即聚类效果越好；当 α 取 0.8 时熵值最小，聚类效果最好。然而，随着 α 的进一步增大，熵值呈上升趋势，聚类效果降低。从中我们可以发现，在第三层级聚类的过程中，基于概念的文本相似度对文本聚类效果的影响较大，然而非概念特征词的引入对聚类效果起到了较明显的优化作用。因此，综合概念及非概念特征词的算法，对提高文本聚类精度确实能起到较好的效果。

第五节　基于案例推理的菜谱推荐系统

随着人们对生活质量的要求越来越高，导致相关的日常生活信息需求随之增加。由于其与实际经验结合紧密，一般的信息需求解决方法并不能完全满足，日常生活信息查询这一研究课题便被提出。"日常生活信息查询"（everyday life information seeking，简称 ELIS）于 1995 年由芬兰学者 R.萨沃莱宁（R. Savolainen）提出，是指人们为了改善自己的日常生活，解决健康、消费、娱乐和休闲等非职业或工作相关问题而进行的各种信息搜寻和获取行为。[①] 基于日常信息多以非结构化形式表示、规范性差，其能否被有效查询和利用便依

---

① 尹小红.网络环境下大学生日常生活信息搜寻行为模式研究［J］.图书情报工作.2011，55(13)：100-103.

赖于使用者是否采取了与信息特征相对应的策略。

因此，为了解决人们对日常生活信息的需求，针对上述的信息特征，本节提出基于案例推理（case-based reasoning，简称CBR）方法解决和改善日常生活信息查询和利用。本节选取在日常生活信息中的菜谱知识为例，进行基于案例推理菜谱推荐研究。即一方面可以服务缺乏烹饪知识的人群，根据他们现有的食材推荐合适的菜谱；另一方面，在保证烹饪可行性的基础上，通过对菜谱中的食材更改（增加、减少或替换），为注重健康的人群推荐更营养的菜谱，满足人们对饮食方面的质量需求。

一、案例推理的相关理论及应用

基于案例推理的方法最早来自耶鲁大学的罗杰·斯昌克（Roger Schank）教授，是他在1977年出版的专著 *Goals and Understanding* [1]中提出。它是人工智能领域一项重要的推理方法，是对人类思维经验的一种模拟。人们在面临一个新问题时，往往会把以前使用过的与该问题类似的案例联系起来，运用过去解决该事例的经验和方法来解决当前问题。因此，此方法的核心思想也就在于：进行问题求解时，通过比较新、旧问题发生背景和条件等差异，重用或修改以前解决相似问题的方案来解决新的问题。

基于上述方法思想，CBR相较于其他人工智能系统，其优势[2]体现在：其一，CBR的知识获取仅是简单的获取过去的案例，不需要构建明确的模型；其二，CBR系统适用于未完全形式化领域、信息不完全领域和经验知识占据主导地位的领域，不需要AI专家和领域专家花费太多精力编写大量规则；其三，CBR系统能以获取新案例的方法实现自学习，可以应对大量数据。

CBR作为新兴的AI推理技术，近年来凭借自身优势在应用方面呈现出长远的增长，出现了很多成熟的CBR系统和开发工具。基于案例推理的应用和

---

[1] SCHANK R C, ABELSON R P. Scripts, plans, goals and understanding [M]. Mahway: Lawrence Erlbanum Associatos, 1977.
[2] 杨涛.基于本体的案例推理系统框架研究 [D].南京：南京航空航天大学，2006.

系统最先在通用问题求解[1]、辅助工程设定[2]和病例诊断[3]等领域开展并取得显著的成果。如今经过三十多年的发展，基于案例推理的应用范围和领域还在不断扩大：除了上述严谨性较强的科学领域之外，CBR 在如：金融风险预警[4]和应急决策[5]等现实复杂的商业、现实环境中的应用也呈现增长的趋势。并且随着网络开放和电子商务迅猛发展，基于案例推理应用已不单单局限在封闭组织中，而是通过与网络海量数据的整合发挥其知识发现和学习的优势。例如，电子商务智能向导[6]、网络辅助决策系统[7]、Web 服务[8]等。

CBR 在理论层面的优势及其诸多领域的应用，都证明了其具有较强的普适性和实用性；因此，本节选择基于案例推理的方法，发挥其在非结构化或结构化程度低的领域中的优势，将其应用于菜谱知识中尝试完成菜谱推荐的功能。

二、案例推理模型及菜谱推荐系统模型

为了使 CBR 的方法被有效且广泛地应用，国内外学者们基于案例推理的核心思想进行了广泛的研究，并构建了模型框架以实现其通用性。

---

[1] KOLODNER J L. Requirements for natural language fact retrieval [C]. Proceedings of the Annual Conference of the Association for Computing Machinery, 1982: 192 - 198.
[2] WATSON I D, ABDULLAH S. Developing case-based reasoning systems: a case study in diagnosing building defects [C]. IEE Colloquium on Case-Based Reasoning: Prospects for Applicatios. 1994(57): 1 - 3.
[3] KOEGST M, SCHNEIDER J, BERGMANN R, et al. IP retrieval by solving constraint satisfaction problems [G] //SEEPOCD R, MADRID N M. ViMual Components Desing and Reuse, Boston: Springer, 2001: 105 - 108.
[4] 胡衍强, 刘仲英.基于案例推理的金融操作风险预警系统 [J].同济大学学报(自然科学版).2008, 36(9): 1290 - 1294.
[5] KIM H K, IM K H, PARK S C. DSS for computer security incident response applying CBR and collaborative response [J]. Expert Systems with Applications, 2010, 37(1): 852 - 870.
[6] 曾子明.基于 Agent 和 CBR 的电子商务推荐系统模型研究 [J].现代情报.2008, 28(3): 209 - 213.
[7] 陈祥, 洪福金, 张贤坤.基于案例推理的网络舆情辅助决策系统研究 [J].计算机与现代化.2012 (6): 13 - 16.
[8] YANG S Y, HSU C L. An ontological proxy agent with prediction, CBR, and RBR techniques for fast query processing [J]. Expert Systems with Applications, 2009, 36(5): 9358 - 9370.

1. 案例推理相关模型

约翰·亨特(Hunt John)于1995年提出了基于评估改进策略的Hunt模型,[1] 珍妮特·科洛德纳和大卫·利克(Janet L. Kolodner & David B. Leake)将CBR看作是"记忆和适用"的过程,并将CBR的应用周期表达成Ref提出了分类求解型CBR模型。[2]

除了上述两个案例推理模型,被大多数学者接受认可的则是阿格纳·阿莫特和恩里克·普拉扎(Agnar Aamodt & Enric Plaza)所构造的R4循环模型,此模型展现了对案例推理思想更好的理解、在应用方面更具通用性,成为案例推理应用系统开发的主流结构框架。R4将CBR过程划分为Retrieve、Reuse、Revise和Retain四个阶段。[3] Retrieve:检索相似的旧案例;Reuse:重用旧案例的解决方案;Revise:对旧案例的解决方案修改调整;Retain:保存新案例,见图7-33。

然而,以上案例推理模型都存在着一个共同缺陷,就是默认案例和案例库已经存在,而忽视了构建案例库对于案例推理是一项重要的前提条件。因此,本节参照由学者加文·R.芬尼和孙兆浩(Gavin R. Finnie & Sun Zhaohao)提出的R5模型[4]如图7-34所示,即在R4的所有步骤之前增加案例再分配(repartition)强调了案例库构建是案例推理在应用中的重要组成部分。此步骤也可被理解为对案例进行表示的任务,其中WP(the possible world of problem)和WS(the possible world of solution)分别表示此领域下的问题和解决方案,即每个案例都由问题描述和解决方案这两部分组成,形成结构化的案例。

---

[1] HUNT J. Evolutionary case-based design [M] //WASTON I D. Progress in Case-Based Reasoning (LNCS vol.1020), Dordercht: Springer, 1995: 17-31.
[2] LEAKE D B. Case-based reasoning: experiences, lessons and future direction [M]. Menlo Park: AAAI Press, 1996.
[3] AAMODT A, PLAZA E. Case-based reasoning: foundational issues, methodological variations, and system approaches [J]. Artificial Intelligence Communications, 1994, 7(1): 39-59.
[4] FINNIE G, SUN Z H. R^5 model for case-based reasoning [J]. Knowledge-Based Systems, 2003, 16(1): 59-65.

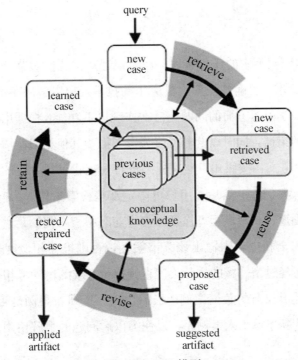

图 7-33 R4 模型

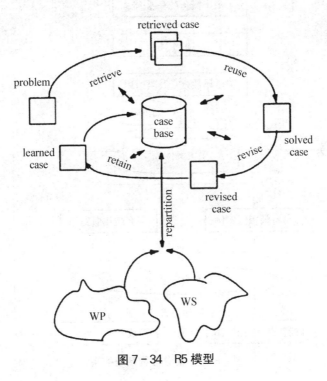

图 7-34 R5 模型

2. 菜谱推荐系统模型

本节参照 R5 模型中的任务流程，针对菜谱知识特性对菜谱推荐系统进行功能模块策略设计，明确各任务阶段应用的技术，用以解决菜谱的知识表示、知识利用和知识学习等方面的问题，旨在实现以下功能：根据用户所提交的食材，提供合适的菜谱，同时以营养价值为参考推荐其他相似菜谱。其工作原理为：首先，将菜谱文档按照知识层次框架进行规范化和统一化的知识归类，形成菜谱案例存入案例库。然后，用户可限定某些检索条件作为问题描述部分，案例推理系统则通过相似性运算检索出与当前问题相匹配的菜谱案例，如两者问题描述部分完全相同，则输出该菜谱案例，否则推荐相似度较高的菜谱案例。用户可参考经过增、减的推荐菜谱直接执行，或酌情参考相似食材形成的菜谱案例，以此形成新的菜谱案例。最后由用户反馈新案例是否具有可行性，再决定是否作为新案例加入案例库，以便为以后问题的求解使用。其系统模型如图 7-35 所示：

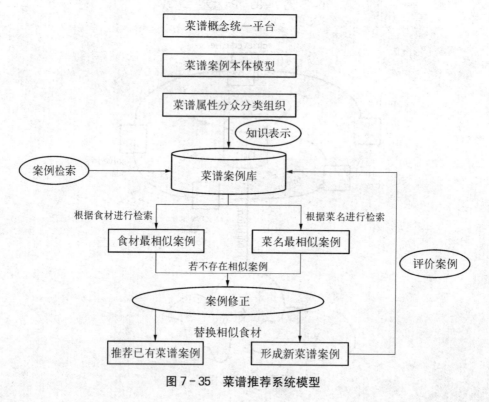

图 7-35 菜谱推荐系统模型

由于菜谱知识的特性,本系统的推理功能可以细分为两种:第一种,即以食材为主要搜索条件。如若存在与搜索条件完全一致的菜谱案例则直接返回案例结果;如若不存在,系统则推荐包含但不止于搜索条件或部分包含搜索条件的菜谱,并按相似程度排序。另一种则是,以菜名作为主要搜索条件。如若存在完全符合的菜谱案例则直接返回结果。另外,此时系统还会以此菜谱包含的食材为搜索条件,执行第一种推理功能以防用户食材准备不充分。下一节将对菜谱案例的表示、菜谱的检索和修正等重要的任务阶段展开研究,并具体介绍每一个任务的实现方法。

三、基于案例推理的菜谱推荐系统

本节将基于案例推理的方法应用于菜谱知识领域,根据领域知识特点结合人工智能其他技术,研究和分析案例表示、案例检索和案例修正等阶段的任务方法,建立系统框架,构造菜谱推荐系统,以数值形式直观地为用户推荐相似度较高的菜谱。

1. 菜谱的案例表示

(1) 菜谱文档的知识表示

案例表示是案例推理实现的基础,实际上就是将过去解决问题的文档表示成案例的形式,存储在案例库中。一般的案例表示应至少包括问题描述和对应解决方案,即"〈问题;解决方案〉"的二元组形式[1],这便明确了案例检索和案例修正的执行部分。

以中华烹饪文化知识库中的文档为实验对象。中华烹饪文化知识库包含各类菜谱、美食典故、相关名人等内容,通过对其中的菜谱知识分析,发现具有如下特征:

首先,菜谱文档涉及的领域知识较多,每个领域的知识体系和数据类型具有很大的差异,包括食材、功效、营养、菜系、烹饪手法等等。其中食材方面

---

[1] 侯玉梅,许成媛.基于案例推理法研究综述[J].燕山大学学报(哲学社会科学版).2011,12(4):103.

的数据量大、层次关系复杂,具有较强的逻辑规则,多采用半结构化的信息组织方式;而功效方面,因数据量有限而多采用枚举方式;烹饪过程方面以文字描述为主多采用非结构化的信息组织方式。

其次,菜谱文档的结构性差、概念不规范。现存的菜谱文档一般多是基于文本的非结构化形式,因此需要把这种结构化差且概念不规范的文本表达为统一格式的规范化案例,以便案例库的存储、标识和推理。

常见的案例表示方法有案例特征属性、框架表示、基于 XML 的表示和面向对象法等。其中,案例特征属性表示法[①]是一种比较简单的表示方法,将案例的特征属性组成一个集合,该集合则用来表示相应的案例,即 Case= {属性$_1$,属性$_2$,……属性 n},这种表示方法简单明了,但不能有效体现属性之间的结构关系和上下文语境。因此,本节将引入菜谱的本体结构与案例特征属性表示法结合,利用本体具有良好的概念层次结构,弥补案例特征属性表示法的缺陷,帮助建立属性之间的关系结构和规则定义。

通过对菜谱的多个特征属性聚类分组,可以发现菜谱文档基本是菜名、菜系、食材、辅料、调味品、烹饪过程和功效等内容的综合,以上七方面基本可以完成对菜谱文档的规范化和完整化描述。因此,本节以上述七个特征属性将菜谱文档处理为 XML 文档。XML 在描述数据的性质时使用标志和属性,不但能描述数据之间关系,还能够对数据进行存储。XML 技术在对象描述与可计算性方面均具有优势,便于在各个系统中使用,如图 7-36 所示。

(2) 菜谱知识的本体构建

本节通过本体技术关联菜谱案例中的领域知识,形成层次化的知识体系,体现彼此之间的逻辑关系。本节参考《中华烹饪文化领域本体构建及其应用》中的本体构建的策略,采用自上而下(先设计顶层概念,再逐步细分)与自底向上(先从领域文档中搜集尽可能多的领域概念,再逐步归纳)相结合的方法,使用 OWL 构建本体。首先需要对菜谱的知识边界和范围进行界定。根据上一节中对菜谱的知识分析可以发现,菜谱主要包括菜名、菜系、食材、辅料、调味品、烹饪过程和功效这七部分内容,这也便明确了菜谱本体构建的知识范围。

---

① 赵明.基于案例推理的机车故障诊断专家系统研究 [D].长沙:中南大学,2004:15.

```
<TI>四川泡菜</TI>
<TC>素菜</TC>
<IN>500g 白菜</IN>
<IN>100g 红椒</IN>
<IN>100g 生姜</IN>
<IN>50g 蒜</IN>
<CO>50g 大料</CO>
<CO>50g 冰糖</CO>
<CO>50g 盐</CO>
<CO>50g 高粱酒</CO>
<DI>川菜</DI>
<PR>1.首先在冷水里放入适量的盐,然后把水烧开。水量在坛子容量的20%—30%左右。
2.待水完全冷却后,灌入坛子内,然后加 50g 高粱酒。
3.放红椒、生姜、蒜进去。
4.2—3天后可注意仔细观察,看红椒周围是否有汽泡形成,如果有汽泡,就说明发酵正常。
5.泡菜的原汁做好后,可以直接放白菜。
</PR>
```

图 7 - 36　XML 菜谱文档

在使用 OWL 情况下,第一步需要构建本体类(class)层次结构,thing 是所有 class 的基类,如图 7 - 37 所示,我们在"thing"这个超级父类下——即菜谱,构建上述七大类,也即为上一节的特征属性,这一步骤中存在特征属性转换为类的概念替换,后文仍将这七部分作为案例的特征属性进行案例推理设计。每一个大类下又分了若干个子类以及子类的子类。这样就构成了一个本体的骨架,即基本的本体类层次结构。接下来,OWL 中使用属性对类进行具体描述。属性有两种类型:一类是数据属性,一类是对象属性。本节使用数据属性连接类和 XML 文档之间的关系,也可以理解为基于本体对案例进行 XML 处理过程,如图 7 - 37 所示。类之间的逻辑关系则由对象属性定义。上述七类彼此之间的对象属性一般为 disjoint,"食材""辅料""调味品"与 thing 存在使用关系。

除了对菜谱文档进行知识表示之外,作为主要搜索条件的食材部分,本节也对其进行规范化的处理。食材领域的数据量庞大,并且存在一个概念多个名词表示的现象。因此本节根据《中国食物成分表(第 1 册)》[1] 明确每一种食材

---

[1] 杨月欣,王光亚,潘兴昌.中国食物成分表:第一册[M].2版.北京:北京大学医学出版社,2009:10.

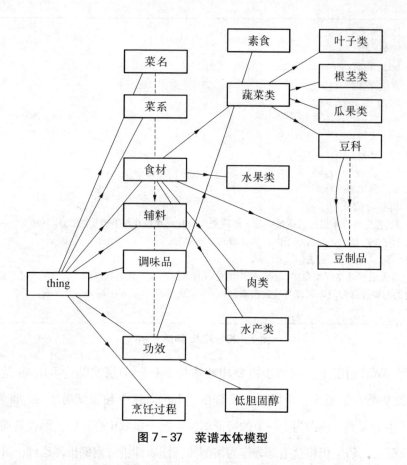

图 7-37 菜谱本体模型

的科学名称,以本体 label 列举其他同义名词以防案例查询无法执行。

2. 基于案例推理的菜谱检索策略

案例的检索与匹配是利用检索条件即问题描述部分,从案例库中检索尽可能相似的旧案例。目前案例推理的知识检索主要有最近相邻策略、归纳推理策略、知识引导策略、模板检索策略等,并且最近相邻策略和归纳推理策略是目前较为普遍的检索方法。[①] 归纳推理策略通过提取案例间的特征,根据这些特征将案例组成一个类似判别网络的层次结构,检索时采用决策树策略进行检索。最近相邻法则适合于案例特征属性为数值型的情况,定义和计算案例之间

---

① 罗忠良,王克运,康仁科,等.基于案例推理系统中案例检索算法的探索[J].计算机工程与应用.2005,41(25):230-232.

的相似度。两者推理策略的方法不同,导致在适用对象和优劣势方面各有偏重,如表7-7所示。

表7-7 归纳推理策略和最近相邻策略比较

推理策略	基本方法	适用对象	特　点
归纳推理策略	提取案例特征,组成类似判别网络的层次结果,采用决策树策略	案例特征相互独立,差异显著	需构建决策模型,推理结果针对案例的单一特征属性
最近相邻策略	定义和计算案例之间的相似度,相似度最大的案例为匹配案例	案例特征可被数值表示	每一特征的相似度均使用相似函数进行运算,便于多个特征综合,运算过程简单而直接

由于在本系统中构成案例的各个领域知识,虽然数据类型不同,架构层次也不同,但通过一定技术和方法都可以用数值来定义其下实例之间相似程度。因此,本系统首先选择最近相邻策略作为检索算法,即计算案例各子特征属性的相似性;然后,基于子特征的权重,综合计算总体相似性;最后,通过相似值对相似案例进行排序,选出相似度最高的旧案例作为新解决方案的依据。

(1) 单个属性相似度计算

如上文所述,组成菜谱案例的各个属性的数据类型和知识特征都不同,因此本节对各个属性采取不同的相似度计算方法。根据菜谱推荐的功能,本节选取菜名、食材、功效作为计算相似度的对象。

食材以 taxonomy 进行知识建模,其数据类型为 symbol。本系统参照食物的科目属性和 The Cook's Thesaurus[①] 的分类,构建食材的层次结构,分别为:肉类、蔬菜类、豆制品类、水果类、水产类,并在此基础上细化各类目的子类并添加实例。这既可以保留食材实例之间的科目属性和层次关系,又可以通过数值来表现食材实例之间的相似程度。

另外,由于本系统旨在推荐更具营养价值的菜谱,因此,对食材实例之间相似度设定方面除了依据类目属性之外,也将营养价值作为参考指标,参与相似计算。鉴于营养成分对人体的必要性,选取《中国食物成分表》中的"碳水

---

① The cook's thesaurus [DB/OL]. [2013-06-29]. http://www.foodsubs.com/.

化合物""脂肪""蛋白质""维生素""矿物质"和"纤维"作为计算指标。

根据专家建议推荐更具营养价值的菜谱,并非单单强调营养成分含量高,而应该理解成在满足基本营养摄入量的基础上,维持营养成分摄入比例的适当。因此,本系统以人体每日所需营养成分的数量为基准,对营养成分的相似性计算进行如下设计:食物所含的营养成分与基准值相差越大,则相似度越低,呈线性递减。如图 7-38 蛋白质为例,根据专家设定的每日摄入量 25 g 为 case,食材本身的蛋白质含量作为 query,越接近每日所需的数量,其相似度越高。

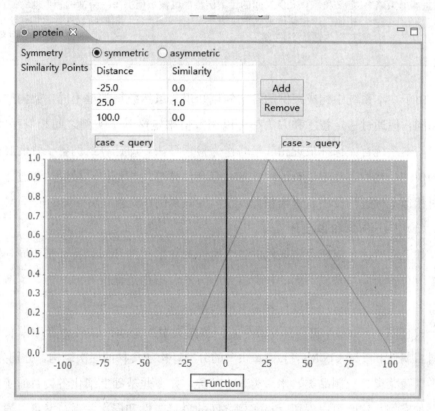

图 7-38　食材的蛋白质含量相似度计算法

综合以上两方面的设计,食材实例的运算公式为:

$$\text{sim}(X_i, Y_i) = 1 - \text{dist}(x_i, y_i) = 1 - |x_i - y_i| / |max_i - min_i|$$

(7-19)

$\text{sim}(X_i, Y_i)$ 表示食材实例 X_i 和 Y_i 的第 i 个确定数属性的相似度;x_i、y_i

分别表示实例 X 和 Y 的第 i 个属性的值；max_i 和 min_i 分别表示与第 i 个属性的最大和最小值，一般设置为 1 和 0。i 为科目层次和营养价值。

功效，本系统将其等同为"适用人群"理解，数据类型为 string，属于枚举式。在功效下例举可能的实例"素食""低胆固醇"等，定义实例之间不存在任何相似关系，相似度计算式为：

$$\text{sim}(X_i, Y_i) = \begin{cases} 1 & X_i = Y_i \text{ 或者 } X_i \in Y_i \\ 0 & X_i \neq Y_i \end{cases} \quad (7-20)$$

菜名，数据类型为 string，针对文本数据类型本节设定完全匹配作为推理计算方法，与功效的相似度计算方式相同。如若不存在完全匹配的菜谱，便推荐用户选择以食材检索的方式利用本系统。

(2) 全局属性相似度计算设计

根据最近邻算法的概念，本节采用 global similarity measure，全局相似度计算式为：

$$\text{sim}(X, Y) = \sum_{i=1}^{m} W_i \cdot \text{sim}(X_i, Y_i) \quad (7-21)$$

其中：$\text{sim}(X_i, Y_i)$ 表示案例 X 和 Y 在交集属性集中第 i 个属性上的局部相似度，$\text{sim}(X, Y)$ 表示菜谱案例 X 和 Y 的案例全局相似度；W_i 为菜谱案例 X 和 Y 交集属性集中的第 i 个属性在全局相似度中所占的权重，具体权重数值由专家设定。

3. 基于案例推理的菜谱修正

本系统参考 Ref 模型设计案例修正策略，设置"一般修改"和"专门修改"两种功能。前者依据 Ref 模型中的解释型，对问题部分进行调整至与旧案例的问题匹配。即首先通过检索获得相似食材，再根据相似食材推理的菜谱案例。后者依据 Ref 模型中的解决型，对旧案例的解决方案进行修正。即对已存菜谱案例的烹饪过程进行修改，将搜索食材替代原有菜谱中的既定食材。

一般修改：首先，若系统存在与用户所定义的食材条件完全一致的菜谱案例，菜谱推荐系统即返回该案例；若用户想要选择类似但更具营养的菜谱，则可以选择其他修正后的相似案例。对案例的修正行为体现在前期，将搜索食材替换为菜谱案例库中已有菜谱的相似食材。根据相似食材推理而得的相似案例，并不单纯以"一对一"的形式替换原菜谱案例中的食材，而是在满足搜索条件的基础上，推荐已经过验证的菜谱案例中的食材组合。

专门修改：适用于用户要求搜索食材不被替换的情况下。若存在与搜索条件完全一致的菜谱案例则直接返回；若不存在，系统则对检索得到的相似菜谱案例中的烹饪过程进行调整，将烹饪过程中所使用的食材调整为搜索食材，此行为的可行性是基于食材之间科目属性、营养价值存在较高相似性。在这个过程中，新的食材组合将产生新的菜谱，考虑到需要经过实际操作才能证明其合理性和可行性，因此是否将新的菜谱作为案例添加至案例库中，本研究认为，需要专家和用户参与评估。

例如：用户以"菜瓜""鸡蛋"为搜索条件，若执行"一般修改"，则系统会基于食材相似性和案例库中菜谱案例匹配的检索，将"菜瓜"这个食材条件替换为"西葫芦"，推荐菜谱"西葫芦炒蛋"。若执行"专门修改"，系统则将相似菜谱"西葫芦炒蛋"烹饪过程中的食材调整为"菜瓜""鸡蛋"形成"菜瓜炒鸡蛋"的新菜谱案例。

4. 实验测评

根据上文所设计的模型和各阶段任务方法，本节将利用myCBR[①]软件构建对应的菜谱推荐系统，以验证基于案例推理的菜谱推荐的有效性。myCBR工具由德国人工智能研究中心开发，具有简单、易用、可扩展性强等特点，能够对局部相似性和总体相似性进行建模，并内置了基于最近邻等多种匹配策略的案例检索引擎，可支持快速原型构建。myCBR可以完成案例库建模，相似性计算设置，案例库案例导入等多项操作，并具备检索和计算案例相似性功能。总体来说，myCBR基本可以支持案例推理R5模型中的从案例表示至案例保存各项流程的构建。因此，myCBR可以便捷且有效地测试案例推理方法在菜谱领域的应用效果。

---

① myCBR [EB/OL]. [2013-10-02]. http://www.mycbr-project.net/index.html.

本次实验收录的菜谱案例共 115 个，涵盖了各种食材科目和菜系。以食材作为推理条件，设定"南豆腐"和"瘦肉"为搜索条件，并执行"一般修改"，分别从查全率和查准率进行测评，然后与人工设置的推理结果进行比较，检测其案例推理效果。另外本次试验还设置一组比较组予以对比，比较组对菜谱不进行任何知识表示、检索策略处理，仅以全文检索方式进行菜谱检索。两组实验结果如图 7-39、图 7-40 所示：

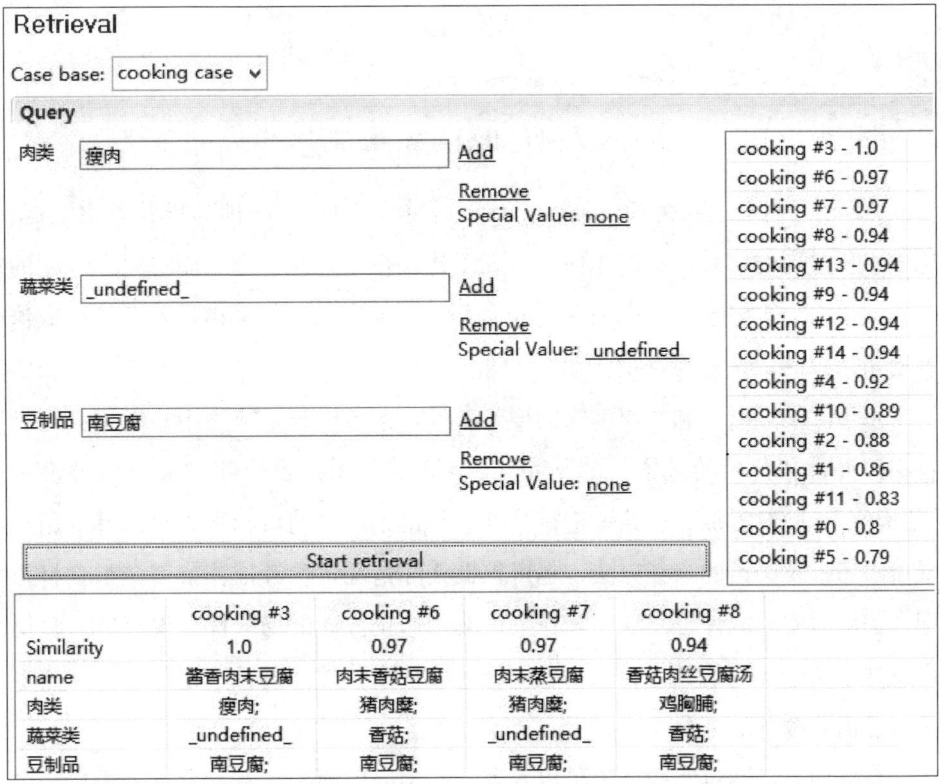

	cooking #3	cooking #6	cooking #7	cooking #8
Similarity	1.0	0.97	0.97	0.94
name	酱香肉末豆腐	肉末香菇豆腐	肉末蒸豆腐	香菇肉丝豆腐汤
肉类	瘦肉;	猪肉糜;	猪肉糜;	鸡胸脯;
蔬菜类	_undefined_	香菇;	_undefined_	香菇;
豆制品	南豆腐;	南豆腐;	南豆腐;	南豆腐;

图 7-39　菜谱推荐系统实验测评结果

从图 7-39 与图 7-40 比较可以看出，在查全率方面，相比于比较组的 9 个菜谱结果，菜谱案例推理系统共检索出与搜索条件相关的菜谱共 15 个。根据人工检查可以确定其已将案例库中同时包含"豆制品"和"肉类"食材的菜谱案例查全。从查准率推荐效果来看，菜谱推荐系统最相似的前四位菜谱与人工建议的推荐菜谱相同，相似性顺序方面仅 cooking ♯7（肉末蒸豆腐）与 cooking ♯6（肉末香菇豆腐）的顺序交换。cooking ♯6（肉末香菇豆腐）、

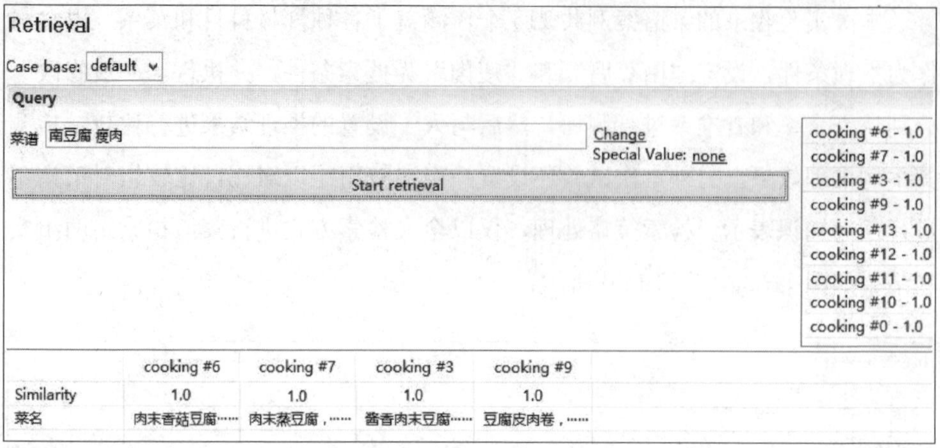

图7-40 比较组测评结果

cooking♯7（肉末蒸豆腐）、cooking♯8（香菇肉丝豆腐汤）即为推荐菜谱案例。比较组所呈现的结果，不但相似性与人工建议存在差距，也未能将完全匹配的cooking♯3（酱香肉末豆腐）置于首位，而且相似度也不如菜谱推荐系统以数值型给予用户的认识较为直观。

基于"南豆腐"和"瘦肉"的搜索条件，菜谱推荐系统为用户提供其他具备相似食材和营养的菜谱。如cooking♯6推荐用户也可将"瘦肉"替换为"猪肉糜"，同时添加"香菇"进行烹饪，丰富了用户的口味和食材选择。用户既可参考推荐菜谱的烹饪方法，也可根据实际情况，参考推荐菜谱调整食材搭配。但同时实验测评也发现了，在菜谱案例修正方面的局限性，仅仅针对食材而忽视了菜谱案例的其他属性，也应为适应搜索条件而进行一定的修正。这也是日后需要改善的部分。

总体而言，通过实验结果可以发现，此菜谱推理系统基本可以为用户提供相似度高、值得参考的菜谱和烹饪方法。

第六节 专题知识库的文本可视化展示

专题知识库是利用信息技术对某一特定主题或领域的知识，进行有序化组织、展现和管理的知识应用系统。① 随着人们越来越多地关注如何从海量信息中快速地发掘精准信息，全面涵盖特定领域重要信息的专题知识库，成为了当前研究热点。目前，一些学者对专题知识库的设计与构建进行了深入研究，② 并通过文本聚类等方法，在专题知识库中实现了高效的文本自动组织。③

然而，随着用户对专题知识库建设要求的日益提升，仅仅具有合理组织的简单专题知识库，已无法满足用户的需求。在各类需求中，越来越多的用户希望专题知识库能提供更直观的导航方式，以便于他们快速地了解专题知识库所含资源的概况，理清各资源间的关联，便捷地找到所需的关键资源。鉴于上述日益增长的用户需求，本节对文本资源自动导航方式进行了研究，基于多层次文本聚类获得的文本自动组织结果，提出了一种适于专题知识库导航的可视化方法，并结合多层次文本聚类结果特点，对文本可视化过程所涉及的主题词抽取与主题描述构建等方法进行了部分优化。

一、文本聚类结果可视化研究现状

文本可视化作为一种直观、高效的信息表现形式，近年来获得了国内外学者越来越多的关注，各类文本可视化软件④相继出现。在基于文本聚类结果的可视化研究中，特征信息的降维、空间展示与知识发现是三个重要的研

---

① 张鸣.知识服务方式之一：构建学科专题知识库 [J].图书馆学刊，2006(3)：108-110.
② 钱智勇.基于本体的专题域知识库系统设计与实现：以张謇研究专题知识库系统实现为例 [J].情报理论与实践，2006，29(4)：476-479；闫洪森，张野，孙娜，等.基于本体的知识库构建方法 [J].情报科学，2007，25(9)：1398-1408；许鑫，郭金龙.基于领域本体的专题库构建：以中华烹饪文化知识库为例 [J].现代图书情报技术，2013(12)：2-9.
③ 洪韵佳，许鑫.基于领域本体的知识库多层次文本聚类研究：以中华烹饪文化知识库为例 [J].现代图书情报技术，2013(12)：19-26.
④ DON A, ZHELEVA E, GREGORY M, et al. Discovering interesting usage patterns in text collections：integrating text mining with visualization [R] //Proceedings of the sixteen ACM Conference on Information and Knowledge Management，Lisbon：2007：213-222；LUO D，YANG J，KRSTAJIC M，et al. EventRiver：visually exploring text collections with temporal references [J]. IEEE Transactions on Visualization and Computer Graphics，2012，18(1)：93-105.

究方面。

1. 特征信息的降维

降维一直是文本可视化研究的关键问题,即把文本所具有的高维特征信息映射到低维(二维或三维)空间中,使得各文本能够与低维空间中的点一一对应。早期常用的传统降维方法主要是主成分分析法(PCA),然而主成分分析作为一种线性降维方法,当文本的特征数据间线性程度不高时,会造成对特征的提取性下降,在降维的同时一些重要的文本特征易被丢失[①]。鉴于主成分分析的上述不足,近年来,非线性的核主成分分析法(KPCA)、独立成分分析法(ICA)和多维尺度分析法(MDS)等被纷纷提出,并广泛地应用于特征信息的降维过程中。斯科尔科夫、斯莫拉、马勒(Scholkopf, Smola, Muller)将核函数与主成分分析相结合,通过计算特征空间数据构成的核矩阵特征向量求解主成分,从而实现了高维到低维空间的映射;[②]冯燕、何明一、宋江红等学者利用独立成分分析法,从高维的独立成分特征信号中,提取出了少量的独立成分,从而实现了降维过程;[③] J.普、Y.卡里亚纳拉曼、S.贾扬蒂等(J. Pu, Y. Kalyanaraman, S. Jayanti, et al.)[④],吉泰昌、李贤珍、李一炳等(Tae-Chang Jee, Hy-Jin Lee, Yill-Byung Lee, et al.)[⑤]学者利用基于欧氏距离的多维尺度分析法,将可视化中心投影到一个两维的空间上,对各类文本的可视化实现了较好的降维。在上述常用降维方法中,多维尺度分析法相对更为成熟,且更适用于文本特征信息的降维,因此,本节在开展特征降维时也借鉴了该方法。

---

① PEARSON K. Onlines and planes of closest fit to systems of points in space [J]. Philosophical Magazine, 1901, 2(11): 559-572.
② SCHOLKOPF B, SMOLA A J, MULLER K R. Nonlinear cmponent analysis as a kernel eigenvalue problem [J]. Neural Computation, 1998, 10(5): 1299-1319.
③ 冯燕,何明一,宋江红,等.基于独立成分分析的高光谱图像数据降维及压缩[J].电子与信息学报.2007, 29(12): 2871-2875.
④ PU J, KALYANARAMAN Y, JAYANTI S, et al. Navigation and discovery in 3D CAD repositories [J]. IEEE Computer Graphics and Applications. 2007, 27(4): 38-47.
⑤ JEE T, LEE H, LEE Y. Visualization of document retrieval using external cluster relationship [J]. Journal of Information Science and Engineering, 2013, 29(1): 35-48.

2. 空间展示

空间展示是在上述降维的基础上，利用图形或图像，在二维或三维的空间中，将可视化的结果展现出来，是文本可视化研究的重要步骤。目前，可视化的空间展示技术已较为成熟，根据其展示的不同原理，主要可以分为基于图标、像素、图形、层次、几何等可视化方法。① 在面向文本聚类结果的可视化展示中，基于层次的树状图和基于几何的散点图是最常用的两种空间展示方法。此外，在一些研究中，知识地图②、层云图③、色度图④等新的空间展示方法，也被进一步引入聚类结果的可视化展现中。目前可视化空间展示形式丰富多彩，且各项技术已趋于成熟；然而各类空间展示研究仍以技术发展为主，较少结合具体的应用场景来探讨适宜的空间展示方案。

3. 知识发现

文本可视化技术可以帮助用户直观、便捷地发现文本的特征、主题及文本间的关系等。唐·安东尼、埃琳娜·耶列娃、马雄·格雷戈里等(Don Anthony, Elena Zheleva, Machon Gregory, et al.)学者开发了 FeatureLens 文本可视化平台，通过可视化技术帮助用户直观地发现不同类型文本集中语言特征的使用模式。⑤ 在文本的主题发现上，M.克里希南、肖恩·J.博恩、W.考利等(M. Krishnan, Shawn J. Bohn, W. Cowley, et al.)学者利用 IN‑SPIRE 软件，以山峰与山谷的三维形式，向用户形象地展示了文本的主题与主题之间的关

---

① 任永功.面向聚类的数据可视化方法及相关技术研究[D].沈阳：东北大学，2006.
② 薛浩，马静，朱恒民，等.基于SOM聚类的文本挖掘知识展现可视化研究[J].情报理论与实践，2009，32(7)：120-123.
③ 杨钤雯，寇纪淞，陈富赞，等.基于本体的语义网络会话聚类和可视化方法[J].模式识别与人工智能，2011，24(1)：111-116.
④ 任永功，于戈.一种多维数据的聚类算法及其可视化研究[J].计算机学报，2005，28(11)：1861-1865.
⑤ DON A, ZHELEVA E, GREGORY M, et al. Discovering interesting usage patterns in text collections：integrating text mining with visualization[R]//Proceedings of the sixteenth ACM Conferenceon on Information and Knowledge Management, Lisbon, 2007：213-222.

系;① 王伟通过对聚类结果的可视化展示，帮助用户便捷地了解了网络热点事件及其演变趋势。② 在文本间关系的挖掘中，桑托什·蒂鲁纳加里、玛利亚·汉尼宁、卡尔·施塔尔伯格等（Santosh Tirunagari, Maria Hänninen, Kaarle Stählberg, et al.）学者通过抽取概念与主题间的关系，利用可视化技术直观地表现了海事事故调查报告中事故间的因果关系。③ 在上述文本可视化技术所具有的知识发现功能中，主题发现是面向聚类结果的可视化中最主要的知识发现功能；然而在开展主题发现时较少结合文本聚类结果的特点，为各类簇赋予既有代表性且具区分度的主题。

综上所述，我们可以发现目前聚类结果可视化的相关研究较多，许多技术可被借鉴，然而，结合聚类结果特点和具体用户需求的相关研究较少。鉴于上述不足，本节结合聚类结果的特点，对现有主题发现方法进行了优化，并进一步结合主要的用户需求，提出了一套适合专题知识库的文本可视化展示方案，以帮助用户快速地了解专题知识库所含资源的概况，理清各资源间的关联，找到所需的关键信息。

二、多层次文本聚类的可视化方法

专题知识库因其具有某一领域全面且深入的信息资源而获得了越来越多用户的喜爱，因而，结合用户对专题知识库的需求，我们可以发现一种既能描述知识库中资源的总体概貌、又能帮助用户了解关键主题的可视化方法较适宜于专题知识库。

鉴于专题知识库中文本组织的树状结构特点，在开展知识库可视化研究

---

① KRISHMAN M, BOHN S, COWLEY W, et al. Scalable visual analytics of massive textual datasets [C] //Proceedings of the 21th International Parallel and Distributed Processing Symposium, Rome, 2007: 1530 - 2075.
② 王伟.基于网络信息的热点事件发现与分析研究：以创业板上市公司为例 [D].上海：华东师范大学，2011.
③ TIRUNAGARI S, HÄNNINEN M, STÅHLBERG K, et al. Mining causal relations and concepts in maritime accidents investigation reports [C] //In: Proceeding of International conference cum Exhibition on Technology of the Sea, 2012: 548 - 566.

前，本节首先利用基于领域本体的多层次文本聚类方法，对专题知识库中文本资源进行了自动组织。该方法通过多层次文本表示与相似度计算，能较好地将知识库中的文本集划分为多层次的类簇，提升专题知识库的管理效率。①

在利用上述聚类方法自动生成多层次类簇的基础上，本节进一步开展了聚类结果的可视化研究。结合类簇特点，本节对各层级中的各类文本进行了主题发现，并根据用户在了解资源概况、寻找所需主题相关信息等方面的需求，在降维处理的基础上，选用了较适宜的树图和散点图这两种可视化表现形式，来展现专题知识库中文本的分布情况与关键主题。该多层次文本聚类结果可视化方法的基本思路如图7-41所示。

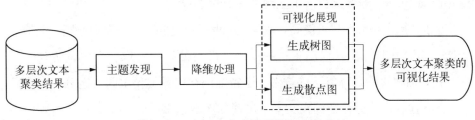

图 7-41 多层次文本聚类的可视化方法

本节通过读取多层次文本聚类分析产生的文本划分结果与文本表示矩阵的txt格式文档，开展了主题发现与降维处理，并在此基础上生成了树图与散点图，以展现专题知识库所含的资源。该聚类结果可视化的具体设计与实现细节，将在下文做进一步的阐述。

三、文本聚类结果的主题发现

主题发现也被称为主题抽取或主题识别，是一种方便用户从大规模信息中快速、准确地了解关键内容的方法。② 基于聚类分析的主题发现的一般流程，是从文本特征项中自动抽取核心特征词或术语，并结合类簇和文本自身的组织

---

① 洪韵佳，许鑫.基于领域本体的知识库多层次文本聚类研究：以中华烹饪文化知识库为例[J].现代图书情报技术，2013(12)：19-26.
② 赵琦，张智雄，孙坦，等.主题发现技术方法研究[J].情报理论与实践，2009，32(4)：104-108.

和结构来发现各类的相关主题。因此,在主题发现过程中,主题词的抽取与主题描述的构建是两个重要的环节。

1. 主题词抽取

主题词抽取是从文本原有的高维特征项中,抽取出能表示文本主题的少量关键词或术语的过程。在主题词抽取时,许多学者将特征词在文本中出现的频率高低,作为主题词筛选的标准;也有一些学者利用 TF-IDF(词频-倒排类簇频率)算法为特征项加以权值,依据特征项的权值高低来选择主题词;[①] 此外,部分学者还进一步将图心向量法(centroid vectors)、支持向量机(support vector machine)[②]等方法引入了主题词抽取过程中。

鉴于"簇内相似度尽可能高,簇间相似度尽可能低"这一聚类原则,本节通过借鉴 TF-IDF 算法,提出了一种用于从聚类结果中抽取主题词的方法——TF-ICF 加权算法。该算法综合考虑了特征词在表示类簇主题与区分不同类簇上的贡献程度,认为特征词在文本中出现的次数越多,其对文本所在类别的主题表示越重要,则应赋予的权值越高;而其在越多的类簇中出现,即其类簇频次越高,则其区分不同类簇的能力越弱,其被赋予的权值应越低。其数学表示形式如公式 7-22 所示。

$$w_{pj} = \max_{d_i \in cluster_p} tf_{ij} \times icf_j = \max_{d_i \in cluster_p} tf_{ij} \times \log\left(\frac{N}{cf_j}\right) \quad (7-22)$$

其中,$cluster_p$ 是某层级聚类结果中的类簇 p,tf_{ij} 是特征词 t_j 在文本 d_i 中的词频,cf_j 是特征词 t_j 在该层级所包含类中的类簇频次,N 是该层级所包含的类簇总数。

我们在利用上述算法为特征项赋予权值后,结合各层级文本聚类分析的特点,为各层级主题词抽取赋予了不同的阈值,如由于底层的特征词众多,所以

---

① 王小华,徐宁,谌志群.基于共词分析的文本主题词聚类与主题发现 [J].情报科学,2011,29(11):1621-1624.
② FORTUNA B, MLADENIC D, GROBELNIK M. Semi-automatic construction of topic ontology [C] //Semantics, web and mining, Joint International Workshops, Ewmt & Kdo, Porto, Portugal, October 3 & 7, Revised Selected Papers. DBLP, 2006:121-131.

在低层级聚类的主题词抽取时设定了较高的阈值——前1%；而高层级特征词相对较少，因此在高层级聚类的主题词抽取时设定了较低阈值——前10%。

2. 主题描述构建

主题描述构建是在主题词抽取的基础上，对关联度高的主题词进行合理的组织，从而形成主题描述的过程。① 共词分析法是一种重要的主题描述构建方法，它利用文本集合中词对共同出现的频次来判断词汇之间的关联关系，一般认为两个词在文本中共同出现的频率越高，则这两个词的关联越紧密。在主题词抽取的基础上，本节进一步利用共词分析法构建了各簇类的主题描述。

在共词分析中，共词矩阵通常被建立以描述词对的共现频次，对于有 N 个主题词的共词分析，可以形成 $N*N$ 维的共词矩阵。本节通过两个主题词在各簇类中共同出现的文本数量，来表示两个主题词间的密切程度。在共词矩阵的基础上，本节进一步选择了共现次数最多的一至两个主题词对来描述各类簇对应的主题(如图7-42所示)。

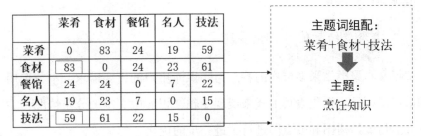

图7-42 主题描述构建示意图

四、文本聚类结果的可视化

文本聚类结果的可视化是直观地展现专题知识库所含主题、实现知识库高

---

① 钟伟金，李佳.共词分析法研究(一)：共词分析的过程与方式 [J].情报杂志，2008，27(5)：70-72.

效导航、优化用户体验的重要手段。基于上述专题知识库中各类别主题发现的结果,本节通过对各文本特征项的降维处理,为专题知识库文本可视化制定了一套合适的可视化展现方案。

1. 文本聚类结果的可视化降维处理

文本聚类结果的可视化,是将高维的文本向量映射到二维或三维的可视化空间中,以图形或者图像的形式来展现文本的特性与文本间的关系,从而帮助用户以直观的方式快速地掌握大量文本中有效的信息,以及文本间复杂的关系和潜在的发展趋势[①]。因此,将高维文本向量降维至二维或三维是实现文本聚类结果可视化的关键环节。

本节选用了多维尺度分析法(MDS)这一较为成熟的方法,开展了可视化降维处理,以更好地反映文本对象间非线性关系,展示文本集内对象的整体分布情况。本节以多层次文本聚类分析过程中生成的底层文本间相似度矩阵,作为MDS分析的数据源,通过迭代比较文本对象间的相似程度,获得了文本对象在二维空间中的标度,为后文对文本聚类结果开展进一步的可视化展现提供了重要的基础。

2. 文本聚类结果的可视化展现

根据文本聚类结果多层次的特点与知识库用户的主要需求,本节选用了树图和散点图两种可视化表现形式来展现专题知识库中文本的分布情况与关键主题,并对传统的树图和散点图进行了进一步的优化。

在绘制树图时,本节于主题发现的结果,将各类簇的主题按类簇所在聚类层级映射到树图相应的层次中,并将文本对应的编号映射到其所属类簇对应的主题下。为更清晰地展现知识库层次结构,本节进一步以不同的文字大小与底纹颜色来标识各节点。其中,节点的文字大小依据主题所在层级从高到低逐步缩小,节点的底纹颜色根据其所属的一级主题的不同而不同,以便于用户快速地定位到其所需的主题与文本资源(如图7-43所示)。

---

① 马连浩.Web文本聚类技术及聚类结果可视化研究 [D].大连:大连交通大学,2007.

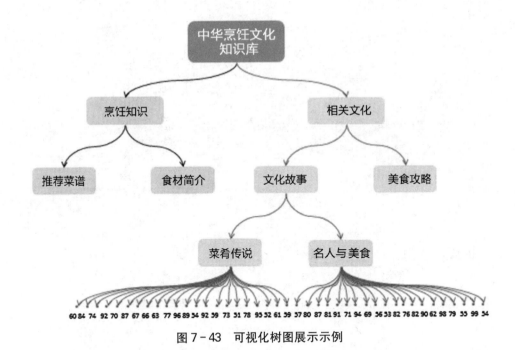

图 7-43 可视化树图展示示例

在生成散点图时,本节利用多维尺度分析中获得的文本对象在二维空间中的标度值,来绘制各文本对应节点所在的位置;同时,以圆形区域的形式对文本集对应的散点进行了划分,并根据上文主题发现的结果,以图例方式为各圆形区域赋予了相应的主题文字。同时,本节以不同颜色的节点,来表示文本所属的不同二级类簇,并以节点的不同形状,来进一步区分文本所属的不同三级类簇,以便于用户直观地了解文本的分布情况及文本间的潜在关联关系(如图 7-44 所示)。

通过上述文本聚类结果的可视化展现方案,本节将专题知识库所含资源直观、形象地展现在了用户眼前,从而为用户提供了更便捷的可视化导航。

五、实验测评与结果分析

本节以本实验室搭建的中华烹饪文化知识库为例,从该知识库中随机抽取出 200 篇文本资源作为实验数据。基于多层次文本聚类分析获得的三个层次文本自动组织结果,本节利用上文所提出的可视化方法,对实验资源进行了主题

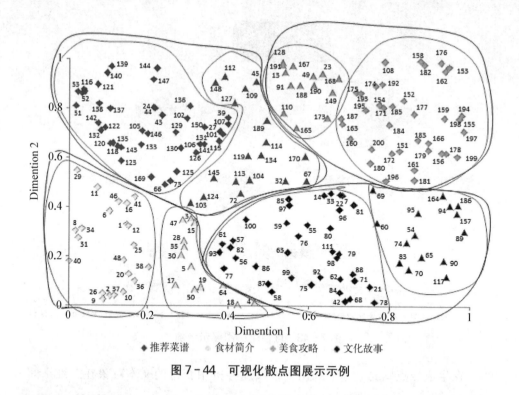

图 7-44 可视化散点图展示示例

发现与可视化展现,以验证该方法在专题知识库中的适用性。

本节首先利用 TF-ICF 算法开展了主题词抽取,为验证该算法的有效性,本节将其与 TF-IDF 算法获得的主题词抽取效果进行了对比,典型类簇抽取结果如表 7-8 所示。

表 7-8 TF-ICF 与 TF-IDF 算法主题词抽取效果对比

主题词抽取方法	类簇 C2 主题词抽取结果
TF-ICF	菜肴、食材、餐馆、名人、技法
TF-IDF	餐馆、名人、技法、历史、成都

通过 TF-IDF 算法进行的主题词抽取,容易丢失部分文档频率很高但对类簇主题有关键标识作用的特征词,如"菜肴""食材"等,且易提取在个别文本中具有较高频率的特征词,如"历史""成都"等;而 TF-ICF 能较好地平衡上述问题,为各类簇提取更具代表性的主题词。

在主题词抽取的基础上，本节利用共词分析法为各层级类簇赋予了相应的主题，典型类簇的主题发现结果如表 7-9、表 7-10 和表 7-11 所示：

表 7-9 类簇 C2 主题发现结果及其主题词共现矩阵

主题：相关文化					
主题词组配特点：菜谱＋食材＋名人					
	菜肴	食材	餐馆	名人	技法
菜肴	0	92	60	68	65
食材	92	0	60	68	65
餐馆	60	60	0	40	41
名人	68	68	40	0	50
技法	65	65	41	50	0

表 7-10 类簇 C2.1 主题发现结果及其主题词共现矩阵

主题：文化故事				
主题词组配特点：强调菜肴及名人信息				
	菜肴	食材	名人	蔬菜
菜肴	0	61	52	57
食材	61	0	53	58
名人	52	53	0	50
蔬菜	57	58	50	0

表 7-11 类簇 C2.1.2 主题发现结果及其主题词共现矩阵

主题：名人与美食					
主题词组配特点：多人物称谓、年代等，如"皇帝""历史"等					
	方法	技艺	皇帝	历史	民间
方法	0	22	18	14	16
技艺	22	0	18	14	16
皇帝	18	18	0	8	7
历史	14	14	8	0	8
民间	16	16	7	8	0

为了提供更便捷的可视化导航，本节基于聚类分析中获得的第三层级文本相似度矩阵，利用多维尺度分析法开展了特征降维处理，并结合主题发现结果，以树图和散点图的形式对多层次文本聚类结果进行了可视化展现（如图7-45与图7-46所示）：

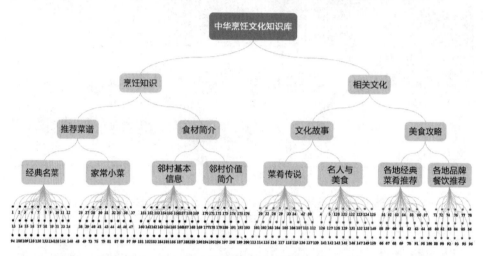

图7-45 文本聚类结果的可视化树图展示

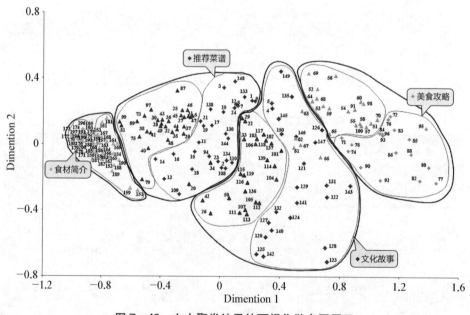

图7-46 文本聚类结果的可视化散点图展示

从图 7-45 的树图中，用户可以便捷地了解实验对象——中华烹饪文化知识库中文本的关键主题。该知识库的实验文本集，主要包括"烹饪知识"与"相关文化"两大类内容。这两大类中的文本，又可进行第二、第三层的进一步细分。根据该树图的展示，用户可以快速地捕捉到自己感兴趣的主题，并便捷地定位到与该主题相关的文本，从而为用户提供了更好的知识库导航。

根据图 7-46 的散点图，用户可以进一步了解到知识库中文本集的分布情况及文本间的关联关系。从文本分布情况来看，"食材简介"与"美食攻略"主题下的文本间距离最远，文本内容差异性较大。此外，"食材简介"主题内的文本分布最为集中，文本间相似度最大。从各文本间的关联关系来看，部分文本的代表节点非常接近，如第 7、8、12 篇文本的代表节点。这表示此三篇文本的内容极为相似，用户若对其中一篇文本感兴趣，那其很可能对其他两篇文本也较有兴趣，这为后续进一步的知识库智能导航、推荐服务等知识服务研究提供了借鉴。

为了满足用户在快速了解知识库资源、获得便捷导航方式等方面的需求，本节在利用文本聚类方法开展多层次文本自动组织的基础上，结合聚类结果特点及专题知识库用户需求，提出了一种适用于专题知识库的文本聚类结果的可视化方法。该可视化方法由主题发现与可视化展现两个主要环节组成。在主题发现过程中，本节提出了一种新的主题词抽取方法——TF-ICF 加权算法，并在此基础上通过共词分析法实现了主题描述的构建。在可视化展现过程中，本节利用多维尺度分析法将高维的文本特征成功映射到二维空间中，并进一步结合用户需求与聚类结果多层次的特点，选用并优化了树图与散点图来综合展现专题知识库中文本的分布情况与关键主题。

通过实验本节验证了所提出的聚类结果的可视化方法，能帮助用户更直观地了解专题知识库中所含文本资源的分布情况及关键主题，对进一步优化专题知识库的用户体验有着重要意义。

第八章 结束语

第一节 研究总结

非遗也被称为"活遗产"或"活文化",其价值和意义不仅体现于文化表现本身,也在于其对民族团结和民族精神的重要影响。各种类型的非遗项目蕴含着一个民族所特有的精神价值、思维方式、想象力和文化意识,是民族发展的源泉;同时其也代表着民族智慧,是一个国家软实力的重要体现。在全球化背景中,保护非遗已成为世界各国的共识,对非遗的传承、保护及传播也事关中国文化强国战略的实现。

非遗是一直在发展和进化的有机体,非遗的信息资源建设也是非遗保护和非遗研究的有力抓手;而非遗的多样、活化、隐性等特性,对传统的信息资源开发和利用提出了新的挑战。当前非遗信息资源分散无序,无法全面展示非遗的特色,弱化了其价值,极大地影响了非遗文化的传承和传播。非遗的保护是现在学术研究与实践探索的重要领域,将文献计量、信息组织、内容分析,以及可视化实现等方法应用于非遗领域,也是图书情报领域研究者参与非遗保护的方式之一;因此,如何有效地开发和利用信息资源,这是本书所重点关注和探讨的问题。

物质文化遗产和非物质文化遗产共同承载着人类社会的文明,是世界文化多样性的体现。运用现代数字信息技术,对文化遗产进行数字化保存、开发、利用和传播，是信息时代极具社会文化意义的战略举措。相对于物质文化遗产，非遗更具多样、活态、隐性等特征；所以非遗资源数字化建设更具挑战性，这需要在数据采集、信息处理、信息组织、信息集成与知识发现、信息资源开发与利用等诸多方面，形成有针对性的解决方案。

中国是一个多民族国家，有着悠久的历史和灿烂的文明，中华民族的祖先为我们留下了极其丰富的非物质文化遗产。截至2020年底，中国已有40项进入联合国教科文组织的人类非遗代表作名录，有7项进入急需保护的非遗名录；从2006—2011年，国务院也先后三次批准了文化部确定的国家级非遗名录，共计包含1 219项；还有更多的省级、市级的非遗项目。一方面是我国纷繁众多的各类非遗项目，另一方面是非遗项目数字资源建设领域研究的欠缺，基于此背景，对于非遗信息资源的开发利用研究现状是本书的理论基础，也是本书进一步探讨和创新非遗信息开发利用方式的前提。

有效的保护才能实现真正的利用。采用数字化手段对非遗进行保护已经成为世界各国的共识，中国虽然在这方面起步较晚，但我国非遗的丰富性及其与历史文化的紧密结合，是许多国家无法比拟的。这一点也为我国的非遗数字化保护工作提供了有利条件。这些饱含中华民族独特文化风格和中国智慧的精神遗产，正以其不绝的存续和鲜活的表现形式，向国人及世界"讲述着中国故事"。用数字化形式来记录和传播这些"中国故事"，是中国智慧在非遗传承与传播工作中的体现，能够促进非遗通过各种手段在国家间的传播，从而有助于促进中国传统文化的发扬光大。

信息时代给非遗的保护带来了机遇，特别是数字化应用和基于数字媒体的传播，为非遗保护与传承提供了新的手段，各类研究和相关实践得到了蓬勃发展。传播是最好的传承，所以本书围绕非遗数字化传播展开了一系列研究，希望这一系列研究能够有助于促进非遗的保护工作及其在全社会的传播与接受，进而有助于促进民族认同感与凝聚力的提升。

在围绕参考咨询知识库开展研究的过程中，互联网给图书馆带来的巨大冲击给人留下深刻的印象，更多的用户更习惯寻求百度知道、Google学术等互联网服务的帮助。现实促使我们思考：图书馆应如何更好地提供咨询服务？互联网资源如何能丰富和补充馆藏不足？基于知识库的深度服务又应如何提供？……于是本书最后聚焦于基于网络资源的专题知识库构建及其语义应用领域。2013年，国家社科基金重大项目（第二批）招标选题中也列出了"基于多维度聚合的网络资源知识发现研究"这一方向，从另外一方面体现了这一关注点的价值。

选择什么专题领域来构建知识库呢？在思考中，有两类场景引起了关注：一类是交叉学科领域，因为其领域知识体系尚未成熟完善，把语义应用引入知识库服务的意义不言而喻；不过传统学科的接受以及快速变化的研究热点，使得可行性上面临挑战。另外一类是本身知识体系性不够强，或者大家没有很好地关注其知识特性的专题，最后本书选择了烹饪文化领域。中华饮食文化博大精深，其中闻名于世的各式菜肴更是拥有源远流长的历史文化背景；但现实情况是与中华烹饪文化相关的各类信息，如领域的菜系、菜肴、技法、食材、名人典故等知识，并没有得到充分的整合与利用，为此本书在最佳实践模块构建了中华烹饪文化知识库，并在此基础上进行了一系列探讨。

第二节　不足与展望

虽然本书的研究取得了一定的成果，但也存在着诸多不足和欠缺。一方面，由于非遗数字化属于典型的交叉研究领域，其研究成果较为分散；因此，课题组对于现有文献的搜寻必然存在疏漏，尤其是对国外非遗数字化案例的调研与深度剖析不够，仍存在进一步提升的空间。另一方面，本书在部分实例验证过程中所选取的实验材料可以更丰富一些，从而扩大实验对象范围，增大样本集，这将进一步提高实验结果的准确性，对于此，笔者将在后续的研究中对下列方面有所涉及：

第一，在现有数字化项目调研的基础上，加强对不同非遗项目数字化技术的选择与采纳问题的研究，实现技术与非遗数字化项目的最优匹配。例如，对于非遗数字化技术采纳模型与决策框架的研究。

第二，加强对非遗数字化技术应用的研究。一方面促进对VR、AR、3S

等现有非遗数字化中已有应用但并未广泛应用的技术的应用研究；另一方面，寻找与研发新的可用于非遗数字化保护与传播的技术，借鉴其他学科知识，广泛尝试与创新。

第三，加强对非遗数字化资源的共享与利用状况的实证研究，如不同数字资源的语义异构与互操作问题；同时关注国内外最佳案例的分析与探究，以促进非遗数字化成果能被更好地传播与接受。

主要参考文献

一、中文文献

[1] 埃弗雷特·M.罗杰斯.创新的扩散[M].辛欣,译.北京:中央编译出版社,2002.

[2] 艾丹祥,张玉峰.利用主题图建立概念知识库[J].图书情报知识,2003(2):48-50.

[3] 艾媒咨询.2016年APP与微信公众号市场研究报告[R/OL].(2016-11-29)[2017-01-12].http://www.iimedia.cn/c400/46539.html.

[4] 安德明.非物质文化遗产保护的中国实践与经验[J].民间文化论坛,2017(4):17-24.

[5] 安璐,李子运.眼动仪在网页优化中的实验研究:以厦门大学网络课程为例[J].中国远程教育,2012(5):87-91.

[6] 白海燕.关联数据及DBpedia实例分析[J].现代图书情报技术,2010(3):33-39.

[7] 白俊杰,李蔓荻,焦楠.90后大学生传统文化认知现状调查分析[J].中医药管理杂志,2010,18(10):909-911.

[8] 白如江,王效岳.基于KIM的语义检索系统研究[J].图书馆理论与实践,2010(10):56-58.

[9] 百度百科.地理信息可视化[Z/OL].(2021-04-07)[2014-07-01].http://baike.baidu.com/地理信息可视化/3054837?fr=aladdin.

[10] 百度百科.瓯塑[Z/OL].[2018-10-20].http://www.baike.com/wiki/%E7%93%AF%E5%A1%91.

[11] 百度百科.社会网络分析法.[EB/OL].(2018-10-20)[2014-07-01].http://baike.baidu.com/item/社会网络分析法.

[12] 百度在线网络技术(北京)有限公司.百度百科.[Z/OL].[2015-03-29].http://baike.baidu.com/.

[13] 毕强,尹长余,滕广青,等.数字资源聚合的理论基础及其方法体系建构[J].情报科学,2015,33(1):9-14.

[14] 别淑花.剪纸艺术的形式特征及象征意蕴[D].济南:山东师范大学,2010.

[15] 柴勃隆,王小伟,汤爱玲,等.多光谱摄影在莫高窟壁画现状调查及绘画技法研究中的初步应用[J].敦煌研究,2008(6):54-57.

[16] 蔡丰明.中国非物质文化遗产的文化特征及其当代价值[J].上海交通大学学报(哲学社会科学版),2006,14(4):64-69.

[17] 蔡璐,熊拥军,刘灿姣.基于本体和元数据的非遗资源知识组织体系构建[J].图书馆理论与实践,2016(3):39-43.

[18] 蔡志荣.民俗文化的当代价值[J].西北民族研究,2012(1):208-211.

[19] 曹灿.基于本体的软件工程课程知识库研究和应用[D].北京:北京林业大学,2010.

[20] 曹玲娟.上海市中心图书馆非物质文化遗产分馆开馆[EB/OL].(2011-06-15)[2020-12-01].http://roll.sohu.com/20110615/n310273548.shtml.

[21] 曹星.非遗借助新媒体与旅游实现联动传播可行性分析:以云南省非物质文化遗产新媒体传播为例[J].云南民族大学学报(哲学社会科学版),2015,32(4):53-56.

[22] 常凌翀.互联网时代西藏非物质文化遗产的数字化传播路径[J].中央民族大学学报(哲学社会科学版),2014(3):167-171.

[23] 常凌翀.新媒体语境下西藏非物质文化遗产的数字化保护与传承探究[J].西南民族大学学报(人文社会科学版),2014(1):39-42.

[24] 陈耕,曾学文,颜梓和.歌仔戏史[M].北京:光明日报出版社,1997.

[25] 陈红英,金国英.基于本体的茶叶知识服务系统研究与实现[J].中国农学通报,2011,27(4):453-458.

[26] 陈俊秀.非物质文化遗产的生产性保护利用模式研究[J].学习与实践,2015(5):118-123.

[27] 陈少峰.非物质文化遗产的动漫化传承与传播研究[D].济南:山东大学,2014.

[28] 陈世雄.歌仔戏及其文化生态[J].戏剧艺术,1997(3):107-119.

[29] 陈祥,洪福金,张贤坤.基于案例推理的网络舆情辅助决策系统研究[J].计算机与现代化.2012(6):13-16.

[30] 陈永东.微信之于微博:是互补而非替代[J].新闻与写作,2013(4):31-33.

[31] 陈玉,韩波.鲁锦产品的开发与手工技艺生产性保护[J].山东社会科学,2012(5):91-94.

[32] 程利,杨治良,王新法.不同呈现方式的网页广告的眼动研究[J].心理科学,2007,30(3):584-587.

[33] 崔越.基于移动互联网的微博和微信用户使用行为影响因素比较研究[D].北京:北京邮电大学,2015.

[34] D.普赖斯.小科学,大科学[M].宋剑耕,戴振飞,译.北京:世界科学社,1982.

[35] 大数据搜索与挖掘实验室.汉语分词系统[DS/OL].[2015-03-01].http://ictclas.nlpir.org.

[36] 代俊波.基于虚拟现实技术的满族非物质文化遗产数字展览馆的构建研究[J].通化师范学院学报,2015(1):48-52.

[37] 邓爱东.我国公共图书馆非物质文化遗产数据库建设调研[J].图书馆学研究,2010(10):36-39.

[38] 邓军.传统手工艺类非物质文化遗产生产性保护的经验与反思:以自贡彩灯制作技艺为例[J].四川理工学院学报(社会科学版),2016(1):86-99.

[39] 第十一届全国人民代表大会常务委员会.中华人民共和国非物质文化遗产法[EB/OL].(2011-02-25)[2020-11-30].http://www.npc.gov.cn/wxzl/gongbao/2011-05/10/content_1664868.htm.

[40] 丁楠,潘有能.基于关联数据的图书馆信息聚合研究[J].图书与情报,2011(6):50-53.

[41] 丁艳霞,朱尉.大众文化语境下的民俗文化传播和发展研究[J].今传媒,2014(10):175-176.

[42] 董慧,杨宁,余传明,等.基于本体的数字图书馆检索模型研究(I):体系结构解析[J].情报学报,2006,25(3):269-275.

[43] 董坤.基于关联数据的非物质文化遗产语义化组织研究[J].现代情报,2015,35(2):12-17.

[44] 杜建,张士靖.基于领域本体的生物医学语义检索机制研究:以GoPubMed和SEGoPubMed为例[J].数字图书馆论坛,2010(7):56-60.

[45] 杜丽丽,周忠伦.浅析云计算环境下非物质文化遗产保护系统的构建[J].神州,2012(17):10-11.

[46] 段超.关于民族传统文化创新问题的调查与思考:湖北民族地区民族传统文

化创新调研报告[J].江汉论坛,2005(11):137-141.

[47] 敦煌研究院.丝绸之路[Z/OL].[2016-08-06].http://www.siluyou.org/index/main.html.

[48] 方琼.大学生承继传统文化:现状、需求与日常生活化[J].中国青年研究,2011(7):95-97.

[49] 方兴东,张静,张笑容,等.基于网络舆论场的微信与微博传播力评价对比研究[J].新闻界,2014(15):39-43.

[50] 冯骥才.灵魂不能下跪:冯骥才文化遗产思想学术论集[M].银川:宁夏人民出版社,2007.

[51] 冯项云,肖珑,廖三三,等.国外常用元数据标准比较研究[J].大学图书馆学报,2001,19(4):15-21.

[52] 冯晓博.非物质文化遗产保护的"两条腿":利用媒体和走产业化道路[J].赤子(上中旬),2015(10):94.

[53] 冯秀珍,马爱琴.基于TAM的虚拟团队信息沟通技术采纳模型研究[J].科学学研究,2009,27(5):765-769.

[54] 冯燕,何明一,宋江红,等.基于独立成分分析的高光谱图像数据降维及压缩[J].电子与信息学报.2007,29(12):2871-2875.

[55] 高茂庭.文本聚类分析若干问题研究[D].天津:天津大学,2006.

[56] 高平,刘文雯,徐博艺.基于TAM/TTF整合模型的企业实施ERP研究[J].系统工程理论与实践,2004,24(10):74-79.

[57] 高扬元,孔德祥.传统技艺非物质文化遗产之生产性保护探究[J].重庆大学学报(社会科学版),2015(3):158-163.

[58] 龚光明,王薇,蒋艳辉,等.基于领域本体的文本资料聚类算法改进研究[J].情报科学,2013,31(6):129-134.

[59] 龚华明.旅游本体知识库的构建及推理应用研究[D].昆明:昆明理工大学,2008.

[60] 龚剑.非物质文化遗产资源数据库建设路径探微[J].贵图学刊,2012(4):1-3.

[61] 龚健雅.地理信息系统基础[M].北京:科学出版社,2001.

[62] 郭达志,杜培军,盛业华.数字地球与3维地理信息系统研究[J].测绘学报,2000,29(3):250-256.

[63] 郭红梅,张智雄.欧盟数字化长期保存研究态势分析[J].中国图书馆学报,

2014,40(210):120-127.

[64] 郭庆光.传播学教程[M].北京:中国人民大学出版社,1999.

[65] 郭淑云.试论萨满教的价值及萨满学研究[J].宗教学研究,2017(1):180-185.

[66] 郭拓.浅析文化馆(站)在非遗保护中的做法[J].大众文艺,2013(2):6.

[67] 何绵山.歌仔戏:闽台戏曲互动的结晶[J].宁波广播电视大学学报,2007, 5(2):94-97.

[68] 洪莉.生态翻译关照下的泉州非物质文化遗产英译[J].湖南科技学院学报, 2014,35(9):148-151.

[69] 洪韵佳,许鑫.基于领域本体的知识库多层次文本聚类研究:以中华烹饪文化知识库为例[J].现代图书情报技术,2013(12):19-26.

[70] 侯丽,李军莲,夏光辉.公众健康知识服务系统的知识组织架构[J].中华医学图书情报杂志,2012,21(6):8-14.

[71] 侯玉芳,耿骞.KIM:一个基于本体的信息检索平台[J].现代图书情报技术, 2005(8):27-31.

[72] 侯玉梅,许成媛.基于案例推理法研究综述[J].燕山大学学报(哲学社会科学版).2011,12(4):102-108.

[73] 胡衍强,刘仲英.基于案例推理的金融操作风险预警系统[J].同济大学学报(自然科学版).2008,36(9):1290-1294

[74] 黄丽娜,吴娅.新媒体时代下非物质文化遗产的传播与传承:以"侗族大歌"为例[J].凯里学院学报.2015,33(1):21-24.

[75] 黄淑敏.传承优秀传统文化的媒介策略[EB/OL].(2017-05-04)[2017-12-12].http://www.cssn.cn/zx/bwyc/201705/t20170504_3507481.shtml.

[76] 黄旭涛.非物质文化遗产保护中的政府职责研究:基于杨柳青年画保护的调查[J].理论与现代化,2014(2):111-117.

[77] 黄永林,谈国新.中国非物质文化遗产数字化保护与开发研究[J].华中师范大学学报(人文社会科学版),2012,51(2):49-55.

[78] 黄永文.关联数据在图书馆中的应用研究综述[J].现代图书情报技术,2010 (5):1-7.

[79] 徽州特色数据库.[DS/OL]//安徽师范大学自建数据库[2020-12-07].http:// lib1.ahnu.edu.cn/info/1016/1874.htm.

[80] 徽州文化网.[Z/OL].[2015-03-01].http://www.hzwh.com/index.asp.

[81] 惠子.试论民俗传播中的受众心理[J].东南传媒,2011(1):101-104.

[82] 吉顺权,周毅.产品用户评论在企业竞争情报中的应用:基于产品特征的关联规则数据挖掘[J].现代情报,2015,35(6):114-121.

[83] 季中扬,胡燕.传统民间艺术生产性保护的模式、难题及策略[J].学习与实践,2016(1):127-133.

[84] 江西省非物质文化遗产博物馆[EB/OL].[2016-07-28].http://www.jxfysjk.com/.

[85] 蒋宏潮,王大亮,张德政.基于领域本体的中医知识获取方法[J].计算机工程,2008,34(12):16-18.

[86] 蒋艳.微信与微博比较研究:基于5W模式视角[D].广州:暨南大学,2014.

[87] 金燕,江闪闪.基于四原则的关联数据发布方法研究[J].图书馆理论与实践,2013(5):77-80.

[88] 荆涛,左万利,孙吉贵,等.中文网页语义标注:由句子到RDF表示[J].计算机研究与发展,2008,45(7):1221-1231.

[89] 阚如良,王桂琴,周军,等.主题村落再造:非物质文化遗产旅游开发模式研究[J].地域研究与开发,2014,33(6):108-112.

[90] 赖守亮.数字化手段在非物质文化遗产保护中应用的多维度思辨[J].设计艺术研究,2014(1):35-39.

[91] 兰绪柳,孟放.数字文化资源的元数据格式分析[J].现代情报,2013,33(8):61-64.

[92] 黎邦群.基于主题词表的OPAC检索提示[J].图书馆杂志,2014,33(3):24-30.

[93] 李兵,张华敏,符永驰,等.基于语义关联的温病古籍知识检索系统的构建研究[J].辽宁中医杂志,2012,39(12):2403-2404.

[94] 李波.非物质文化遗产信息资源元数据模型研究[J].图书馆界,2011(5):38-41.

[95] 李德仁.虚拟现实技术在文化遗产保护中的应用[J].云南师范大学学报(哲学社会科学版),2008,40(4):1-7.

[96] 李纲,李新生,陈颖.论信息资源共享及其效率[J].中国图书馆学报,2001,27(3):40-42.

[97] 李纲,王忠义.基于语义的共词分析方法研究[J].情报杂志,2011,30(12):145-149.

[98] 李华成.论非物质文化遗产保护中的地方政府角色：基于湖北省荆州市非遗保护的实证分析[J].太原理工大学学报(社会科学版),2011,29(1)：73-76.

[99] 李晶.关键事件技术：通过获取关键事件进行实证研究的有效工具[J].图书情报知识,2010(1)：26-30.

[100] 李景.本体理论及在农业文献检索系统中的应用研究：以花卉学本体建模为例[D].北京：中国科学院研究生院,2004.

[101] 李景.领域本体的构建方法与应用研究[D].北京：中国农业科学院,2009.

[102] 李琳.关联数据在图书馆界的应用与挑战[J].图书与情报,2011(4)：58-61.

[103] 李梦瑜.文化遗产传播现状及有效性研究：以群体为例[D].厦门：厦门大学,2014.

[104] 李楠,孙济庆,马卓.面向学术文献的语义出版技术研究[J].出版科学,2015,23(6)：85-92.

[105] 李清茂.基于主题图的旅游文献组织方法研究[J].现代图书情报技术,2009(4)：82-87.

[106] 李仁杰,傅学庆,张军海.网络店铺中地域文化商品价值取向的文本挖掘：蔚县剪纸的实证研究[J].地理研究,2013,32(8)：1541-1554.

[107] 李蕊蕊,赵伟,陈静.福建省非物质文化遗产结构及地理空间分布特征[J].地域研究与开发,2014,33(6)：97-102.

[108] 李珊珊.台湾歌仔戏的形成、发展及启示[J].福建省社会主义学院学报,2008(4)：73-78.

[109] 李姗姗,周耀林,戴旸.非物质文化遗产信息资源档案式管理的瓶颈与突破[J].信息资源管理学报,2011(3)：73.

[110] 李新霞.基于本体的中医学脾胃病知识库的构建[D].南京：南京理工大学,2008.

[111] 李新霞,陆建峰,孟红梅,等.本体在中医脾胃病辅助诊断中的应用[J].江南大学学报(自然科学版),2010,9(2)：151-155.

[112] 李秀娜.微博/微信：博物馆自媒体应用经验谈[J].中国博物馆,2013(4)：97-102.

[113] 李亚青.基于文献计量的我国图书馆非物质文化遗产保护研究[J].图书馆学刊,2012(10)：131-135.

[114] 李艳丽.以昆曲为例试论非物质文化遗产数字博物馆的建设[J].才智,2014

(8):240.

[115] 李远龙,曾钰诚.产业与数字:黔南少数民族非物质文化遗产生产性保护研究[J].中南民族大学学报(人文社会科学版),2017(4):64-68.

[116] 李兆龙.基于领域本体的旅游信息检索系统研究与实现[D].北京:北京邮电大学,2012.

[117] 李卓卓,沈妍.云仓储环境下图书馆联盟数字资源长期保存合作模式研究[J].图书情报工作,2013,57(14):45-49.

[118] 林海青,楼向英,夏翠娟.图书馆关联数据:机会与挑战[J].中国图书馆学报,2012,38(1):58-67,112.

[119] 林利.基于本体的文本聚类的应用研究[D].天津:天津大学,2011.

[120] 刘斌.基于G/S模式的非物质文化遗产异构数据可视化共享机制研究与实现[D].成都:成都理工大学,2011.

[121] 刘春,刘大杰.GIS的应用及研究热点探讨[J].现代测绘,2003,26(3):7-10.

[122] 刘春江.湖口青阳腔[M].南昌:江西人民出版社,2007.

[123] 刘青,孔凡莲.中国网络信息存档及其与国外的比较:基于国家图书馆WICP项目的研究[J].图书情报工作,2013,57(18):80-86.

[124] 刘铁梁.民俗文化的内价值与外价值[J].民俗研究,2011(4):36-39.

[125] 刘伟华,许静华.图书馆非物质文化遗产保护研究[J].图书馆工作与研究,2016(7):27-30.

[126] 刘炜.关联数据:概念、技术及应用展望[J].大学图书馆学报,2011,29(2):9-10.

[127] 刘炜,张春景,夏翠娟.万维网时代的规范控制[J].中国图书馆学报,2015(3):22-33.

[128] 刘文杰,徐坚英,窦国祥,等.中医食疗与营养配餐系统[J].南京铁道医学院学报,1998,17(3):179-181.

[129] 刘晓春,冷剑波."非遗"生产性保护的实践与思考[J].广西民族大学学报(哲学社会科学版),2016(4):64-71.

[130] 刘秀如,杨永川,闫红丽.主题图在公安信息资源整合中的应用研究[J].计算机应用与软件,2012,29(4):206-208.

[131] 刘哲峰.古代中医食疗理法研究[D].北京:中国中医科学院,2007.

[132] 娄秀明.用关联数据技术实现网络知识组织系统的研究[D].上海:华东师范

大学,2010.

[133] 鲁春晓.非物质文化遗产生产性保护研究[J].东岳论丛,2015(7):78-82.

[134] 罗军.基于 CIT 的高校图书馆服务质量实证研究[J].图书馆杂志,2010,29(5):49-56.

[135] 罗军,刘艺茹.本体和描述逻辑在景点查询中的应用研究[J].计算机技术与发展,2012,22(6):239-242.

[136] 罗雪梅.中国民间剪纸艺术的文化内涵[J].美术教育研究,2012(13):46-47.

[137] 罗忠良,王克运,康仁科,等.基于案例推理系统中案例检索算法的探索[J].计算机工程与应用.2005,41(25):230-232.

[138] 吕琛.内涵与追求:广告创意中的传统文化[J].广西民族学院学报(哲学社会科学版),2003(3):124-126.

[139] 吕刚,郑诚.基于加权的本体相似度计算方法[J].计算机工程与设计,2010,31(5):1093-1095.

[140] 马费成,赵红斌,万燕玲,等.基于关联数据的网络信息资源集成[J].情报杂志,2011(2):167-170.

[141] 马克斯韦尔·麦库姆斯.议程设置:大众媒介与舆论[M].郭镇之,徐培喜,译.北京:北京大学出版社.2008.

[142] 马利,崔志伟,毛树松.我国医学知识库应用现状研究[J].医学信息学杂志,2013,34(11):55-59.

[143] 马连浩.Web 文本聚类技术及聚类结果可视化研究[D].大连:大连交通大学,2007.

[144] 马珉.元数据:组织网上信息资源的基本格式[J].情报科学,2002,20(4):377-379.

[145] 马知遥.非遗保护的困惑与探索[J].民俗研究,2010(4):44-52.

[146] 马治国,刘丽娜.从确立保存到传承复兴的"非遗"国际法保护之路:评析国际"最佳实践项目名录"制度[J].西北大学学报(哲学社会科学版),2012,42(5):131-136.

[147] 孟志军.影像复制时代下的非物质文化遗产[J].视听天地.2015(2):68-70.

[148] 明均仁.基于本体图的文本聚类模型研究[J].情报科学,2013,31(2):29-33.

[149] 南昌大学.赣剧网.[DB/OL].[2014-07-01].http://ganju.ncu.edu.cn.

[150] 牛强,邱波,夏士雄,等.基于领域本体的学习资源语义检索模型[J].计算机应

用研究,2008,25(7):1977-1982.

[151] 欧石燕,胡珊,张帅.本体与关联数据驱动的图书馆信息资源语义整合方法及其测评[J].图书情报工作,2014,58(2):5-13.

[152] 欧石燕.面向关联数据的语义数字图书馆资源描述与组织框架设计与实现[J].中国图书馆学报,2012,38(202):58-71.

[153] 潘安,韩敏.语义出版与编辑作为[J].中国编辑,2016(3):47-52.

[154] 潘有能,张悦.关联数据研究与应用进展[J].情报科学,2011,29(1):124-130.

[155] 庞军,唐宏亮,杨扬,等.亚健康状态中医证型相关文献统计分析[J].中国临床康复,2006,10(27):105-107.

[156] 彭冬梅.面向剪纸艺术的非物质文化遗产数字化保护技术研究[D].杭州:浙江大学,2008.

[157] 彭纲.非物质文化遗产的数字化保护[J].非物质文化遗产研究集刊.2009(1):130-134.

[158] 彭毅.非物质文化遗产档案的数字化保护[J].档案与建设,2009(1):46-48.

[159] 彭宇辉.基于UTAUT模型的手机微博用户采纳影响因素研究[D].江西财经大学,2014.

[160] 祁庆富.论非物质文化遗产保护中的传承及传承人[J].西北民族研究,2006(3):114-123.

[161] 钱智勇.基于本体的楚辞书目相关检索研究[J].图书情报工作,2011,55(23):101-105.

[162] 钱智勇.基于本体的专题域知识库系统设计与实现:以张謇研究专题知识库系统实现为例[J].情报理论与实践,2006,29(4):476-479.

[163] 钱智勇.基于本体的专题知识库智能检索系统研究:以张謇研究知识库检索系统实现为例[J].图书情报工作,2008,52(4):78-80.

[164] 钱智勇,周建忠,贾捷.楚辞知识库构建与网站实现研究[J].图书馆理论与实践,2010(10):70-73.

[165] 乔治·亨利·里维埃.生态博物馆:一个进化的定义[J].中国博物馆,1995(2):6.

[166] 秦春秀,赵捧未,窦永香.一种基于本体的语义标引方法[J].情报理论与实践,2005,28(3):244-246.

[167] 青阳腔.青阳腔的博客[Z/OL].新浪博客,[2014-07-01].http://blog.sina.com.cn/genhao3e333.

[168] 清博指数.微信传播指数 WCI(V14.2)[Z/OL].[2016-05-01].http://www.gsdata.cn/site/usage.

[169] 邱均平,王菲菲.基于共现与耦合的馆藏文献资源深度聚合研究探析[J].中国图书馆学报,2013,39(3):25-33.

[170] 邱云飞,王威,刘大有,等.基于方差的 CHI 特征选择方法[J].计算机应用研究,2012,29(4):1304-1306.

[171] 屈菡."丝绸的记忆:中国蚕丝织绣暨国家级非物质文化遗产项目特展"在国家图书馆开展.[EB/OL].(2013-12-31)[2020-12-01].http://politics.people.com.cn/n/2013/1231/c70731-23988257.html.

[172] 屈健民.基于 RDA 的非遗数字化资源组织初探[J].四川图书馆学报,2016(2):38-40.

[173] 任丽梅."国学热"与中国传统文化现代化再思考[J].马克思主义研究,2013(10):107-113.

[174] 任永功.面向聚类的数据可视化方法及相关技术研究[D].沈阳:东北大学,2006.

[175] 任永功,于戈.一种多维数据的聚类算法及其可视化研究[J].计算机学报,2005,28(11):1861-1865.

[176] 单丽琼,刘昭.公共管理视角下政府机构借助网络数字技术对非遗的保护机制研究[J].中国市场,2016(17):113-114.

[177] 上海市非物质文化遗产保护中心.上海非物质文化遗产网.[Z/OL].[2015-03-29].http://www.ichshanghai.cn/.

[178] 上海图书馆.网上联合知识导航站[Z/OL].[2013-10-01].http://vrd.library.sh.cn/.

[179] 邵娣,吴冰心.高清数字影像在非物质文化遗产保护中的应用研究[J].宿州教育学院学报,2015(5):43-44.

[180] 沈志宏,黎建辉,张晓林.关联数据互联技术研究综述:应用、方法与框架[J].图书情报工作,2013,57(14):125-133.

[181] 沈志宏,刘筱敏,郭学兵,等.关联数据发布流程与关键问题研究:以科技文献、科学数据发布为例[J].中国图书馆学报,2013,39(2):53-62.

[182] 沈志宏,张晓林.关联数据及其应用现状综述[J].现代图书情报技术,2010(11):1-9.

[183] 时念云,杨晨.基于领域本体的语义标注方法研究[J].计算机工程与设计,2007,28(24):5985-5987.

[184] 史波涛.文物保护:技术引领数据复活文物古建[EB/OL].(2013-03-05)[2016-08-13].http://www.ce.cn/culture/gd/201303/05/t20130305_24169796.shtml.

[185] 史乐乐,张辉,翟艳萍.公共图书馆参与民俗文化传承保护研究:基于文化传承视角[J].晋图学刊,2016(6):33-37.

[186] 宋俊华.文化生产与非物质文化遗产生产性保护[J].文化遗产,2012(1):1-5.

[187] 宋绍成,毕强,杨达.信息可视化的基本过程与主要研究领域[J].情报科学,2004,22(1):13-18.

[188] 搜狗.搜狗微信[Z/OL].[2016-05-01].http://weixin.sogou.com/.

[189] 搜狐财经.研究称中国有6亿人处于亚健康状态 身体透支严重.[Z/OL].(2013-06-17)[2020-12-02].http://business.sohu.com/20130617/n379052458.shtml.

[190] 搜狐上海.一线城市白领重度亚健康率竟已高达91%.[Z/OL].(2012-03-19)[2020-12-02].http://sh.sohu.com/20120319/n338169468.shtml.

[191] 孙成国.基于大学领域本体的语义检索技术研究[D].广州:中山大学,2012.

[192] 孙海舒,符永驰,张华敏.基于本体论构建中医古籍知识库的探索[J].医学信息学杂志,2011,32(3):64-68.

[193] 孙海霞,钱庆,成颖.基于本体的语义相似度计算方法研究综述[J].现代图书情报技术,2010(1):51-56.

[194] 孙鸿燕.图书馆关联数据的综合管理及其实现[J].图书馆学研究,2011(23):51-54.

[195] 孙晓生.孙思邈食养食疗理论与实践集要[J].新中医,2011,43(4):120-122.

[196] 孙信如,赵亚静.非遗传承人的传播实践和文化建构:以大理石龙白族村为研究个案[J].当代传播(汉文版),2017(3):21-24.

[197] 孙中秋.社会化标注系统资源聚合[D].长春:吉林大学,2015.

[198] 谈国新,孙传明.信息空间理论下的非物质文化遗产数字化保护与传播[J].西南民族大学学报(人文社会科学版),2013(6):179-184.

[199] 谭宏.利用互联网传播非物质文化遗产的思考[J].新闻爱好者,2010(14):56-57.

[200] 唐芒果,孟涛.武术非物质文化遗产传承人生产性保护模式及其路径研究[J].南京体育学院学报(社会科学版),2016(5):13-18.

[201] 腾讯.腾讯公布2016年第三季度业绩[EB/OL].[2017-01-12].http://www.tencent.com/zh-cn/content/at/2016/attachments/20161116.pdf.

[202] 滕悦明.基于本体的远程教学辅助系统的设计与实现[D].北京:北京邮电大学,2007.

[203] 田宁.基于关联数据的信息资源整合[J].图书馆学刊,2014,36(1):37-39.

[204] 田艳.试论贵州非物质文化遗产的生产性保护[J].贵州民族研究,2014(1):13-17.

[205] 仝召娟,许鑫,钱佳轶.基于关联数据的非遗数字资源聚合研究[J].图书情报工作,2014,58(21):21-26.

[206] W3school.RDF简介[EB/OL].[2014-07-08].http://www.w3school.com.cn/rdf/rdf_intro.asp.

[207] 万会珍,骆方成.非物质文化遗产保护中的传统武术与三维数字技术运用[J].洛阳师范学院学报,2014,33(11):95-98.

[208] 汪向明.图书馆保护非物质文化遗产优势分析[J].图书馆工作与研究,2010(3):19-21.

[209] 王昊,谷俊,苏新宁.本体驱动的知识管理系统模型及其应用研究[J].中国图书馆学报,2013,39(2):98-110.

[210] 王登佐.关于县级图书馆保护县域民俗文化的几点思考[J].河南图书馆学刊,2012,32(1):14-16.

[211] 王刚,邱玉辉.基于本体及相似度的文本聚类研究[J].计算机应用研究,2010,27(7):2494-2497.

[212] 王刚,邱玉辉.一个基于语义元的相似度计算方法研究[J].计算机应用研究,2008,25(11):3253-3255.

[213] 王红军.山东公布非遗和古籍保护成果整理非遗项目超4万项[EB/OL].(2013-06-07)[2020-12-01].http://www.cntour2.com/viewnews/2013/06/07/ODpl9E2MP3QEt31xphNYO.shtml.

[214] 王嘉,杨永赤.世界"非遗"保护大会有望在成都召开[Z/OL].(2007-07-01)

[2014-07-05].http://news.sohu.com/20070701/n250849795.shtml.

[215] 王健.非物质文化遗产与旅游的不解之缘[J].旅游学刊,2010(4):11-12.

[216] 王巨山.非物质文化遗产的特征及其保护的再认识[J].社会科学辑刊,2006(5):165-167.

[217] 王隽.非物质文化遗产与媒体传播:二位耦合和发展路径[J].现代传播.2014(6):12-14.

[218] 王琳、钟蕾.数字化在传统手工艺类非物质文化遗产保护与传播中的应用[J].艺术与设计(理论).2013(9):120-122.

[219] 王蒙,许鑫.主题图技术在非物质文化遗产信息资源组织中的应用研究:以京剧、昆曲为例[J].图书情报工作,2015(14):15-21.

[220] 王明月.非物质文化遗产数字化保护的现状、问题与趋势[EB/OL].(2015-11-24)[2020-12-01].http://www.cssn.cn/zk/zk_wh/201511/t20151124_2710505.shtml.

[221] 王琦.调治亚健康状态是中医学在21世纪对人类的新贡献[J].北京中医药大学学报,2001,24(2):1-4.

[222] 王诗文,陈亮.非物质文化遗产传播特点及策略研究[J].淮南师范学院学报,2015,17(1):22-25.

[223] 王思丽,祝忠明.利用关联数据实现机构知识库的语义扩展研究[J].现代图书情报技术,2011,27(11):17-23.

[224] 王涛.基于关联数据的馆藏信息资源聚合研究[J].图书馆学刊,2012(8):44-46.

[225] 王薇,欧石燕.关联数据在图书馆领域的应用研究[J].新世纪图书馆,2012(9):25-28.

[226] 王伟.基于网络信息的热点事件发现与分析研究:以创业板上市公司为例[D].上海:华东师范大学,2011.

[227] 王伟,许鑫.融合关联数据和分众分类的徽州文化数字资源多维度聚合研究[J].图书情报工作,2015,59(14):31-36.

[228] 王文章.非物质文化遗产概论[M].北京:文化艺术出版社,2006.

[229] 王文章,李荣启.中国传统节日的文化内涵[J].艺术百家,2012(3):5-10.

[230] 王小华,徐宁,谌志群.基于共词分析的文本主题词聚类与主题发现[J].情报科学,2011,29(11):1621-1624.

[231] 王晓东,郭雷,方俊,等.一种基于本体的抽象度可调文档聚类[J].计算机工程与应用,2007,43(29):172-175.

[232] 王晓光,陈孝禹.语义出版:数字时代科学交流系统新模型[J].出版科学,2012,20(4):81-86.

[233] 王学思.开创非遗当代传承发展的生动局面[N].中国文化报,2017-10-16(1).

[234] 王耀希.民族文化遗产数字化[M].北京:人民出版社,2009.

[235] 王莹莹.基于叙词表的中医基础理论知识库的构建[D].沈阳:沈阳航空航天大学,2012.

[236] 王犹建.网络时代数字化语境下的非物质文化遗产传播[J].新闻爱好者.2012(10):39-40.

[237] 王云庆.图书馆等文化事业机构保护非物质文化遗产的措施[J].图书情报工作,2007,51(8):132-135.

[238] 王运锋,夏德宏,颜尧妹.社会网络分析与可视化工具 NetDraw 的应用案例分析[J].现代教育技术,2008,18(4):85-89.

[239] 王芷章.中国京剧编年史[M].北京:中国戏剧出版社,2014.

[240] 王忠义,夏立新,石义金,等.数字图书馆中层关联数据的创建与发布[J].现代图书情报技术,2013(5):28-33.

[241] 威尔伯·施拉姆,威廉·波特.传播学概论:第二版[M].何道宽,译.北京:中国人民大学出版社,2010.

[242] 微博.微博检索[Z/OL].[2020-12-15].http://s.weibo.com.

[243] 韦楠华.基于文献计量学的中文古籍数字化研究分析[J].现代情报,2011(10):107-111.

[244] 魏崇周.2001-2010:当代非物质文化遗产热点问题研究综述[J].民俗研究,2010(3):80-89.

[245] 吴竟红.略论谚语中的传统文化内涵[J].山东社会科学,2010(4):68-71.

[246] 吴芸,周昌乐,张志枫.中医舌诊八纲辨证神经网络知识库构建[J].计算机应用研究,2006,23(6):188-189.

[247] 吴振新.数字资源长期保存可信赖认证研究发展综述[J].中国图书馆学报,2015,41(217):114-126.

[248] 吴振新,张智雄,郭家义.数字信息资源长期保存技术策略分析[J].现代图书情报技术,2006(4):8-13.

[249] 伍革新.基于关联数据的数字图书馆资源聚合与服务研究[D].武汉：华中师范大学,2013.

[250] 夏翠娟,刘炜,赵亮,等.关联数据发布技术及其实现：以Drupal为例[J].中国图书馆学报,2012,38(1)：49-57.

[251] 相恒平,王西江.文化馆在非遗传承与传播中的作用探析：以日照市为例[J].人文天下,2016(3)：36-40.

[252] 谢桂芳.SPARQL一种新型的RDF查询语言[J].湘南学院学报,2009,30(2)：80-84.

[253] 谢红薇,颜小林,余雪丽.基于本体的Web页面聚类研究[J].计算机科学,2008,35(9)：153-155.

[254] 新浪科技.新浪发布2016年第三季度财报[EB/OL].[2017-01-12].http://tech.sina.com.cn/i/2016-11-22/doc-ifxxwrwh4878253.shtml.

[255] 徐宝祥,叶培华.知识表示的方法研究[J].情报科学,2007,25(5)：690-694.

[256] 徐金龙.从资源到资本[D].武汉：华中师范大学,2011.

[257] 徐雷.语义出版应用与研究进展[J].出版科学,2016,24(3)：33-39.

[258] 徐明,高翔,许志刚,等.基于改进卡方统计的微博特征提取方法[J].计算机工程与应用,2014,50(19)：113-117.

[259] 徐苏维,王军见,盛业华.3D/4DGIS/TGIS现状研究及其发展动态[J].计算机工程与应用,2005,41(3)：58-62.

[260] 徐拥军,王薇.美国、日本和台湾地区文化遗产档案数据库资源建设的经验借鉴[J].档案学通讯,2013(5)：58-62.

[261] 许鑫,郭金龙.基于领域本体的专题库构建：以中华烹饪文化知识库为例[J].现代图书情报技术,2013(12)：2-9.

[262] 许鑫,江燕青,翟姗姗.面向语义出版的学术期刊数字资源聚合研究[J].图书情报工作,2016,60(17)：122-129.

[263] 许鑫,张悦悦.非遗数字资源的元数据规范与应用研究[J].图书情报工作,2014,58(21)：13-20.

[264] 薛浩,马静,朱恒民,等.基于SOM聚类的文本挖掘知识展现可视化研究[J].情报理论与实践,2009,32(7)：120-123.

[265] 闫国利,熊建萍,臧传丽,等.阅读研究中的主要眼动指标评述[J].心理科学进展,2013,21(4)：589-605.

[266] 闫洪森,张野,孙娜,等.基于本体的知识库构建方法[J].情报科学,2007,25(9):1398-1408.

[267] 杨玢.青海省非物质文化生产性保护与传承途径探微[J].兰台世界,2014(5):115-116.

[268] 杨红.档案部门与非物质文化遗产数据库建设[J].北京档案,2011(3):22-23.

[269] 杨红.非物质文化遗产数据库若干关键问题的研究[D].北京:中国艺术研究院,2013.

[270] 杨红.非物质文化遗产数字化研究[M].北京:社会科学文献出版社,2014.

[271] 杨丽娜,颜志军.信息技术采纳视角下的网络学习行为实证研究[J].中国远程教育,2011(7):36-40.

[272] 杨莉.非物质文化遗产信息化建设的现状及对策:基于对昆曲信息化建设的调研[J].图书情报工作,2011,55(11):108-111.

[273] 杨明磊,冯海涛,李永平.微信对体育类非遗资源在高校传播的影响和策略[J].新闻战线,2015(10):139-140.

[274] 杨钤雯,寇纪淞,陈富赞,等.基于本体的语义网络会话聚类和可视化方法[J].模式识别与人工智能,2011,24(1):111-116.

[275] 杨涛.基于本体的案例推理系统框架研究[D].南京:南京航空航天大学,2006.

[276] 杨月欣,王光亚,潘兴昌.中国食物成分表:第一册[M].2版.北京:北京大学医学出版社,2009.

[277] 姚慧.《格萨(斯)尔》史诗跨民族传播的音乐建构:以扎巴老人、琶杰、王永福说唱的"霍尔之篇"为例[J].民族艺术,2015(6):158-165.

[278] 叶鹏,周耀林.中国非物质文化遗产项目代表性传承人名录的现状与发展[J].牡丹江大学学报,2013,22(11):9-12.

[279] 佚名.中国非物质文化遗产名录数据库系统[Z/OL].[2020-12-21].http://fy.folkw.com.

[280] 易钢,罗尧岳.基于本体的中医知识库系统的研究[J].医学信息,2010,23(10):3516-3518.

[281] 易军凯,周育彬,陈刚.可扩展的数字博物馆元数据规范研究与实践[J].数字图书馆论坛,2014(2):43-53.

[282] 易忠.旅游商品设计中的文化内涵[J].装饰,2002(9):10-11.

[283] 殷哲.积极探索非遗保护新模式:以微信二维码为例谈当前非遗保护的几点想法[J].大众文艺,2015(4):3-4.

[284] 尹碧昌.我国田径教练员胜任力模型与绩效关系研究[J].体育科学,2014,34(6):59-67.

[285] 尹小红.网络环境下大学生日常生活信息搜寻行为模式研究[J].图书情报工作.2011,55(13):100-103.

[286] 尹伊君,王国武.民俗文化的特征、功能与传承[J].学术交流,2009(11):204-207.

[287] 游曼.简析利用微博平台传播非物质文化遗产的可行性[J].重庆第二师范学院学报,2013,26(3):149-150.

[288] YOU Y J.使用lucene3.6创建索引和实现简单搜索[Z/OL].[2013-04-24].http://blog.csdn.net/youyajie/article/details/7487498.

[289] 游毅,成全.试论基于关联数据的馆藏资源聚合模式[J].情报理论与实践,2013,36(1):109-114.

[290] 于丹,刘一奔,张振宇.我国城市居民对中国传统文化的认知状况调查:基于对北京、上海、重庆三地居民的调查数据分析[J].现代传播(中国传媒大学学报),2012(9):5-13.

[291] 于静,吴国全,卢燚.基于领域本体的政务信息检索系统[J].计算机应用,2010,30(6):1664-1667.

[292] 余日季,唐存琛,胡书山.基于AR技术的非物质文化遗产资源产业化开发研究:以黄鹤楼传说为例[J].湖北社会科学,2014(4):50-54.

[293] 余胜,李绍滋,郭锋,等.特征表示方法在中医食疗上的应用[J].厦门大学学报(自然科学版),2009,48(3):354-358.

[294] 喻旭燕,蔡亮.文化阐释与叙事呈现:"非遗"对外传播的有效路径研究[J].浙江学刊,2016(2):220-224

[295] 苑利.非物质文化遗产保护主体研究[J].重庆文理学院学报(社会科学版),2009,28(2):1-8.

[296] ZH奶酪.中文分词器ICTCLAS使用方法(Java)[EB/OL].[2013-04-22].http://www.cnblogs.com/CheeseZH/archive/2012/11/27/2791037.html.

[297] 翟姗姗,刘齐进,白阳.面向传承和传播的非遗数字资源描述与语义揭示研究综述[J].图书情报工作,2016,60(2):6-13.

[298] 翟姗姗,许鑫,孙亚薇,等.记忆工程视野下的非遗数字化存档保护研究[J].图书与情报,2017(4):47-53.

[299] 翟姗姗,许鑫,夏立新,等.语义出版技术在非遗数字资源共享中的应用研究[J].图书情报工作,2017,61(2):23-31.

[300] 詹一虹,龙婷.荆楚非物质文化遗产的生产性保护研究[J].湖北民族学院学报(哲学社会科学版),2015(6):5-11.

[301] 曾永义.闽台戏曲关系之调查研究计划成果报告[R].台北:台湾大学图书馆,1995:101.

[302] 曾子明.基于Agent和CBR的电子商务推荐系统模型研究[J].现代情报.2008,28(3):209-213.

[303] 张爱琦,左万利,王英,等.基于多个领域本体的文本层次被定义聚类方法[J].计算机科学,2010,37(3):199-204.

[304] 张冰冰.基于领域本体的景点影视音乐推荐[D].杭州:浙江大学,2014.

[305] 张博,程圩.文化旅游视野下的非物质文化遗产保护[J].人文地理,2008(1):74-79.

[306] 张赪军,刘祥瑞,李军,等.基于本体的语义检索技术研究[J].计算机工程与应用,2010,46(9S):373-394.

[307] 张聪,张慧.信息可视化研究[J].武汉工业学院学报,2006,25(3):45-48.

[308] 张华平.ICTCLAS张华平博士[Z/OL].(2010-05-03)[2013-03-01].www.52nlp.cn/推荐张华平老师的中文分词工具-ictlas2010.

[309] 张辉,王英林.基于本体的面向概念信息检索模型研究[J].微计算机信息,2009,25(2-3):185-187.

[310] 张婧.顾客不道德行为下的酒店员工情绪研究[D].上海:华东理工大学,2012.

[311] 张靖,张盈,林明,等.中国大陆及港澳地区图书馆西文古籍保护与修复情况调查[J].大学图书馆学报,2017,35(2):99-108.

[312] 张雷.药膳食疗系统的设计与开发[D].重庆:重庆医科大学,2009.

[313] 张琳琳,高原,赵新伟.传统文化符号在现代包装设计中的应用[J].现代装饰(理论),2012(2):22.

[314] 张鸣.知识服务方式之一:构建学科专题知识库[J].图书馆学刊,2006(3):108-110.

[315] 张五辈.中医药知识库设计与实现[D].沈阳:沈阳航空航天大学,2011.

[316] 张希月,虞虎,陈田,等.非物质文化遗产资源旅游开发价值评价体系与应用:以苏州市为例[J].地理科学进展,2016,35(8):997-1007.

[317] 张小芳.图书馆数字化保护非物质文化遗产探析[J].图书馆学刊,2010(9):44-46.

[318] 张兴旺,卢桥,田清.大数据环境下非遗视觉资源的获取、组织与描述[J].图书与情报,2016(5):48-55.

[319] 张玉峰,何超.基于领域本体的竞争情报聚类分析研究[J].情报科学,2011,29(11):1613-1615.

[320] 张玉峰,何超,王志芳,等.融合语义聚类的企业竞争力影响因素分析研究[J].现代图书情报技术,2012(9):49-55.

[321] 张云中,杨萌.Tax-folk混合导航:社会化标注系统资源聚合的新模型[J].中国图书馆学报,2014,40(3):78-89.

[322] 赵嫦花.基于本体的学科知识库构建研究[D].重庆:西南大学,2008.

[323] 赵明.基于案例推理的机车故障诊断专家系统研究[D].长沙:中南大学.2004.

[324] 赵鸣,程志娟,倪爱德,等.非物质文化遗产数字化保护与生态博物馆建设:以海州五大宫调保护为例[J].淮海工学院学报(人文社会科学版),2014,12(7):71-75.

[325] 赵捧未,袁颖.基于领域本体的语义相似度计算方法研究[J].科技情报开发与经济,2010,20(8):74-77.

[326] 赵琦,张智雄,孙坦,等.主题发现技术方法研究[J].情报理论与实践,2009,32(4):104-108.

[327] 赵倩.非物质文化遗产数字博物馆研究[D].青岛:青岛大学,2009.

[328] 赵庆峰,鞠英杰.国内元数据研究综述[J].现代情报,2003,23(11):42-45.

[329] 赵智慧.文化遗产数字化研究演进路径与热点前沿的可视化分析[J].图书馆论坛,2013,33(2):33-40.

[330] 郑庚伟,曹军,尚云青.中医食疗管理信息系统的应用研究[J].中医药管理杂志,2013,21(2):135-137.

[331] 郑燃,唐义,戴艳清.基于关联数据的图书馆、档案馆和博物馆数字资源整合研究[J].图书与情报,2012(1):71-76.

[332] 中国非物质文化遗产名录数据库系统.[Z/OL].[2020-12-21].http://fy.folkw.com.

[333] 中国互联网络信息中心.2016年中国互联网新闻市场研究报告[EB/OL].(2017-01-12)[2020-11-19].http://www.cac.gov.cn/2017-01/12/c_1121534556.htm.

[334] 中国徽州文化博物馆.[Z/OL].[2020-12-07].http://www.hzwhbwg.com/.

[335] 中国科学技术协会.2011—2012图书馆学学科发展报告[M].中国科学技术出版社,2012.

[336] 中新社.贵州非物质文化遗产展览在香港展出[EB/OL].(2013-06-07)[2020-12-01].http://news.sohu.com/20130607/n378350266.shtml.

[337] 中国艺术研究院,中国非物质文化遗产保护中心.中国非物质文化遗产网·中国非物质文化遗产数字博物馆.[EB/OL].[2015-03-29].http://www.ihchina.cn/.

[338] 中华人民共和国文化部.文化部关于加强非物质文化遗产生产性保护指导意见[N].中国文化报,2012-02-27(1).

[339] 中华人民共和国文化部.中华人民共和国文化部2015年文化发展统计公报[EB/OL].(2016-04-15)[2020-12-15].http://zwgk.mct.gov.cn/auto255/201604/t20160425_474868.html.

[340] 中视典数字科技.圆明园借助虚拟现实及增强现实技术"恢复"圆明园原貌[EB/OL].(2012-10-19)[2016-07-30].http://www.vrp3d.com/article/cnnews/1101.html.

[341] 钟福金,辜丽川.旅游领域本体的构建与应用研究[J].图书情报工作,2011,55(12):105-108.

[342] 钟进文,范小青.新媒体视角下的"非遗"保护与传承观念新探:以裕固族为例[J].西北民族研究,2017(2):175-182.

[343] 钟敬文.民俗学概论[M].上海:上海文艺出版社,2009.

[344] 钟伟金,李佳.共词分析法研究(一):共词分析的过程与方式[J].情报杂志,2008,27(5):70-72.

[345] 钟正,杨慧.基于关键事件的虚拟文化遗产展示[J].系统仿真学报,2011,23(11):2417-2421.

[346] 周福岩.民间传承与大众传播[J].民俗研究,1998(3):6-11.

[347] 周杰,曾建勋.数字环境下的语义出版研究[J].情报理论与实践,2013,36(8):32-35.

[348] 周竞涛,王明微.XML,RDF:实现 WEB/OL 数据基于语义描述[EB/OL].(2003-03-01)[2020-12-02].http://www.ibm.com/developerworks/cn/xml/x-xmlrdf/.

[349] 周宁,陈勇跃,金大卫,等.知识可视化与信息可视化比较研究[J].情报理论与实践,2007,30(2):178-181.

[350] 周姗姗.基于 Folksonomy 模式的数字资源多维度聚合研究[D].长春:吉林大学,2014.

[351] 周伟.基于主题图的 Web 资源组织研究[D].武汉:华中师范大学,2011.

[352] 周晓英,曾建勋.主题词表的社会应用研究[J].数字图书馆论坛,2014(10):2-6.

[353] 周耀林,程齐凯.非物质文化遗产的可视化图谱表示[J].信息资源管理学报,2011(3):67-72.

[354] 周耀林,王璐瑶,赵跃.非物质文化遗产档案可视化的实现与保障[J].中国档案,2016(6):66-67.

[355] 周宇龙.数字化存储保护文化遗产北京大学社会学系采用希捷存储方案[J].数码影像时代,2014(10):40-41.

[356] 周玉屏.论音乐类非物质文化遗产的数字影像传播:以澧水船工号子为例[J].北方音乐,2013(5):108.

[357] 朱会峰,左万利,赫枫龄,等.一种基于本体的文本聚类方法[J].吉林大学学报(理学版),2010,48(2):277-283.

[358] 朱庆生,邹景华.基于本体论的论文检索[J].计算机科学,2005,32(5):172-176.

[359] 朱秀凌.海峡西岸非物质文化遗产的影像化生存[J].集美大学学报(哲学社会科学版),2013,16(2):20-25.

[360] 朱彦,高博,崔蒙.中医方剂分析系统框架设计及实现[J].中华中医药杂志,2014,29(5):1543-1546.

[361] 朱政.新媒体环境下传统文化的传播[D].上海:复旦大学,2014.

[362] 卓么措.非物质文化遗产数字化保护研究[J].实验室研究与探索,2013,32(8):225-227.

[363] 左健.《中国昆剧大辞典》评介[J].南京大学学报(哲学·人文科学·社会科学),2002(6):155-156.

二、外文文献

[1] AAMODT A, PLAZA E. Case-based reasoning: foundational issues, methodological variations, and system approaches[J]. Artificial Intelligence Communications, 1994, 7(1): 39-59.

[2] ABEL R L. Digital preservation and dissemination of ancient lithic technology with modern micro-CT[J]. Computers & Graphics, 2011(35): 878-884.

[3] ADRIAN B, SAUERMANN L. ROTH-BERGHOFER T. Contag: a semantic tag recommendation system[J]. I-SEMANTICS, 2007(7): 5-7.

[4] ALMEIDA M, BARBOSA R. Ontologies in knowledge management support: a case study[J]. Journal of the American Society for Information Science and Technology, 2009, 60(10): 2032-2047.

[5] ALMEIDAI L. Archeoguide: an augmented reality guide for archaeological sites [J]. IEEE Computer Graphics and Applications, 2002, 22(5): 52-60.

[6] ANASI S N. Preservation and dissemination of women's cultural heritage in Nigerian university libraries[J]. Library Review, 2013, 62(8/9): 472-491.

[7] ANON. Ontologies and Semantic Annotation[EB/OL]. [2013-02-21]. http://gate.ac.uk/sale/talks/gate-course-may10/track-3/module-10-ontologies/ontologies.pdf.

[8] Apache. Apache Jena[DB/OL]. [2013-03-01]. http://jena.apache.org/.

[9] ARCHIBUGI D, FILIPPETTI A. The handbook of global science, technology, and innovation[M]. London: Wiley-Blackwell, 2015.

[10] ASHBURNER M, BALL C A, BLAKE J A, et al. Gene ontology: tool for the unification of biology[J]. Nature Genetics, 2000, 25(1): 25-29.

[11] ASWANI N, TABLAN V, BONTCHEVA K, et al. Indexing and querying linguistic metadata and document content[G]// International Conference Recent Advances in Natural Language Processing, Borovets: Bulgaria, 2005: 74-81.

[12] BACA M. Practical issues in applying metadata schemas and controlled vocabularies to cultural heritage information[J]. Cataloging & Classification Quarterly, 2003, 36(3-4): 47-55.

[13] BARWICK L, MARETT A, WALSH M, et al. Communities of interest: issues in establishing a digital resource on Murrinh-Patha song at Wadeye (Port Keats), NT[J]. Literary and Linguistic Computing, 2005, 20(4): 383-397.

[14] BASILI R, CAMMISA M, MOSCHITTI A. A semantic kernel to classify texts with very few training examples[J]. Informatica, 2006, 30(2): 163-172.

[15] BEGELMAN G, KELLER P, SMADJA F. Automated tag clustering: improving search and exploration in the tag space[J]. Conaborative Web Tagging Workshop at www 2006, Edinburgh, Scotland, 2006.

[16] BENJAMIN W. The work of art in the age of mechanical reproduction[M]. North Charleston: CreateSpace Independent Publishing Platform. 2009.

[17] BERNERS-LEE T. Linked Data[DS/OL].[2015-03-01].http://www.w3.org/DesignIssues/LinkedData.html.

[18] BIZER C, HEATH T, BERNERS-LEE T. Linked Data — the story so far[J]. International Journal on Semantic Web and Information Systems, 2009, 5(3): 1-22.

[19] BONFIGLI M E, CABRI G, LEONARDI L, et al. Virtual visits to cultural heritage supported by web-agents[J]. Information & Software Technology, 2004, 46(3): 173-184.

[20] BUSTILLO A, ALAGUERO M, MIGUEL I, et al. A flexible platform for the creation of 3D semi-immersive environments to teach cultural heritage[J]. Digital Applications in Archaeology and Cultural Heritage, 2015(2): 248-259.

[21] CANTAIS J, DOMINGUEZ D, GIGANTE V, et al. An example of food ontology for diabetes control[Z]. Proceedings of the International Semantic Web Conference 2005 Workshop on Ontology Patterns for the Semantic Web, 2005(9): 1-9.

[22] CARROZZINO M. Virtually preserving the intangible heritage of artistic handicraft[J]. Journal of Cultural Heritage, 2011(12): 82-87.

[23] CH'NG E, GAFFNEY V, CHAPMAN H. Visual heritage in the digital age[M]. London: Springer, 2013: 327-348.

[24] CHAO G J. Ethnic oral tradition archives of the Institute of Ethnic Literature: its dilemma and a way out [C]// The Fourth Forum on China-US Intangible Cultural Heritage: Fieldwork, Documentation, Preservation, and Access. Washington:

National Museum of the American Indian, Smithsonian Institution, 2013.

[25] CLARE A, CROSET S, GRABMUELLER C, et al. Exploring the generation and integration of publishable scientific facts using the concept of nano-publications [C]. Crete: CEUR Workshop Proceedings, 2011(721): 13-17.

[26] CLARK T, CICCARESE P, GOBLE C. Micropublications: a semantic model for claims, evidence, arguments and an notations in biomedical communications[J]. Journal of Biomedical Semantics, 2014, 5(1): 28.

[27] CURRY E, O'DONNELL J, CORRY E, et al. Linking building data in the cloud: integrating cross-domain building data using linked data [J]. Advanced Engineering Informatics, 2013, 27(2): 206-219.

[28] DAVIS F D. Perceived usefulness, perceived ease of use, and user acceptance of information technology[J]. Mis Quarterly, 1989, 13(3): 319-339.

[29] DON A, ZHELEVA E, GREGORY M, et al. Discovering interesting usage patterns in text collections: integrating text mining with visualization[R] // Proceedings of the sixteenth ACM Conference on Information and Knowledge Management, Lisbon, 2007: 213-222.

[30] DOWDING H. The role of the national university in developing nations' digital cultural heritage projects[J]. OCLC Systems & Services, 2014, 30(1): 52-61.

[31] FENSEL D. Ontology-based knowledge management[J]. Computer, 2002, 35(11): 56-59.

[32] FINNIE G, SUN Z H. R^5 model for case-based reasoning[J]. Knowledge-Based Systems, 2003, 16(1): 59-65.

[33] FLANAGAN J. The critical incident technique[J]. Psychological Bulletin, 1954, 51(4): 327-358.

[34] FORTUNA B, MLADENTIC D, GROBELNIK M. Semi-automatic construction of topic ontology[C] // Semantics, web and mining, Joint International Workshops, Ewmf & Kdo, Porto, Portugal, October 3 & 7, Revised Selected Papers. DBLP, 2006: 121-131.

[35] FU Z H, CHEN H J, YU T. Intelligent search on integrated knowledge base of traditional Chinese medicine[J]. Journal of Southeast University(English Edition), 2009, 25(4): 460-463.

[36] GARCIA-CASTRO L J, BERLANGA R, REBHOLZ-SCHUHMANN D, et al. Connections across scientific publications based on semantic annotations[C]. SePublica, 2013: 51-62.

[37] GONZALEZ M V. Intangible heritage tourism and identity[J]. Tourism Management, 2008, 29(4): 807-810.

[38] GORMAN M. The wrong path and the right path: the role of libraries in access to, and preservation of, cultural heritage[J]. New Library World, 2007, 108(11/12): 479-489.

[39] HALLO M, LUJAN-MORAL S, CHAVEZ C. An approach to publish scientific data of open-access journals using linked data[J]. 6th International Conference on Education and New Learning Teachnologies, Bracelona. EDULEARN14 Proceedings, 2014: 1145-1153.

[40] HATCHER L. A step-by-step approach to using the SAS system for factor analysis and structural equation modeling[J]. Technometrics, 1996, 38(3): 296-297.

[41] HEATH T, BIZER C. Linked data: evolving the Web into a global data space[M]. Charlott: Morgan & Claypool, 2011, 1.

[42] HENNESSY K. Cultural heritage on the Web: applied digital visual anthropology and local cultural property rights discourse[J]. International Journal of Cultural Property, 2012(19): 345-369.

[43] HOTHO A, STAAB S, STUMME G. Ontologies improve text document clustering [G]. Third IEEE International Conference on Data Mining, 2003: 541-544.

[44] HUANG C H, HUANG Y T. An Annales School-based serious game creation framework for Taiwanese indigenous cultural heritage [J]. ACM Journal on Computing and Cultural Heritage, 2013, 6(2): 1-31.

[45] HUNT J, Evolutionary case-based design [M]// WASTON I D. Progress in Case-Based Reasoning (LNCS vol.1020) Dordercht: Springer, 1995: 17-31.

[46] IFLA. The UNESCO/PERSIST Guidelines for the selection of digital heritage for long-term preservation[EB/OL].[2020-12-20].https://www.ifla.org/node/10723.

[47] JEE T, LEE H, LEE Y. Visualization of document retrieval using external cluster relationship[J]. Journal of Information Science and Engineering, 2013, 29(1):

35 – 48.

[48] KALAY Y E. New heritage: new media and cultural heritage [M]. London: Routledge, 2007.

[49] KARA S, ALAN Ö, SABUNCU O, et al. An ontology-based retrieval system using semantic indexing[J]. Information Systems, 2010, 37(4): 197 – 202.

[50] KARP C. Digital heritage in digital museums[J]. Museum International, 2004, 56(1 – 2): 157 – 162.

[51] KAWTRAKUL A. Ontology engineering and knowledge services for agriculture domain[J]. Journal of Integrative Agriculture, 2012, 11(5): 741 – 751.

[52] KENERDINE S. "Pure Land": inhabiting the Mogao Caves at dunhuang [J]. Curator: The Museum Journal, 2013, 56(2): 199 – 218.

[53] KIM H K, IM K H, PARK S C. DSS for computer security incident response applying CBR and collaborative response[J]. Expert Systems with Applications, 2010, 37(1): 852 – 870.

[54] KIPER T, USLU A. Effects of tourism on cultural heritage: awareness of local people in Beypazari, Ankara.[J]. Journal of Tekirdag Agricultural Faculty, 2006, 3(3): 305 – 314.

[55] KIRYAKOV A, POPOV B, TERZIEV I, et al. Semantic annotation, indexing, and retrieval[J]. Journal of Web Semantics, 2004, 2(1): 49 – 79.

[56] KOEGST M, SCHNEIDER J, BERGMANN R, et al. IP retrieval by solving constraint satisfaction problems [G]// SEEPOLD R, MADRID N M. Virtual Components Desing and Reuse, Boston: Springer, 2001: 105 – 108.

[57] KOLAY S. Cultural heritage preservation of traditional indian art through virtual new media [J]. Procedia-Social and Behavioral Sciences, 2016, 225(14): 309 – 320.

[58] KOLODNER J L. Requirements for natural language fact retrieval[C]. Proceedings of the Annual Conference of the Association for Computing Machinery, 1982: 192 – 198.

[59] KRISHMAN M, BOHN S, COWLEY W, et al. Scalable visual analytics of massive textual datasets [C] // Proceedings of the 21th International Parallel and Distributed Processing Symposium, Rome, 2007: 1530 – 2075.

[60] LATIF A, BORST T, TOCHTERMANN K. Exposing data from an open access repository for economics as linked data[C]. D-Lib Magazine, 204, 20(9/10).

[61] LEAKE D B. Case-based reasoning: experiences, lessons and future direction.[M]. Menlo Park: AAAI Press, 1996.

[62] LEVOY M, PULLI K, CURLESS B, et al. The digital michelangelo project: 3D scanning of large statues[EB/OL].[2016-08-05].https://graphics.stanford.edu/papers/dmich-sig00/dmich-sig00-nogamma-comp-low.pdf.

[63] LIANG A C, LAUSER B, SINI M, et al. From AGROVOC to the agricultural ontology service/concept server: an OWL model for creating ontologies in the agricultural domain [C]// International Conference on Dublin Core and Metadata Applications, Dublin: Ireland. 2006: 76-88.

[64] LI S T, ZHANG M, LONG J Z, et al. A protection and management oriented intangible culture heritage MIS architecture and its prototype application[J]. IEEE International Conference on Service Operations and Logistics, and Informatics, 2008(1): 1063-1067.

[65] LUO D, YANG J, KRSTAJIC M, et al. EventRiver: visually exploring text collections with temporal references[J]. IEEE Transactions on Visualization and Computer Graphics, 2012, 18(1): 93-105.

[66] LUO N, ZUO W L, YUAN F Y, et al. Using ontology semantics to improve text documents clustering [J]. Journal of Southeast University (English Edition), 2006, 22(3): 370-374.

[67] MCCRAY A T. An upper-level ontology for the biomedical domain[J]. Comparative and Functional Genomics, 2003, 4(1): 80-84.

[68] MCKERCHER B, HO P, CROS H D. Relationship between tourism and cultural heritage management: evidence from Hong Kong[J]. Tourism Management, 2005, 26(4): 539-548.

[69] MORTARA M, CATALANO C E, BELLOTTI F, et al. Learning cultural heritage by serious games[J]. Journal of Cultural Heritage, 2014(15): 318-325.

[70] Museums Australia Inc. Continuous cultures, ongoing responsibilities: principles and guidelines for Australian Museums Working with Aboriginal and Torres Strait Islander cultural heritage.[M]. Australia: Museums Australia Inc., 2005: 9.

[71] myCBR[EB/OL].[2013-10-02].http://www.mycbr-project.net/index.html.

[72] NEWELL J. Old objects, new media: historical collections, digitization and affect [J]. Journal of Material Culture, 2012, 17(3): 287-306.

[73] O'CONNOR N E, TISSERANDET Y, CHATZITOFIS A, et al. Interactive games for perservation and promotion of sporting movement[J]. European Signal Processing Conference, 2014, 78(10): 351-355.

[74] Ontotext. CustomizingKIM3[EB/OL].[2013-01-23].http://www.ontotext.com/sites/default/files/Customizing%20KIM3.pdf.

[75] Ontotext. KIM Platform[EB/OL].[2013-02-01].http://www.ontotext.com/kim.

[76] PEARSON K. Onlines and planes of closest fit to systems of points in space[J]. Philosophical Magazine, 1901, 2(11): 559-572.

[77] PIERACCINI M, GUIDI G, ATZENI C.3D digitizing of cultural heritage[J]. Journal of Cultural Heritage, 2001, 2(1): 63-70.

[78] PU J, KALYANARAMAN Y, JAYANTI S, et al. Navigation and discovery in 3D CAD repositories[J]. IEEE Computer Graphics and Applications. 2007, 27(4): 38-47.

[79] QUBUMO B, GUO C X, YIN H B, et al. Customizing discipline-based metadata standard for digital preservation of living epic traditions in China: basic principles and challenges[C] // Digital Heritage International Congress. New York: IEEE, 2014.

[80] RAMALHO J C, LIBRELOTTO G R, HENRIQUES P R. Metamorphosis — A topic maps based environment to handle heterogeneous information resources[A] // MAICHER L, PARK J. Lecture Notes in Computer Science, 2005(3873): 14-25.

[81] RAZMERITA L, ANGEHRN A, MAEDCHE A. Ontology-based user modeling for knowledge management systems[C]. User Modeling 2003, Johnstown, 2003: 213-217.

[82] RECUPERO D R. A new unsupervised method for document clustering by using WordNet lexical and conceptual relations[J]. SIGIR, 2007(10): 563-579.

[83] RICHARDON R, SMEATON A, MURPHY J. Using WordNet as a knowledge base for measuring semantic similarity between words[EB/OL].[2020-12-17].

http://citeseerx.ist.psu.edu/viewdoc/versions? doi=10.1.1.49.6027.

[84] ROMERO-FRIAS E, VAUGHAN L. European political trends viewed through patterns of Web linking[J]. Journel of the American Society for Information Science and Technology, 2010, 61(10): 2109-2121.

[85] RUTHER H, RAJAN R S. Documenting African Sites: the aluka project[J]. Journal of the Society of Architectural Historians, 2007, 66(4): 437-443.

[86] SALTON G, WONG A, YANG C S. A vector space model for automatic indexing [J]. Communication of the ACM, 1975, 18(11): 613-620.

[87] SATELI B, WITTE R. Supporting researchers with a semantic literature management wiki[C]. SePublica. 2014.

[88] SCHANK R C, ABELSON R P. Scripts, plans, goals and understanding[M]. Mahway: Lawrence Erlbanum Associats, 1977.

[89] SCHOLKOPF B, SMOLA A J, MULLER K R. Nonlinear cmponent analysis as a kernel eigenvalue problem[J]. Neural Computation, 1998, 10(5): 1299-1319.

[90] SCHWEIGER R, HOELZER S, RUDOLF D, et al. Linking clinical data using XML topic maps[J]. Artificial Intelligence in Medicine, 2003, 28(1): 105-115.

[91] SEDDING J, KAZAKOV D. WordNet-based text document clustering[C]. Proceedings of the Third Workshop on Robust Methods in Analysis of Natural Language Data, Geneva, August, 2004: 104-113.

[92] SHOTTON D. Semantic publishing: the coming revolution in scientific journal publishing[J]. Learned Publishing, 2009, 22(2): 85-94.

[93] SILBERMAN N A. From cultural property to cultural data: the multiple dimensions of "Ownership" in a global digital age[J]. International Journal of Cultural Property 2014(21): 365-374.

[94] SINGH S, MEREDITH B, O'DONNELL J. Digitizing pacific cultural collections: the Australian experience[J]. International Journal of Cultural Property, 2013(20): 79.

[95] SNAE C, BRÜCKNER M. FOODS: a food-oriented ontology-driven system[G]// 2nd ed. Digital Ecosystems and Technologies, 2008. IEEE International Conference, 2008: 168-176.

[96] SOTIRIADIS M. Pairing intangible cultural heritage with tourism: the case of

Mediterranean diet[J]. Euromed Journal of Business, 2017, 12(3): 269-284.

[97] STAAB S, HOTHO A. Ontology-based text document clustering[J]. Advances in Soft Computing, 2002, 4(6): 48-54.

[98] SU C J, CHEN Y A, CHIH C W. Personalized ubiquitous diet plan service based on ontology and Web services [J]. International Journal of Information & Education Technology, 2013, 3(5): 522-528.

[99] SUKSOM N, BURANARACH M. A knowledge-based framework for development of personalized food recommender system. [R/OL] (2010-02-10) [2015-10-21].http:// text.hlt.nectec.or.th/ marut/ papers/ food_recommender-kicss2010.pdf.

[100] SUREEPHONG P, CHAKPITAK N, OUZROUT Y, et al. An ontology-based knowledge management system for industry clusters [G]// YAN X T, ION W J, EYNARD B. Global Design to Gain a Competitive Edge: An Holistic and Collaborative Design Approach based on Computational Tools, London: Springer, 2008: 333-342.

[101] SVETLANA H. Construction of conceptual graph representation of texts[C]. Proceeding of the Stuent Research Workshop at HLT-NAACL, Boston, 2004: 49-54.

[102] SweoIG/ TaskForces / CommunityProjects / LinkingOpenData-W3CWiki [EB/OL].[2014-08-10]. http:// www. w3. org / wiki / SweoIG / TaskForces / CommunityProjects/ LinkingOpenData.

[103] The cook's thesaurus[DB/OL].[2013-06-29].http:// www.foodsubs.com/ .

[104] The Library of Congress. The American Folklife Center[EB/OL].[2016-08-03].http:// www.loc.gov/ folklife/ onlinecollections.html.

[105] The University of Sheffield. GATE[EB/OL].[2013-03-01].http:// gate.ac.uk/ .

[106] The University of Sheffield. Mimir: multiparadigm indexing and retrieval[DB/OL].[2013-02-01].http:// gate.ac.uk/ mimir/ .

[107] TIRUNAGARI S, HÄNNINEN M, STÅHLBERG K, et al. Mining causal relations and concepts in maritime accidents investigation reports [C]// In: Proceeding of International conference cum Exhibition on Technology of the Sea, Visakhapatnam, 2012: 548-566.

[108]　TONTA Y. Preservation of scientific and cultural heritage in Balkan countries[J]. Program: electronic library and information systems, 2009, 43(4): 419-429.

[109]　UNESCO. Guidelines for the preservation of digital heritage[EB/OL].[2018-01-20].http://unesdoc.un-esco.org/images/0013/001300/130071e.pdf.

[110]　VALLET D, FERNÁNDEZ M, CASTELLS P. An ontology-based information retrieval model[M]//GÓMEZ-PÉREZ A, EUZENAT J. The Semantic Web: Research and Applications. Heidelberg: Springer Berlin Heidelberg, 2005: 455-470.

[111]　VASSALLO S. Navigating through archives, libraries and museums: topic maps as a harmonizing instrument[A]//Charting the Topic Maps Research and Applications Landscape, Volume 387311 Navigating Trough Archives, Libraries and Museums: Topic Map Resea and Applications, 2005: 231-240.

[112]　VENKATESH V, MORRIS M G, DAVIS G B, et al. User acceptance of information technology: toward a unified view[J]. MIS Quarterly, 2003, 27(3): 425-478.

[113]　VIDAL J C, LAMA M, OTERO-GARCÍA E, et al. Graph-based semantic annotation for enriching educational content with linked data[J]. Knowledge-Based Systems, 2014, 55(1): 29-42.

[114]　W3C. SPARQL query language for RDF[DB/OL].[2013-03-01].http://www.w3.org/TR/rdf-sparql-query/.

[115]　WANG X F, LIU Y R, ZHANG W S. Research on modelling digital paper-cut preservation[J]. International Journal of Automation and Computing, 2009, 6(4): 356-363.

[116]　WANG X W, QU H B, LIU P, et al. A self-learning expert system for diagnosis in traditional Chinese medicine[J]. Expert systems with applications, 2004, 26(4): 557-566.

[117]　WATSON I D, ABDULLAH S. Developing case-based reasoning systems: a case study in diagnosing building defects[C]. IEE Colloquium on Case-Based Reasoning: Prospects for Applications. 1994(57): 1-3.

[118]　WIELINGA B J, SCHREIBER A T, WIELEMAKER J, et al. From thesaurus to ontology.[J]. K-CAP'01 Proceedings of the 1st international conference on Knowledge capture, 2001, 39(4): 620-622.

[119]　YANG H. The pros and cons about the digital recording of intangible cultural

heritage and some strategies [G]. The International Archives of the Photogrammetry, Remote Sensing and Spatial Information Sciences, 2015, XL-5(W7): 461-464.

[120] YANG S Y, HSU C L. An ontological proxy agent with prediction, CBR, and RBR techniques for fast query processing [J]. Expert Systems with Applications, 2009, 36(5): 9358-9370.

[121] YAO Y G, LIN L F, WANG F, et al. Multi-perspective modeling: managing heterogeneous manufacturing knowledge based on ontologies and topic maps [J]. International Journal of Production Research, 2013, 51(11): 3252-3269.

[122] YE P, ZHOU Y L. The framework and standards of Chinese intangible cultural heritage metadata [C] // International Conference on Applied Social Science Research. Paris: Atlantis Press, 2013: 198-200.

[123] YI W, BRAMWELL B. Heritage protection and tourism development priorities in Hangzhou, China: a political economy and governance perspective[J]. Tourism Management, 2012, 33(4): 988-998.

[124] ZHANG L, WANG Z C. Ontology-based clustering algorithm with feature weights [J]. Journal of Computational Information Systems, 2010(9): 2959-2966.

[125] ZHOU M, GENG G H, WU Z K. Digital preservation technology for cultural heritage[M]. Beijing: Higher Education Press & Springer, 2012: 208-209.